PUBLIÉ SOUS LA DIRECTION

DE LA

SECTION HISTORIQUE DE L'ÉTAT-MAJOR DE L'ARMÉE

LA
CAMPAGNE DE 1800
EN ALLEMAGNE

PAR

le Commandant Ernest PICARD

CHEF D'ESCADRON D'ARTILLERIE BREVETÉ

TOME PREMIER
Le Passage du Rhin

PARIS

LIBRAIRIE MILITAIRE R. CHAPELOT et Cᵉ

IMPRIMEURS-ÉDITEURS

30, Rue et Passage Dauphine, 30

1907

LA

CAMPAGNE DE 1800

EN ALLEMAGNE

PARIS. — IMPRIMERIE R. CHAPELOT ET Cᵒ, RUE CHRISTINE, 2.

PUBLIÉ SOUS LA DIRECTION

DE LA

SECTION HISTORIQUE DE L'ÉTAT-MAJOR DE L'ARMÉE

LA
CAMPAGNE DE 1800
EN ALLEMAGNE

PAR

le Commandant Ernest PICARD

CHEF D'ESCADRON D'ARTILLERIE BREVETÉ

TOME PREMIER

Le Passage du Rhin

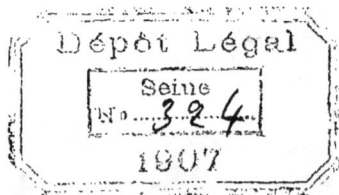

PARIS

LIBRAIRIE MILITAIRE R. CHAPELOT ET Cᵉ

IMPRIMEURS-ÉDITEURS

30, Rue et Passage Dauphine, 30

1907

BIBLIOGRAPHIE

Manuscrits.

Les Archives historiques du ministère de la guerre constituent la source principale à laquelle ont été puisés les renseignements relatifs à l'histoire de la campagne. Les cartons dans lesquels se trouvent les documents utilisés peuvent être divisés en trois séries.

Les uns renferment la *Correspondance générale* de l'armée, c'est-à-dire : les lettres échangées entre les officiers de l'armée du Rhin, entre les chefs de l'armée et les fonctionnaires de l'État, entre les généraux et les chefs de l'armée d'Italie ; les ordres donnés ; le compte rendu de leur exécution, etc.

D'autres contiennent les *Situations de l'armée* et sont des plus utiles pour faire connaître, à un moment donné, l'effectif de chacun des corps ou le total général des forces en ligne.

Dans d'autres enfin ont été classés, sous l'étiquette de *Mémoires historiques*, les Bulletins historiques donnant pour chaque division, en des cahiers renouvelés tous les dix jours, les cantonnements quotidiens, les mouvements et les opérations, les mutations survenues. Le Bulletin historique de l'armée du Rhin, rédigé par le chef d'état-major général, n'est que le résumé des bulletins décadaires des divisions.

En dehors des cartons renfermant ces divers documents, des *Registres de correspondance* contiennent l'enregistrement de la correspondance militaire des généraux, la relation des renseignements arrivant à l'état-major de l'armée, le relevé des ordres et proclamations de Moreau, la série des mesures prises pour perfectionner les services auxiliaires. La trace de tous les documents figurant dans ces registres se trouve à la correspondance générale, grâce à des bulletins analytiques placés à leur date dans les cartons et reportant au registre.

Ces diverses collections sont loin d'être complètes ; beaucoup de documents ont été égarés par les hasards de la guerre ; d'autres ont été conservés par les généraux, puis par leurs familles ; enfin certains de ceux ayant concerné Moreau ont peut-être été saisis pour raison politique.

Quoi qu'il en soit, ces divers éléments permettent d'établir dans ses grandes lignes une histoire générale de la campagne. La rédaction n'est pas sans présenter quelques difficultés. Tantôt c'est une division

*

sur laquelle n'existe aucun renseignement, son registre de correspondance et son bulletin décadaire manquant : il faut alors chercher quelques rares points de repère dans la correspondance; tantôt c'est une division dont le général écrivait peu ou dont les lettres sont perdues : il faut alors demander aux rapports d'ensemble quelques indications sur la manière dont il exécutait les ordres donnés par Moreau. Il y a ainsi des lacunes que la consultation d'autres archives ou que la découverte de nouveaux documents pourront seules combler; certaines d'entre elles ne le seront peut-être jamais.

Que le lecteur ne s'étonne donc pas de la disproportion entre la richesse des détails donnés sur certains corps et la pauvreté de ceux donnés sur d'autres; s'il y a, au point de vue littéraire et historique, une faute de composition, cette faute ne pouvait être atténuée qu'à l'aide de renseignements dont il valait mieux ne pas faire état; des artifices de style permettent de la voiler suffisamment aux yeux du lecteur pour ne pas enlever toute harmonie à l'ouvrage, mais nul effort n'a été tenté pour la dissimuler complètement, parce que c'eût été sacrifier la vérité à l'art et faire d'un livre d'histoire un roman historique.

Les documents des Archives historiques du ministère de la guerre ont été soumis eux-mêmes à une critique sévère, parce qu'ils ne sont pas tous d'égale valeur. Les uns, les ordres donnés, les lettres d'avis, les comptes rendus d'exécution ont une vérité absolue; ils sont l'expression d'une pensée ou la constatation d'un fait. Ils peuvent être utilisés tels quels, mais en n'ajoutant rien à ce qu'ils contiennent; il y a toujours lieu, par. exemple, de vérifier si un ordre donné a été réellement exécuté. Les autres au contraire, les rapports par exemple, postérieurs de quelques jours ou de quelques semaines aux événements qu'ils racontent, doivent être soumis à un contrôle rigoureux. Il est naturel, il est humain qu'un général cherche à présenter les événements sous un jour qui lui soit favorable ; à s'attribuer, après le succès, une pensée qu'il n'a pas eue ; à faire résulter de la réussite d'un plan habilement conçu, une victoire due au hasard. Aussi est-il nécessaire, avant de porter un jugement définitif, d'examiner, toutes pièces en main, la pensée du général et son mode d'exécution.

Les documents relatifs aux combats ont été examinés de plus près encore que ceux relatifs aux opérations stratégiques, en raison des facteurs particuliers d'erreurs qui ont pu modifier leur contenu. Celui qui les a rédigés n'a vu qu'un coin du champ de bataille, il a fait pivoter les événements autour des incidents qui s'y sont déroulés. Il est souvent mauvais observateur : il a eu à agir personnellement, quelquefois à veiller à son salut. Après la bataille, il s'est trouvé dans la nécessité de poursuivre l'ennemi ou de battre en retraite devant lui; il a relaté tardivement ce qu'il a vu, quand déjà ses souvenirs étaient confus ou dénaturés. Une foule de raisons indépendantes de sa volonté ont donc pu, tout autant que le désir de rehausser la conduite de ses troupes et la sienne, altérer la véracité de son récit.

Les Archives administratives du ministère de la guerre, qui contiennent les dossiers du personnel des officiers et les registres matricules de la troupe, ont permis d'obtenir des détails précis sur beaucoup des généraux et des chefs de l'armée du Rhin, d'éclairer leur vie militaire par leur vie privée et de mieux juger leur présent par leur passé ; de fixer, grâce aux pièces d'état civil, et à leur défaut grâce aux pièces d'état militaire, l'orthographe exacte des noms de personnes.

Les Archives des cartes du ministère de la guerre sont pourvues de quelques cartes manuscrites exécutées à l'époque de la campagne ou peu après, et qui donnent l'emplacement des troupes sur le champ de bataille. Ces documents sont parfois accompagnés de légendes détaillées ; mais ils sont souvent entachés d'erreurs manifestes, que la comparaison avec les documents des archives historiques a permis de relever facilement.

Les Archives nationales contiennent quelques documents d'ordre général qui ont servi à contrôler et à vérifier ceux des Archives de la guerre. Sans citer ceux qui sont particulièrement relatifs à Moreau, les séries A F III, A F IV, A F* IV ont été utilement consultées.

Les Archives de l'artillerie contiennent quelques pièces relatives à la campagne de 1800 en Allemagne, carton 3 *b* 159.

Les Archives du génie sont très riches en cartes dessinées par des officiers de cette arme, carton 8 *a*. Le chef de bataillon Blein, qui en a exécuté un grand nombre, a de plus rédigé un résumé de la campagne. Son manuscrit, dont la copie existe aux Archives historiques du ministère de la guerre (Mémoires historiques n° 86), est intéressant, mais il est fort court et ne donne aucune indication des sources employées. Un tableau des mouvements de l'armée du Rhin est plus précis et utile à consulter.

Les Archives du prince de la Moskowa ont fourni un grand nombre de renseignements ; les documents qui s'y trouvent ont été d'autant plus utiles que, pour certaines périodes, les Archives historiques de la guerre sont très peu fournies en ce qui concerne la division Ney.

Les Archives du comte Gudin renferment un précieux registre dont une copie a été faite pour les Archives historiques du ministère de la guerre (2 *a* 43 *bis*); c'est le relevé complet des *mouvements ordonnés par le général Gudin, chef de l'état-major de l'aile droite, du 22 floréal an VIII jusqu'au 1er prairial même année.*

Les Archives du capitaine Le Courbe contiennent le registre de correspondance du général Lecourbe, du 23 prairial an VIII au 14 germinal an IX; nous devons à son extrême obligeance d'en posséder une copie faite par ses soins.

Les Archives de la ville de Caen contiennent les mémoires inédits du général Decaen, écrits en 1824 de sa main même, d'après des notes et divers documents qu'il avait conservés. Ces *Mémoires* n'ont sans doute que la valeur des ouvrages de cette nature, mais ils sont écrits avec un tel accent de sincérité et d'impartialité, surtout lorsque leur auteur n'est pas en cause, qu'ils peuvent être consultés avec fruit s'ils le sont avec prudence. Les volumes manuscrits IX et X sont relatifs à la campagne de 1800 en Allemagne.

Les Archives autrichiennes de la guerre (K. K. Kriegs-Archiv) ont été utilisées dans une large mesure à la fois pour l'exposé des opérations de l'armée autrichienne et pour la vérification de certains faits relatés par les documents de source française. L'*Œsterreichische militärische Zeits-chrift* (1836), bien que rédigé d'après des pièces officielles, était à cet égard trop succinct et n'offrait pas de garanties suffisantes. Les documents consultés aux *Archives autrichiennes de la guerre* sont de deux sortes : ils se rapportent soit aux opérations, soit aux délibérations du Conseil aulique. Les premiers sont clas-és par fascicules (chiffres romains) et numérotés dans chaque fascicule (chiffres arabes); les seconds sont contenus dans des registres. Au point de vue de la critique historique, les observations qui ont été faites pour les pièces de source française s'appliquent à celles-ci.

Imprimés.

Les ouvrages peuvent se diviser en deux catégories : ceux qui contiennent des documents et qui constituent vraiment des sources pour l'historien ; ceux au contraire qui sont des ouvrages de seconde main ou des récits anecdotiques dans lesquels peu de détails sont à retenir.

La campagne de 1800 en Allemagne a déjà été écrite par un officier chargé de travaux historiques au ministère de la guerre, le colonel de Carrion-Nisas. Son travail, publié dans le tome V du *Mémorial du dépôt de la guerre*, a été édité en volume par Ch. Picquet en 1829, sous le titre : *Campagne des Français en Allemagne, année 1800*, par le colonel de cavalerie marquis de Carrion-Nisas, chargé de travaux historiques spéciaux au ministère de la guerre.

Cet ouvrage a certainement une réelle valeur historique ; l'auteur a embrassé son sujet avec aisance, en a dégagé les grandes lignes, a généralement cité ses sources et a publié un grand nombre de pièces justificatives. S'il n'a pu faire mieux, c'est-à-dire s'il n'a pu traiter d'une manière égale tous les points de la campagne et s'il n'a pas exposé très exactement certaines opérations, c'est qu'il était trop près de l'époque de la guerre pour en analyser impartialement tous les acteurs, et qu'il n'avait pas à sa portée les éléments d'appréciation dont on dispose aujourd'hui. Vivant sous la Restauration, imbu des sentiments de son gouvernement, il a visé, peut-être malgré lui, à faire ressortir les talents militaires de Moreau au détriment du génie de Bonaparte.

Ce qui donne surtout du prix à son volume et le rend indispensable pour l'étude de la campagne, c'est le grand nombre de pièces justificatives (rapports, lettres et situations) qui s'y trouvent insérées. Tandis que l'exposé de l'auteur n'occupe au total que 156 pages en gros caractères, les documents remplissent 268 pages en petits caractères. Aussi, quand les pièces reproduites par Carrion-Nisas seront utilisées dans le cours des volumes qui vont suivre, elles seront citées par le numéro d'ordre dans son ouvrage; de plus, parmi les pièces justificatives reproduites à la fin de chaque volume, elles seront mentionnées à leur ordre chronologique; on indiquera seulement dans quelles archives et quelle série elles ont pu être trouvées et *collationnées*. Il est à noter que le colonel Carrion-Nisas n'a pas employé les véritables orthographes des noms de personnes: il a écrit Dessolles, Richepanse, etc.

Un autre volume relatif à la campagne et qui a un réel intérêt documentaire, c'est celui qui contient les *Mémoires de Gouvion Saint-Cyr*. Le maréchal domine son sujet et a un souvenir précis des événements; il fait nombre de remarques montrant qu'il a retenu les détails de la campagne; il est d'ailleurs aidé par des documents dont il publie une partie comme pièces justificatives.

Il y a cependant deux graves reproches à faire à l'ouvrage; tout d'abord Gouvion Saint-Cyr pense trop à sa renommée personnelle, il fait pivoter les événements autour de lui, et les fausse peut-être dans certains cas; ensuite il omet parfois ou modifie des membres de phrases de lettres citées dans les pièces justificatives. On conçoit la gravité de pareils errements; aussi son ouvrage n'a-t-il été utilisé qu'avec une grande circonspection, et plutôt pour la discussion des conséquences que pour l'exposé des faits.

D'autres ouvrages constituent une source indispensable à consulter en raison des documents qu'ils contiennent.

Il faut citer en première ligne la *Correspondance de Napoléon*; puis les ouvrages: de Bailleu, *Publicationen aus den königlichen preussischen Staats Archiven* (t. VIII); de Hüffer, *Quellen zur Geschichte des Zeitalters der französischen Revolution;* d'Aulard, *Paris sous le Consulat;* de Martens, *Recueil des principaux traités* (t. VI); de Vivenot, *Vertrauliche Briefe.*

Il y a lieu de consulter aussi la brochure de Dedon aîné, l'extrait des mémoires de Molitor, la relation imprimée de Lecourbe et les lettres de ce général contenues dans l'ouvrage de Philebert.

Parmi les ouvrages qui ne contiennent pas de documents, plusieurs présentent néanmoins un intérêt considérable et ont été cités dans le cours de cette étude.

Les Mémoires de Sainte-Hélène sont évidemment un ouvrage intéressant; le génie du grand homme y scintille à chaque page, ses jugements sont toujours à examiner, même lorsqu'ils sont guidés par un sentiment humain auquel il ne pouvait pas toujours se soustraire, par le souvenir d'une rivalité ou celui d'une rancune.

L'Histoire des guerres de la Révolution, de Jomini, est un ouvrage dont les jugements sont presque toujours marqués au coin du bon sens et de l'impartialité; on y reconnaît le talent du grand stratège qu'était cet officier. On s'aperçoit, d'ailleurs, en comparant le récit aux documents, que l'auteur a puisé aux meilleures sources; il a été aussi renseigné par les alliés, au milieu desquels il a vécu après avoir servi dans les armées françaises; il a consulté et cité des documents autrichiens et allemands qui sont peut-être perdus aujourd'hui (liv. XVI, chap. Cl, Moeskirch et *ibid*, Biberach). Il a donc pu, mieux qu'aucun autre, tenir compte dans ses appréciations des véritables intentions et des mouvements exacts de l'armée autrichienne. Son travail a presque une valeur documentaire.

Les autres ouvrages, cités à la bibliographie, ne contiennent que des renseignements insignifiants et sont souvent entachés des erreurs les plus graves; c'est ainsi que les *Mémoires du maréchal Ney*, publiés par sa famille, qui, si l'on s'en rapportait au titre, pourraient être d'un grand secours, sont tellement erronés qu'il est impossible d'en faire la critique; il n'en resterait pas une page. Dans tous ces volumes, c'est au plus si l'on peut rechercher le contrôle d'un fait établi par les documents, ou glaner un détail intéressant et une anecdote pittoresque.

Les volumes étrangers ne font pas partie, à proprement parler, de cette bibliographie, puisque l'ouvrage est destiné surtout à étudier les opérations de l'armée française; ils permettraient d'avoir sur nos armées, nos généraux et notre tactique, quelques appréciations portées par d'autres que par nous : mais il faut tenir compte de ce que les Autrichiens ignoraient les projets et les pensées de nos généraux; en sorte que, si nous voulons faire preuve d'impartialité, nous serons les meilleurs juges de nos propres actes. Ils permettraient aussi, et tout particulièrement l'*Œsterreichische militärische Zeitschrift*, de ne pas commettre d'erreurs grossières sur la position de l'ennemi, et par suite d'être plus exacts dans nos jugements; mais les documents autrichiens originaux, ceux-là même qui ont dû servir à rédiger le texte des articles de l'*Œsterreichische militärische Zeitschrift*, ont été consultés et copiés à Vienne et constituent une source première qui annihile les autres.

En résumé, la campagne de 1800 a été écrite à peu près exclusivement d'après les documents originaux et contemporains; les documents postérieurs à l'époque étudiée n'ont été utilisés qu'après une sévère critique. Quant aux volumes imprimés, ils n'ont été cités que lorsqu'ils étaient rédigés par un témoin oculaire donnant les preuves de ce qu'il avançait, lorsqu'ils contenaient des documents tirés des archives, et lorsqu'ils renfermaient des appréciations assez intéressantes pour être soumises à la discussion.

LISTE ALPHABÉTIQUE

des livres ayant trait à la campagne.

Abrantès (Duchesse d'). — Mémoires de Mᵐᵉ la duchesse d'Abrantès, ou Souvenirs historiques sur Napoléon, la Révolution, le Directoire, le Consulat, l'Empire et la Restauration. Paris, 1831-1835, Ladvocat et Mame, 18 vol. in-8, t. IV. — Bibl. Min. G., D II e 815.

Andreossy. — Campagne sur le Mein et la Reidnitz de l'armée gallo-batave aux ordres du général Augereau. Frimaire, nivôse et pluviôse an IX (1800 et 1801). Avec une carte des opérations comprenant depuis Coblentz jusqu'à Egra et depuis la ligne de neutralité jusqu'au Danube. Paris, an X (1802). Barrois l'aîné et fils, in-8. — Bibl. Min. G., A II d 204.

Andreossy. — Instructionen der generale Lecourbe u. Moreau, über die militär Verteidigung der südl. Schweizergrenze. Anno 1800. Zurich, 1831.

Anonyme. — Beihefte zum Militär-Wochenblatt (1867). — Bibl. Min. G., A 1 l 231.

Anonyme. — Briefe eines französischen Offiziers geschrieben im Jahre 1800 aus Steiermark, Kärnthen, Italien, der Schweiz, Baiern und Salzburg. Herausgegeben von dem Verfasser der Briefe über Frankreich und Italien. Leipzig, bei Pet. Phil., Wolf und comp., 1803. — Bibl. Min. G., A II d 1034.

Anonyme. — Die Schlacht bei Hohenlinden, nebst denen ihr vorhergegangenen und nachgefolgten Bewegungen beider Heere, vom 27ᵗᵉⁿ November bis 10ᵗᵉⁿ Dezember 1800. Von einem baierischen Offizier des damaligen Generalstabs dieser Armee. Hiezu ein Plan. (La bataille de Hohenlinden, avec les mouvements des deux armées du 27 novembre au 10 décembre 1800). München, 1803, F. S. Hubschmann, in-8. — Bibl. Min. G., A II d 197.

Anonyme. — Exposé des principales circonstances, encore peu connues, qui ont occasionné les désastres des armées autrichiennes dans la dernière guerre continentale et surtout en 1800; par un voyageur suisse. Traduit de l'anglais. Londres, mai 1801, publié en février 1802, in-8. — Bibl. Min. G., A II d 161.

Anonyme. — Moreau et sa dernière campagne, par un officier de son état-major (ouvrage publié à Munich, le 2 février 1801). Paris, Thomine, 1814, 1 vol. in-8. — Bibl. Min. G., A II d 1048.

Anonyme. — Observations sur l'armée française, de 1792 à 1808. Paris, Lavauzelle, 1901, 1 vol. in-8. — Bibl. Min. G., A I b 1993.

Anonyme. — Plan de l'affaire qui a eu lieu près de Waleschingen, jour de la bataille d'Engen et de Stockach, le 13 floréal, an VIII. Dessiné pendant l'action à 6 heures du soir. — Archives des cartes du Min. de la G., L II 873.

Anonyme. — Précis de la campagne de 1800 dans la Souabe, la Bavière et l'Autriche, par un officier wurtembergeois, attaché à l'état-major de l'armée impériale.

Anonyme. — Procès Georges, Pichegru et autres, prévenus de conspiration contre le Premier Consul. Patris, Paris, 1804, 6 vol. in-8. — Bibl. Min. G., D II *u* 258.

Anonyme. — Recueil de cent trente-sept brochures, mémoires, opuscules, pièces concernant l'histoire militaire de 1792 à 1815, classées par ordre chronologique et numérotées de 1 à 137. In-4°. — Bibl. Min. G., A 11 *d* 768.

Anonyme. — Règlement concernant l'exercice et les manœuvres de l'infanterie du 1ᵉʳ août 1791. Paris, Imprimerie royale, 1791, 1 vol. in-folio. — Bibl. Min. G., A I *d* 86.

Anonyme. — Ueber den Feldzug der deutschen und französischen Armee in Deutschland, im Sommer und Winter des Jahrs 1800. Von einem Offizier der alliirten Truppen, im Laufe des Feldzugs verfasst. 1801 (par *Varnbueler*, selon Pohler. Bibl. II. 213, Kassel 1890).

Aulard. — Paris pendant la réaction thermidorienne et sous le Directoire. 5 vol. Paris, 1898-1902, t. III et V. — Bibl. Min. G., E *e* 74.

Aulard. — Paris sous le Consulat. T. I, 1 vol. in-8. — Bibl. Min. G., E *e* 74.

Aulard. — Registre des délibérations du Consulat provisoire (20 brumaire-3 nivôse an VIII). Paris, 1894, Société de l'histoire de la Révolution française, in-8. — Bibl. Min. G., D II *u* 572.

Aumale (Duc d'). — Les institutions militaires de la France. Bruxelles, 1867, C. Muquardt, in-12. — Bibl. Min. G., A I *b* 1308.

Bailleu. — Publicationen aus den k. preussischen Staats Archiven. T. VIII. Leipzig, Hirtzel, 1881. — Bibl. Min. G., E *c* 298.

Barras. — Mémoires de Barras, membre du Directoire. Publiés par G. Duruy. Ouvrage orné de 2 portraits, de fac-similés et de cartes. Paris, 1895, Hachette et Cⁿ, t. V. — Bibl. Min. G., D II *t* 380.

Belhomme (Lieutenant-colonel). — Histoire de l'infanterie en France. Paris, H.-Ch. Lavauzelle, 3 vol. in-8. — Bibl. Min. G., A II *g* 563.

Bignon. — Histoire de France depuis le 18 brumaire (novembre 1799), jusqu'à la paix de Tilsitt (juillet 1807), par M. Bignon. Tome 1ᵉʳ. Paris, chez Mᵐᵉ Vᵉ Charles Bechet, Firmin-Didot, libraires. — Bibl. Min. G., D I *e* 398.

Bittard des Portes. — Histoire de l'armée de Condé (1791-1801). E. Dentu. Paris, 1896, 1 vol. in-8. — Bibl. Min. G., A II *d* 861.

Boillot. — L'an 1800 en Suisse, au point de vue militaire, par le major Boillot, instructeur d'infanterie; publication faisant suite aux « Essais de levée d'une force nouvelle en Suisse, en 1799 », du même auteur. Couronnées par le jury de la Société fédérale des officiers. Devos, impr. E. Richter, 1899. — Bibl. Min. G., A II *d* 978.

Bonaparte (Lucien). — Mémoires secrets sur la vie privée, politique et littéraire de Lucien Bonaparte, prince de Conino, lié aux principaux événements du règne de son frère. Rédigés sur sa correspondance et sur des pièces inédites. Paris, 1816, Delaunay, 2 vol. in-18, t. I. — Bibl. Min. G., D II *e* 775.

Bonnal (Général). — Cours de stratégie et de tactique générale, professé à l'Ecole supérieure de guerre (1892-1893). — Bibl. Min. G., A I *c* 430.

Bourgeois. — Manuel de politique étrangère. T. I et II. Berlin, 1900, Paris, 3 vol. in-12. — Bibl. Min. G., E *e* 322.

Bulletin des Lois. — T. II et III.

Bülow (De). — Der Feldzug von 1800, militärisch-politisch betrachtet, von dem Verfasser des Geistes des neuern Kriegssystems (Bülow). (La campagne de 1800 au point de vue politique et militaire.) Berlin, 1801, H. Frölich, in-8. — Bibl. Min. G., A II *d* 160.

Bülow (De). — Histoire de la campagne de 1800 en Allemagne et en Italie, par M. de Bülow, officier prussien. Suivie du précis de la même campagne dans la Souabe, la Bavière et l'Autriche, rédigé sur les lieux par un officier de l'état-major de l'armée impériale; traduit de l'allemand et précédé d'une introduction critique, par Ch. Sevelinges. Paris, Magimel, in-8. — Bibl. Min. G., A II *d* 159.

Carnot. — Mémoires sur Carnot par son fils. T. II, nouvelle édition, Charavay, Mantoux, Martin, éditeurs. Paris, 1893. — Bibl. Min. G., D *t* 378.

Carrion-Nisas (Colonel marquis de). — Campagne des Français en Allemagne. Année 1800. Extrait du tome V du mémorial du dépôt de la guerre. Paris, Ch. Picquet, 1829, in-4. — Bibl. Min. G., A II *d* 146.

Chastenay (Mme de). — Mémoires de Mme de Chastenay. Paris, 1896, Plon-Nourrit, 2 vol. in-8. — Bibl. Min. G., D II *t* 442.

Chateauneuf. — Histoire du général Moreau. Paris, 1814, L.-G. Michaud; in-8. — Bibl. Min. G., A II *h* 692.

Chélard. — Les armées françaises jugées par les habitants de l'Autriche (1797-1800-1809). Plon, 1893, Paris, 1 vol. in-18. — Bibl. Min. G., A I *m* 569.

Chuquet. — Hondschoote. Plon, Paris, 1 vol. in-18. — Bibl. Min. G , A II *d* 771.

Chuquet. — Mayence. Plon, Paris, 1 vol. in-18. — Bibl. Min. G., A. II *d* 771.

Chuquet. — Wissembourg. Plon, Paris, 1 vol. in-18. — Bibl. Min. G., A II *d* 771.

C. J. — Sur la Révolution du 18 fructidor.

Colin (Capitaine). — La tactique et la discipline dans les armées de la Révolution. Paris, Chapelot, 1902, 1 vol. in-8. — Bibl. Min. G., A II *d* 1078.

Corcelle (De). — Mémoires, correspondance et manuscrits du général La Fayette, publiés par sa famille (mis en ordre, publiés et annotés par M. de Corcelle). Paris, 1837-1838, H. Fournier aîné, 6 vol. in-8. — Bibl. Min. G., D II *e* 821.

Coutanceau (Colonel). — La campagne de 1794 à l'armée du Nord, 1re partie, t. II. Paris, Chapelot, 1903, 2 vol. in-8.— Bibl. Min. G., A II *d* 1103.

Cugnac (Capitaine de). — Campagne de l'armée de réserve en 1800, t. I. Paris, Chapelot, 1900, 2 vol. in-8. — Bibl. Min. G., A II *d* 933.

Dedon (l'aîné). — Relation détaillée du passage de la Limmat, effectué le 3 vendémiaire an VIII; suivie de celle du passage du Rhin, du 11 floréal suivant, et de quelques autres passages de fleuve. Cet ouvrage contient une notice historique de toutes les opérations militaires des armées du Danube et du Rhin, sous les ordres des généraux Masséna et Moreau, depuis le 15 messidor an VII (3 juillet 1799), jusqu'au 26 messidor an VIII

(15 juillet 1800), avec deux cartes topographiques gravées par Tardieu. Par le citoyen Dedon l'aîné, chef de brigade d'artillerie. Paris, an IX (1801). Imp. Didot jeune, in-8. — Bibl. Min. G., A II d 143.

Dellard. — Mémoires militaires du général baron Dellard sur les guerres de la République et de l'Empire. Paris, libr. illustrée. — Bibl. Min. G., A II h 700.

Desmarets. — Quinze ans de police sous le Consulat et l'Empire. Paris, 1833, Bousquet, in-8. — Bibl. Min. G., D II l 332.

Dessolle. — Die Schlacht zu Hohenlinden in Baiern i. j. 1800 den 3 Dez. Ubergang über die Salza, Einzug in Salzburg, 13 u. 14 Dez. in-8, S. R. 1801.

Dessolle. — Die Schlacht bei Hohenlinden nebst den Bewegungen beider Heere. Von 17 Nov. bis 10 Dez. 1800, in-8. München, 1801.

Dessolle. — Journal historique des opérations de l'armée du Rhin, du 7 frimaire au 5 nivôse au IX, par le général Dessolle, in-8. — Bibl. Min. G., A II d 144.

Du Casse. — Le général Vandamme et sa correspondance, par A. Du Casse, auteur des Mémoires du roi Joseph, du prince Eugène, etc. Tome II, Paris, Didier, 1870. — Bibl. Min. G., A II h 288.

Dumas (Lieutenant général, comte Mathieu). — Précis des événements militaires ou Essais historiques sur les campagnes de 1799 à 1814, avec cartes et plans, par M. le comte Mathieu Dumas, lieutenant général des armées du roi. Paris, Treuttel et Würtz, tomes I et II (campagne de 1799), 1817; tomes III et IV (campagne de 1800), 1816; tomes V et VI (campagne de 1801), 1817; tomes suivants, 1819-1820-1822-1824-1826, 19 vol. in-8. Planches in-folio. — Bibl. Min. G., A II d 18.

Esneaux et Chennechot (Sennechot). — Histoire philosophique et politique de la Russie, depuis les temps les plus reculés jusqu'à nos jours. Paris, 1828-1829-1830, J. Corréard jeune, 5 vol. in-8. — Bibl. Min. G., D II k 14.

Fallize. — Reconnaissance topographique militaire de la position de Stockach et de la bataille gagnée sur les Autrichiens par le général Lecourbe, le 13 floréal an VIII républicain, faite par Fallize, ingénieur géographe. Le 19 floréal. Légende. — Archives des cartes du Min. de la G., L II 779.

Fauriel. — Les derniers jours du Consulat. (Manuscrit inédit de Claude Fauriel, publié et annoté par Ludovic Lalanne.) Paris, Calmann-Lévy, 1886, 1 vol. in-8. — Bibl. Min. G., D II e 1480.

Fezensac (Général de division, duc de). — Souvenirs militaires de 1804 à 1814. Paris, 1870, J. Dumaine, in-18. — Bibl. Min. G., A II h 699.

Foy (Général). — Histoire des guerres de la Péninsule sous Napoléon, précédée d'un tableau politique et militaire des puissances belligérantes; publié par Mme la comtesse Foy. (Fac-similé et pièces justificatives.) Paris, 1827, Baudouin, 4 vol. in-8. Atlas, grand in-8, t. I. — Bibl. Min. G., A II d 327.

Furse (Colonel A.). — 1800. Marengo et Hohenlinden. Londres, W. Clowes et Sons. — Bibl. Min. G., A II d 1105.

Gassendi (Général). — Aide-mémoire à l'usage des officiers d'artillerie. — Bibl. Min. G., A I f 77.

Gazette nationale. (1800).

Girod de l'Ain. — Le général Eblé. Paris, Berger-Levrault, 1893, in-8. — Bibl. Min. G., A II h 829.

Gohier. — Mémoires des contemporains pour servir à l'histoire de France, et principalement à celle de la République et de l'Empire. Troisième livraison (Mémoires de Louis-Jérôme Gohier, président du Directoire au 18 brumaire, avec portraits et fac-similés). Paris, 1824, Bossange frères, 2 vol. in-8, t. I. — Bibl. Min. G., D II e 634.

Gourgaud. — Faux titre : Mémoires de Napoléon. Mémoires pour servir à l'histoire de France sous Napoléon, écrits à Sainte-Hélène par les généraux qui ont partagé sa captivité et publiés sur les manuscrits entièrement corrigés de la main de Napoléon, t. I et II écrits par le général Gourgaud, son aide de camp. Paris 1823, F. Didot père et fils, 2 vol. in-8. — Bibl. Min. G., D II e 678.

Gouvion Saint-Cyr. — Mémoires pour servir à l'histoire militaire sous le Directoire, le Consulat et l'Empire, par le maréchal Gouvion Saint-Cyr. Portraits et cartes. Paris, Anselin, 1831, 4 vol. in-8, et atlas in-folio. — Bibl. Min. G., A II d 44.

Gouvion Saint-Cyr. — Mémoires sur les campagnes de Rhin et Moselle, de 1792 jusqu'à la paix de Campo-Formio. Paris, 1829, Anselin, 4 vol. in-8. — Bibl. Min. G., A II d 43.

Heilmann. — Der Feldzug von 1800 in Deutschland, mit besonderer Bezugnahme auf den Anteil der bayerischen Truppen bearbeitet von Heilmann Generalleutnant z. D. Leipzig, Verlag von Arwed Strauch. — Bibl. Min. G., A II d 1029.

Hüffer (Hermann). — Quellen zur Geschichte des Zeitalters des franz. Revolution. 1re partie, t. I et II. Leipzig, B.-G. Teubner, 1900, in-8. — Bibl. Min. G., A II d 968.

Hüffer (Hermann). — Quellen zur Geschichte des Krieges von 1800. Mit einem Plan des Schlachtfeldes von Hohenlinden; herausgegeben von Hermann Hüffer. Leipzig, B.-G. Teubner, 1901, in-8. 190 p.

Hugo. — Mémoires du général Hugo. Paris, 1823, Ladvocat, 3 vol. — Bibl. Min. G., A II d 693.

J.-C. — Études sur la campagne de 1796-1797 en Italie. Paris, 1898, Baudoin, in-8. — Bibl. Min. G., A I a 1284.

Jomini. — Histoire critique et militaire des guerres de la Révolution, nouvelle édition rédigée sur de nouveaux documents et augmentée d'un grand nombre de cartes et de plans, par le général Jomini, aide de camp de S. M. l'Empereur, grand-croix de plusieurs ordres. T. XIII, campagne de 1800, première période. Paris, 1824, Anselin et Pochard, t. XIX. — Bibl. Min. G., A II d 17.

Journal des Débats (1800).

Journal des Défenseurs de la Patrie (1800).

Journal militaire de 1818. — Relation de la bataille de Hohenlinden, traduite de l'allemand : 1er art., p. 76-86 ; 2e art., p. 87-91. — Cf. Hüffer, Quellen, p. 563.

Karrer. — Historisches Tagebuch d. vorzuglichsten Kriegs Begebenheiten in und bei Memmingen von 1799-1801. 2 Abth. in-8. Memmingen, 1801-1804.

Kellermann. — Voir *Valmy* (duc de).

Koch. — Mémoires de Masséna, rédigés d'après les documents qu'il a laissés, et sur ceux du Dépôt de la guerre et du Dépôt des fortifications avec un atlas et pièces justificatives. Paris, 1848-1849-1850, Paulin et Lechevallier, 7 vol. in-8 et atlas in-folio, t. III. — Bibl. Min. G., A II d 45.

Kriegsgeschichtliche Abteilung des K. und K. Kriegs-Archivs. — Krieg gegen die französische Revolution, 1792-1797, bearbeitet in der Kriegsgeschichtlichen Abteilung des K. und K. Kriegs-Archivs, t. I. — Bibl. Min. G., A II a 101.

Lavalette (Comte). — Mémoires et souvenirs du comte Lavalette, ancien aide de camp de Napoléon, directeur des postes sous le premier Empire et pendant les Cent-Jours. T. 1. Paris, 1905, Société parisienne d'édition, 1 vol. in-8. — Bibl. Min. G., D II e 780.

Lecourbe. — Rapport du lieutenant général Lecourbe au général en chef Moreau, contenant le précis des opérations de l'aile droite de l'armée du Rhin pendant le mois de frimaire de l'an IX. Strasbourg, imp. Levrault, an IX de la République française. — Bibl. Min. G., A II d 904.

Léques (Capitaine). — Historique et organisation de l'artillerie (cours professé à l'Ecole d'application de l'artillerie). — Bibl. Min. G., A I f 419.

Lescure. — Souvenirs du comte Le Coulteux.

Macdonald. — Souvenirs du maréchal Macdonald, duc de Tarente. Paris, 1892, Plon-Nourrit, in-8. — Bibl. Min. G., A II h 879.

Martens (De). — Recueil des principaux traités d'alliance, de paix, de trêve, de neutralité, de commerce, de limites, d'échanges, etc., conclus par les puissances de l'Europe, tant entre elles qu'avec les puissances et Etats dans d'autres parties du monde, depuis 1761 jusqu'à présent. Göttingen, 1791-1805-1800, J.-C. Dietrich, 8 vol. in-8, t. VI. — Bibl. Min. G., E c 90.

Mentelle et Chaulaire. — Carte d'Allemagne où sont comparées les anciennes limites de cet Empire avec les conquêtes des Français et la ligne convenue pour l'armistice de 1800.

Miot de Melito. — Mémoires du comte Miot de Melito, ancien ministre, ancien ambassadeur, conseiller d'Etat et membre de l'Institut (1788-1815). Paris, 1873-1874, Michel-Lévy frères, 3 vol. in-18, t. 1. — Bibl. Min. G., D II e 1052.

Molitor. — Précis des opérations du général Molitor, pendant la campagne de 1800 à l'armée du Rhin commandée par le général Moreau. Extrait du *Spectateur militaire*, in-8, 34 p. — Bibl. Min. G., A II d 201.

Mollien. — Mémoires d'un Ministre du Trésor public (1780-1815). Paris, Guillaumin, 1898, 3 vol. in-8. — Bibl. Min. G., D II t 463.

Moniteur (1800).

Montholon. — Mémoires de Napoléon écrits par Montholon. Paris, 1823-1824-1825, F. Didot père et fils, 6 vol. in-8. — Bibl. Min. G., D II e 679.

Mussinan. — Geschichte der französischen Kriege in Deutschland besonders auf bayerischem Boden in den Jahren 1796, 1800, 1805 und 1809, geschrieben von Joseph Ritter von Mussinan, königlich bayerischem Ministerial und Generalfiscalats Rathe. Sulzbach, 1822, J.-E. Seidel, in-8. — Bibl. Min. G., A II d 291.

Napoléon. — Mémoires de Napoléon écrits à Sainte-Hélène. V. *Gourgaud* et *Montholon*.

Napoléon. — Correspondance de Napoléon. — Bibl. Min. G., D II e 1089.

Napoléon. — Correspondance inédite de Napoléon avec les cours étrangères. — Bibl. Min. G., A II d 689.

Ney. — Mémoires du maréchal Ney, duc d'Elchingen, prince de la Moskowa, publiés par sa famille. Paris, 1833, Fournier.

Noël. — Souvenirs militaires d'un officier du premier Empire (1795-1832). Paris, 1895, Berger-Levrault. — Bibl. Min. G., A II *h* 887.

Œsterreichische Militär-Almanach (1800). — Bibl. Min. G., A 1 *l* 266.

Oesterreichische militärische Zeitschrift. — Der Feldzug 1800 in Deutschland nach œsterreichischen Quellen. Vienne, 1836, t. I, II, III, IV.

Ouvrard. — Mémoires de G.-J. Ouvrard, sur sa vie et ses diverses opérations financières. Paris, 1826-1827, Moutardier, 3 vol. in-8. — Bibl. Min. G., D II *u* 283.

Pahl (J.-G.). — Denkwurdigkeiten. gesch. v. Schwaben wahr. der beiden Feldzuge, v. 1799 u. 1800, in-8. Nordlingen, 1802.

Percy. — Journal des campagnes du baron Percy.

Philebert (Général). — Le général Lecourbe, d'après ses archives, sa correspondance et autres documents, avec une préface de M. le général Philebert. Paris, 1895, Henri Charles-Lavauzelle. — Bibl. Min. G., A II *h* 859.

Picard (Commandant). — Bonaparte et Moreau. Paris, 1905, Plon, 1 vol. in-8. — Bibl. Min. G., A II *d* 1183.

Remacle. — Bonaparte et les Bourbons. Relations des agents de Louis XVIII. Paris, 1899, Plon, 1 vol in-8. — Bibl. Min. G., D II *u* 521.

Revue historique, 4° année, t. IX, janvier-avril 1879. Paris, 1879, Germer, Baillière et C°. V. *Tessier*. — Bibl. Min. G., A I *c* 430.

Richepance. — Bataille de Hohenlinden. Rapport de Richepance à Moreau. *Spectateur militaire*, nov. 1836. — Cf. Bibl. Min. G., A II *d* 199.

Rouquerol. — L'artillerie au début des guerres de la Révolution. Paris, 1898, Berger-Levrault, 1 vol. in-8. — Bibl. Min. G., A I *f* 1992.

Schels. — Voir *Œsterreichische militärische Zeitschrift*, Wien, 1836. — Bibl. Min. G., A 1 *l* 316.

Schleifer. — Die Schlacht bei Hohenlinden.

Schutz (Général de). — Geschichte der Kriege in Europa seit dem Jahre 1792, als Folgen der Staatsveränderung in Frankreich unter König Ludwig XVI mit Plänen. Leipzig, F.-A. Brockaus, 1827-1828-1829-1830; Berlin, Posen und Bromberg, E.-S. Mittler und Sohn, 1833, Bd. VI, 1838; Bd. VII, 1834; Bd. VIII, und nachstehende, 1837-1841-1842-1843-1844-1846-1847-1849-1850-1851-1852-1853. 21 B. in-15, Th. in-8. — Bibl. Min. G., A II *d* 21.

Ségur (Général comte de). — Histoire et Mémoires du général comte de Ségur. Mélanges. Paris, 1873, F. Didot, 8 vol. in-8, t. II. — Bibl. Min. G., D II *e* 1055.

Ségur (Philippe). — Lettre sur la campagne du général Macdonald dans les Grisons, commencée dans le mois de thermidor an VIII (août 1800) et terminée par le traité de Lunéville signé le 20 pluviôse an IX (9 février 1801), par Philippe Ségur, officier d'état-major. Paris, an X, Treuttel et Würtz, libraires. — Bibl. Min. G., A II *d* 203.

Seida und **Landbecq** F.-E. — Politisch-militärische Geschichte des Feldzuges von 1800 (in Deutschland). Ulm, 1801.

Seida. — Historisch-chronologische Darstellung des wichtigen Feldzugs in

Deutschland von Jahre 1800, von Franz Eugen Reichsfreyherrn von Seida und Landsberg (ehemaligen Offiziere in Kurkollnischen Diensten), mit einem Titelkupfer und einer Tabelle welche alle den Fürsten und Standen des schwabischen Kreises auferlegten Kontributionen und Requisitionen enthält. Leipzig, 1802, und zu Augsburg in Commission bei Joh. Georj-Christ Braun. — Bibl. Min. G., A 11 d 87.

Seruzier (Colonel baron). — Mémoires militaires du baron Seruzier, colonel d'artillerie légère ; mis en ordre et rédigés par son ami M. le Mière de Corney, officier supérieur en retraite. Paris, 1823, Anselin et Pochard, in-8. — Bibl. Min. G., A 11 d 705.

Sorel. — L'Europe et la Révolution française. Paris, 1885-1905, Plon, 8 vol. in-8, t. II, VI. — Bibl. Min. G., E c 218.

Spectateur militaire. — Histoire de la campagne de 1800. Nov. 1854.

Spectateur militaire. — V. *Molitor*.

Spectateur militaire. — V. *Richepance*.

Spectateur militaire. — Précis des opérations des armées françaises pendant 1800. Mars 1837.

Stourm. — Les finances du Consulat. Paris, 1902, Guillaumin, in-8. — Bibl. Min. G., F 1 d 172.

Sybel (H. de). — Histoire de l'Europe pendant la Révolution française, par H. de Sybel, directeur des archives royales, membre de l'Académie des sciences de Berlin. Traduit de l'allemand par M¹¹ᵉ Marie Dosquet, inspectrice générale des écoles maternelles. Édition revue par l'auteur et précédée d'une préface écrite pour l'édition française. T. VI et dernier, suivi d'une table alphabétique générale des matières. Paris, 1888, Félix-Alcan.

Talleyrand. — Mémoires du prince de Talleyrand, publiés avec une préface et des notes, par le duc de Broglie. Paris, 1891-1892, Calmann-Lévy, 5 vol. in-8, t. I. — Bibl. Min. G., D 11 t 386.

Tatistcheff. — Paul Iᵉʳ et Bonaparte (*Nouvelle Revue*, septembre, 15 novembre, 15 décembre 1887).

Tatistcheff. — Archives du prince Woronzoff, t. VIII, XI.

Tessier. — Hohenlinden et les premiers démêlés de Bonaparte et de Moreau, d'après les mémoires du général Decaen. Nogent-le-Rotrou, 1879. (Extrait de la *Revue historique*, t. IX, 333, 1879.)

Thibaudeau. — Mémoires sur le Consulat, 1799 à 1804, par un ancien conseiller d'Etat. Paris, 1827, Ponthieu et Cᵉ. — Bibl. Min. G., D 11 e 654.

Thibaudeau. — Le Consulat et l'Empire ou histoire de la France et de Napoléon-Bonaparte, de 1799 à 1815, par A.-C. Thibaudeau. Consulat, t. I. Paris, 1834, Jules Renouard. — Bibl. Min. G., D 1 e 397.

Thiébault. — Souvenirs, t. III. Paris, 1893, Plon, 5 vol. in-8. — Bibl. Min. G., A II h 826.

Thiers. Histoire du Consulat et de l'Empire, faisant suite à l'Histoire de la République française, par A. Thiers, t. I et II. Paris, 1845, Paulin. — Bibl. Min. G., D II e 673.

Thürheim. — Gedenkblätter des K. K. œsterr. Armee. Teschen, 1880, K. Prochaska, 2 vol. in-8. — Bibl. Min. G., A 11 g 305.

Valmy (Kellermann duc de). — Histoire de la campagne de 1800, écrite d'après des documents nouveaux et inédits, par M. le duc de Valmy, fils du général Kellermann (planches et pièces justificatives). Paris, 1854, J. Dumaine, in-8. — Bibl. Min. G., A 11 *d* 200.

Varnbueler. — V. *Anonyme*. Ueber den Feldzug.

Venturini (Georg.). — Kritische Betrachtungen des letzten und wichtigsten Feldzugs im achtzehnten Jahrhundert und der dem œsterreichischen Staate augemessensten Kriegführung gegen Westen und Sudwest. Als Beilage der Schrift : wahrscheinliche Operationen im Jahr 1800 und als Beispiele zur Feldherrnwissenschaft aufgestellt von Georg Venturini. mit Kupfern. Braunschweig, Karl Reichard, 1802.— Bibl. Min. G., A 11 *d* 140.

Vernon (Gay de). — Vie du maréchal Gouvion Saint-Cyr. Paris, 1856, F. Didot, 1 vol. in-8. — Bibl. Min. G., A 11 *h* 227.

Villemarest (C.-M. de). — Mémoires (rédigés sur des notes) de M. de Bourrienne, ministre d'Etat, sur Napoléon, le Directoire, le Consulat, l'Empire et la Restauration avec pièces justificatives. Paris, 1829, Ladvocat. 10 vol. in-8. — Bibl. Min. G., D 11 *e* 682.

Vivenot. — Vertrauliche Briefe des Freiherrn von Thugut (1792-1805), t. 11. 2 vol. in-8. — Vienne, 1872. Braumüller.

Woyda (V.). — Moreau et sa dernière campagne, par un officier de son état-major. Traduit de l'allemand. Paris, 1874, in-8. Metz, 1844.

Abréviations.

Les documents employés provenant généralement des cartons de correspondance et des registres de l'armée du Rhin aux Archives historiques du ministère de la guerre, il a paru inutile de répéter pour chacun d'eux l'abréviation par laquelle ce dépôt est désigné, c'est-à-dire *A. H. G.* Cette abréviation n'a été ajoutée que dans les cas où il était nécessaire de spécifier qu'il s'agissait bien de ces archives, ou pour des pièces relatives à des armées autres que celle du Rhin. Les autres archives ont été désignées de la manière suivante :

A. A. G.	Archives administratives du ministère de la guerre.
A. C. G.	Archives des cartes du ministère de la guerre.
A. N.	Archives nationales.
A. Art.	Archives de l'artillerie.
A. Gen.	Archives du génie.
A. P. M.	Archives du prince de la Moskowa.
A. Gud.	Archives du comte Gudin.
A. Lec.	Archives du capitaine Le Courbe.

Les diverses archives autrichiennes ont aussi été l'objet d'une notation spéciale.

K. K. Arch.	Archives du ministère de la guerre de Vienne.
K. K. Arch. H. K. R.	Archives du ministère de la guerre de Vienne Conseil aulique (Hof-Kriegs-Rath).

Les livres ont été désignés par le nom de l'auteur, suivi des premiers mots du titre; il a paru inutile de répéter l'année, la librairie et toutes les autres indications, car l'édition citée est toujours celle qui figure à la bibliographie; il a donc suffi d'indiquer le chapitre ou la page de cette édition, immédiatement après le titre, pour avoir une référence exacte.

Orthographes des noms de lieux.

L'orthographe des noms de lieux est celle des cartes actuelles de l'état-major allemand au 1/100,000ᵉ, de l'état-major autrichien au 1/75,000ᵉ, de la carte de la Suisse de Dufour au 1/100,000ᵉ.

Dates.

Les dates ont été indiquées d'après le calendrier républicain; elles sont suivies généralement de la date du calendrier grégorien mise entre parenthèses. Du reste, on pourra se reporter aux *Documents annexes* à un tableau de concordance des deux calendriers.

LA

CAMPAGNE DE 1800 EN ALLEMAGNE

CHAPITRE PREMIER

Situation politique.

I. La France désire ardemment la paix. — II. Lettre de Bonaparte au roi d'Angleterre. — III. Négociations avec l'Autriche. — IV. La Prusse reste neutre. — V. La Russie se retire de la coalition.

La nation française, après sept années de luttes ininterrompues, sentait très vivement le besoin de la paix (1). Elle approuvait Bertrand du Calvados et Boulay de la Meurthe qui reprochaient aux Directeurs « la durée de la guerre, les violences de la politique française, les hasards de l'expédition d'Égypte (2) » ; elle accueillait avec faveur le coup d'État du 18 brumaire pour les promesses pacifiques que lui apportait Bonaparte. Aussi le Premier Consul (3) jugea-t-il nécessaire et habile de faire, auprès des cabinets de Londres et de Vienne, des démarches relatives à une entente, soit qu'il désirât

---

(1) Bailleu, *Publicationen aus den k. preussichen Staatsarchiven*, t. VIII, p. 345, 347, 349, 350 ; Aulard, *Paris pendant la réaction thermidorienne*, t. III, p. 517, 519, 540, 596 ; V, 394 ; Thibaudeau, *Mémoires sur le Consulat*, 389, 390.

(2) Cité par Bourgeois, *Manuel de Politique étrangère*, p. 211.

(3) Les trois consuls désignés par la Constitution de l'an VIII, commencèrent à siéger le 4 nivôse an VIII (25 décembre 1799).

réellement l'issue de la guerre, soit qu'il voulût seulement mettre de son côté les apparences de la modération
et se ménager ainsi l'opinion publique.

Le 25 décembre 1799, rompant avec les traditions
diplomatiques, le Premier Consul écrit directement au
roi d'Angleterre. Il déplore la guerre « qui, depuis
huit ans ravage les quatre parties du monde ». Comment
les deux nations les plus éclairées de l'Europe, puis-
santes et fortes plus que ne l'exigent leur sûreté et leur
indépendance, ne sentent-elles pas que la paix « est le
premier des besoins, comme la première des gloires » ?
Il exprime le vœu que son appel soit entendu par le
roi d'Angleterre « qui gouverne une nation libre et dans
le seul but de la rendre heureuse (1) ».

Mais Pitt, qui avait choisi comme pivot de sa politique
extérieure l'affaiblissement de la France, ne pouvait
songer à désarmer, puisque l'échec en Hollande était
encore à réparer. Le Cabinet britannique, s'appuyant sur
le texte de la Constitution anglaise, sur une loi d'étiquette, interdit au Roi de répondre et chargea de ce
soin lord Grenville, Ministre des affaires étrangères, qui
adressa, le 4 janvier 1800, une note à Talleyrand,
ministre des relations extérieures. Se plaignant de
l'esprit de conquêtes, de dévastation, de brigandage qui
règne en France, le Ministre anglais dit que son souve-
rain ne peut se contenter de déclarations pacifiques tant
de fois renouvelées, jamais observées. Il déclare que le
gage le plus certain de la bonne foi serait le rétablissement de l'ancienne dynastie, événement qui assurerait
à la France « l'intégrité de son ancien territoire ». Cette
condition d'une entente probable n'a toutefois rien
d'absolu, mais le roi d'Angleterre ne peut traiter tant

---

(1) *Correspondance de Napoléon*, n° 4445.

que la France sera « sous l'empire d'un régime subversif de tout ordre social (1) ».

Continuant dans la voie pacifique où il s'était engagé, le Premier Consul fait écrire le 14 janvier (2) à lord Grenville par Talleyrand, qu'en 1797, l'Angleterre a cependant reconnu la forme du gouvernement directorial lorsqu'elle a envoyé à Lille lord Malmesbury, porteur de propositions de paix. La France croirait faire injure à la nation anglaise si elle proposait comme base d'une entente le rétablissement de la famille des Stuarts, chassée elle aussi par une révolution ; la France n'a jamais eu le désir des conquêtes ; elle a dû prendre les armes pour résister à la coalition européenne qui l'attaquait de toutes part et se proposait de la démembrer. Le gouvernement de la République a si bien le désir de la paix qu'il propose la réunion à Dunkerque de plénipotentiaires des deux nations.

Mais, en Angleterre, l'opinion publique et le gouvernement sont ouvertement favorables à la guerre, et lord Grenville est autorisé à déclarer le 20 janvier (3) à Talleyrand « qu'il ne peut que s'en tenir à sa première réponse ». L'Angleterre attendra les résultats de l'expérience pour apprécier la sincérité des dispositions pacifiques du nouveau gouvernement français.

L'attitude provocatrice du Cabinet anglais n'avait pas été sans soulever de violents débats au sein du Parlement (4). Des orateurs comme Erskine, Fox, Sheridan, s'élèvent contre les sentiments belliqueux du gouverne-

---

(1) Affaires étrangères, Correspondance d'Angleterre, t. 253.

(2) Affaires étrangères, Corresp. d'Angleterre, t. 593. — Lettre reçue à Londres le 18, Dépôt de la Guerre, V, Ec. 143, p. 13.

(3) Affaires étrangères, Corresp. d'Angleterre, t. 253.

(4) Séances de la Chambre des Lords du 28 janvier, de la Chambre des Communes les 3 et 7 février. (*Moniteur* des 17, 19, 20, 21, 22, 24 et 25 pluviôse.)

ment, opposent à ses théories des arguments basés sur les principes du droit naturel et du droit politique, sur des exemples mêmes tirés de l'histoire d'Angleterre. Les ministres répondent victorieusement que la faction qui a établi la République française est la seule cause de la guerre.

Lord Grenville dit à la Chambre des Communes : que si l'intention du roi d'Angleterre n'est pas de rétablir la monarchie en France, du moins les armées alliées peuvent-elles dégager le peuple français du poids de l'autorité militaire et lui permettre d'exprimer son vœu réel ; à la Chambre des Pairs : qu'on ne peut conclure la paix avec un gouvernement qui n'est pas constitutionnel.

Enfin, poussé dans ses derniers retranchements par l'énergique minorité du Parlement, Pitt déclare en substance : que jacobinisme et Bourbons sont des mots ; que la seule raison de la guerre est l'abaissement de la France (1), qui ne peut être réalisé qu'en détruisant « ce système né de la Révolution » et donnant au gouvernement français, au despotisme militaire, tant de ressources et de moyens extraordinaires. « Est-il une sécurité possible pour l'Angleterre, ajoute-t-il, alors que notre garantie en négociations serait avec ce Bonaparte, seul organe maintenant de tout ce qu'il y a de pernicieux dans la Révolution française (2) ».

L'adresse au Roi est votée néanmoins à une grande majorité, ainsi que le budget de la guerre s'élevant à 1100 millions, et les subsides nécessaires pour conclure un arrangement avec l'empereur d'Autriche, la Bavière

---

(1) Lord Aukland voulait réduire la France à un « véritable néant politique », a dit justement M. Sorel. (*L'Europe et la Révolution française*, t. II, p. 367.)

(2) Cité par Bignon, *Histoire de France*, t. I, p. 56. (Réponse de Pitt à M. Tierney.)

et le Würtemberg (1). On continue aussi à employer de l'argent en faveur des entreprises de Georges et des chouans (2).

L'échec du Premier Consul dans ses négociations diplomatiques était donc complet de ce côté, mais l'insolence des ministres anglais avait du moins ce résultat de montrer à la nation tout entière que l'Angleterre se refusait à conclure la paix. L'opinion publique devait donc se prononcer contre elle en faveur de Bonaparte (3).

Dans sa lettre du 25 décembre 1799 (4), le Premier Consul fait connaître à l'empereur d'Autriche, qu' « étranger à tout sentiment de vaine gloire », il n'a qu'un but éviter l'effusion du sang ; il s'adresse au cœur de l'Empereur et le prie de ne prendre d'autre guide dans ses résolutions dont dépendra la paix entre les deux nations.

L'empereur d'Autriche, comme le roi d'Angleterre, ne fit «. pas même l'honneur d'un accusé de réception (5) » à la lettre conciliatrice du Premier Consul. Il chargea de la réponse son Ministre des affaires étrangères, Thugut. Si le ton de la lettre de ce dernier datée du 25 janvier 1800 (6) et adressée à Talleyrand est empreint d'une certaine modération, du moins le ministre autrichien déclare-t-il que son gouvernement ne peut entamer les négociations avant que le Cabinet français n'ait donné des garanties de ses dispositions pacifiques.

Mais Bonaparte ne peut se contenter de ces expli-

---

(1) Séance du 13 février.

(2) Bailleu, *loc. cit.*, t. II, p. 46.

(3) Le capitaine Ravier à Ney, Coblentz, 6 pluviôse an VIII (*Arch. du prince de la Moskowa*) ; le capitaine Passinges à Ney, Paris, 7 ventôse an VIII (*Ibid.*).

(4) *Correspondance de Napoléon*, n° 4446.

(5) *Mémoires de Talleyrand*, t. 1, p. 277.

(6) Affaires étrangères, *Correspondance d'Autriche*, t. 371.

cations évasives et veut forcer l'Autriche à déclarer catégoriquement ses intentions. Aussi, le 28 février, Talleyrand offre-t-il de prendre pour bases des négociations le traité de Campo-Formio, laissant à un arrangement ultérieur avec l'Empire le soin de régler la question des provinces rhénanes. Il propose en outre la conclusion d'un armistice s'étendant aussi bien à l'armée d'Italie qu'à celle d'Allemagne (1).

Sans répondre à la demande de suspension d'armes, Thugut fait connaître, le 24 mars, que son gouvernement ne peut accepter le traité de Campo-Formio comme point de départ de nouvelles négociations diplomatiques, mais s'arrête au contraire au principe d'une entente générale établie sur les situations respectives des puissances belligérantes, telle qu'elle se présente à l'heure actuelle (2).

Accepter de telles propositions équivalait pour la France à la renonciation complète des avantages obtenus dans les campagnes de la Convention et du Directoire. Toutefois, dans sa lettre du 7 avril (3), Talleyrand, sans accepter les bases proposées par Thugut, ne repousse qu'avec ménagement les prétentions de l'Autriche.

Écartant toute possibilité d'un arrangement pacifique avec l'Angleterre, il demande au ministre de l'Empereur de fixer le lieu où les négociations avec l'Autriche pourraient être entamées. Bonaparte, « toujours condescendant » (4), admettait qu'après les succès de la dernière campagne, le lot de l'Autriche en Italie doit s'étendre au delà des conventions de Campo-

---

(1) Archives des Affaires étrangères, Correspondance d'Autriche, t. 371.
(2) *Ibid.*
(3) *Ibid.*
(4) Sybel, *Histoire de l'Europe pendant la Révolution française*, t. VI, p. 313.

Formio. En même temps Moreau, commandant en chef de l'armée du Rhin, était chargé de renouveler les propositions d'armistice, en s'adressant cette fois à Kray. Ce dernier ne crut pas pouvoir y donner suite lui-même et en référa à Vienne. Par une dernière lettre du 2 mai, Thugut refusait toute suspension d'armes avant d'avoir consulté les autres puissances (1). Elle ne parvint au Premier Consul que dans les plaines de l'Italie (2). En réalité, l'alliance austro-anglaise était déjà un fait accompli. Les deux puissances étaient liées par des traités de subsides. L'Autriche d'ailleurs envisageait surtout ses intérêts en Italie, garantis par l'Angleterre.

En mars 1800, le gouvernement autrichien sacrifiait l'archiduc Charles dont les tendances pacifiques s'étaient hautement manifestées, et le remplaçait par Kray à la tête des armées de l'Empire. Le 16 mars, Wickam, représentant le gouvernement anglais auprès de l'électeur de Bavière, obtenait de celui-ci un corps supplémentaire de 12,000 hommes, pour renforcer les contingents autrichiens. Le 20 avril, un traité avec le duc de Würtemberg mettait à la disposition des coalisés un autre corps de 6,000 hommes. L'électeur de Mayence s'engageait, le 30 du même mois, à fournir un contingent de 4,000 à 6,000 soldats.

Les négociations étaient donc remises à un terme

---

(1) Archives des Affaires étrangères, Correspondance d'Autriche, t. 371.

« En voyant le conquérant jadis si sûr de la victoire reculer de la sorte, bien peu croyaient encore possible que la France reprit l'offensive..... L'opinion générale était que l'année qui venait de s'écouler avait épuisé les ressources militaires de la France et que, malgré tout le talent de Bonaparte, on devait tout au plus s'attendre à une opiniâtre défense des frontières. » (Sybel, *loc. cit*, p. 313.)

(2) Vivenot, *Vertrauliche Briefe des Freiherrn von Thugut*, II, 445 (Talleyrand à Thugut, Paris, 17 prairial an VIII).

inconnu. Mais le Premier Consul, envisageant encore
une paix possible, suivant les événements de la guerre,
prévint le Cabinet autrichien que, s'il le jugeait utile,
ses propositions ultérieures pourraient être transmises
à M. de La Valette, notre chargé d'affaires à Dresde (1).

Si les avances pacifiques de Bonaparte avaient été
rejetées par les cabinets de Londres et de Vienne, elles
devaient avoir un meilleur accueil auprès du roi de
Prusse (2). Cette puissance était en paix avec la France
depuis le traité de Bâle, et le roi Frédéric-Guillaume III
employait toute son activité à la réorganisation de ses
finances et de son armée. Il semblait n'avoir aucune
intention belliqueuse (3). Il avait fait oublier, par sa
modération apparente, la demande d'évacuation des
provinces prussiennes transrhénanes (4) et même de la
Hollande, faite par Sandoz-Rollin, ambassadeur de
Prusse à Paris en 1799, au gouvernement français, alors
que l'on croyait à Berlin au succès des troupes anglo-
russes dans les Pays-Bas et des armées austro-russes en
Helvétie (5).

---

(1) Archives des Affaires étrangères, Correspondance d'Autriche,
t. 371.

(2) Le Directoire avait déjà fait des démarches pour obtenir la neutralité de la Prusse. (Bailleu, *loc. cit.*, t. VIII *passim*.)

(3) « J'ai vu hier ce général (Bonaparte). Rien n'atteste mieux, m'a-
t-il dit, la vérité des éloges que l'on donne au roi de Prusse que sa
conduite politique dans cette terrible guerre (1799). Il conserve sa
puissance tandis que d'autres la perdent; il sait rendre ses peuples
heureux, et il servira de ralliement au besoin pour le retour de l'ordre
et de la paix. » (Bailleu, *loc. cit.*, p. 343, Note de Sandoz-Rollin,
ambassadeur de Prusse à Paris.)

(4) D'après l'article 5 du traité de Bâle, les troupes françaises
devaient continuer à occuper les provinces prussiennes de la rive
gauche du Rhin.

(5) Bailleu, *loc. cit.*, p. 336 et 339, Notes à Sandoz des 1er septembre
et 4 octobre 1799. « J'ai posé pour principe, écrivait le comte

Le 16 novembre, les Consuls adressent au roi de Prusse un message l'assurant de leur ferme intention de respecter « religieusement » les traités existants, et des sentiments d'amitié qu'il trouvera en toutes circonstances dans les consuls de la République, spécialement lors de la paix générale, si Sa Majesté continue à se déclarer « franchement l'ami de la République (1) ».

Le 3 décembre, le colonel Duroc présenta lui-même cette lettre au roi Frédéric-Guillaume qui l'accueillit avec considération et lui donna des témoignages de son estime (2). Sans s'ouvrir à personne des propositions de paix et d'alliance que le cabinet de Berlin, sur l'opinion de Sandoz-Rollin, croyait lui « avoir été commises (3) », Duroc n'en obtient pas moins l'assurance des dispositions pacifiques du Roi et de son désir de coopérer à la paix générale. Reçu avec la plus grande cordialité par les personnages influents, il sonde leurs pensées pour connaître les dispositions de la Prusse à l'égard de la France, et il peut écrire, le 5 décembre, à Bonaparte : « Nous n'avons ici contre nous que la haute noblesse. Le Roi, son armée et le peuple aiment et estiment les Français (4). » En réalité, Duroc se trompait

---

d'Haugwitz au Roi, qu'il fallait poursuivre la négociation avec la France de manière à conserver la faculté de la prolonger à notre gré pour nous amener à l'époque où le succès des coalisés ou bien leurs revers nous auraient appris quel fût le parti le plus conforme aux intérêts de la Prusse. »

Après les victoires de Brune et de Masséna, il ajouta à la hâte : « Les circonstances nous ont ramenés de nouveau au système de neutralité. » (Bailleu, *loc. cit.*, p. 344.)

(1) *Ibid.*, p. 348.

(2) Duroc était arrivé à Berlin le 28 novembre. (Bailleu, *loc.*, *cit.*, p. 351.)

(3) Bailleu, *loc. cit.*, p. 351.

(4) Affaires étrangères, Correspondance de Prusse, t. 220.

sur les sentiments véritables de la Prusse, qu'elle dissimulait, il est vrai, à cette époque.

La réponse de Frédéric-Guillaume III, datée du 16 décembre et adressée directement aux Consuls, montre le
prix qu'attache, en apparence, le Roi « aux témoignages
d'attachement et d'amitié » qui lui ont été manifestés.
Il agrée volontiers l'intention du gouvernement français de se conformer aux engagements contractés. « Sa
conduite personnelle n'a, dit-il, jamais varié à cet
égard..... la confiance ne peut être établie que sur la
réciprocité de telles intentions ; il forme des vœux pour
le bonheur de la France et la paix de l'Europe (1). »

La mission du colonel Duroc n'avait rien de celle d'un
négociateur, mais les résultats en furent sensibles ; il
avait provoqué en Prusse, par l'habileté de sa conduite
et la distinction de ses manières, un courant de sympa-
thie vers la France (2). Toutefois, le roi de Prusse écrivait à cette époque : « Je ne veux ni ne puis m'attendre
pour le présent à des relations d'alliance avec la République (3). »

A Paris, le ministre de Prusse, Sandoz, tenait le
cabinet de Berlin au courant des moindres variations de
la politique française. Il entretenait, avec Bonaparte
et Talleyrand, d'étroites relations qui lui permettaient
de faire connaître au roi de Prusse les intentions du
gouvernement français.

Ses appréciations sur Bonaparte sont des plus flat-
teuses ; il rend hommage à la franchise de ses paroles,

---

(1) Bailleu, *loc. cit.*, p. 352.

(2) « Le chef de brigade Duroc a mérité à cette cour, par sa
modestie, par sa réserve et par sa conduite, l'estime de tout le monde.
Le Roi et la Reine m'en ont parlé avec un véritable intérêt. » (Bailleu,
loc. cit., p. 519, Beurnonville à Hauterive. Berlin, 1er février 1800.)

(3) Bailleu, *loc. cit.*, p. 35 et note 1, Note à Sandoz, Berlin, 15 décembre 1799.

à sa profonde connaissance des hommes et des affaires, à la grande confiance que l'on éprouve naturellement en lui. Bonaparte fait comprendre à Sandoz que son désir est de détacher le roi de Prusse de ses relations trop intimes avec l'Autriche; il démontre que la cupidité de cette dernière serait favorisée par une neutralité trop absolue du roi Frédéric-Guillaume. Ses intérêts marchent de pair avec ceux de la République. Il peut être, en somme, l'arbitre de la paix (1).

Le Premier Consul entre bientôt dans la période plus active des négociations en envoyant à Berlin le général Beurnonville (2), muni d'instructions sur son rôle en particulier et de renseignements très developpés sur la situation diplomatique actuelle et des incidents qui peuvent la faire varier (3). Beurnonville, toutefois, ne doit pas aborder immédiatement la question d'alliance; « il devra se borner aujourd'hui à attendre, à observer, à transmettre des renseignements locaux et à faire connaître au gouvernement prussien les vues constamment libérales du gouvernement de la République (4) ». Il parlera « uniquement des intérêts qui lient les deux puissances et des grands avantages que retirerait la Prusse d'interposer une médiation énergique et armée pour donner la paix à l'Europe (5) ».

Cette question s'était déjà agitée entre Talleyrand et Sandoz le 1er décembre et sans que les deux gouvernements se fussent mis en rapport d'une façon officielle, le

---

(1) Bailleu, *loc. cit.*, Rapport de Sandoz, 27 novembre.
(2) Le général Beurnonville arriva à Berlin le 19 janvier. (*Moniteur* du 18 pluviôse an VIII.)
(3) Bailleu, *loc. cit.*, p. 518, Instructions au général Beurnonville.
(4) *Ibid.*
(5) Bailleu, *loc. cit.*, p. 356. L'instruction se terminait par une appréciation du personnel gouvernemental prussien qui mérite d'être retenue.

Roi savait que le Premier Consul attendait de lui une tentative de rapprochement entre la France et la Russie (1).

Le roi de Prusse semble prêter une oreille complaisante à ces propositions officieuses (2) ; son ministre d'Haugwitz en cherche la confirmation formelle dans les déclarations trop laconiques et trop vagues, à son gré, du général Beurnonville (3), et il s'en ouvre confidentiellement au baron de Krüdener, ambassadeur de Russie à Berlin (4). Enfin, dans le but d'inspirer confiance au gouvernement français, il charge Sandoz de prévenir le Premier Consul de sa démarche auprès du ministre russe (5). De son côté, Talleyrand ne néglige rien pour convaincre Sandoz de la sincérité des intentions de la France. « Nous n'avons pas d'ambition politique, lui affirme-t-il le 20 février, et ce mot dit beaucoup pour votre Cour, qui saura l'entendre. Tout ce qui a soulevé des difficultés à Rastatt n'en fera plus aujourd'hui (6). »

Le Cabinet prussien trouve néanmoins que Beurnonville se borne à des assertions trop vagues sur la question des provinces transrhénanes qui tient particulièrement au cœur du roi Frédéric III (7). Mais son espoir de jouer

---

(1) Bailleu, *loc. cit.*, p. 357.

(2) Bailleu, *loc. cit.*, p. 358, Frédéric-Guillaume III au comte d'Haugwitz, Berlin, 25 et 27 janvier 1800.

(3) Bailleu, *loc. cit.*, p. 359 et 361, D'Haugwitz à Frédéric-Guillaume III, Berlin, 31 janvier.

(4) Bailleu, *loc. cit.*, p. 361, D'Haugwitz à Sandoz-Rollin, Berlin, 31 janvier.

(5) *Ibid.*, p. 362.

(6) Bailleu, *loc. cit.*, p. 366, Rapport de Sandoz-Rollin, Paris, 20 février.

(7) Le traité de Campo-Formio avait cédé à la République française le Luxembourg et la Belgique et lui avait reconnu la limite du Rhin. L'empereur d'Autriche s'était engagé à prêter son influence pour faire obtenir au roi de Prusse un dédommagement pour la perte des territoires qu'il nous avait cédés sur la rive gauche du Rhin. Depuis lors, la question était restée en suspens.

un rôle prépondérant dans les négociations futures entre les puissances belligérantes est tel que la Prusse accepte, sans s'en plaindre ouvertement, les inconséquences diplomatiques de Beurnonville qui cherche, de sa propre initiative, à faire des avances au baron de Krüdener, dans le but d'opérer un rapprochement entre la France et la Russie (1), alors que le roi de Prusse avait fait connaître au Premier Consul qu'il acceptait le rôle de médiateur.

Le 2 mars, Talleyrand déclare à Sandoz que la France veut la paix et « qu'elle l'aura ». Tout dépendra seulement, ajoute-t-il, de savoir si la Prusse et la Russie, appelées par leur rang et par leurs forces à y intervenir, « nous laisseront à la merci de la vaste ambition de la cour de Vienne (2) ». La France ne demande à Frédéric III ni armée, ni alliance, mais uniquement l'emploi de ses bons offices pour la réconcilier avec la Russie et sauver l'Italie de la domination autrichienne (3). Le Premier Consul provoque le 5 mars un entretien avec l'ambassadeur de Prusse à Paris. « Convient-il aux intérêts de la Prusse, dit-il, de sacrifier l'Italie à la vaste ambition de l'Autriche et de lui procurer un agrandissement de 18 millions d'hommes dans cette partie de l'Europe ?..... Le peuple français veut la paix, en a besoin et se mettra peu en peine qu'elle se fasse aux dépens de l'Italie..... Si le sort de cette Italie est indifférent au roi de Prusse....., tout est dit..... Si, au contraire, un semblable accroissement lui déplaît, quels sont ses moyens d'y remédier (4)? »

---

(1) Bailleu, *loc. cit.*, p. 368, D'Haugwitz à Frédéric-Guillaume III, Berlin, 3 mars ; *Ibid.*, p. 373, Rapport de Sandoz, Paris, 20 mars. Beurnonville fut blâmé par Talleyrand de cette « inconcevable inconséquence ». (Bailleu, *loc. cit*, p. 373. Rapport de Sandoz, 20 mars).

(2) Bailleu, *loc. cit.*, p. 367, Rapport de Sandoz, Paris, 2 mars.

(3) *Ibid.*

(4) *Ibid.*, p. 370.

Réconcilier la France avec la Russie, engager cette
puissance à rappeler ses troupes des îles de Jersey et de
Guernesey, obtenir la neutralité de l'électeur de Bavière.
Bonaparte s'engagerait alors à ne faire la paix avec
l'Autriche que dans les conditions « qui seraient jugées
les plus convenables au maintien de l'équilibre général (1). »

En Allemagne, le Premier Consul tient à la ligne du
Rhin telle qu'elle a été déterminée par le traité de
Campo-Formio. Mais il renonce volontiers à Kehl, Cassel, Ehrenbreitstein (2). A la paix, le roi de Prusse
pourra rentrer en possession des provinces transrhénanes ou les échanger, à son choix. Mais Bonaparte
déclare qu'il ne signera jamais un traité qui n'assure pas
à la France la possession de la Belgique et la ligne
du Rhin (3). Faisant état des effectifs des armées du
Rhin, d'Italie et de Dijon, il les considère comme suffisantes pour déjouer toutes les entreprises de l'ennemi,
mais non pas pour « porter la guerre dans les provinces
héréditaires de l'Autriche et forcer cette puissance à la
paix (4) ». Aussi l'intervention du roi de Prusse est-elle
nécessaire à cet effet. Il peut être l'arbitre des destinées
de l'Europe (5). Le Premier Consul le laisse même libre
de déterminer les conditions du rapprochement de la
République avec la Russie ; il ratifie avec reconnaissance
tout ce qui aura été fait par lui (6).

D'Haugwitz cependant, considérait les propositions du
Premier Consul comme incomplètes et destinées surtout

---

(1) Bailleu, *loc. cit.*, p. 370, Rapport de Sandoz, Paris, 2 mars.
(2) Bailleu, *loc. cit.*, p. 336, Rapport de Sandoz, 20 février ; *Ibid.*,
p. 370, Rapport de Sandoz, 5 mars.
(3) Bailleu, *loc. cit.*, p. 370, Rapport de Sandoz, 5 mars.
(4) *Ibid.*, p. 371.
(5) Bailleu, *loc. cit.*, p. 365, Rapport de Sandoz, 13 février
(6) Bailleu, *loc. cit.*, p. 373, Rapport de Sandoz, 20 mars.

à compromettre le roi de Prusse vis-à-vis des autres puissances européennes (1). Le 28 mars, Beurnonville lui parla, d'après les instructions de Bonaparte, d'une ligne de démarcation possible entre la République française et la Prusse. Elle suivrait le Rhin jusqu'à Coblentz, remonterait ensuite le cours de la Moselle « jusqu'à un point qu'il s'agirait de déterminer » et rejoindrait la Meuse, « de manière que le terrain entre cette ligne, la Moselle, la Meuse et le Rhin resterait à l'Empire (2) ».

Le roi de Prusse ne fit pas à ces ouvertures, une réponse catégorique. Il lui paraissait impossible d'être, « en qualité d'État prépondérant de l'Empire germanique, le premier organe d'une proposition qui ne tendrait à rien moins qu'à détacher une partie considérable et infiniment précieuse de son territoire et à le priver, en particulier, de la forteresse de Mayence » (3). D'autre part, il lui semblait essentiel de connaître, avant tout, les dispositions de la Russie.

On semblait oublier, à la cour de Prusse, qu'elle-même avait, la première, concédé à la République, par le traité de Bâle, la frontière du Rhin ; qu'à Campo-Formio, cette cession était devenue définitive ; qu'à Rastatt, l'Empire lui-même l'avait reconnue. La question de droit se trouvait donc amplement résolue et, en fait, la France était depuis plusieurs années en possession de ces territoires. On imagina à Berlin de convaincre le Premier Consul

---

(1) Haugwitz écrivait à ce sujet, le 27 mars, au roi de Prusse : « Les propositions incomplètes et insidieuses du consul Bonaparte sont bien loin de mériter une grande attention et de conduire à quelque but d'utilité réelle. Elles tendent principalement à compromettre Votre Majesté avec les Cours coalisées et passent sous silence ou ne touchent qu'imparfaitement et d'une manière peu satisfaisante les objets qui l'intéressent directement et de près. » (Bailleu, loc. cit., p. 371, note 1.)

(2) Bailleu, loc. cit., p. 374, Note à Sandoz, 28 mars.

(3) Ibid., p. 374.

que leur restitution était une condition *sine qua non* de
la réconciliation de la République avec la Russie et on se
garda bien de communiquer le résultat négatif de l'intervention de la Prusse auprès du Tzar (1).

Sans attribuer à la Prusse une mauvaise volonté absolue, le Premier Consul fut obligé enfin de reconnaître
qu'elle ne mettait point d'empressement à contribuer à la conclusion de la paix générale (2). Quand il
jugea que l'heure des espoirs pacifiques était passée, il
déclara à Sandoz : « Je ferai donc la guerre puisqu'on
m'y force. On s'est abusé à Vienne et en Europe, peut-
être, sur mes offres pressantes de paix ; on les a attribuées
à des sentiments de crainte, à la pénurie de nos ressources et à l'instabilité du gouvernement actuel ; erreur
funeste, dont on ne tardera pas à être détrompé (3) ».
Le Directoire, ajouta-t-il, a commis une grave faute en
refusant la paix à Rastatt sur les bases du traité de
Campo-Formio ; le cabinet de Vienne est plus coupable
encore en refusant d'accéder à des propositions qui l'amé-
lioraient ; il aura bientôt lieu de s'en repentir.

Il s'illusionnait d'ailleurs, malgré tout, sur les dispositions conciliatrices de la Prusse (4). En réalité, escomptant les succès de l'Autriche, le cabinet de Berlin ne
tarda pas à élaborer une convention secrète avec la Russie (5). Les premiers succès de nos armes en Italie l'y
firent aussitôt renoncer et le déterminèrent à présenter
avec empressement à Bonaparte ses services de médiation générale ou de réconciliation avec la Russie (6).

---

(1) Voir plus loin, p. 24.
(2) Bailleu, *loc. cit.*, p. 389, Rapport de Sandoz, 7 août 1800.
(3) Bailleu, *loc. cit.*, p. 375, Rapport de Sandoz, 24 avril 1800.
(4) *Ibid.*, p. 376.
(5) De Martens, *Recueil des traités et conventions conclus par la Russie*, t. VI, Allemagne, p. 284.
(6) Bailleu, *loc. cit.*, p. 380, Note à Sandoz, 26 juin 1800 ; *Ibd.*, p. 382, Haugwitz à Beurnonville, 30 juin 1800.

Mais le Premier Consul répondit à Sandoz : « Ce n'était pas après la bataille de Marengo que la cour de Berlin devait faire à la République l'offre de sa médiation ; c'était ne se montrer qu'après les événements ; elle devait sentir que nous n'avions plus besoin alors d'intermédiaire (1). »

Le Premier Consul qui avait fait, auprès du roi d'Angleterre et de l'empereur d'Autriche, un appel chaleureux en faveur de la paix, et qui avait cherché sinon l'alliance, du moins la neutralité de la Prusse, s'était abstenu de toute démarche vis-à-vis de la troisième des grandes puissances belligérantes, la Russie. Jusqu'à quel point cette omission était-elle intentionnelle ?

Les relations entre la France et la Russie, non seulement diplomatiques mais encore privées, commerciales et industrielles, étaient entièrement rompues depuis 1792. Il n'y avait de sujets russes en France que les réfugiés polonais ; de Français en Russie que les émigrés (2). L'opinion publique française considérait, non sans raison, la cour de Saint-Pétersbourg comme l'âme de la Deuxième Coalition ; elle n'ignorait pas que la perte de l'Italie était attribuable aux talents de Souvorov et à la valeur de ses troupes ; elle savait l'aversion que l'on manifestait hautement en Russie pour les principes mêmes de la Révolution.

Bonaparte avait subi, semble-t-il, l'influence de ce courant d'idées général et procédé, à chaque occasion qui s'était offerte, à des actes hostiles au cabinet de Saint-Pétersbourg (3). Il n'avait pu oublier, sans doute,

---

(1) Bailleu, *loc. cit.*, p. 388, Rapport de Sandoz, 7 août 1800.

(2) Tatistcheff, *Paul Ier et Bonaparte*, *Nouvelle Revue*, septembre 1887, p. 57.

(3) Au moment de l'occupation de Livourne en 1796, il avait fait confisquer des marchandises appartenant à des négociants russes. Après

la part prise par l'escadre russe de la Méditerranée
au blocus des côtes de l'Égypte et, à son retour en
Europe, il n'avait pas dû constater, sans amertume, les
succès obtenus par Souvorov, dans cette Lombardie où
il avait acquis lui-même tant de gloire. Il fondait enfin
un espoir très réel dans le succès de ses démarches
pacifiques auprès de l'Angleterre et de l'Autriche. Si
elles aboutissaient, si, d'autre part, la Prusse demeurait
neutre, alliée peut-être, il n'y avait plus à se préoccuper
de la Russie, que son isolement et son éloignement rendraient peu dangereuse. Ainsi s'explique-t-on que, le
jour même où il adressait ses lettres au roi Georges et
à l'empereur François, le Premier Consul ait fait une
manifestation agressive à l'égard de la Russie. Il écrivait
en effet, le 25 décembre 1799, au général Dombrowsky,
commandant la légion polonaise de l'armée d'Italie :

« De retour en Europe, Citoyen Général, j'ai appris
avec intérêt la conduite que vous et vos braves Polonais
avez tenue en Italie pendant la dernière campagne.....
Dites à vos braves..... que je compte sur eux ; que j'apprécie leur dévouement pour la cause que nous défendons
et que je serai toujours leur ami et leur camarade (1). »

Cette lettre constituait un véritable défi jeté à la
Russie dans ce même instant où le Premier Consul
faisait des démarches pacifiques auprès des autres
grandes puissances en guerre avec la France (2).

Mais à mesure que s'évanouirent les chances de paix
avec l'Angleterre d'abord, puis avec l'Autriche, Bona-

---

la prise de Malte en 1798, il avait intimé au Ministre de Russie, accré-
dité auprès du grand-maître, l'ordre de quitter l'île sur-le-champ. Par
arrêté du 25 prairial an VI (13 juin 1798), il avait décidé que tous les
navires qui navigueraient sous le pavillon russe seraient, en cas de
prise par les bâtiments français, coulés bas.

(1) *Correspondance de Napoléon*, n° 4452.
(2) Tatistcheff, *loc. cit.*, p. 58.

parte reporta ses regards vers les deux autres grandes
puissances de l'Europe : la Prusse et la Russie. Si la
première paraissait ne pas devoir intervenir dans la lutte
qui s'annonçait inévitable, l'attitude de la seconde était
un sujet de graves préoccupations. Les actes précédents
du cabinet de Saint-Pétersbourg ne permettaient pas
d'espérer qu'une tentative de rapprochement eût quelque
chance de succès, et le Premier Consul ne pouvait songer
à agir directement auprès de l'empereur Paul Ier (1).
Toutefois, depuis la défaite de Korsakov et la retraite
désastreuse de Souvorov, en 1799, les événements semblaient se mettre d'accord pour éloigner la Russie de la
coalition. Le Tzar avait conçu le plus vif ressentiment de
l'échec infligé à ses troupes et causé, pensait-il, par la
défection de l'archiduc Charles. Son indignation se tra-
duisait par sa lettre du 22 octobre 1799 à l'empereur
d'Autriche : « ..... Voyant mes troupes ainsi abandonnées
et livrées à l'ennemi par l'allié sur lequel je comptais le
plus....., ayant, outre cela, tout lieu d'être mécontent de
la manière double et artificieuse de son Ministère, je
déclare à Votre Majesté impériale..... que dès ce moment
j'abandonne ses intérêts pour m'occuper uniquement
des miens et de ceux de mes autres alliés, et que je cesse
de faire cause commune avec Votre Majesté impériale
pour ne pas assurer le triomphe de la mauvaise (2). »
Son ministre Rostopchine, président du Collège des
affaires étrangères, et adversaire déclaré de la politique
autrichienne, encourageait le Tzar dans ses dispositions
et obtenait la rupture définitive avec l'empereur François
et le rappel de Souvorov et de ses troupes (3). Satisfait
de ce succès politique, Rostopchine employait sa grande

---

(1) Affaires étrangères, Russie, Correspondance, t. 139.
(2) Tatistcheff, *loc. cit.*, *Nouvelle Revue*, 15 novembre 1887, p. 245.
(3) Tatistcheff, *loc. cit.*, *Archives du prince Woronzoff*, t. VIII, p. 258,
Rostopchine à Woronzoff, 3 novembre 1799.

influence auprès de son maître pour le détourner de
toute idée de rapprochement avec le gouvernement de
Berlin, qu'il détestait à l'égal de celui de Vienne.
« ..... Autant, disait-il, le cabinet de Vienne est faux et
perfide sous une apparence superbe, autant celui de
Berlin est vil et bas sans se cacher (1). »

Les volontés du Tzar étaient toutefois aux prises avec
des influences opposées : celles du personnel diplomatique, de la Cour presque tout entière, de l'Impératrice
en particulier, du comte Panine surtout, tout dévoué
à la cause de l'Angleterre et de la Prusse (2). Ce
parti représenta au Tzar que son honneur était engagé
à soutenir la lutte contre la France et les idées révolutionnaires et que, s'il devait protéger les puissances
de second ordre contre la cupidité de l'Autriche, il ne
pouvait « déserter le poste de champion de la cause
monarchique et de défenseur de l'ordre légal en
Europe (3) ». Le projet d'une Confédération des États
du Nord fut présenté à Paul Ier, qui l'approuva et
fit à ce sujet des ouvertures aux cabinets de Londres,
Stockholm, Copenhague. Vers la même époque, il
acceptait de Dumouriez un nouveau plan d'opérations
contre la République. Il faut, lui écrivait-il, « que vous
soyez le Monck de la France (4) ».

La Prusse était exclue jusqu'alors de ces négociations. Mais si l'influence de Rostopchine l'emportait à cet
égard, le comte Panine obtenait l'envoi à Berlin d'un
agent diplomatique, le baron de Krüdener, qui, sans y
déployer de caractère officiel, devait sonder les disposi-

---

(1) *Ibid.*, *Archives du prince Woronzoff*, t. VIII, p. 299, Rostopchine
à Woronzoff, 20 octobre 1799.

(2) Tatistcheff, *loc. cit.*, p. 253.

(3) *Ibid.*, p. 254.

(4) Cité par Esneaux, *Histoire philosophique et politique de la
Russie*, t. V, p. 258.

tions du gouvernement prussien envers la Russie (1) et s'entendre avec le Roi sur les moyens « de mettre des bornes à l'ambition insatiable de la Maison d'Autriche (2) ». Toutefois, il lui était expressément interdit d'insister trop vivement sur la conclusion immédiate d'un traité d'alliance.

Frédéric-Guillaume III accueillit avec toutes réserves les insinuations de l'envoyé de Paul Iᵉʳ et lui fit savoir sa résolution de ne pas se départir d'une neutralité absolue à l'égard de la France (3).

D'autre part, de Londres, on répondit à la communication du cabinet de Saint-Pétersbourg que, quelque fondés que fussent ses griefs contre l'Empereur, il était préférable d'en faire abstraction au nom et dans l'intérêt de la cause commune. Enfin le comte Panine fit sentir à Paul Iᵉʳ la nécessité d'admettre l'Autriche dans la combinaison dont il était le promoteur. Déjà l'ordre était envoyé à Souvorov de surseoir au départ de son armée, un nouveau plan de campagne élaboré entre les cabinets de Saint-Pétersbourg, de Londres et de Vienne, quand l'insulte faite à Ancône au drapeau russe par le général autrichien Fröhlich (4) changea encore une fois les dispositions du Tzar. Il donna à ses troupes l'ordre définitif de rentrer en Russie (5) et rompit toute relation diplomatique avec l'Autriche, jusqu'à ce qu'une punition exemplaire eût été infligée au général Fröhlich et qu'une réparation éclatante eût été donnée au pavillon national (6).

(1) Tatistcheff, loc. cit, p. 255.
(2) Ibid., L'empereur Paul au baron de Krüdener, 4 novembre 1799.
(3) Tatistcheff, loc. cit., p. 257.
(4) Le jour de la prise de cette ville par les alliés, Fröhlich avait donné l'ordre d'arracher le drapeau russe des forts de la ville et de le remplacer par le pavillon autrichien.
(5) 7 janvier 1800.
(6) Sybel, loc. cit., p. 316.

Les sujets de mécontentement n'étaient pas moindres à l'égard de l'Angleterre. Les marins anglais voyaient dans les Russes des rivaux plutôt que des alliés, et Nelson cherchait à contrecarrer leur influence dans les îles Ioniennes et à les empêcher de prendre part au siège de Malte (1), alors que le Tzar s'était déclaré le protecteur des chevaliers de l'Ordre (2). En Hollande, les revers subis par le corps expéditionnaire anglo-russe, commandé par le duc d'Yorck, avaient envenimé les rapports entre les soldats des deux nations, et cet état de choses empira quand le gouvernement britannique dut se résigner à évacuer le territoire batave. Projetant un débarquement sur les côtes de France pour le printemps suivant, il s'opposa au retour des Russes dans leur pays, mais refusa en même temps de leur permettre de prendre leurs quartiers d'hiver sur le territoire anglais. Il les obligea, au nombre de 12,000 hommes, à attendre six semaines sur des bâtiments de transport, en rade de Portsmouth, que des baraquements entrepris à Guernesey et à Jersey fussent achevés. Il les y abandonna d'ailleurs dans le plus grand dénuement, et ne tint nul compte des plaintes de leur chef, le général Essen. Enfin, le ressentiment du Tzar fut porté à son comble lorsque le cabinet de Londres entama une longue et mesquine discussion au sujet du montant des subsides qu'il s'était engagé à fournir au contingent russe. Outré, Paul Ier ordonna de faire remise aux Anglais de tous les arriérés, et de leur déclarer « que l'empereur de Russie porte secours à ses alliés, mais ne trafique pas de ses troupes et ne vend pas ses services (3) ».

Il exigea le rappel du ministre britannique à Saint-

---

(1) Tatistcheff, *loc. cit., Nouvelle Revue*, 15 décembre 1887, p. 766.
(2) *Mémoires de Talleyrand*, t. 1, p. 278.
(3) Tatistcheff, *loc. cit.*, p. 768.

Pétersbourg et résolut de rappeler ses escadres et ses troupes stationnées dans les îles normandes (1). En vain s'efforça-t-on, à Londres, de fléchir le courroux du Tzar. Il demeura inflexible. Peu après, Paul Ier qui n'avait pas encore obtenu satisfaction pour l'incident d'Ancône, rappela son ambassadeur à Vienne, Kolytcheff (2) et fit remettre ses passeports à Cobenzl, ministre d'Autriche en Russie (3). Il annonça enfin, d'une manière définitive, « sa résolution de ne plus prendre part en aucune façon, soit sur terre, soit sur mer, à la guerre contre la France (4) ».

Ainsi, vers la fin d'avril 1800, non seulement l'alliance de la Russie avec l'Autriche et l'Angleterre était rompue de fait, mais il y avait entre Saint-Pétersbourg d'une part, Vienne et Londres d'autre part, cessation complète de relations diplomatiques.

Pendant que ces événements se déroulaient, Bonaparte sollicitait les bons offices du roi de Prusse à l'effet d'amener un rapprochement entre la France et la Russie. Si dévoué que fut Krüdener à la politique du comte Panine, il ne put moins faire que de communiquer au Tzar, les ouvertures du gouvernement français, transmises par d'Haugwitz. Elles furent favorablement accueillies par Paul Ier, qui écrivit de sa main, en marge du rapport de Krüdener, daté du 27 janvier 1800, l'annotation suivante : « Quant aux mesures à prendre, je ne demande pas mieux que de m'entendre avec le Roi à chaque occasion naissante ; quant au rapprochement avec la France, je ne demanderais pas mieux que de la voir venir à moi et surtout en contrepoids contre l'Au-

---

(1) Tatistcheff, *loc. cit.*, p. 768, L'empereur Paul à Woronzoff, 31 janvier et 12 février 1800.

(2) *Ibid.*, L'empereur Paul à Kolytcheff, 27 août 1800.

(3) *Ibid.*, Cobenzl à Thugut, 13 et 17 mai 1800.

(4) Sybel, *loc. cit.*, p. 318.

triche (1). » Mais ce désir de l'Empereur ne fut pas respecté. Sur le même rapport, le comte Panine ne craignit pas d'ajouter : « Je ne saurais jamais mettre ceci à exécution sans agir contre ma conscience (2); » et il écrivit à Krüdener le 10 février 1800 : « Jamais ma main ne signera la paix avec la France tant que tous les trônes ne seront pas rétablis (3). » Il justifiait ainsi le jugement porté sur lui par trois hommes d'État, ses contemporains, Kotchoubey, Rostopchine, Simon Woronzoff qui s'accordent à déclarer que Panine considérait la Révolution « non en ministre russe, mais en émigré français (4) ».

Le parti hostile à la France ne tarda pas d'ailleurs à amener le Tzar à se déjuger lui-même. Krüdener reçut l'ordre de déclarer au cabinet de Berlin que l'empereur Paul ne partageait nullement ses vues sur l'opportunité d'un rapprochement entre la Russie et la France et qu'il se refusait à « entendre aucune proposition de l'usurpateur corse (5) ». Néanmoins, la neutralité de la Russie était acquise et cette abstention consternait le parti hostile à la République française.

« Je proteste solennellement entre vos mains, écrivait Panine à Woronzoff, le 20 avril, contre notre retraite de la coalition. Je pense que c'était à la Russie à terminer cette guerre par son intervention armée et, qu'en le faisant, nous nous élèverions au plus haut degré de gloire et de puissance. Je professe le système d'union avec l'Angleterre, la Prusse et la Porte ottomane. Selon mes principes, il faut brider l'ambition de l'Autriche

---

(1) Tatistcheff, *loc. cit.*, p. 765. Annotation marginale de l'empereur Paul.

(2) *Ibid.*

(3) *Ibid.*

(4) *Ibid.*, d'après les archives du prince Woronzoff.

(5) Tatistcheff, *loc. cit.*, p. 765.

par la politique de Catherine II et enchaîner la Suède par l'union avec la Turquie. La scission des deux cours impériales, le refroidissement avec l'Angleterre, l'indifférence envers la Porte ottomane, l'abandon des îles ex-vénitiennes et tous les actes relatifs à l'Ordre de Malte sont, à mon avis, très préjudiciables à l'Empire, et je déclare n'y avoir eu aucune part, directe ou indirecte. J'attends de vos bontés, Monsieur le Comte, que si mon honneur et ma réputation l'exigent, vous certifierez dans son temps que tels étaient mes principes (1). »

En somme, les négociations diplomatiques entamées par Bonaparte avec l'Angleterre, et l'Autriche avaient échoué et il en avait éprouvé, si l'on en croit Lucien, « une joie secrète (2) ». Mais elles n'en avaient pas moins été habiles en mettant de son côté l'opinion publique et en lui donnant le temps de faire ses préparatifs (3). Il fit publier les démarches qu'il avait faites et déclara à l'ambassadeur de Prusse que, puisqu'abusée peut-être sur ses offres pressantes de paix, l'Europe les avait attribuées à des sentiments de crainte, à la pénurie de ses ressources, à l'instabilité de son gouvernement, il ne tarderait pas à la détromper, dans la guerre qu'il allait faire malgré lui (4).

A la fin du mois d'avril 1800, l'Autriche et l'Angleterre restaient effectivement les deux seuls adversaires de la France. Elles entraînaient avec elles les petits États

---

(1) Tatistcheff, *loc. cit.*, p. 765, *Archives du prince Woronzoff*, t. XI, p. 113.

(2) *Mémoires secrets sur la vie privée, politique et littéraire de Lucien Bonaparte*, t. I, p. 115. Cf. *Mémoires de Gohier*, t. I, p. 215; *Mémoires de Bourrienne*, t. III, p. 164.

(3) *Mémoires de Miot de Melito*, t. I, p. 269.

(4) Bailleu, *loc. cit.*, p. 375, Rapport de Sandoz, du 24 avril 1800.

de l'Empire, la première par son influence, la seconde
surtout par son or qui entretenait les contingents auxiliaires de l'électeur de Bavière, du duc de Wurtemberg
et de l'électeur de Mayence. L'Espagne était l'alliée de la
République; le Portugal était inféodé à la coalition, mais
l'action continentale de l'un et de l'autre de ces pays
pouvait être considérée comme négligeable. La Prusse
était neutre, escomptant le gain qu'elle serait susceptible de retirer lors des négociations pour la paix générale. La Russie et la Sicile n'avaient plus de troupes en
ligne et semblaient toutes deux bien décidées à ne pas
intervenir dans la lutte ; il en était de même du Dane-
mark et de la Suède. La République helvétique et la
Batavie étaient occupées par des troupes françaises ;
quant à la Turquie, elle ne pouvait agir qu'en Égypte.

CHAPITRE II

Situation militaire générale.

I. La France sauvée à Zürich et à Kastrikum. — II. Sa détresse financière. — III. Dénuement des armées. — IV. Mesures destinées
à relever les effectifs. — V. Réformes du Premier Consul. —
VI. Les armées en présence.

Au moment où le coup d'État du 18 brumaire venait
de mettre fin à l'existence du Directoire, l'Europe tout
entière était dans l'attente de graves événements. Durant
six années, la Révolution, attaquée de toutes parts, avait
tenu tête avec succès aux armées de la coalition, et le
traité de Campo-Formio imposé à ses adversaires, après
une suite ininterrompue de brillantes victoires, en Italie
et sur le Rhin, avait rendue plus forte encore cette
nation que les alliés croyaient pouvoir dompter si facilement. L'Autriche, l'Angleterre, la Russie, les petits
États de l'Empire, blessés dans leurs intérêts, comme
dans leurs sentiments, n'avaient pu se résigner à l'humi-
liation que leur avait infligée la République française.
« C'est une paix bien malheureuse et qui, par son igno-
minie, fera époque dans les fastes de l'Autriche, écrivait,
le 22 octobre 1797, Thugut à Colloredo (1). « Ce n'est
qu'une trève, répétait-il à Cobenzl, pleine de prétextes
de rupture (2) », et le congrès de Rastatt, si tragiquement
terminé, ne pouvait être que le prélude d'une conflagra-
tion européenne.

(1) Vivenot, *loc. cit.*, II, 63.
(2) Cité par Bourgeois, *Manuel historique de politique étrangère*,
t. II, p. 167.

Tandis que Bonaparte s'enfonçait en Asie Mineure, l'Angleterre avait réussi à constituer une nouvelle coalition avec la Russie, l'Autriche, la Sicile et la Turquie, et au printemps de 1799, 350,000 hommes menaçaient nos frontières par la Hollande, l'Allemagne, l'Italie, la Suisse. Les défaites de Jourdan à Stokach, de Moreau à Cassano, de Macdonald sur la Trebbia, de Joubert à Novi, rendaient la situation de la France très critique, quand la victoire de Masséna à Zürich et celle de Brune à Kastrikum vinrent la sauver presque miraculeusement. La défection de Paul Ier et l'approche de l'hiver allaient imposer aux belligérants une trêve que Bonaparte se proposait d'employer en partie à la réorganisation de nos forces militaires.

Mais il voulut, en même temps, assurer, par la pacification des provinces de l'Ouest, la tranquillité intérieure du pays. Sa proclamation du 28 décembre 1799, toute de justice et de douceur (1) était appuyée par l'armée du général Hédouville, remplacé le 14 janvier par le général Brune. Ces deux arguments déterminèrent la soumission des royalistes de l'Anjou et du Poitou, et l'amnistie qui leur avait été accordée put être étendue, le 23 février 1800, à tout l'Ouest de la France, après l'arrestation et la condamnation à mort de Frotté, qui tenait seul en Normandie.

Le 22 novembre 1799, les forces de la République s'élevaient à 285,000 hommes, répartis en :

Armée de Batavie (Brune), 25,589 hommes ;

Armée du Rhin (Lecourbe), 62,299 hommes ;

Armée du Danube (Masséna), 83,590 hommes ;

Armée d'Italie (Championnet), 56,253 hommes ;

---

(1) *Correspondance de Napoléon* n° 4473. Une deuxième proclamation fut adressée aux habitants des départements de l'Ouest le 11 janvier 1800. (*Ibid.*, n° 4506.)

Armée d'Angleterre (Hédouville), 57,505 hommes ;
A l'intérieur, 100,000 hommes environ (1).

Mais leur dénûment, conséquence des désordres du
Directoire, était extrême. L'administration de la guerre
était dans un état déplorable (2).

Au lendemain du 18 brumaire, la détresse financière
de la France était des plus grandes ; son trésor public
vide, son crédit épuisé (3), et le gouvernement consulaire
en fut réduit à des expédients pendant les premiers
mois de l'an VIII (4). Le 13 janvier 1800, le Premier
Consul chargeait le Ministre des relations extérieures,
Talleyrand, de renouer des négociations avec le Portugal
pour en obtenir 8 à 9 millions. « Cela serait d'une
importance majeure... et nous donnerait presque la
sûreté de reconquérir l'Italie. Car cela tient à 8,000 ou
10,000 chevaux d'attelage pour traîner les équipages
d'artillerie nécessaires au siège des places, ce qui ne
représente qu'un capital de 5 à 6 millions que, dans la
situation actuelle, nous ne pouvons fournir (5). » Quatre
millions, écrit-il le même jour, nous seraient « très essentiels dans le moment actuel ; il paraît que Hambourg
pourrait nous les donner... s'ils pouvaient nous être
soldés, ils pourraient nous valoir le gain d'une campagne (6) ». Dans le courant du mois de mars suivant,

---

(1) Forces de la République conservées en activité à l'époque du
7 ventôse an VIII. (Archives du Génie, t. 227.)

(2) Aulard, *Registre des délibérations du Consulat provisoire*, p. 17.

(3) Thibaudeau, *Le Consulat et l'Empire*, Introduction, p. XLVI.
Voir, à ce sujet, Stourm, *Les Finances du Consulat*, p. 39 (Compte
rendu des finances pour l'an VIII, par Gaudin).— Cf. Mollien, *Mémoires
d'un Ministre du Trésor public*, t. I, p. 212-215.

(4) Thibaudeau, *loc. cit.*, t. I, p. 146. — Cf. *Mémoires* de G.-J. Ouvrard,
t. I, p. 43.

(5) *Correspondance de Napoléon*, n° 4521.

(6) *Ibid.*, n° 4520.

il fallut faire appel à la municipalité d'Amsterdam pour négocier un emprunt de 12 millions de francs au taux de 1 p. 100, par mois. Marmont, chargé de cette mission, devait insister pour avoir de l'argent comptant ou au moins des traites à deux mois « dont on puisse faire de l'argent sur-le-champ » (1).

La situation déplorable des finances se faisait sentir cruellement aux armées (2). Le 11 octobre 1799, Dubois-Crancé écrivait au Directoire :

« L'armée d'Italie a pour 5 millions d'arriéré de solde, son matériel est presque épuisé. Il faut lui donner un équipage de pont, un équipage de siège, un parc de campagne et 5,000 chevaux de trait. La cavalerie est entièrement affaiblie. Les armées du Danube et du Rhin ont à peu près le même arriéré de solde que celle d'Italie. L'armée qui agira en Souabe a besoin d'un équipage de pont, d'un parc de campagne et de 3,000 chevaux de trait..... » (3)

Le 12 novembre 1799, les officiers généraux « employés près le Ministre de la guerre » établissaient un état des déficits de toute nature qui existaient aux armées. Celle du Danube manquait de :

2 pièces de 12, 35 de 8, 21 de 4, 10 obusiers de 6 pouces, 58 affûts de rechange, 570 caissons et voitures de tous genres, 44,716 cartouches à balles, près de

---

(1) *Correspondance de Napoléon*, n° 4652.

(2) Le 28 novembre 1799, le Ministre de la guerre écrivait aux généraux commandant les divisions :

« Citoyens, d'innombrables réclamations me parviennent de toutes parts. Sur tous les points de la République, l'administration militaire est dans un état de désorganisation totale et les braves que vous commandez sont partout à la veille de devenir la proie des premiers besoins de la vie..... » (Arch. Guerre, Corresp. générale, 2ᵉ quinzaine de novembre.)

(3) Cité par Cugnac, *Campagne de l'armée de réserve*, 1, 13.

24 millions de cartouches d'infanterie, plus de 26,000 obus, 2 millions de pierres à feu, 5,140 chevaux. La dépense totale pouvait être évaluée à 2 millions de francs.

L'armée du Rhin était complète en bouches à feu, affûts, caissons d'artillerie et d'infanterie; elle avait son équipage de pont. Mais elle était dépourvue de 300 chariots à munitions et de parc, grands caissons, caissons d'outils et de parc, forges, charrettes, etc.....; de fers coulés et de balles de plomb; elle manquait de 2,824 chevaux. On estimait la dépense nécessaire « pour remonter le parc de cette armée » à 1,500,000 francs.

Les soldats n'étaient pas moins difficiles à trouver que l'argent. Le recrutement de l'armée, assuré par la loi du 19 fructidor an VI (5 septembre 1798) qui avait établi la conscription en France, astreignait au service militaire tous les jeunes gens de 20 à 25 ans. Le 24 septembre 1798, le Directoire avait appelé à l'activité 200,000 conscrits, mais la première classe, formée de ceux qui avaient 20 ans, n'en produisit effectivement que 51,000. Les deux classes suivantes, appelées le 17 avril 1799, fournirent 82,000 hommes. Il fallut, le 28 juin suivant, convoquer ce qui restait de conscrits disponibles dans toutes les classes. On les réunit, dans chaque département, en bataillons qui furent dirigés ensuite sur les armées, mais ils y arrivèrent généralement très réduits par les désertions, et n'y apportèrent que des renforts insuffisants. Aussi, le Premier Consul décida-t-il, le 24 janvier, que les conscrits ne seraient plus envoyés directement aux armées, mais qu'ils seraient réunis à Paris, à Dijon et dans les places de dépôt indiquées par le Ministre. A dater du 20 février, les bataillons de conscrits furent d'ailleurs supprimés. Leur incorporation se fit directement dans les demi-brigades.

Le Premier Consul s'efforça de stimuler le zèle et l'enthousiasme par une circulaire aux préfets des départe-

ments (1), des proclamations aux populations (2) et aux
soldats en congé (3), ses créations du 25 décembre 1799
de fusils, sabres, baguettes et trompettes d'honneur,
donnant droit à une haute paye (4). Mais il fallut en
arriver, le 24 janvier 1800, à la suppression des bataillons des concrits, à leur maintien provisoire dans des
places de dépôt et à leur incorporation dans les demi-
brigades qui en avaient besoin. Par un arrêté du 3 janvier
1800, il régla la composition de l'état-major de la garde
consulaire qui avait été elle-même réorganisée le 20 novembre précédent. Les charretiers d'artillerie, appartenant jusque-là à des compagnies de transport, furent
militarisés sous le nom de soldats du train d'artillerie ;
les chevaux appartiendront à la République mais seront
confiés à des cultivateurs pendant le temps de paix (5).

Pendant les campagnes précédentes et pour celle qui
allait commencer, les effectifs croissants des armées
avaient déterminé le groupement de plusieurs divisions
sous les ordres d'un général de division. A diverses
reprises, mais particulièrement au cours de l'année
1799, s'étaient manifestés, assure Gouvion Saint-Cyr, les
inconvénients du commandement à grade égal (6). Afin
d'y remédier, le Premier Consul, par arrêté du 24 novembre, institua, « dans chaque corps d'armée (7), trois
ou quatre généraux de division qui seront temporaire-

---

(1) Du 17 nivôse, *Bulletin des lois*, an VIII, n° 9.

(2) Des 8 et 20 mars et du 21 avril 1800. (*Correspondance de Napoléon*, nᵒˢ 4649 et 4650 ; *Moniteur* des 30 ventôse et 2 floréal.)

(3) *Correspondance de Napoléon*, nᵒˢ 4650 et 4722.

(4) *Ibid*, n° 4651.

(5) *Bulletin des lois*, an VIII, n° 22.

(6) Gouvion Saint-Cyr, *Mémoires sur les campagnes de Rhin et
Moselle*, t. IV, p. 9.

(7) Les mots « corps d'armée » sont employés ici à la place du mot
« armée ».

ment employés comme lieutenants du général en chef. Ils seront désignés par le Ministre de la guerre, sur la présentation du général en chef. Ils seront pris parmi les généraux de division, quelle que soit la date de leur brevet, et auront le commandement partout où ils se trouveront ».

Enfin, le 9 pluviôse an VIII, le Premier Consul créa le corps des inspecteurs aux revues, distinct de celui des commissaires des guerres, et qui fut placé sous les ordres immédiats du Ministre de la guerre. Ces fonctionnaires furent chargés « de l'organisation, embrigadement, levée, licenciement, solde et comptabilité des corps militaires, de la tenue des contrôles et de la formation des revues (1) ».

Quelques jours avant le coup d'État, le Ministre de la guerre, Dubois-Crancé, avait adressé au Directoire un rapport (2) relatif aux opérations à exécuter avant l'hiver, dans le but de prendre des cantonnements en Souabe et en Piémont (3). La majeure partie des forces disponibles de l'armée du Rhin devait se joindre à l'armée du Danube, utiliser la Suisse comme « une vaste place d'armes » et en déboucher au nord, sur le flanc gauche de l'ennemi établi en Souabe, tout en inquiétant au sud le Piémont, par le Saint-Gothard (4). De son

---

(1) *Moniteur* du 11 pluviôse an VIII.

(2) Ce rapport, daté du 7 brumaire an VIII, est tout entier de la main du général Dupont, « employé près le Ministre de la guerre ». Il a été publié dans les *Mémoires de Masséna*, par Koch, t. III, p. 497.

(3) De Cugnac, *Campagne de l'armée de réserve en 1800*, t. I, p. 4 et suiv.

(4) L'importance stratégique de la Suisse et du Tyrol avait déjà été mise en évidence, en automne 1798, par le Ministre de la guerre Schérer qui, proposant un plan de campagne au Directoire, voulait débuter par une offensive de l'armée d'Helvétie dans le pays des Grisons. L'armée française devait ensuite se porter en Tyrol et se rendre

côté, l'armée d'Italie reprendrait également l'offensive. Le nouveau Ministre de la guerre Berthier (1), adressa, le 23 brumaire an VIII (14 novembre 1799), des instructions dans ce sens à Lecourbe commandant l'armée du Rhin. Sa mission consistait à attirer à lui, par la vallée du Neckar, le plus possible de forces autrichiennes, de façon à faciliter le mouvement de l'armée du Danube. Toutefois, il aurait soin de ne pas se compromettre en présence d'un adversaire supérieur en nombre; au besoin, il abandonnerait la rive droite du Rhin et se replierait sur la rive gauche, par Mannheim.

Mais Lecourbe avait pris l'offensive, de sa propre initiative, dès le 25 brumaire, avec l'armée du Rhin seule. Battu à Sinzheim le 11 frimaire (2 décembre), par Sztaray, il repassa le fleuve. Les hostilités cessèrent alors, comme par consentement mutuel, et les troupes des deux partis prirent leurs quartiers d'hiver, séparées par le Rhin, de Mayence à Coire.

Par arrêté du 3 frimaire (24 novembre) (2), les armées du Rhin et du Danube furent réunies sous le nom d'armée du Rhin dont le commandement fut donné le même jour à Moreau, pendant que Masséna reçut celui de l'armée d'Italie. Ces deux généraux connaissaient parfaitement, il est vrai, les théâtres d'opérations sur lesquels ils allaient opérer. Il semble, toutefois, que des considérations d'ordre politique ne furent pas étrangères à leur désignation (3).

---

ensuite maîtresse d'Innsbruck et de Brixen, « parce que c'est de ce point central que les armées d'Allemagne et d'Italie pourraient se communiquer ensemble pour toutes leurs opérations, parce que encore cette position intercepte toute communication des armées ennemies en Allemagne et en Italie. »

(1) Berthier était devenu Ministre de la guerre le 20 brumaire.

(2) Aulard, *Registre des délibérations du Consulat provisoire*, p. 37.

(3) *Mémoires de Napoléon* écrits par Montholon, t. I, p. 42; *Mémoires de Napoléon* écrits par Gourgaud, t. I, p. 155, note 1.

Sur la frontière des Alpes, Bonaparte eût désiré débloquer Coni, la dernière place tenue par les Français en Italie. Dans ce but, il fit envoyer l'ordre au général Grenier de réunir à Tournoux toutes les troupes de la gauche de l'armée d'Italie, pour déboucher du col de Largentière sur Coni, pendant que deux demi-brigades prises en Helvétie iraient couvrir la frontière dans le département du Mont-Blanc, et que le centre et la droite de l'armée d'Italie resteraient sur la défensive, du col de Tende à Gênes (1).

Le 10 frimaire, le Premier Consul ordonna de réunir, dans un délai d'un mois, « à Antibes et à Nice, 200 pièces de canon de 12, de 8, de 4, d'obusiers de 6 pouces et 100 bouches à feu de 24, de 16, de mortiers de 8, 10 et 12 pouces, avec un approvisionnement proportionné; » 100 pièces au moins de l'équipage de campagne de l'armée d'Italie devaient être attelées et mises, le plus tôt possible, en état d'entrer en campagne (2).

Mais Coni capitula le 23 frimaire; d'autre part, les maladies, les désertions (3), la pénurie des ressources (4), la démoralisation extrême des troupes les rendaient incapables de tout effort sérieux. Au reste, l'obstruction des

---

(1) De Cugnac, *loc. cit.*, I, p. 7.

(2) *Correspondance de Napoléon*, n° 4409.

(3) « La 24ᵉ de bataille, la 18ᵉ légère ont déserté de l'armée d'Italie, où elles étaient placées du côté de Savone..... 1200 hommes sans officiers, mais en bon ordre, sont arrivés à Draguignan. Ils disent à haute voix qu'ils sont prêts à retourner si on veut les payer, les habiller et les nourrir. » (L'administration centrale du Var au Ministre de la guerre, 26 nivôse, Arch. Guerre, Corresp. générale.)

(4) « L'armée est nue et déchaussée..... La solde est arriérée de six mois. Nous n'avons pas un brin de fourrage ni approvisionnements d'aucune espèce, pas un moyen de transport..... » (Masséna au Premier Consul, 16 pluviôse, armée d'Italie.)

« J'ai mis toutes les troupes à la demi-ration; moi-même j'ai donné l'exemple. » (Le même au même, 4 ventôse.)

passages par les neiges créait pour quelques mois une zone neutre entre les deux adversaires. Les Autrichiens s'établirent en Piémont et en Lombardie, avec des corps avancés dans les hautes vallées des Alpes, tandis que les Français prirent leurs cantonnements d'hiver sur le versant occidental des montagnes et dans les localités du littoral, entre Nice et Gênes.

Vers le milieu de ventôse, la situation intérieure de la France s'était améliorée par la pacification des provinces de l'ouest, et l'horizon diplomatique s'était éclairci en ce sens que l'Angleterre et l'Autriche, entraînant les petits États de l'Empire, restaient ses seuls adversaires réels. Les efforts combinés de ces puissances se manifestaient par l'existence de deux armées : l'une, en Souabe, sous les ordres de l'archiduc Charles (1), dont l'effectif s'élevait à 101,734 hommes et devait être porté à 120,000 (2); l'autre, en Italie, commandée par Mélas, dont la force, après la prise de Coni, en automne 1799, était de 97,063 hommes (3), y compris les troupes de garnison, et resta sensiblement stationnaire (4). L'Angleterre apportait à cette dernière un appui matériel par sa flotte, maîtresse de la Méditerranée.

A la même époque, la France avait aussi deux armées : celle du Rhin dont le général en chef était Moreau, et qui comptait 118,000 combattants, le 30 ventôse (5); celle d'Italie, sous les ordres de Masséna, qui en comprenait

(1) L'archiduc Charles devait être remplacé le 20 mars (29 ventôse) par le F.-M.-L. Kray.
(2) *Oesterreichische militärische Zeitschrift*, Vienne, 1836, t. I, p. 251. L'effectif de l'armée autrichienne atteignit même 131,000 hommes, garnisons comprises.
(3) *Ibid.*, 1822, t. I, p. 21.
(4) Au milieu de mai 1800, l'armée de Mélas comptait 100,491 hommes. (*Ibid.*, t. II, p. 105.)
(5) Situation au 30 ventôse an VIII.

39,156 le 20 ventôse (11 mars) (1). Un arrêté des Consuls, en date du 17 ventôse, créait, d'autre part, une armée de réserve forte de 60,000 hommes (2).

Au point de vue stratégique, l'occupation de la Suisse était très avantageuse pour les troupes françaises. Elle s'interposait en effet comme un bastion entre les deux théâtres d'opérations de la Souabe et du Piémont, empêchait toute communication directe entre eux, et permettait au contraire à l'armée qui en était maîtresse de déboucher au nord sur le flanc gauche, au sud sur les derrières de l'ennemi.

Enfin, pour parer à toute éventualité, le Premier Consul avait décidé qu'Augereau, avec un corps d'occupation, resterait d'abord en Hollande puis, quand toute crainte de descente aurait disparu, remonterait le Rhin pour couvrir les communications de Moreau en Allemagne. Les troupes de l'ouest et du nord de la France, sous le commandement de Brune, comptant 30,000 hommes environ, furent réparties en cinq camps, à Maëstricht, Liége, Lille, Saint-Lô et Rennes. Les deux premiers étaient destinés à contenir la Belgique ; les trois autres, à veiller à la sécurité des côtes et à la tranquillité des provinces de l'Ouest.

---

(1) D'après la situation du 20 ventôse, l'armée d'Italie comprenait 39,156 combattants, dont 7,885, sous Turreau, formaient l'aile gauche et gardaient la frontière française dans les hautes vallées de la Durance et de l'Isère.

(2) De Cugnac, *loc. cit.*, I, p. 37.

CHAPITRE III

Dénuement de l'armée du Rhin.

Moreau à Paris jusqu'au 2 nivôse. — Rapport de Mathieu-Faviers. —
  État déplorable de l'administration de la guerre. — L'Helvétie
  ruinée. — Arrivée de Moreau à Zürich. — Situation précaire de
  l'armée. — Efforts de Bonaparte pour y remédier. — Amélioration
  de la situation. — Ordres de concentration du Ministre de la
  Guerre. — Conséquences fâcheuses. — Déficits de toute nature
  à la veille de l'entrée en campagne.

Un arrêté du Directoire exécutif du 17 messidor an VII
(5 juillet 1799), avait groupé, sous le nom d'armée du
Rhin, toutes les troupes échelonnées sur ce fleuve depuis
Neuf-Brisach jusqu'à Düsseldorf, et en avait confié le
commandement à Moreau (1).

Les Consuls décidaient le 3 frimaire an VIII (24 novembre 1799), que l'armée du Danube serait également
placée sous ses ordres (2), et que la masse unique ainsi
constituée prendrait le nom d'armée du Rhin, dont « la
ligne s'étendra depuis Genève jusqu'à Oppenheim (3) ».

L'hiver ayant imposé aux belligérants une trêve tacite,
Moreau ne crut pas devoir se rendre immédiatement à
son quartier-général. Les généraux Müller, Ney, Lecourbe
qui s'étaient succédé dans le commandement provisoire

---

(1) Extrait des registres du Directoire exécutif.

(2) Les troupes stationnées en Helvétie et le long du Rhin, de Bâle
à Neuf-Brisach, constituaient l'armée dite du Danube, sous le commandement de Masséna.

(3) Aulard, *Registre des délibérations du Consulat provisoire*, p. 37.

de l'armée (1) avaient signalé, à plusieurs reprises, sa
profonde détresse, et Moreau espérait, en restant quelque
temps à Paris, obtenir plus rapidement, par des démarches personnelles, l'argent, le matériel, les approvisionnements, les renforts qui lui étaient indispensables
pour entrer en campagne (2).

Les rapports de ses prédécesseurs étaient unanimes à
cet égard : « Le soldat est nu....., la solde est arriérée
de six, huit et dix décades dans la plus grande partie des
corps (3) » ; les troupes « ne sont ni armées, ni habillées ;
leurs besoins sont immenses (4) » ; « l'administration des
postes n'a pas un seul cheval, les hôpitaux sont dans un
état pitoyable (5) » ; « l'artillerie et le génie n'ont pas
un sol à leur disposition....., pas de souliers....., il
manque 10,000 à 12,000 gibernes....., la cavalerie n'a
pas de chevaux (6) » ; « les garnisons de Mayence,
Landau et Strasbourg sont au moins de moitié ce qu'elles
devraient être....., nos demi-brigades sont faibles (7). »

Un compte rendu adressé à Moreau le 18 frimaire
an VIII (9 décembre 1799), par le commissaire-ordonnateur en chef Mathieu-Faviers, dépeignait la situation de
l'armée du Rhin sous un jour plus défavorable encore.

« Le Ministre de la guerre, écrivait ce haut fonction-
naire, ne vous aura pas sans doute, laissé ignorer l'état
déplorable dans lequel se trouvent les différentes parties
du service administratif de l'armée du Danube, réunie à

---

(1) Müller avait été remplacé par Ney le 4 vendémiaire an VIII, et
Ney par Lecourbe le 3 brumaire an VIII.

(2) Proclamation de Moreau du 24 frimaire an VIII.

(3) Ney à Moreau, Haguenau, 7 vendémiaire an VIII.

(4) Lecourbe au Directoire, Strasbourg, 17 vendémiaire an VIII.

(5) Lecourbe au Ministre de la guerre, Mannheim, 3 brumaire
an VIII.

(6) Lecourbe au Ministre de la guerre, Mannheim, 21 et 26 brumaire
an VIII.

(7) Lecourbe à Moreau, Mannheim, 12 frimaire an VIII.

celle du Rhin, que vous commandez. Quelque idée que
vous ayez prise, elle ne peut cependant qu'être au-
dessous de la réalité..... J'oserai vous dire la vérité
entière..... »

L'administration des subsistances, exposait Mathieu-
Faviers, n'a point de fonds à sa disposition pour le service courant; toutes les demandes faites au Ministre de
la guerre, pour en obtenir, ont été « vaines et infruc-
tueuses ». La dépense arriérée, pendant le premier tri-
mestre, pour les transports, achats de liquides, frais de
manutention, est d'environ 1,500,000 francs. Le déficit
pour le service courant s'élève à peu près à la même
somme. Il est dû à la compagnie Olry plus d'un million
pour le service de la viande. Des traites sur la Trésorerie
se montant à un total de 580,000 francs, ont été protestées
et sont à rembourser. Les fournisseurs, les entrepreneurs
ont mis leur crédit à découvert; ils sont actuellement
hors d'état de faire de nouvelles avances et de continuer
le service si on ne leur remet, sans tarder, de l'argent
comptant dans la proportion des dépenses courantes. Les
garde-magasins, les employés, les ouvriers, ne sont pas
payés depuis plusieurs mois; ils sont découragés et
réduits à la misère. Le service des hôpitaux « est tombé
dans le dépérissement ». Il n'est plus possible, d'ailleurs,
de rien espérer de l'Helvétie qui est absolument épuisée.
Depuis thermidor, les troupes n'ont pas reçu de solde :
il est dû à l'aile droite plus de dix millions, et à l'aile
gauche plus de deux millions et demi de francs.

« En me résumant, concluait Mathieu-Faviers, je vous
supplierai, mon Général, en dernier résultat, de porter
principalement votre attention sur la nécessité de former
un approvisionnement de denrées par la voie des achats,
de procurer des fonds à l'armée pour les divers services,
notamment pour celui des subsistances, enfin de pourvoir aux besoins des hôpitaux..... Telle est la série des
mesures d'urgence qui sont à prendre et que sollicite le

salut de l'armée. Il est, mon Général, dans un péril immense, et chaque jour augmente le danger. Je n'existe plus que dans les transes et l'affreuse expectative d'une catastrophe ; je crains que les secours n'arrivent trop tard. Sollicitez, pressez, insistez, mon Général, je vous en conjure ; et que le Ministre de la guerre daigne nous tirer d'une situation aussi cruelle et aussi désespérée (1). »

Berthier, le nouveau Ministre de la guerre, dans une proclamation qu'il adressait aux armées le 21 brumaire, leur annonçait son intention de faire cesser leur dénuement (2) et, le 29 frimaire, il affirmait à Moreau qu'il s'en était constamment préoccupé depuis le jour où Bonaparte l'avait appelé à la tête du Département (3).

Mais en raison de la situation déplorable des finances, « d'innombrables réclamations » parvenaient « de toutes parts » à Berthier (4) qui était impuissant à leur donner satisfaction (5). Le procès-verbal de la séance consulaire du 25 brumaire, où le Ministre de la guerre avait rendu compte de l'état dans lequel il avait trouvé son Département, s'exprime en ces termes : « Toutes les parties sont dans la plus grande désorganisation... La subsistance du soldat n'est assurée, ni dans l'intérieur, ni aux armées ; le service des fourrages, celui des fournitures, ceux des étapes, des hôpitaux, des transports, des caser-

---

(1) Rapport au citoyen Moreau, général en chef de l'armée du Rhin, par le citoyen Mathieu-Faviers, commissaire-ordonnateur en chef sur la situation des différents services, Zürich, 18 frimaire an VIII.

Antérieurement, Mathieu-Faviers avait adressé un rapport au Ministre de la guerre sur la situation de l'armée, 12 brumaire an VIII.

(2) Un exemplaire de cette proclamation se trouve dans le registre 2a, 69 des Archives de la guerre.

(3) Berthier à Moreau, Paris, 29 frimaire. (A. H. G., Correspondance générale.)

(4) Berthier aux généraux commandants les divisions. (A. H. G., Correspondance générale.)

(5) Berthier à Moreau, Paris, 29 frimaire.

nements et lits, et de la poste aux armées, tout est
désorganisé ; le désordre règne dans toutes les parties (1). » Napoléon ne semble donc pas avoir exagéré
en disant, dans ses Mémoires, que le Ministère de la
guerre « était un vrai chaos » (2), à l'époque du
Consulat provisoire.

Berthier se vit obligé de reconstituer les organes de
l'Administration centrale, avant de songer à venir au
secours de l'armée, dont les privations de tout genre
étaient constamment présentes à son souvenir, affirmait-il
à Moreau (3). Il parvenait pourtant à lui ouvrir, à cette
date, un crédit de 1,300,000 francs environ « pour subvenir à ses besoins les plus pressants » (4). Mais il n'espérait pas pouvoir assurer ses services « d'une manière
stable et invariable » avant le 1er pluviôse (5). Aussi
Bonaparte, dans une proclamation qu'il adressait le
4 nivôse aux troupes françaises, leur déclarait-il que
« la qualité la plus essentielle d'un soldat est de savoir
supporter les privations avec constance ; plusieurs

---

(1) Aulard, *Registre des délibérations du Consulat provisoire*, p. 17.

Napoléon, dans ses *Mémoires*, relate ainsi qu'il suit, les déclarations
qu'avait faites aux consuls Dubois-Crancé, le Ministre de la guerre du
Directoire :

« Vous payez l'armée ; vous pouvez au moins nous donner les états
de la solde ? — Nous ne la payons pas. — Vous nourrissez l'armée ;
donnez-nous les états du bureau des vivres ? — Nous ne la nourrissons
pas. — Vous habillez l'armée ; donnez-nous les états du bureau de
l'habillement ? — Nous ne l'habillons pas. » (*Mémoires de Napoléon*,
écrits par Gourgaud, t. I, p. 104.)

Dubois-Crancé avait rendu compte de cette situation au Directoire,
le 19 vendémiaire an VIII. — Cf. p. 30.

(2) *Mémoires de Napoléon* écrits par Gourgaud, t. I, p. 103.

(3) Berthier à Moreau, Paris, 29 frimaire.

(4) *Ibid.*

(5) Berthier à Moreau, Paris, 1er nivôse.

années d'une mauvaise administration ne peuvent, ajoutait-il, être réparées dans un jour (1) ».

En somme, la présence de Moreau à Paris ne semble
pas avoir eu pour résultat d'améliorer sensiblement la
situation de l'armée du Rhin. Par contre, il obtint de
faire comprendre dans les limites de son commandement l'importante tête de pont de Mayence, et de choisir
les lieutenants généraux qui devaient être placés à la
tête des corps des deux ailes et du centre (2). Il s'empressa de désigner aux Consuls le général Lecourbe (3),
qui s'était illustré dans la campagne précédente par ses
belles opérations contre Souvorov au Saint-Gothard et
dans la vallée de la Reuss, ainsi que Saint-Cyr et Grenier,
dont il avait déjà apprécié les talents (4).

Moreau annonça à Lecourbe sa nomination par
une lettre « affectueuse » (5). En même temps, il lui
prescrivit de se rendre sur-le-champ en Helvétie
pour y remplacer Masséna, et de remettre le commandement du corps du bas Rhin à un général de division
« avec défense très expresse de se battre (6). » L'intention
de Lecourbe était de n'en rien faire ; il avait déjà demandé
au Ministre l'autorisation de repasser sur la rive gauche
du Rhin pour réorganiser en toute sécurité l'armée (7),
qui venait d'ailleurs d'éprouver le 11 frimaire (2 décembre), un échec à Sinzheim.

Parti de Mannheim le 13 frimaire, Lecourbe visita les
troupes de l'aile droite placée sous son commandement,

---

(1) *Correspondance de Napoléon* n° 4449.
(2) Moreau à Berthier, Paris, 5 frimaire.
(3) *Ibid.*
(4) Macdonald refusa de remplir ces fonctions qu'on lui avait attribuées, prétendait-il, à son insu. (Maréchal Macdonald, *Souvenirs*, 115.)
(5) Lecourbe à Moreau, Mannheim, 12 frimaire.
(6) Moreau à Berthier, Paris, 5 frimaire.
(7) Lecourbe à Moreau, Mannheim, 12 frimaire.

et vint établir, le 29, son quartier-général à Zürich. Moreau lui prescrivit de placer les troupes « de manière à les réunir dans six ou sept marches (1) ». Il avait pu se convaincre de l'impossibilité « de nourrir l'armée en Helvétie pendant l'hiver », en raison de l'épuisement total du pays, « surtout en fourrages » et il se vit obligé de renvoyer « sur les derrières » une grande partie de la cavalerie et de l'artillerie (2). Le reste des troupes vivait « au jour le jour »; encore les transports étaient-ils rendus plus difficiles par le froid qui était devenu « excessif » et la neige qui était tombée en grande quantité (3).

« Je vous le répète, écrivait Lecourbe à Moreau, tant que les consommations en Helvétie excéderont les moyens de transport humainement possibles, nous serons dans une triste alternative (4). »

Il ne fallait pas songer, en effet, à utiliser les ressources locales pour la subsistance des troupes. La campagne de l'an VII les avait épuisées et réduit même la plupart des cantons à un degré de misère dont on se faisait « difficilement une idée (5) ».

Certains d'entre eux étaient devenus « des déserts ». Dans les cantons du Sentis et de la Linth, les habitants étaient si misérables qu'ils avaient dû « faire partir leurs enfants à pleines charrettes pour aller recevoir ailleurs

---

(1) Moreau à Lecourbe, Paris, 26 frimaire, collection d'autographes Charavay.

(2) Lecourbe à Moreau, Zürich, 30 frimaire; Lecourbe à Bonaparte, Zürich, 6 nivôse; Mathieu-Faviers à Moreau, 18 frimaire.

(3) Lecourbe à Moreau, Zürich, 30 frimaire.

(4) Ibid.

(5) Pichon, secrétaire de la légation de la République française en Suisse au Ministre des relations extérieures, Berne, 29 brumaire. — Cf. Note du citoyen Bacher au Ministre des relations extérieures, 24 frimaire; Mathieu-Faviers à Moreau, 18 frimaire.

la subsistance que leurs parents ne pouvaient plus leur donner (1) ».

A cette situation précaire de l'Helvétie ruinée et de l'armée qui n'avait pas « un sol en caisse (2), » Lecourbe ne voyait d'autre remède que de proposer un armistice à l'archiduc Charles, qui l'accepterait pensait-il, « si la proposition partait du Ministre de la guerre, par exemple (3) ».

Il recommandait instamment à Moreau de ne pas quitter Paris « sans argent, sans souliers et sans capotes (4) ». Ne recevant point du général en chef une réponse assez prompte à son gré (5), Lecourbe écrivit directement à Bonaparte. Grâce à une contribution de guerre levée à Mayence, il espérait pouvoir faire vivre ses troupes jusqu'au 1er pluviôse (21 janvier 1800), mais il jugeait indispensable que des entrepreneurs prissent le service avant cette date, sinon l'armée manquerait de tout. Aussi, bien que reconnaissant l'importance, au point de vue stratégique, de l'Helvétie qui séparait les armées autrichiennes d'Allemagne et d'Italie, il ne croyait pas qu'on pût « y laisser longtemps une armée considérable dans l'inaction (6) ».

Moreau, parti de Paris dans les premiers jours de nivôse, n'avait pas reçu, très vraisemblablement, la dernière lettre de Lecourbe. Il avait obtenu, toutefois, avant son départ, du Ministre de la guerre, que des fonds lui seraient expédiés sur-le-champ à Bâle « pour assurer les services avant la mise en activité des entre-

---

(1) Pichon au Ministre des relations extérieures, Berne, 18 pluviôse.

(2) Lecourbe à Moreau, Zürich, 30 frimaire.

(3) *Ibid.*

(4) *Ibid.*

(5) *Ibid.*

(6) Lecourbe à Bonaparte, Zürich, 6 nivôse.

prises (1) ». On lui avait promis de lui donner tout ce
qu'on pourrait (2). Mais, à son arrivée dans cette ville le
5 nivôse (26 décembre), il constata que les sommes pro-
mises par Berthier faisaient défaut (3).

Sans s'arrêter à Bâle, où il se proposait d'établir son
quartier-général qui serait ainsi « au centre des opérations et en communication facile avec Paris (4) »,
Moreau se rendit immédiatement à Zürich, désireux de
se rendre compte par lui-même, de la situation de l'aile
droite de l'armée. Les routes étaient couvertes de
verglas, et il ne lui fallut pas moins de deux jours pour
faire ce trajet. Il ne tarda pas à se convaincre d'ailleurs
que les rapports de Mathieu-Faviers et de Lecourbe
n'étaient nullement exagérés. En même temps, il rece-
vait de Baraguey-d'Hilliers, commandant l'aile gauche,
des dépêches datées du 8 nivôse (5), et dont il ressor-
tait que la détresse des troupes stationnées sur le bas
Rhin, n'était guère moindre que celle qu'il avait pu
constater en Helvétie (6). L'argent faisant absolument
défaut (7) ; aucun service assuré (8) ; un arriéré de solde
« effrayant (9) » ; les soldats à demi nus, ayant l'air de
« squelettes », dépourvus de capotes et de souliers par

---

(1) Moreau à Berthier, Zürich, 8 nivôse.
(2) Moreau à Lecourbe, Paris, 26 frimaire, collection d'autographes
Charavay.
(3) *Ibid.* — Cf. Moreau à Baraguey-d'Hilliers, commandant l'aile
gauche, Zürich, 11 nivôse.
(4) Moreau à Berthier, Zürich, 8 nivôse.
(5) Moreau à Baraguey-d'Hilliers, Zürich, 11 nivôse.
(6) Moreau à Bonaparte, Zürich, 12 nivôse ; Moreau au Ministre de la
guerre, Zürich, 12 nivôse.
(7) Moreau aux Ministres de la guerre et des finances, Zurich,
12 nivôse.
(8) Moreau à Bonaparte, Zürich, 12 nivôse.
(9) Moreau au Ministre de la guerre, Zürich, 12 nivôse ; Moreau au
Ministre des finances, Zürich, 12 nivôse.

le froid le plus rigoureux (1) ; les corps du bas Rhin
ne parvenant à subsister que par des prélèvements sur
les approvisionnements de siège des places fortes (2) ;
les demi-brigades qui occupent, sur la rive droite du
fleuve, les têtes de ponts de Brisach et de Kehl « sans
vivres et sans bois, exposées à toutes les intempéries (3) » ;
la cavalerie renvoyée sur les derrières de l'armée, faute
de fourrages ; l'Helvétie ruinée, ne pouvant plus fournir
de ressources et incapable même de subvenir à ses
besoins (4) ; la nécessité pour l'aile droite de l'évacuer
et de rentrer sur le territoire de la République, à moins
de prompts secours (5) ; les départements voisins d'ailleurs épuisés (6) ; les hôpitaux « dans le dernier dénuement (7) » ; l'armée, en un mot, « dans un tel état de
souffrances » que sa désorganisation est à craindre (8),
tel est le tableau que Moreau fait de la situation dans
sa correspondance du 12 nivôse avec le Premier Consul
et les Ministres de la guerre et des finances.

Le commandement des divisions et des brigades n'est
pas assuré. Presque tous les généraux et, parmi eux, les
meilleurs de l'armée, vont rejoindre Masséna en Italie ;
ils sont remplacés par d'autres qui ne sont pas connus
des troupes et qui n'ont pas fait la guerre. Saint-Cyr et

---

(1) Moreau à Bonaparte, Zürich, 12, et Strasbourg, 27 nivôse ;
Dessolle au Ministre de la guerre, Bâle, 4 et 17 pluviôse ; Moreau au
Ministre de la guerre, 4 pluviôse.

(2) Moreau au Ministre de la guerre, Zürich, 12 nivôse.

(3) Moreau à Bonaparte, Zürich, 12 nivôse.

(4) Moreau à Bonaparte et au Ministre de la guerre, Zürich,
12 nivôse ; Lecourbe à Moreau, Zürich, 30 frimaire.

(5) Moreau au Ministre de la guerre, Zürich, 12 nivôse.

(6) *Ibid.*

(7) Moreau au Ministre de la guerre, 4 pluviôse ; Simonnet à
Moreau, Strasbourg, 7 pluviôse.

(8) Moreau à Bonaparte et au Ministre de la guerre, Zürich,
12 nivôse.

Grenier que Moreau a demandés aux Consuls et qu'on
lui a promis, ne sont pas encore arrivés. « Si j'étais
attaqué demain, écrit le général en chef, je ne saurais
comment faire (1) ». Par surcroît, il a fallu lever le
pont de bateaux de Kehl, en raison des glaces que
charrie le Rhin ; les neuf bataillons qui occupent la
place, sont donc exposés, sans pouvoir être secourus, à
un coup de main des Autrichiens (2).

Enfin, les garnisons des forteresses échelonnées .
depuis Düsseldorf jusqu'à Besançon et les détachements
que Moreau croit devoir laisser sur les frontières méridionale et orientale de l'Helvétie, absorbent 40,000
hommes, de sorte qu'il n'en reste guère que 60,000
pour « aborder l'ennemi (3) ». Or, l'armée autrichienne
d'Italie envoie à celle de l'archiduc Charles un corps de
15,000 hommes ; les Russes sont encore en Bavière et
peuvent revenir sur le Rhin ; alors, dit Moreau, « nous
aurions une infériorité effrayante (4) ».

Comment, dans ces conditions, lui enlève-t-on trois
de ses meilleures demi-brigades, quand c'est sur ce.
théâtre d'opérations, et non en Italie, que se décidera
« le sort de la République ? (5) » En tout état de cause,
il déclare aux Consuls, qu'il est impossible d'entrer en
campagne actuellement, ainsi qu'ils en avaient exprimé
le désir (6) : rien n'est organisé, et la rigueur de la sai-

---

(1) Moreau à Bonaparte, Zürich, 12 nivôse.

(2) Moreau à Baraguey-d'Hilliers, Zürich, 11 nivôse. — Ce pont avait
été, sans doute, endommagé, car, dans une lettre du même jour,
11 nivôse, Moreau recommandait à Baraguey-d'Hilliers de le faire réparer.
(Fiches de la maison Charavay.)

(3) Moreau à Bonaparte, Zürich, 12 nivôse.

(4) Moreau au Ministre de la guerre, Zürich, 12 nivôse.

(5) *Ibid.*

(6) *Correspondance de Napoléon*, n° 4413.

son rendra d'ailleurs les communications impraticables pendant longtemps (1).

Le général en chef de l'armée du Rhin se plaint au Ministre de la guerre, de l'envoi à l'armée d'officiers généraux « qu'on ne veut pas ailleurs et qui n'ont servi que dans l'intérieur », tandis que ceux qui « avaient combattu à la tête des troupes », partent pour l'Italie (2). Il déplore aussi de n'être pas laissé libre de la désignation des titulaires des différents commandements ; il rappelle les promesses qui lui ont été faites à cet égard (3) ; il demande, d'une façon quelque peu commi- natoire, au Ministre, de faire cesser ces errements ; il lui déclare que le général Lariboisière, directeur du parc d'artillerie, désigné pour l'armée d'Italie, restera à son poste jusqu'à de nouveaux ordres.

Il remonte en même temps le moral des troupes. Il affirme aux soldats que, grâce à la sagesse des Consuls, leurs vertus ne seront plus si longtemps stériles ; qu'elles ne serviront plus « des projets sans but et une ambition sans bornes », mais qu'elles donneront « la paix à l'Eu- rope et le bonheur à la République (4) ».

Pourtant, les banquiers de Bâle ont refusé de payer sur les lettres de crédit apportées par le chef d'état- major général Dessolle (5); la détresse est « affreuse » (6) même parmi les officiers, auxquels, à plusieurs reprises, Moreau vient en aide de ses deniers (7). Tous ceux, dit-

---

(1) Moreau à Bonaparte, Zürich, 12 nivôse.

(2) Moreau au Ministre de la guerre, Zürich, 12 nivôse.

(3) *Ibid.*

(4) Proclamation de Moreau à l'armée du Rhin, Bâle, 20 nivôse.

(5) Moreau au Ministre de la guerre, Zürich, 12 nivôse.

(6) Moreau à Bonaparte, Bâle, 19 nivôse ; Dessolle au Ministre de la guerre, Bâle, 21 nivôse.

(7) Schwarz, commandant le 5ᵉ régiment de hussards à Moreau, Kreutzach, 19 pluviôse an VIII ; Rouville commandant par intérim la 16ᵉ demi-brigade à Moreau, Vieux-Brisach, 26 pluviôse.

il, « qui n'ont pas volé, sont ici à l'aumône ; cela est exact (1) ».

Les troupes privées de solde depuis de longs mois, commencent à murmurer (2) ; il en est qui s'insurgent, telle la 1re demi-brigade de ligne qui refuse un instant de partir pour Kehl et qui ne se décide à obéir que sur la menace d'un châtiment très sévère de la part du général en chef (3). « Je veux bien me battre contre l'ennemi, écrit Moreau, mais il est affreux d'avoir à faire la guerre à la propre armée qu'on commande. La misère du soldat est telle qu'en réprimant son insubordination, on est presque forcé de convenir qu'elle est fondée (4) ». Il ne lui était même pas possible de délivrer à chacun d'eux, par ce froid rigoureux, une capote et une paire de souliers (5) ; depuis sept mois, les charretiers d'artillerie n'avaient reçu ni solde, ni effets d'habillement, ni parfois la ration à laquelle ils avaient droit (6). Moreau qui était allé à Strasbourg le 19 nivôse pour se rendre compte de la situation de l'aile gauche, priait le Premier Consul de plaider la cause de l'armée du Rhin

---

(1) Moreau à Bonaparte, Bâle, 19 nivôse.

« Les officiers généraux sont sans moyens et, s'il en est, parmi eux, qui jouissent d'une position plus heureuse, c'est qu'ils l'ont obtenue par des moyens indirects, presque excusés par l'état de détresse de ceux qui les ont constamment repoussés. » (Dessolle au Ministre de la guerre, Bâle, 21 nivôse.)

(2) Dessolle au Ministre de la guerre, Bâle, 21 nivôse.

(3) Moreau au Ministre de la guerre, Strasbourg, 21 nivôse.

Il était dû à cette demi-brigade six mois de solde et l'habillement de l'an VII. (Le chef de la 1re demi-brigade à Moreau, 22 nivôse). Le 26 nivôse, Moreau demanda au Ministre de la guerre de faire droit à ses justes réclamations.

(4) Moreau au Ministre de la guerre, Strasbourg, 21 nivôse.

(5) Dessolle au Ministre de la guerre, Bâle, 21 nivôse.

(6) Le général Éblé commandant l'artillerie de l'armée du Rhin au Ministre de la guerre, Bâle, 23 nivôse.

auprès du Ministre de la guerre, qui, peut-être, écrivait-il, se serait réconcilié avec Masséna, un peu à ses dépens et au profit de l'armée d'Italie (1). Ce fut, sans doute, grâce à l'intervention de Bonaparte, que le Ministre de la guerre avisa Moreau, de l'envoi de 1,100,000 francs à l'armée du Rhin, afin de subvenir en partie à ses besoins les plus pressants (2), et l'autorisa, le 26 nivôse (16 janvier), à faire venir en Suisse des blés de France (3).

Mais le dénuement des troupes exigeait que des sommes plus considérables leur fussent allouées, sinon pour entrer en campagne, du moins pour faire cesser leur misère. D'ailleurs, le 30 nivôse, les fonds annoncés n'étaient pas encore arrivés à Bâle, et ce n'était qu'à grand'peine que Dessolle avait pu décider les banquiers de cette ville à consentir à une avance de 300,000 francs (4).

Aussi les troupes dont la solde était arriérée de six mois, continuaient-elles à murmurer (5) ; Moreau n'osait se montrer à elles que le moins possible, tant elles étaient mécontentes (6). L'habillement, les armes même,

---

(1) Moreau à Bonaparte, Bâle, 19 nivôse.

(2) Le Ministre de la guerre à Moreau, Paris, 23 nivôse.

(3) Le Ministre de la guerre à Moreau, Paris, 26 nivôse.
Moreau avait déjà pris un arrêté à cet effet et en avait rendu compte au Premier Consul le 19 nivôse.
Un arrêté des Consuls, en date du 26 nivôse, an VIII, autorisait l'exportation en Suisse de 180,000 myriagrammes de grains, fixait les départements dans lesquels les achats devaient se faire et déterminait les points de la frontière par lesquels les grains pouvaient être exportés. Le 2 pluviôse, Dessolle écrivit aux administrateurs de ces départements pour accélérer l'arrivée des denrées.

(4) Dessolle au Ministre de la guerre, Bâle, 26 nivôse; Moreau au Ministre de la guerre, Strasbourg, 30 nivôse.

(5) Dessolle au Ministre de la guerre, 26 nivôse.

(6) Moreau à Bonaparte, Strasbourg, 27 nivôse.

faisaient toujours défaut ; à elle seule, l'artillerie manquait de 8,000 chevaux (1).

Le Premier Consul avait fait le 24 nivôse, au Ministre
des finances, des observations au sujet des lettres de
change que les banquiers de Bâle avaient refusé d'acquitter, et il le pressait, en même temps, d'envoyer des
fonds à l'armée du Rhin (2). Le 26 (3), il pouvait prévenir Moreau que ces lettres seraient payées ; qu'un
agent était parti en poste « pour lever tous les obstacles
qui s'y étaient opposés » ; que 600,000 francs en numéraire lui étaient expédiés. Il avait soin, pour se justifier
aux yeux de Moreau, de lui adresser, en même temps, le
rapport de Gaudin relatant les raisons qui avaient fait
différer l'acquittement (4). Son intervention apparaît
encore dans les instructions données par le Ministre des
finances aux payeurs d'un certain nombre de départements qui devaient verser leurs « produits libres » dans
les caisses de l'armée du Rhin à Bâle, Strasbourg et
Mayence (5). La mesure, il est vrai, était sans grande
efficacité, du moins pour le moment (6).

Moreau déplorait d'être obligé d'employer entièrement les premiers fonds qui allaient arriver à soutenir
les entreprises des vivres et des fourrages et à acheter
quelques milliers de capotes et de souliers. « Vous

---

(1) Éblé au Ministre de la guerre, Bâle, 24 nivôse.
(2) *Correspondance de Napoléon*, n° 4522.
(3) Avant d'avoir reçu la lettre de Moreau du 27 nivôse.
(4) *Correspondance de Napoléon*, n° 4531. — Le Premier Consul se
faisait présenter, à cette époque, un mémoire sur la réforme des subsistances. (Arch. nat., A F¹ᵛ, 1174.)
(5) Le Ministre des finances à Moreau, Paris, 28 nivôse.
(6) « Il est à observer, Citoyen Général, disait Gaudin, que plusieurs
de ces départements sont arriérés pour le payement de la solde et pour
l'expédition des fonds dont le versement est déjà ordonné dans la caisse
du payeur de l'armée du Danube et sur d'autres points. Mais il y a lieu
d'espérer que..... ces déficits seront bientôt comblés. »

voyez, écrivait-il au Ministre, que la solde de l'armée
va rester encore dans le même état de souffrance. J'ai
déjà appelé toute votre sollicitude sur cet objet; il
devient, de jour en jour, plus pressant. Les choses ne
sauraient durer ainsi longtemps. Il faut absolument qu'il
soit payé quelques acomptes sur la solde; la conservation de l'armée et la subordination des troupes y sont
essentiellement attachées (1). »

Épuisés par les privations de toute sorte (2), les soldats
qui, pour la plupart, s'étaient montrés admirables de
patience (3), se lassaient enfin. Les manifestations d'indiscipline allaient se généralisant (4) et se produisaient
« à la moindre occasion (5) ». Moreau, craignant de voir
son autorité compromise « par des cris séditieux », s'abs-
tenait toujours de paraître devant les troupes (6). Le
même motif le décidait à différer la cérémonie où elles
devaient promettre fidélité à la nouvelle Constitution,
jusqu'à l'époque où il pourrait leur accorder quelques
secours (7). Il ne fallait pas songer à les réunir pour le
moment, car elles tenaient « des propos même contre la
République (8) ». « Si l'armée était lancée en ce moment,
écrivait Dessolle au Ministre de la guerre, pénétrée du

---

(1) Moreau au Ministre de la guerre, Strasbourg, 30 nivôse.

(2) Moreau à Bonaparte, Strasbourg, 2 pluviôse; Dessolle au Ministre
de la guerre, Bâle, 17 pluviôse; Dessolle à Bonaparte, Bâle, 17 pluviôse;
Duroc à Bonaparte, Bâle, 17 pluviôse.

(3) Moreau au Ministre de la guerre, Bâle, 10 pluviôse; le Ministre
de la guerre à Moreau, Paris, 9 pluviôse; Moreau à Bonaparte, Bâle,
18 pluviôse.

(4) Moreau à Bonaparte, Strasbourg, 2 pluviôse.

(5) Moreau au Ministre de la guerre, 4 pluviôse.

(6) Moreau à Clarke, directeur du dépôt de la guerre, Bâle, 8 pluviôse.

(7) Moreau à Bonaparte, Bâle, 10 pluviôse.

(8) Dessolle au Ministre de la guerre, Bâle, 4 pluviôse.

sentiment profond de sa misère, il n'est pas d'excès et d'horreurs auxquels on ne doive s'attendre (1). »

A la vérité, ce n'était là qu'une hypothèse. Tout s'opposait en effet, à ce que l'armée « se portât en Bavière », même au commencement de pluviôse, c'est-à-dire un mois après la date indiquée par les Consuls (2). Sans parler de la solde arriérée de près de quinze millions (3), et de l'habillement dû à la plupart des corps pour l'an VII tout entier (4), les arsenaux étaient « épuisés en armes », les demi-brigades elles-mêmes en manquaient pour un sixième environ de l'effectif (5) ; tout était arrêté dans le service de l'artillerie, même la confection des munitions, faute d'argent et de matières premières (6) ; les compagnies chargées de la fourniture des vivres et des fourrages étaient arrivées sans fonds et sans crédit (7) ; les ambulances étaient dépourvues des objets les plus indispensables et de moyens de transport (8) ; les attelages et les chevaux de selle étaient loin d'être au complet (9).

---

(1) Dessolle au Ministre de la guerre, Bâle, 17 pluviôse. — Cf. Moreau à Bonaparte, Bâle, 18 pluviôse.

(2) *Correspondance de Napoléon*, n° 4413.

(3) Moreau à Clarke, Bâle, 8 pluviôse ; Moreau à Bonaparte, Bâle, 9 pluviôse.

(4) Moreau au Ministre de la guerre, 4 pluviôse.

(5) *Ibid.*

(6) Éblé à Dessolle, Bâle, 30 nivôse ; Éblé à Moreau, Bâle, 7 pluviôse.

(7) Moreau au Ministre de la guerre, 4 pluviôse ; Rapport de Mathieu-Faviers, Bâle, 10 pluviôse.

(8) Dessolle au Ministre de la guerre, Bâle, 17 pluviôse.

(9) Moreau au Ministre de la guerre, 4 pluviôse et Bâle, 10 pluviôse. Les pertes subies par la cavalerie dans la campagne précédente avaient provoqué la loi du 4 vendémiaire an VIII ordonnant une levée extraordinaire de chevaux pour le service des régiments et des équipages militaires. La levée était du trentième des chevaux ou mulets existants en France ; le Directoire se réservait le droit de porter cette contribution au vingtième pour les pays d'élevage et de la réduire au

La désertion des conscrits était « effrayante »; elle empêchait de porter les corps à leur effectif de guerre et
prenait de telles proportions que le général en chef se
proposait de prononcer la peine de mort contre ceux qui
s'en rendraient coupables (1). Les bataillons auxiliaires
du Cher et du Doubs s'insurgeaient à Besançon au
moment de rejoindre l'armée (2).

A supposer que les déficits de tout genre eussent été
comblés, il était indispensable encore, avant d'entrer en
campagne, de réunir des subsistances au moins pour
les quinze premiers jours des opérations qui devaient se
dérouler tout d'abord dans un pays absolument ruiné,
jusqu'à Ulm (3). Moreau demandait en outre, les fonds
nécessaires au payement de deux mois de solde « et

---

cinquantième pour les départements où les chevaux étaient en petit
nombre. (*Bulletin des lois*, t. II, B. 313, n° 3312.)

Moreau avait peu de confiance dans le résultat. « Le gouvernement,
écrivait-il, sera trompé dans la mesure adoptée pour la remonte.....
Dans la plupart des départements, à peine le recensement est achevé,
ce qui n'est qu'un préliminaire..... Un grand nombre de départements
ont fait d'ailleurs, pour la fourniture de leur contingent, des abonnements avec des entrepreneurs qui ne présentent à la réception que
des chevaux, soit de réforme, soit peu propres au service..... Le
général en chef ne peut trop presser le gouvernement d'adopter une
mesure quelconque pour prévenir cet abus et hâter la fourniture des
remontes. » (Moreau à Bonaparte, 4 pluviôse.)

Un arrêté des consuls du 2 ventôse spécifia un certain nombre de
mesures ayant pour but d'activer les opérations de la remonte, en accordant aux propriétaires des chevaux requis, des facilités plus grandes
pour le remboursement. (*Bulletin des lois*, t. III, B. 7, n° 17.)

Moreau avait vu clair. L'armée du Rhin sera en déficit de 3,000 chevaux au moment de l'ouverture des opérations.

(1) Moreau à Bonaparte, Strasbourg, 2 pluviôse; Moreau au Ministre
de la guerre, 4 pluviôse.

(2) Montigny, commandant la 6° division militaire, à Dessolle,
Besançon, 17 pluviôse.

(3) Moreau à Clarke, Bâle, 8 pluviôse.

Dessolle estimait même qu'il fallait réunir des approvisionnements

alors, disait-il, nous irons chercher le reste de l'arriéré
à coups de fusil (1) ».

Bonaparte s'efforçait visiblement de faire cesser la
misère et de subvenir aux besoins de toute nature de
l'armée du Rhin (2), et il y envoyait son aide de camp, le
chef de brigade Duroc, pour avoir des renseignements
très exacts sur l'état des choses (3).

La situation s'était améliorée à la fin de pluviôse (4),
grâce à des envois successifs de fonds dont le total s'élevait à 6,200,000 francs (5) et qui avaient permis au
général en chef de faire distribuer aux troupes un mois
de solde et un mois de masse d'entretien (6). De son
côté, le Ministre de la guerre annonçait l'expédition
d'effets d'habillement et d'équipement (7). « Avec les
secours qui nous arrivent, écrivait Moreau au Premier

---

pour un mois. (Dessolle au Ministre de la guerre, Bâle, 17 pluviôse.)
Moreau se rangea à cet avis. (Moreau à Bonaparte, Bâle, 18 pluviôse.)

(1) Moreau à Bonaparte, Bâle, 18 pluviôse.

(2) *Correspondance de Napoléon*, nos 4522, 4531, 4557, 4583 ; Moreau
à Bonaparte, Bâle, 1er ventôse.

(3) *Correspondance inédite de Napoléon*, 11 pluviôse.

(4) Ordre du jour du 2 ventôse : « L'armée, depuis longtemps abandonnée, était en proie à tous les genres de privations ; les sollicitudes
du gouvernement et les soins du général en chef mettent enfin un
terme à ses souffrances..... »

(5) 1,100,000 francs en lettres de change sur Strasbourg et sur
Bâle ; 600,000 francs en lettres de change sur Strasbourg ; 500,000 fr.,
dont une partie avait été apportée par le général Leclerc et dont le
reste était arrivé le 17 pluviôse ; 3,000,000 de francs provenant de
la Hollande ; 1,000,000 de francs expédiés de Paris le 8 pluviôse.
(*Correspondance de Napoléon*, n° 4557.)

(6) Ordres du jour du 30 pluviôse et du 4 ventôse.

Le 28 pluviôse, le chef de la 53e demi-brigade déclarait à Leclerc
« que si on ne payait pas incessamment, il y avait tout lieu de
craindre que le corps ne se portât à des excès. » (Leclerc à Dessolle,
Colmar, 28 pluviôse.)

(7) Le Ministre de la guerre à Moreau, Paris, 9 pluviôse.

Consul, j'espère équiper l'armée et remonter son moral assez vigoureusement pour obtenir des succès (1). »

Les compagnies Delambre pour les vivres, et La Tourette pour les fourrages, n'ayant rempli aucun de leurs engagements, Moreau cassait leurs marchés (2), avec l'autorisation du Ministre de la guerre, et les remplaçait par des administrations, à la tête desquelles il plaçait deux directeurs qui avaient une grande réputation de probité et d'habileté (3). Peu à peu, l'ordre, la confiance, l'union renaissaient parmi les troupes (4).

Ces remèdes étaient efficaces, mais il s'en fallait de beaucoup pourtant qu'ils fussent suffisants pour permettre à l'armée d'entrer en campagne. Dessolle évaluait à 12,000,000 environ la somme qui lui était strictement indispensable à cet effet (5). « Vous verrez que nous ne sommes pas exigeants », écrivait Moreau au Premier Consul, en lui adressant le mémoire justificatif de son chef d'état-major (6).

Les armes manquaient toujours; les troupes en avaient perdu une grande quantité dans la campagne précédente; un grand nombre de celles qui restaient étaient en mau-

---

(1) Moreau à Bonaparte, Bâle, 27 pluviôse. — Cf. Moreau au Ministre de la guerre, Bâle, 27 pluviôse; Moreau à Bonaparte, Bâle, 1er ventôse.

(2) Arrêtés du 3 ventôse.

(3) Moreau au Ministre de la guerre, Bâle, 27 pluviôse.

(4) César Berthier au Ministre de la guerre, Strasbourg, 27 pluviôse.

(5) Dessolle au Ministre de la guerre, Bâle, 17 pluviôse.
Prévoyant que le Ministre jugerait cette somme exagérée, Dessolle disait : « Tous les services sont abandonnés depuis six mois, et il faut en créer tous les moyens. »

(6) Moreau à Bonaparte, Bâle, 18 pluviôse.
Dessolle et Moreau étaient moins optimistes que Duroc, qui écrivait au Premier Consul, le 29 pluviôse : « L'argent et les effets arrivés à Bâle et à Strasbourg vont mettre l'armée dans la position de commencer une brillante campagne. »

vais état. Généralement, les conscrits incorporés dans les demi-brigades en étaient dépourvus (1). Le général Éblé demandait que le nombre des chevaux de l'artillerie fût porté de 7,000 à 9,000, et que les approvisionnements en poudre et en plomb fussent augmentés (2). Moreau réclamait de nouveaux bataillons auxiliaires pour compléter les effectifs des corps (3) et deux demi-brigades d'infanterie légère supplémentaires (4). Il sollicitait aussi l'autorisation de faire entrer encore des grains en Helvétie que menaçait « la plus affreuse disette (5) ».

Dessolle insistait sur l'urgence de cette mesure et faisait de la situation de ce pays, un tableau bien digne d'inspirer de la pitié. « L'on voit arriver des petits cantons, disait-il, des colonies d'enfants conduits par leurs parents infortunés, forcés d'abandonner leurs toits et leurs champs ravagés ; ils les confient à la pitié charitable de leurs compatriotes que les malheurs de la guerre ont pu respecter. On les répartit dans les cantons de Berne, Soleure, Zürich, Fribourg et Bâle. Ce spectacle, déchirant pour l'étranger, peut produire le désespoir chez les Suisses. Cependant, combien est-il intéressant de maintenir cet État dans la tranquillité ou du moins dans l'in-

---

(1) Moreau à Bonaparte, Bâle, 3 et 7 ventôse ; Duroc à Bonaparte, ventôse an VIII (sans indication précise de date). — Dessolle évaluait la quantité des fusils nécessaires à 30,000. (Dessolle au Ministre de la guerre, Bâle 17 pluviôse.) — Le Premier Consul se préoccupait très activement de faire combler ce déficit. (Clarke au Ministre de la guerre, 6 ventôse, *Correspondance inédite de Napoléon.*)

(2) Dessolle au Ministre de la guerre, Bâle, 6 ventôse.

(3) Moreau au Ministre de la guerre, Bâle 10 pluviôse et 7 ventôse. — Le 11 ventôse, Moreau fixait à 20,000 hommes le chiffre des renforts nécessaires. (Moreau au Ministre de la guerre.)

(4) Moreau se plaignait de n'avoir pas 12 bataillons d'infanterie légère sur 120 dont se composait l'armée. (Au Ministre de la guerre, Bâle, 10 ventôse.)

(5) Moreau à Bonaparte, Bâle, 7 ventôse.

différence au succès de l'une ou l'autre puissance belligérante ! (1) » Il faisait remarquer en effet, très
justement, au Ministre de la guerre, que l'occupation
de la Suisse permettait à l'armée du Rhin de séparer les
armées autrichiennes d'Allemagne et d'Italie et d'opérer
sur leurs flancs et sur leurs derrières, en tournant les
défenses de la Forêt-Noire et des Alpes françaises (2).
Le 9 ventôse, Moreau se rendit à Strasbourg et Mayence
afin de presser les préparatifs de la campagne (3) que le
Premier Consul désirait voir commencer avant le 1er germinal (22 mars) (4). Bien que la saison fût « encore très
dure et les chemins affreux », bien qu'une grande quantité de neige fût tombée en Suisse et dans la Forêt-Noire,
Moreau sentait la nécessité d'ouvrir les opérations le plus
tôt possible (5), de façon à s'assurer les avantages de
l'offensive et à attaquer les Autrichiens avant le retour
éventuel des Russes (6).

Le service des vivres et celui des fourrages étaient
assurés jusqu'à la fin de ventôse (7) ; les effets d'habillement et d'équipement commençaient à arriver (8) ; près
de 39,000 fusils avaient été expédiés à Huningue, à Stras-

---

(1) Dessolle au Ministre de la guerre, Bâle, 6 ventôse.

D'après des rapports parvenus au Premier Consul, une partie du
gouvernement helvétique serait favorable aux Autrichiens. (*Correspondance de Napoléon*, n° 4600.)

(2) Dessolle au Ministre de la guerre, Bâle, 6 ventôse.

(3) Moreau à Bonaparte, Bâle, 7 ventôse.

(4) *Correspondance de Napoléon*, n° 4626.

(5) Moreau à Bonaparte, Strasbourg, 27 nivôse, et Bâle, 10 ventôse.

(6) Moreau à Bonaparte, Strasbourg, 2 pluviôse.

(7) Le commissaire-ordonnateur Mathieu-Faviers à Moreau, Bâle,
13 ventôse ; Mathieu-Faviers au Ministre de la guerre, Bâle, 2 germinal.

(8) Moreau à Bonaparte, Bâle, 24 ventôse.

bourg et à Mayence par les soins du Premier Consul (1) ;
l'envoi d'une somme de 2,400,000 francs avait été
annoncé le 10 ventôse (2) ; les magasins de l'armée se
constituaient (3) ; les transports auxiliaires s'organi-
saient (4) ; tout permettait à Moreau d'espérer que les
autres déficits seraient comblés bientôt et qu'il pourrait
entrer en campagne le 8 germinal (5), quand il reçut à
Mayence le 15 ventôse (6 mars) (6), des instructions du
Ministre de la guerre lui prescrivant de concentrer l'armée, aussi étroitement que possible, entre Bâle et Constance, avant le 1er germinal. Il était autorisé toutefois,
« pour la facilité des subsistances », à étendre sa gauche
jusqu'à Strasbourg (7).

Bien qu'il n'approuvât pas le projet de Bonaparte,
Moreau revint immédiatement à son quartier général,
à Bâle, afin de prendre les dispositions nécessaires (8).
Il rencontra en route l'adjudant général Le Marois, aide
de camp du Premier Consul, qui lui remit une lettre de
celui-ci, confirmant celle du Ministre de la guerre (9).
Les mouvements commencèrent sur toute l'étendue du
front de l'armée, mais l'agglomération qui en résulta
obligea le général en chef à utiliser, pour la subsistance
des troupes, les approvisionnements préparés pour les
premières opérations en pays ennemi, puis à suspendre,

---

(1) Clarke à Moreau, Paris, 16 ventôse. (*Correspondance inédite de
Napoléon.*)

(2) Bonaparte à Moreau, Paris, 4 ventôse (*Correspondance inédite de
Napoléon*); Moreau à Bonaparte, Bâle, 10 ventôse.

(3) Moreau à Bonaparte, Bâle, 30 ventôse.

(4) Arrêté de Moreau du 20 ventôse. « Pour mettre, disait-il, l'habitant des campagnes à l'abri de toute vexation. »

(5) Moreau à Bonaparte, Bâle, 30 ventôse.

(6) Moreau à Bonaparte, Bâle, 17 ventôse.

(7) *Correspondance de Napoléon*, n° 4626.

(8) Moreau à Bonaparte, Bâle, 17 ventôse.

(9) *Correspondance de Napoléon*, n° 4627.

de sa propre initiative, l'exécution des marches de concentration, en raison des difficultés qu'offrait l'alimentation dans une zone de plus en plus restreinte (1).

Les divisions reçurent l'ordre de s'arrêter, les 26 et 27 ventôse, sur les emplacements qu'elles occupaient (2) et Bonaparte approuva cette mesure (3). Mais les magasins étaient épuisés (4). « Je doute, écrivait Moreau, qu'avant quinze jours, nous ayons pu réunir assez de subsistances et de moyens de transport pour pouvoir marcher, sans crainte de manquer dans la montagne et le pays épuisé où il faudra combattre pendant quelques jours..... Ainsi, en se pressant trop, je crois qu'on a retardé l'époque des opérations (5) .... » A son avis, il fallait « remettre les choses à peu près dans l'état où elles se trouvaient et recommencer sur de nouveaux frais quand on aura réuni quelques vivres et surtout des fourrages (6). »

Il y avait, à la vérité, le 30 ventôse, près de trois millions dans la caisse de l'armée (7), mais le tiers environ était en traites que l'on ne pouvait réaliser (8), et il fallait payer un second mois de solde à l'armée (9), indépendamment d'un long arriéré dû aux employés de l'artillerie (10). Aussi le commissaire-ordonnateur en chef, Mathieu-Faviers, estimait-il le 2 germinal, que quatre millions étaient indispensables pour subvenir aux dépenses courantes et qu'une somme à peu près égale

---

(1) Moreau à Bonaparte, Bâle, 24 ventôse.
(2) Ordres de Moreau du 24 ventôse.
(3) *Correspondance de Napoléon*, n° 4672.
(4) Moreau à Bonaparte, Bâle, 24 ventôse ; Moreau à Bonaparte Bâle, 6 germinal.
(5) Moreau à Bonaparte, Bâle, 30 ventôse.
(6) Moreau à Bonaparte, Bâle, 1er germinal.
(7) Moreau à Bonaparte, Bâle, 30 ventôse.
(8) Moreau à Bonaparte, Bâle, 24 ventôse.
(9) Moreau à Bonaparte, Bâle, 30 ventôse.
(10) Éblé à Moreau, Bâle, 19 ventôse.

devait être mise à sa disposition « pour monter le service
de campagne, former un approvisionnement de deux
mois d'avance en grains et avoine, et faire face à tout ce
qui est nécessaire aux différents services (1) ».

Il ne se dissimulait pas que des allocations aussi considérables se concilieraient sans doute difficilement avec
l'état actuel des finances de la République; du moins ne
pouvaient-elles être réduites à un chiffre inférieur à trois
millions. « Si ces fonds ne nous parvenaient pas incessamment, concluait-il, le service croulerait de nouveau,
les subsistances manqueraient et l'armée se trouverait
hors d'état de remplir les hautes destinées qui semblent
l'appeler... (2) »

Une des préoccupations de Moreau était aussi l'état
« vraiment déplorable » des équipages des vivres qui
manquaient d'attelages et de matériel (3). Déjà, il leur
avait affecté les chevaux de nouvelle levée destinés aux
ambulances (4) et le palliatif était insuffisant, quand il
apprit, « avec bien de l'étonnement », que tous les chevaux et caissons disponibles au parc de Sampigny,
étaient destinés à l'armée de réserve (5). Il s'en plaignit
assez vivement le 6 germinal (27 mars), au Ministre de
la guerre, en lui faisant observer, avec juste raison, que
« si l'armée du Rhin doit entrer la première en campagne, il est naturel, il est même indispensable que ses
équipages soient complétés le plutôt possible;..... plusieurs généraux, en activité de service, en sont totalement
dépourvus (6) ».

---

(1) Mathieu-Faviers au Ministre de la guerre, Bâle, 2 germinal.
(2) *Ibid.*
(3) Mathieu-Faviers à Moreau, Bâle, 25 ventôse; Moreau à Bonaparte, Bâle, 30 ventôse.
(4) Moreau à Bonaparte, Bâle, 30 ventôse.
(5) Moreau au Ministre de la guerre, Bâle, 6 germinal.
(6) *Ibid.* — Le Ministre de la guerre reconnut le bien-fondé de cette
observation. (Le Ministre de la guerre à Moreau, 19 germinal.)

La cavalerie avait grand besoin, d'autre part, d'être remontée ; plusieurs régiments de cette arme ne comptaient pas plus de 150 chevaux. Le parc d'artillerie ne pouvait transporter qu'un simple approvisionnement (1). Enfin, les équipages de ponts qui se trouvaient à Metz, en Helvétie et dans le canal de Frankenthal, étaient immobilisés, faute d'attelages (2).

Par contre, le Ministre envoyait à Moreau plus de généraux de division qu'il n'en pouvait employer (3) et nommait, toujours sans le consulter, Macdonald et Moncey aux fonctions de lieutenant général déjà attribuées à Saint-Cyr, à Sainte-Suzanne et à Lecourbe (4). Dans sa correspondance avec Berthier, Moreau protestait contre ces désignations (5).

A plusieurs reprises, dans ses lettres à Bonaparte, Moreau appuyait la demande de fonds que Mathieu-Faviers avait adressée le 2 germinal au Ministre de la guerre (6). « Les subsistances m'inquiètent beaucoup, écrivait-il au Premier Consul le 21 germinal ; l'armée resserrée depuis un mois a tout mangé. Je ne sais comment rassembler assez de fourrages et de moyens de transport, surtout en songeant à l'approvisionnement qu'il faut faire pour vous à Lucerne (7). Il est de toute

---

(1) Éblé à Moreau, Bâle, 12 germinal.

(2) Moreau à Bonaparte, 30 ventôse; Éblé à Moreau, 12 germinal. Pour assurer le service de l'artillerie de l'armée il fallait 8,000 chevaux ; il n'y en avait que 4,967 en état de marcher le 12 germinal. (Éblé au Ministre de la guerre, Bâle, 12 germinal.)

(3) Moreau au Ministre de la guerre, Bâle, 6 germinal.

(4) Moreau au Ministre de la guerre, Bâle, 7 germinal.
Macdonald avait refusé cet emploi avant le départ de Moreau pour l'armée. (Moreau à Bonaparte, 6 germinal.)

(5) Moreau au Ministre de la guerre, Bâle, 6 et 7 germinal.

(6) Moreau à Bonaparte, Bâle, 7, 12, 14 et 18 germinal.

(7) Cf. Correspondance de Napoléon, n° 4605.
La pénurie de fourrages était si grande que le général Leclerc deman-

importance de faire de grands efforts pour l'entrée en campagne ; j'ai le plus grand espoir dans le courage des troupes, mais je crains que l'irrégularité des services n'entraîne l'indiscipline et le désordre dans l'armée agissant sur un pays épuisé (1) »

D'autres déficits tourmentaient, à juste titre, le général en chef à la veille du commencement des opérations. Le 1er floréal (21 avril), les fusils et pistolets, le plomb et la poudre annoncés n'étaient pas arrivés ; les arsenaux d'Auxonne et de Besançon où pouvait, jusqu'à présent, s'approvisionner l'artillerie de l'armée du Rhin, lui étaient retirés et attribués à l'armée de réserve ; celui de Metz qu'elle conservait, était épuisé (2). Les chevaux manquaient toujours en grand nombre (3) : le déficit était de 3,000 et s'opposait à ce que l'on pût atteler plus de 100 bouches à feu, au lieu de 300 dont disposait l'ennemi (4). Éblé se montrait, avec raison, très inquiet de cette infériorité (5).

A ces graves préoccupations et à l'amertume qu'elles provoquaient, vinrent se joindre des sujets de mécontentement causés par des mesures que Moreau considérait comme attentatoires à ses prérogatives. Telles furent les

---

dait l'autorisation de distraire, pour les besoins des troupes sous ses ordres, des approvisionnements de siège de la place de Belfort, la moitié du foin et des avoines qui s'y trouvaient et qu'il se proposait de partager avec la division du général Lapoype. (Dessolle au commissaire-ordonnateur en chef, 23 germinal.) Leclerc et Lapoype s'étaient crus autorisés à frapper des réquisitions en fourrages dans les cantons d'Altkirch et de Soultz. Moreau fit connaître, le 22 germinal, au commissaire-ordonnateur en chef que son intention formelle était d'éviter les réquisitions partielles, à cause des abus qui pouvaient en résulter.

(1) Moreau à Bonaparte, Bâle, 21 germinal.
(2) Éblé au Ministre de la guerre, Colmar, 1er floréal.
(3) Éblé à Moreau, 12 germinal.
(4) Moreau à Bonaparte, Bâle, 18 et 27 germinal.
(5) Éblé au Ministre de la guerre, 12 germinal et 1er floréal.

instructions du Ministre de la guerre du 11 ventôse con-
traires aux intentions de Moreau ; la mission confiée à
Bacler d'Albe et relative à un relevé exact des emplacements des effectifs, du matériel, des approvisionnements
des places fortes de l'armée du Rhin (1) ; l'envoi d'officiers chargés d'en visiter les avant-postes ; des ordres
envoyés de Paris spécifiant la garnison ou l'emplacement d'un corps déterminé ; le départ pour l'armée de
réserve, de deux compagnies de sapeurs et de mineurs
qui « eussent été d'une extrême utilité (2) » ; des changements de destination adressés à des officiers sans que
le général en chef en fût même instruit (3).

Toutefois, la correspondance de Moreau, postérieure au
12 germinal, ne contient plus trace de récriminations, et
il est vraisemblable que le Premier Consul s'attacha à lui
donner satisfaction. Tout au moins, au lendemain de
l'ouverture des opérations, la situation administrative de
l'armée du Rhin s'était-elle améliorée suffisamment
pour que le général en chef pût rassurer à cet égard le
Ministre de la guerre.

Après avoir fait la répartition d'une somme de
850,000 francs entre les différents services de l'armée (4),
Moreau écrivait : « Le service du pain se fait parfaitement..... Vous sentez toute la difficulté de faire celui
des fourrages ; il se traîne, mais unsuccès nous l'assure.
Les hôpitaux exigent de grands secours. La viande va
assez bien et manque rarement..... Pleins de confiance
dans votre bonne administration, nous espérons que les
services s'amélioreront encore. La solde est bien arriérée ;

---

(1) *Correspondance de Napoléon*, n° 4433 ; Instruction du Ministre
de la guerre à Bacler d'Albe, 2 nivôse.
(2) Moreau à Bonaparte, Bâle, 21 germinal.
(3) Moreau à Bonaparte, Bâle, 12 et 18 germinal.
(4) Arrêté du 7 floréal.

j'y donne tout ce qui n'est pas indispensable à nos subsistances (1). »

Des difficultés de toute nature avaient ainsi retardé
l'entrée en campagne de l'armée du Rhin. Moreau ne
pouvait en être rendu responsable, et de son côté, le
Premier Consul, malgré tous ses efforts, n'avait pu
triompher, en si peu de temps, des obstacles matériels
accumulés par la mauvaise administration du Directoire.

---

(1) Moreau au Ministre de la guerre, Säckingen, 7 floréal.

CHAPITRE IV

Réorganisations successives de l'armée du Rhin (1).

L'armée du Rhin réunie à celle du Danube sous les ordres de Moreau.
— Répartition des forces à la fin de l'année 1799. — Renforts
envoyés de l'intérieur et de Batavie. — Désertion des conscrits. —
Mesures prises pour compléter la cavalerie. — Bonaparte arrête la
composition des divisions. — L'armée fractionnée en quatre corps. —
Instructions complémentaires du Premier Consul. — Organisation
définitive de l'armée. — Le corps de réserve sous les ordres directs
de Moreau. — Objections de Gouvion Saint-Cyr.

Par Arrêté des Consuls en date du 3 frimaire an VIII
(24 novembre 1799), les armées du Rhin et du Danube,
dont les généraux en chef étaient Lecourbe et Masséna,
furent réunies sous le nom d'armée du Rhin (2). Le
commandement en fut confié à Moreau, que sa situation personnelle désignait pour le groupement de forces
le plus important, et auquel le théâtre d'opérations du
Rhin et du haut Danube était familier. La succession de
Championnet, à la tête de l'armée d'Italie, fut attribuée
à Masséna qui connaissait bien cette région.

A la fin du mois de décembre 1799, l'armée du Rhin
était échelonnée du Saint-Gothard à Düsseldorf, et
divisée en deux ailes. L'aile droite, sous les ordres de
Lecourbe, comprenait sept divisions d'infanterie (Montchoisy, Turreau, Loison, Lorge, Mortier, Bastoul, Müller)

---

(1) Voir la carte n° 1.
(2) Extrait du Registre des délibérations des Consuls de la République. (*Arch. nat.*, AF IV, 4.) L'exécution de cet Arrêté eut lieu le
21 frimaire an VIII (12 décembre 1799). (Tableaux Clerget.)

de force variable (1) ; deux divisions de cavalerie (Nansouty, Boyer) (2) ; un parc d'artillerie (Lemaire) ; la
6⁰ division militaire (Mingot) (3). Son effectif s'élevait
à 66,110 fusils, 10,542 sabres, 4,809 canonniers (4). Elle
occupait l'Helvétie, sauf les 4⁰ et 5⁰ divisions stationnées le long du Rhin entre Huningue et Coblentz (5).

L'aile gauche (Baraguey d'Hilliers) se composait de
cinq divisions d'infanterie (Leval, Tharreau, Colaud,
Ney, Hardy) de force également variable (6) ; d'une
division de cavalerie (d'Hautpoul) (7) ; d'un parc d'artillerie (Lacombe-Saint-Michel) ; des 3⁰, 4⁰, 5⁰, 26⁰ divisions militaires (Châteauneuf-Randon, Gilot, Freytag,
Laroche) (8). Elle comptait 52,476 fusils, 10,240 sabres,
6,966 canonniers (9).

L'effectif total de l'armée était donc de 151,143
hommes (10) se répartissant ainsi :

---

(1) La division la plus forte était la 5⁰ (Mortier) : 16,696 hommes ;
la plus faible était la 7⁰ (Müller) : 2,927 hommes.

(2) Cantonnées : la division de dragons (Nansouty) à Remiremont,
Épinal, Rambervillers, Saint-Dié ; la division de cavalerie légère (Boyer)
entre Luxeuil et l'Ile sur le Doubs, pour la facilité des subsistances.

(3) Départements de l'Ain, du Jura, du Doubs, du Mont-Terrible, de
la Haute-Saône.

(4) Bulletin historique du 1ᵉʳ au 30 nivôse (22 décembre 1799 au
20 janvier 1800). Dans ces chiffres sont comprises les troupes de la
6⁰ division militaire.

(5) *Ibid.*

(6) La division la plus forte était la 2⁰ (Tharreau) : 11,095 hommes ;
la plus faible était la 4⁰ (Ney) : 3,512 hommes.

(7) Cantonnée, comme celles de l'aile droite, sur les derrières de
l'armée, pour la même raison, sur la Sarre et la Blies.

(8) 3⁰ division militaire : départements des Forêts et de la Moselle ;
4⁰ division militaire : départements des Vosges et de la Meurthe ;
5⁰ division militaire : départements du Haut et Bas-Rhin ; 26⁰ division
militaire : les quatre départements réunis de la rive gauche du Rhin.

(9) Bulletin historique du 1ᵉʳ au 30 nivôse. Dans ces chiffres sont
compris ceux des quatre divisions militaires.

(10) *Aile droite:* 59 bataillons d'infanterie, 9 bataillons auxiliaires,

Troupes actives.

	Infanterie.	Cavalerie.	Artillerie.
Aile droite......	57,272	8,279	4,064
Aile gauche.....	28,875	6,142	3,493

Troupes des divisions militaires.

Aile droite......	8,838	2,263	745
Aile gauche.....	23,601	4,098	3,473
TOTAUX.....	118,586	20,782	11,775

Le 6 frimaire an VIII, une commission d'officiers généraux avait décidé que les bataillons auxiliaires nécessaires pour porter l'armée au complet, seraient incorporés dans les demi-brigades d'infanterie de bataille ou d'infanterie légère (1). Le 13 frimaire,

---

77 escadrons, 28 compagnies d'artillerie à pied, 7 compagnies d'artillerie à cheval, 3 compagnies d'ouvriers, 11 compagnies de sapeurs, 1 de mineurs, détachement de pontonniers (413 hommes), (22 décembre).

Aile gauche : 81 bataillons d'infanterie, 4 bataillons de grenadiers, 6 bataillons auxiliaires, 67 escadrons, 29 compagnies d'artillerie à pied, 11 compagnies d'artillerie à cheval, 7 compagnies de sapeurs, 1 de mineurs, 6 compagnies de pontonniers, (22 décembre).

(1) Le recrutement de l'armée était assuré par la loi du 19 fructidor an VI (5 septembre 1798), qui avait établi la conscription.

La loi du 23 fructidor an VII (9 septembre 1799) avait créé 100 demi-brigades d'infanterie de bataille, 26 demi-brigades d'infanterie légère, 6 demi-brigades d'Helvétiens.

Le..... un Arrêté des Directeurs prescrivait une nouvelle organisation des demi-brigades, tant d'infanterie de bataille que d'infanterie légère. Jusque-là, elles se composaient de trois bataillons : deux bataillons actifs et un dit de garnison, d'après un arrêté du Ministre de la guerre Schérer, du 17 vendémiaire an VII (8 octobre 1798).

Le bataillon de garnison devait fournir au recrutement des deux autres et les alimenter de manière, à les tenir toujours au complet. L'Arrêté du 7 juin constituait la demi-brigade à trois bataillons de

Bonaparte donnait l'ordre de renforcer l'armée du Rhin :
1° des 4ᵉ, 15ᵉ, 42ᵉ, 48ᵉ, 51ᵉ, 54ᵉ demi-brigades, de deux
demi-brigades bataves, de deux demi-brigades françaises de l'armée de Batavie, du 21ᵉ chasseurs qui se
trouvait à Paris, de trois régiments de cavalerie qui
étaient en Batavie ;

2° de tous les bataillons de conscrits qu'il sera possible d'y envoyer et qu'on incorporera au moment de
leur arrivée.

Le Ministre de la guerre devait retirer de l'intérieur
tous les régiments de cavalerie qu'il pourrait, afin de
les envoyer à l'armée du Rhin. Il lui fut prescrit d'y
diriger particulièrement le 11ᵉ hussards qu'on équiperait
à cet effet le plus promptement possible (1).

Afin de n'avoir en première ligne que des troupes
capables de combattre vigoureusement, le Premier
Consul renouvela à Moreau, le 26 nivôse, les prescriptions qui lui avaient été d'abord transmises par le
Ministre de la guerre, quelques jours auparavant.
Le général en chef devait placer des demi-brigades dans
les principales places de l'arrondissement de l'armée du

guerre ; un dépôt formé pour chacune d'elles devait, comme les anciens
bataillons de garnison, pourvoir à leurs besoins.

Les bataillons auxiliaires avaient été créés en vertu d'une loi du
9 messidor an VII (28 juin 1799) appelant sous les drapeaux tous les
conscrits des classes précédentes qui n'avaient pas été mis en activité.
Une loi du 2 juillet de la même année, détermina l'organisation de
ces classes de conscrits en bataillons et compagnies. Ces unités portèrent le nom des départements où elles avaient été formées ; il y
avait un bataillon par département. Le 2 pluviôse an VIII, le Ministre
rendit compte du départ pour les armées de 82 bataillons de conscrits.
Les bataillons auxiliaires furent supprimés par un arrêté des Consuls,
en date du 4 pluviôse an VIII (24 janvier 1800); ceux qui existaient
encore en France, après la mesure prise en vue d'augmenter l'effectif
des demi-brigades, devaient être incorporés dans celles-ci jusqu'à épuisement total.

(1) *Correspondance de Napoléon* n° 4413.

Rhin, en choisissant les corps qui avaient le plus souffert; elles y seraient complétées à 3,000 hommes. Ces dispositions, écrivait-il, « vous mettront à même de précipiter sur l'ennemi l'élite des troupes qui vous obéissent (1) ».

Mais les bataillons auxiliaires furent loin de donner les résultats qu'on en espérait, d'une part en raison des certificats d'exemption que l'on délivrait trop facilement aux conscrits (2); de l'autre, par la diminution que leur faisaient subir les désertions, dont le nombre était considérable.

Dès le 18 nivôse, le général Dessolle, chef d'état-major général de l'armée, demandait au Ministre de la guerre l'envoi de nouveaux renforts pour atténuer les

---

(1) *Correspondance de Napoléon*, n° 4531.

C'est ainsi que le 22 nivôse, le général Dupont-Chaumont, inspecteur général de l'infanterie de l'aile gauche était averti par le Ministre de la guerre qu'ordre avait été donné au général Moreau de diriger :

Sur Mayence : les 17e de bataille et 27e légère venant d'Italie et cantonnées alors à Bâle ;

Sur Düsseldorf : la 29e de bataille alors cantonnée à Spire ;

Sur Ehrenbreitstein : la 76e de bataille alors cantonnée à Bâle ;

Sur Landau : la 8e de bataille alors cantonnée à Frankenthal ;

Sur Strasbourg : la 12e de bataille venant d'Italie et alors cantonnée à Bâle ;

Sur Luxembourg : la 5e de bataille venant d'Italie et alors cantonnée à Bâle ;

La 80e de bataille venant également d'Italie et alors à Lyon, devait être, plus tard, envoyée à Metz.

(2) Lecourbe, dans une lettre au Premier Consul du 24 nivôse an VIII, évaluait à 60,000 le nombre de ceux qui avaient été abusivement congédiés par « de honteux trafics ». « Il importe, ajoutait-il, non seulement de compléter nos cadres, mais encore de nationaliser l'armée, ce que vous n'obtiendrez pas tant que l'homme riche, le citadin surtout, seront toujours sûrs de s'exempter du service pour de l'argent. »

Il citait le cas du département du Bas-Rhin où, sur 2,300 congés présentés à la revision, 1800 avaient été annulés et leurs détenteurs renvoyés à l'armée.

pertes subies par les bataillons de ce fait (1). Il rendait compte en même temps de la faiblesse des effectifs des 5e, 12e, 17e, 27e, 80e demi-brigades, venues de l'armée d'Italie, qui ne comptaient guère chacune plus de 400 à 500 hommes.

Le 2 pluviôse, Moreau signale au Premier Consul « la désertion effrayante » des conscrits et demande encore quelques bataillons à incorporer. Le 4, il adresse un rapport résumant les plaintes de ses lieutenants à ce sujet. La désertion dans les bataillons de conscrits, dit-il, est à son comble ; elle tient aux besoins de tous genres, au défaut d'habillement et d'armement, à un choix généralement mauvais d'officiers. « Ce grand moyen de recrutement est presque nul aujourd'hui. » Le gouvernement ne saurait prendre des mesures trop promptes et trop sévères pour faire cesser cet état de choses déplorable et renvoyer les conscrits à l'armée. En ce qui le concerne, il est tellement persuadé de la nécessité de répressions graves, qu'il se propose d'appliquer la peine de mort pour « effrayer par quelques exemples (2) ».

Un Arrêté des Consuls du 14 pluviôse vint réglementer l'appel des conscrits destinés à former les bataillons auxiliaires. Un tableau nominatif fourni par chaque

---

(1) Le cas n'était pas spécial à l'armée du Rhin ; il se reproduisait dans les bataillons auxiliaires envoyés à l'armée d'Italie. En janvier 1800, 8 bataillons ne présentaient plus au total, au moment du passage du Var que 310 hommes au lieu de 10,250. (Masséna au Premier Consul, 28 pluviôse an VIII (17 février 1800.)

(2) Entre autres renseignements fournis au Ministre de la guerre, le général Châteauneuf-Randon, commandant la 3e division militaire à Metz écrit, le 4 pluviôse, que les conscrits et réquisitionnaires déserteurs se réfugient dans les communes « d'idiome allemand », où ils trouvent la protection des agents de l'administration municipale, « ennemis du du nouvel ordre de choses » ; la situation est tellement grave qu'il réclame le pouvoir de mettre en état de siège les communes incriminées et même la ville de Metz, qui, en l'absence d'une police convenable, offre aux déserteurs un abri sûr.

département et établi par les soins du commissaire du gouvernement près de chaque administration centrale, devait être adressé au général commandant la division militaire dans laquelle était compris le département. Les chefs des demi-brigades ayant incorporé ou devant incorporer les bataillons de conscrits, étaient chargés de faire parvenir aux généraux commandant les divisions militaires intéressées les noms, signalements et domiciles des conscrits déserteurs ou réfractaires. Les généraux commandant ces divisions devaient alors donner des ordres aux gendarmeries pour faire conduire au chef-lieu de la division les conscrits absents irrégulièrement de leur corps, et les diriger ensuite sur leurs demi-brigades respectives (1).

Le Premier Consul décida le 4 pluviôse qu'ils ne rejoindraient pas celles-ci directement, mais que tous ceux destinés à l'armée du Rhin seraient réunis d'abord à Phalsbourg, où ils recevraient les premiers éléments de la discipline et de l'instruction militaire (2).

Le 11 ventôse (2 mars), Moreau se plaignait encore à Bonaparte des effectifs insuffisants des demi-brigades de ligne qui s'élevaient à peine à 2,400 hommes (3) et réclamait 20,000 conscrits pour les compléter ; 2,000 d'entre eux devaient d'ailleurs être fournis à la cavalerie (4), 1500 aux dépôts d'artillerie (5).

---

(1) *Bulletin des lois*, IIIe s., B. 6, n° 38.

(2) Le général Baraguey d'Hilliers au général Freytag, 8 février 1800.

(3) Les inspecteurs généraux de l'infanterie Schauenbourg et Dupont-Chaumont avaient été chargés de l'incorporation des bataillons auxiliaires dans les demi-brigades. L'opération avait été terminée le 15 pluviôse.

(4) Un ordre du Ministre de la guerre du 13 ventôse prescrivait au général Moreau de s'occuper sans délai de compléter les corps de cavalerie avec des conscrits réunissant les qualités requises.

(5) Moreau s'était déjà plaint, le 3 du même mois, de l'insuffisance des bataillons auxiliaires envoyés à l'armée.

Les pertes subies par la cavalerie dans la campagne précédente avaient provoqué la loi du 4 vendémiaire an VIII, ordonnant une levée extraordinaire de chevaux pour le service des régiments et des équipages militaires. La levée était du trentième des chevaux ou mulets existant en France ; le Directoire se réservait le droit de porter cette contribution au vingtième pour les pays d'élevage et de la réduire au cinquantième pour les départements où les chevaux étaient en petit nombre. Après réception par les corps administratifs, dont les opérations étaient surveillées par les commissaires du Directoire près ces administrations et par des officiers délégués à cet effet, les chevaux devaient être dirigés sur les dépôts des régiments (1).

Deux inspecteurs généraux de la cavalerie avaient été créés, l'un pour l'aile droite (Bourcier) dont le centre d'inspection était Vesoul ; l'autre pour l'aile gauche (Harville) dont le centre d'inspection était Lunéville (2).

Dans le mois de janvier, 10,000 chevaux furent réunis au dépôt de Lunéville et le chef d'état-major général Dessolle transmit au commissaire ordonnateur en chef des ordres pour leur répartition entre différents services de l'armée.

Toutefois les mesures prises pour la réorganisation de sa cavalerie ne laissaient pas d'inspirer des craintes au général en chef. Il écrivait au Premier Consul le 4 pluviôse (24 janvier 1800) :

« Le gouvernement sera trompé dans la mesure adoptée pour la remonte par la loi du 4 vendémiaire dernier. Dans la plupart des départements, à peine le recensement des chevaux est achevé, ce qui n'est qu'un préliminaire après lequel restent encore à faire la répartition

---

(1) *Bulletin des lois*, II⁰ s., B. 313, n⁰ 3312.
(2) Armée du Rhin, Correspondance 1800 (15 janvier).

et réunion des chevaux, etc. Toutes ces opérations seront à peine commencées à l'ouverture de la campagne. Un grand nombre de départements ont fait d'ailleurs, pour la fourniture de leur contingent, des abonnements avec des entrepreneurs qui ne présentent à la réception que des chevaux de réforme, ou peu propres au service. Il est à craindre que l'urgence des besoins impose la nécessité d'en recevoir beaucoup de cette espèce, ce qui rendra presque nul ce mode de remonte quoique très coûteux.

« Le général en chef ne peut trop presser le gouvernement d'adopter une mesure quelconque pour prévenir cet abus et hâter la fourniture des remontes. »

Dans une lettre datée du 24 pluviôse, le Ministre de la guerre rassure le général Moreau sur ses craintes au sujet de la levée des chevaux. Les renseignements qu'il en a reçus lui paraissent assez satisfaisants. Les administrations centrales, dont il stimule le zèle, auront bientôt pourvu aux besoins de la cavalerie.

Un Arrêté des Consuls du 2 ventôse établit d'ailleurs un certain nombre de mesures dans le but d'activer les opérations de la remonte, en accordant aux propriétaires des chevaux requis des facilités plus grandes pour le remboursement (1). En même temps, le Ministre de la guerre envoyait, aux officiers chargés de la réception des chevaux, des ordres leur prescrivant la plus grande activité dans leur service particulier.

Néanmoins, le 12 germinal (2 avril(, l'artillerie de l'armée du Rhin ne possédait que 5,000 chevaux environ, « nombre qui ne suffit pas, écrit Éblé, pour atteler l'artillerie réduite à la moindre quantité possible, et sans qu'il y ait à la suite des pièces aucune munition autre que le simple approvisionnement ; sans pouvoir former un parc

---

(1) *Bulletin des lois*, III⁰ s., B. 7, n⁰ 37.

de réserve et sans qu'il me soit possible d'enlever un équipage de pont que le général en chef m'a donné l'ordre de faire préparer à Metz ». Il réclamait, pour ces divers objets, 3,000 chevaux en plus.

Moreau transmit, le 18 germinal cette demande au Premier Consul et il y insista le 27, en faisant remarquer au Ministre que ce déficit ne lui permettait d'atteler que 100 bouches à feu environ au lieu de 300 dont disposait l'ennemi. Quatre jours après, Éblé fit part au Ministre des inquiétudes que lui causait l'infériorité du matériel et des munitions d'artillerie, à la veille de l'ouverture des opérations. Malgré tous ses efforts, il ne croyait pas pouvoir faire face à toutes les difficultés, si l'on ne venait à son secours.

Par Arrêté des Consuls, en date du 13 nivôse an VIII (3 janvier 1800), les charretiers d'artillerie furent organisés en bataillons du train d'artillerie à cinq compagnies, dont « une d'élite serait de préférence attachée au service de l'artillerie à cheval ». Les chevaux devaient appartenir désormais à la République. Les bataillons d'une même armée étaient placés sous les ordres d'un inspecteur général du train d'artillerie, ayant le grade de chef de brigade. Le 1er floréal (21 avril, Éblé donnait à son chef d'état-major des instructions détaillées sur l'organisation et la répartition des bataillons du train d'artillerie de l'armée du Rhin. L'aile droite, le centre et la réserve en devaient en recevoir trois chacun ; l'aile gauche, deux.

Le 19 ventôse, par ordre du Ministre, les deux bataillons, de pontonniers furent réunis en un corps qui prit le nom de régiment des pontonniers ; le chef de bataillon Dedon en reçut le commandement.

Le 26 pluviôse (15 février), le Premier Consul donnait à Moreau des instructions sur la composition en infanterie, cavalerie, artillerie, des divisions de l'armée du

Rhin (1). Les plus fortes devaient être composées de quatre demi-brigades de bataille et d'une légère ; les plus faibles, de quatre seulement ; celles-ci auront, au plus, trois généraux de brigade et un adjudant général ; celles-là, en plus, deux généraux de brigade et un adjudant général. Il y aurait « au maximum 12 pièces d'artillerie et le moins de cavalerie possible attachée à une division, tout au plus un régiment de hussards ou de chasseurs » ; tout le reste de la cavalerie de l'armée serait formé en divisions composées de quatre, ou, au plus, de six régiments et de quelques bataillons d'infanterie légère, commandées par un général de division, deux généraux de brigade et un adjudant général.

Bonaparte recommandait de ne laisser dans toutes les places du Rhin et la 6e division militaire que les « compagnies auxiliaires et les dépôts » et de réunir en 10 ou 14 divisions actives 120,000 ou 130,000 hommes. Les corps les plus fatigués resteraient à Ehrenbreitstein, Mayence et Kehl (2).

Le 6 ventôse (25 février), le général Dessolle rendait compte au Ministre d'une organisation de l'armée à laquelle venait de s'arrêter le général en chef, antérieurement, sans doute, à la réception des instructions du Premier Consul.

---

(1) Le 5 pluviôse, la 7e division de l'aile droite (Müller) cantonnée près du lac de Neuchâtel, avait été dissoute et ses éléments étaient venus renforcer la 1re division de cette même aile (Montchoisy).

Une nouvelle division fut créée dans les derniers jours du mois de février au moyen des 7e, 23e, 89e et 100e demi-brigades de ligne ; des 8e, 10e, 12e régiments de chasseurs, du 17e régiment de dragons, de deux compagnies du 3e régiment d'artillerie à cheval, d'une compagnie du 3e d'artillerie à pied, de deux compagnies du 5e d'artillerie à pied. Elle fut mise sous les ordres du général Delmas, et eut le n° 6, en remplacement de la division du général Leclerc qui prit le n° 7.

(2) *Correspondance de Napoléon*, n° 4596.

Le corps de droite, commandé par Lecourbe, était de 28,000 hommes d'infanterie et de 2,000 chevaux ; celui du centre, sous les ordres directs de Moreau, comprenait 28,000 hommes d'infanterie et 7,000 chevaux, dont 3,000 de la réserve de cavalerie. L'aile gauche, réservée à Saint-Cyr (1) avait 26,000 fusils et 4,000 chevaux ; enfin le corps du bas Rhin, confié à Sainte-Suzanne, était fort de 18,000 fusils et 2,000 sabres (2). Les trois premiers corps avaient chacun 40 pièces de canon ; le corps du bas Rhin, 20 seulement. Les demi-brigades d'infanterie devaient être portées à l'effectif de 2,300 à 2,400 hommes.

Le 10 ventôse (1er mars), le Premier Consul chargeait Berthier, Ministre de la guerre, de transmettre à Moreau des instructions complémentaires pour l'organisation de l'armée du Rhin. L'infanterie devait être partagée en dix divisions, chacune de 10,000 hommes ; elles seraient groupées en quatre corps, les 1er et 3e de deux divisions, les 2e et 4e, de trois divisions. Le 4e corps porterait le nom de corps de réserve et serait commandé par le général Lecourbe. Moreau avait toute latitude pour distribuer sa cavalerie comme il le jugerait convenable, en affectant toutefois au 4e corps 3,000 sabres, la plus

---

(1) Saint-Cyr avait annoncé son arrivée sous peu de jours à Strasbourg.

(2) Dans ce projet d'organisation, l'aile gauche de l'armée était scindée en deux fractions : l'aile gauche proprement dite, sous les ordres de Saint-Cyr et le corps du bas Rhin. Celui-ci avait été formé antérieurement, le 10 pluviôse. « Les chances diverses des opérations militaires qui peuvent avoir lieu sur ce point rendent cette disposition nécessaire », écrivait Moreau, à cette date, au général Baraguey-d'Hilliers. Le commandement en avait été confié au général Sainte-Suzanne, qui était arrivé à Mayence le 19 pluviôse. « La grande distance à laquelle Mayence se trouve de la masse de l'armée ne me permet pas de m'en reposer pour ce commandement sur un autre que sur vous qui le connaissez parfaitement » écrivait Moreau à Sainte-Suzanne, le 10 pluviôse (30 janvier).

grande partie en chasseurs ou hussards (1). Ce corps de réserve était, dans l'esprit de Bonaparte, destiné à renforcer l'armée de réserve et à pénétrer en Italie avec elle. Toute l'armée devait être « le plus concentrée que faire se pourra », avant le 1er germinal (22 mars), entre Bâle et Constance, la gauche pouvant s'étendre jusqu'à Strasbourg, pour la facilité des subsistances.

En conséquence, Moreau prit, pour la répartition et les emplacements de l'armée, les dispositions suivantes qui devaient avoir reçu leur entière exécution le 28 mars :

Aile gauche (Sainte-Suzanne) : 2 divisions d'infanterie (7 demi-brigades, plus 1 bataillon), 8 régiments de cavalerie, 2 compagnies d'artillerie, entre Brisach et Strasbourg.

Centre (Saint-Cyr) : 3 divisions d'infanterie, entre Bâle et Brisach.

Aile droite : 2 divisions d'infanterie entre la Birse et l'Aar.

Réserve de droite (Lecourbe) : 3 divisions d'infanterie, en Helvétie.

Réserve de cavalerie (d'Hautpoul) : entre Bâle et Colmar, derrière le centre (2).

Baraguey d'Hilliers, commandant l'ancienne aile gauche, reçut l'ordre, daté du 17 ventôse (8 mars), de diriger entre Brisach et Strasbourg les deux divisions qui devaient former le corps de Sainte-Suzanne et d'en informer celui-ci à son passage à Strasbourg. Ces deux

---

(1) *Correspondance de Napoléon*, n° 4626.

(2) Tout d'abord, Moreau avait songé à une concentration plus dense sur sa droite, conforme d'ailleurs aux intentions du Premier Consul, ainsi qu'en témoigne cette lettre du 17 ventôse (8 mars) au commissaire ordonnateur en chef :

« Je vous préviens, citoyen ordonnateur, que d'après le nouveau travail arrêté pour l'organisation de l'armée, elle sera divisée en quatre

divisions (Legrand et Girard, dit Vieux) quittèrent, le 20 ventôse (11 mars), leurs cantonnements de Mayence, Frankenthal, Coblentz, pour se rendre à leurs nouvelles destinations où elles devaient arriver du 28 au 30 ventôse.

Saint-Cyr fut invité, à la même date, à porter son corps d'armée de la zone Strasbourg, Haguenau, Brisach, Marckolsheim, entre Bâle et Brisach. Le mouvement devait être achevé le 1er germinal (22 mars).

Les troupes de l'aile droite, partant d'Épinal, Lure, Délémont, Bâle, Huningue, reçurent avis de gagner, pour les 30 ventôse et 1er germinal, la région Bâle, Niederfrick, Zürich, Rheinfelden, Constance.

Les marches de concentration prescrites étaient en pleine exécution quand le général en chef, inquiet des difficultés que présenterait un tel rassemblement pour la subsistance des troupes, et désapprouvant d'ailleurs le plan du Premier Consul, prit sur lui, le 24 ventôse, d'en suspendre l'achèvement. Toutes les troupes devaient s'arrêter dans les cantonnements qu'elles devaient occuper, les 26 et 27 ventôse, au cours du mouvement.

L'organisation de l'armée, telle que l'avait fixée le Ministre de la guerre, fut également ajournée. Le 24 ventôse, Moreau décida qu'elle comprendrait trois corps seulement, au lieu de quatre : l'aile droite (Lecourbe), le centre (Saint-Cyr), l'aile gauche (Sainte-Suzanne).

L'aile droite était composée de sept divisions d'infan-

---

corps : celui du général Sainte-Suzanne, d'environ 20,000 hommes d'infanterie et 3,000 chevaux sera placé entre Brisach et Strasbourg ; les trois autres corps de l'armée seront placés depuis Bâle jusqu'à Constance et dans le reste de l'Helvétie. »

A cette époque, l'effectif de l'armée était de 110,000 hommes d'infanterie, 12,000 chevaux de troupes et 25,000 chevaux au total, en comptant ceux de l'artillerie et des équipages de toutes sortes.

terie (Montchoisy, Jardon, Laval, Lorge, Jacopin, Delmas, Leclerc), d'une division de dragons (Nansouty), d'une division de cavalerie légère (Walther), d'un parc d'artillerie (Lemaire). Son effectif était de 54,910 fantassins, 6,735 cavaliers, 3,556 canonniers. Elle occupait la Suisse et bordait le Rhin de Bâle à Marckolsheim ; sa cavalerie était dans les hautes vallées de la Saône et de la Moselle.

Le centre comprenait trois divisions d'infanterie (Baraguey d'Hilliers, Tharreau, Ney) et une division de réserve (Desbrulys), comptant ensemble 31,258 fantassins, 1093 cavaliers. Il s'étendait de Brisach à Plobsheim, et, en seconde ligne, de Kaysersberg à Ribeauvillé.

L'aile gauche était formée de quatre divisions d'infanterie (Souham, Legrand, Delaborde, Leval) et d'un parc d'artillerie (Sorbier). Sa force s'élevait à 24,206 fantassins, 3,546 cavaliers, 3,769 canonniers. Elle s'échelonnait de Strasbourg, par Germersheim et Landau, à Mayence.

L'effectif total de l'armée du Rhin était donc : infanterie, 110,374 ; cavalerie, 14,374 ; artillerie, 7,325 (1).

A la suite de conférences qui eurent lieu à Paris, du 22 au 26 ventôse, entre le Premier Consul et le général Dessolle chef d'état-major général de l'armée du Rhin, Moreau ordonna, le 11 germinal (1er avril), une nouvelle organisation en quatre corps :

Aile droite (Lecourbe) : quatre divisions d'infanterie (Monchoisy, Vandamme, Lorge, Montrichard), la première dans le Valais, les trois autres le long du Rhin, de Ragatz à Säckingen.

Réserve, commandée par le général en chef lui-même : trois divisions d'infanterie (Delmas, Leclerc, Riche-

---

(1) Bulletin historique de l'armée du Rhin, 1er au 30 ventôse (20 février au 21 mars).

pance) entre Lörrach, Bâle, Cernay, Schlestadt, Marckolsheim ; une division de cavalerie (d'Hautpoul) à Mirecourt, Rambervillers, Épinal, Saint-Dié, Charmes, Nancy.

Centre (Saint-Cyr) : trois divisions d'infanterie (Ney, Baraguey d'Hilliers, Tharreau) entre Colmar, Brisach, Marckolsheim, Boofzheim, Plobsheim, Dambach ; une division de réserve à Ribeauvillé, Kaysersberg (1).

Aile gauche (Sainte-Suzanne) : cinq divisions d'infanterie (Colaud, Souham, Legrand, Delaborde, Leval) entre Kehl, Strasbourg, Germersheim, Frankenthal et dans les places de Landau, Mayence, Cassel (2).

Moreau, qui avait cru devoir assumer le commandement direct du corps de réserve, ne fut point approuvé par Saint-Cyr. Cet officier général lui fit observer, non sans raison, que c'était multiplier sans utilité la correspondance du général en chef. Moreau risquait ainsi de ne pouvoir se trouver sur tous les points où sa présence serait nécessaire, en restant à poste fixe au centre du corps d'armée dont il se réservait la direction, pour en régler les mouvements et les diverses attaques. Il négligerait nécessairement ainsi ou les fonctions de commandant de ce corps ou, ce qui serait plus grave, celles de général en chef. Saint-Cyr ajouta « qu'en adoptant une telle organisation, sans exemple dans les armées modernes, il semblerait se faire le rival ou l'émule de ses lieutenants ; que ce serait s'abaisser sans qu'il pût en résulter le moindre bien pour l'armée ».

Si Moreau croyait qu'en commandant directement des

---

(1) On remarquera que les cantonnements de certains éléments de la *réserve* chevauchent sur ceux d'unités appartenant au centre.

(2) Cette organisation n'était pas absolument celle que le Premier Consul avait prévue (*Correspondance de Napoléon* n° 4694). Moreau avait été autorisé, à cet égard, à faire les modifications qu'il jugerait convenables.

troupes, la réussite des opérations fût plus certaine, rien
ne l'empêcherait de le faire chaque fois qu'il le jugerait
utile; mais il ferait naître de graves mécontentements
dans toute l'armée en adoptant particulièrement certains
corps de troupe qui seraient fatalement privilégiés. « On
devait présumer que les affaires les plus brillantes leur
seraient réservées, et que l'on ferait servir les autres à
les assurer; car, comment exposer le corps du général
en chef à être battu, ou même à n'avoir que des succès
moins marquants? (1) » Saint-Cyr déclara que les inconvénients de cette organisation lui semblaient tels qu'il
était bien décidé, si elle subsistait, à ne pas faire partie
de l'armée; sa santé, ébranlée par les fatigues de la
dernière campagne, exigeant d'ailleurs qu'il prît quelque
repos.

Moreau ne répondit que faiblement, assure Saint-Cyr,
aux objections précédentes. Toutefois, il rejeta la supposition qu'on lui prêtait de vouloir se ménager les affaires
brillantes, et affirma qu'il ne gardait le commandement
direct d'un corps, que pour avoir plus de certitude de
l'engager au mieux des circonstances. Il demanda « en
grâce (2) » à Saint-Cyr qu'il appréciait beaucoup (3) de
renoncer à son projet de départ, et de commencer au
moins la campagne, l'assurant que si sa santé ne lui
permettait pas de la faire tout entière, il ne s'opposerait
pas à ce qu'il se retirât.

Saint-Cyr se décida à rester à l'armée. Il ne tarda
pas, dit-il, « à s'en repentir, car le corps dont Moreau
avait conservé le commandement, quoique désigné sous

---

(1) Gouvion Saint-Cyr, *Mémoires pour servir à l'histoire militaire
sous le Directoire, le Consulat et l'Empire*, t. II, p. 111 et suivantes.

(2) *Ibid.*, p. 113.

(3) Il l'avait demandé, comme lieutenant-général, au Premier Consul
le 12 nivôse (2 janvier), et renouvelé sa demande le 19 nivôse.

le nom de corps de réserve, fut, comme les autres, en
première ligne (1) ».

Dans le courant du mois d'avril 1800, divers mouvements de troupes eurent lieu dans l'armée. Des demi-

---

(1) Gouvion Saint-Cyr, *loc. cit.*, p. 114.

Voici, d'après Saint-Cyr, les raisons qui déterminèrent Moreau à
adopter cette organisation :

« A l'arrivée de Moreau à l'armée de Rhin-et-Moselle, en 1796, on
s'aperçut bientôt qu'il était d'un caractère facile, pour ne rien dire de
plus ; qu'on pouvait espérer de prendre de l'influence sur lui ; cette
influence, Reynier, son chef d'état-major et son ami, qu'il avait amené
de l'armée du Nord, l'exerça d'abord exclusivement ; Desaix parvint
ensuite à la partager. Mais un adjoint à l'état-major, homme d'esprit
et d'intrigue, osa y prétendre et conçut l'espoir de supplanter Reynier,
qui avait une grande difficulté à parler et à rendre ses idées ; cet
adjoint était Lahorie, que nous avons vu, longtemps après, figurer en
seconde ligne dans le procès Moreau et plus activement dans la conspiration de Mallet, avec lequel il fut fusillé à Paris. En 1796, il n'était
pas en position de lutter contre Reynier, qui jouissait de la confiance et
de l'amitié de Moreau ; il resta encore confiné dans les bureaux de l'état-
major où il devint le frondeur du chef qu'il ne pouvait supplanter. Au
retour de Moreau, après le 18 brumaire, se trouvant adjudant-général,
il jugea le moment favorable ; Reynier était éloigné, mais il avait pour
successeur Dessolle en qui Moreau mettait, à juste titre, une grande
confiance. Les prétentions de Lahorie se réduisirent alors à devenir le
chef de l'état-major d'un corps de troupe sous les ordres directs de
Moreau, ce qui lui donnerait les moyens d'être toujours avec lui, et
d'acquérir plus tard l'influence qu'il ambitionnait ; je suis convaincu
que ce fut lui qui détermina Moreau à faire, contre ses principes connus,
l'organisation contre laquelle je réclamais. Aussitôt après mon arrivée,
je m'aperçus de l'ascendant qu'il avait déjà pris sur le général en chef,
car celui-ci me dit plusieurs fois: « Quelles fautes nous a fait faire
Reynier en 1796 et 1797! » Quoi qu'il en soit, l'influence de Lahorie
devint bientôt très grande, et balança souvent celle de Dessolle, au
point de faire regretter à celui-ci de n'avoir pas suivi l'exemple de
Reynier, en le confinant dans les bureaux du grand état-major d'où il
n'était pas sorti depuis le commencement de nos guerres. » (*Loc. cit* ,
p. 114, note 1.)

D'autre part, d'après Dessolle, Moreau s'était réservé le commandement direct de deux ou trois divisions « pour ne pas choquer l'amour

brigades, venues des divisions territoriales militaires, vinrent renforcer les divisions actives; de nombreux dépôts rejoignirent leurs demi-brigades. L'aile gauche fut fortement amoindrie; le 12 germinal, cinq demi-brigades, un régiment de hussards, cinq compagnies d'artillerie, deux de pontonniers, quatre de sapeurs, deux de mineurs, quittèrent la 4ᵉ division active pour se rendre à Mayence et Cassel; le 28 germinal, les 5ᵉ et 17ᵉ demi-brigades partirent de Mayence pour se rendre à Lille et à Nimègue. Diverses mutations eurent lieu également parmi les généraux commandant les divisions, de sorte que le 1ᵉʳ floréal (21 avril), à la veille de l'ouverture des opérations, la situation de l'armée s'était quelque peu modifiée (1).

---

propre de quelques anciens généraux de division. » (*Note marginale* écrite de la main de Dessolle, sur une note dictée par le Premier Consul à Bourrienne, et publiée dans la *Correspondance de Napoléon*, sous le nº 4694). Ces généraux étaient : Delmas, Leclerc, Richepance, d'Hautpoul.

(1) Voir le chapitre intitulé : Situation des deux armées le 1ᵉʳ floréal an VIII.

CHAPITRE V

Le commandement et les troupes.

Le passé militaire de Moreau. — Sa faiblesse de caractère. — Ses procédés de commandement. — Le chef et le sous-chef d'état-major général de l'armée du Rhin. — Les lieutenants-généraux. — Les généraux de division. — L'esprit de l'armée du Rhin. — L'état-major. — Les cadres et les soldats. — La théorie de l'*impossible*. — L'armée autrichienne : composition, commandement. — Le départ de l'archiduc Charles. — Le Conseil aulique. — Renseignements sur les généraux autrichiens.

Moreau n'était âgé que de 37 ans, lorsqu'il fut appelé au commandement de l'armée du Rhin (1). Son passé militaire justifiait la situation élevée que les Consuls lui avaient donnée. Élu, le 11 septembre 1791, lieutenant-colonel en premier du 1er bataillon d'Ille-et-Vilaine, Moreau avait servi d'abord à l'armée du Nord sous les ordres de Dumouriez. Il prit part avec Jourdan, au commencement de l'an II, aux opérations contre Ypres, Furnes, Nieuport et Ostende, et s'y distingua de telle façon que les représentants Florent Guiot et Hentz le nommèrent général de brigade à titre provisoire le 30 frimaire an II (20 décembre 1793).

Confirmé dans ce grade le 18 pluviôse an II (30 janvier 1794), il obtint, le 25 germinal suivant, celui de général de division et le commandement de la 2e division de l'armée de Pichegru. Le 28 floréal an II, ses habiles

---

(1) Né à Morlaix, le 14 février 1763.

dispositions permirent de déjouer les manœuvres du
duc d'York, de Cobourg et de Clerfayt, et le 29, elles
contribuèrent, pour une grande part, à la victoire de
Tourcoing. Chargé par Pichegru d'attaquer Ypres, il
s'empara de cette ville, puis de Bruges, d'Ostende, de
Nieuport, de Fort-l'Écluse enfin, le 8 fructidor an II
(25 août 1793).

Le 20 vendémiaire an III (11 octobre 1794), Moreau
remplaça provisoirement Pichegru à la tête de l'armée
du Nord, et le 13 ventôse an III (3 mars 1795), il en
reçut le commandement en chef (1).

Appelé à la tête de l'armée de Rhin-et-Moselle le
24 ventôse an IV (14 mars 1795) (2), et secondé par deux
remarquables lieutenants, Desaix et Gouvion Saint-Cyr,
il remporta les victoires de Rastatt et d'Ettlingen (17 et
21 messidor); mais, après la bataille indécise de Neresheim (24 thermidor), il passa sur la rive droite du
Danube, laissant ainsi à l'archiduc Charles la faculté de
battre Jourdan à Wurtzbourg (3).

Cette défaite obligea Moreau à se replier sur la Forêt-
Noire, non sans faire tête à l'ennemi chaque fois qu'il
fut serré de trop près, et lui infliger le sanglant échec
de Biberach le 20 vendémiaire an IV (11 octobre 1796).
Après avoir repoussé les attaques des Autrichiens à
Schliengen le 2 brumaire, il repassa le Rhin à Huningue

_____

(1) Arch. adm. Guerre (dossier Moreau).

(2) *Ibid.*

(3) « La campagne en Allemagne de 1796 ne fait honneur ni aux
talents militaires de ceux qui en ont conçu le plan, ni au général en
chef qui en a eu la principale direction et qui a commandé la principale armée..... Il passa sur la rive droite du Danube et du Lech, après
la bataille de Neresheim le 11 août, tandis qu'en marchant devant lui
sur l'Altmühl, par la rive gauche du Danube, il se fut joint en trois
marches avec l'armée de Sambre-et-Meuse qui était sur la Redoitz,
et eut, par ce mouvement, décidé de la campagne. » (*Mémoires de
Napoléon*, Montholon, t. I, p. 38.)

et à Brisach; Carnot le surnommait, pour cette retraite, le Fabius français (1).

Le 4 nivôse an V (24 décembre 1796), le Directoire réunit sous le commandement de Moreau les armées de Rhin-et-Moselle et de Sambre-et-Meuse (2). Le 1er floréal an V (20 avril 1797), après de longues tergiversations (3), il reprit l'offensive, franchit le Rhin, reprit Kehl, se porta sur Offenbourg; mais les préliminaires du traité de Léoben lui firent signer un armistice le 4 floréal.

La trahison de Pichegru avait été révélée à Moreau par une volumineuse correspondance avec le prince de Condé, trouvée dans un fourgon du général autrichien Klinglin; mais il n'en avertit le Directoire que le 19 fructidor (5 septembre 1797), par une lettre adressée à Barthélemy qui venait d'être proscrit; il l'antidata d'ailleurs du 17, semble-t-il.

La conduite ambiguë de Moreau dans tout ce qui avait trait aux agissements coupables de Pichegru, conduite dictée par un sentiment de fausse délicatesse envers un ami, eut pour effet de le discréditer d'une manière égale parmi les royalistes et parmi les républicains (4). Réformé le 2 vendémiaire an VI pour avoir trop longtemps gardé le silence, il resta en disgrâce pendant près d'un an et ne rentra en activité que comme inspecteur général de l'infanterie, le 29 fructidor an VI.

---

(1) Châteauneuf, *Histoire du général Moreau*, p. 36. (Lettre de Carnot.) — Cf. *Mémoires sur Carnot*, t. II, p. 54.

(2) Arch. adm. Guerre (dossier Moreau).

(3) Moreau au Directoire, Schiltigheim, 2 et 5 pluviôse an V (A. H. G., armée de Rhin-et-Moselle); Moreau à Hoche, Schiltigheim, 30 ventôse an V (*Ibid.*); Corresp. de Napoléon, nos 1735, 1736.

(4) Thibaudeau, *Mémoires sur la Convention et le Directoire*, t. II, p. 286; Talleyrand, *Mémoires*, t. I, p. 266; Desmarest, *Quinze ans de police sous le Consulat et l'Empire*, p. 103. Voir aussi : C. J., *Sur la Révolution du 18 fructidor*, Hambourg, 1798, p. 12-13.

Le 15 germinal an VII, un ordre du Directoire l'envoya à l'armée d'Italie, dont le chef, Schérer, lui confia le commandement de deux divisions à la tête desquelles « il montra autant de bravoure que d'habileté (1) ». Appelé à succéder à Schérer le 2 floréal an VII, il fut battu par Souvorov à Cassano, et se replia sur le Tessin, ce dont l'a blâmé Napoléon (2), puis sur Turin. Il reprit l'offensive, dans la nuit du 26 au 27 floréal an VII, en franchissant la Bormida près d'Alexandrie, mais il fut repoussé et effectua sa retraite sur Coni, puis sur le col de Tende (3). Peu après, Macdonald fut battu par Souvorov sur la Trebbia (28, 29 et 30 prairial), sans que Moreau parvînt à lui venir en aide.

Le commandement de l'armée d'Italie fut confié par le Directoire à Joubert, dont les vives instances déterminèrent Moreau, nommé général en chef de l'armée du Rhin, à servir sous ses ordres avec une abnégation à laquelle les contemporains rendirent un juste hommage (4). Le 28 messidor an VII (15 août 1799), Joubert livra la bataille de Novi et fut tué au début de l'action. Moreau le remplaça. Après une lutte héroïque, il rassembla les débris de l'armée et, par une retraite

---

(1) *Mémoires de Napoléon* (Montholon), t. I, p. 38. — Cf. Thiébault, *Souvenirs*, t III, p. 47.

(2) « Il fit sa retraite sur le Tessin, tandis qu'il eut dû la faire sur la rive droite du Pô, par le pont de Plaisance, afin de se réunir à l'armée de Naples que commandait Macdonald, et qui était en marche pour s'approcher du Pô. Cette réunion faite, il était le maître de l'Italie. » (*Mémoires de Napoléon, loc. cit.*, p. 39.)

(3) Napoléon a critiqué cette direction : « Moreau commit la même faute en marchant sur Coni et abandonnant entièrement l'armée de Naples et les hauteurs de Gênes. » (*Ibid.*)

(4) Schérer au Directoire, 7 et 27 germinal an VII (Arch. nat., AF^{III}, 290) ; Mathieu Dumas, *Précis des événements militaires*, t. I, p. 86-87 ; Mme de Chastenay, *Mémoires*, p. 408.

habile, les ramena à Gênes où Championnet en prit la direction (1).

De retour à Paris, il fit connaissance, le 30 vendémiaire an VIII (23 octobre 1799), chez le directeur Gohier, de Bonaparte qui sut le flatter et en faire son complice pour le coup d'État du 18 brumaire (2).

S'il faut en croire Gouvion Saint-Cyr, le Premier Consul le récompensa de sa participation à cet attentat en lui confiant le commandement de l'armée du Rhin (3), la plus nombreuse de celles que la République organisait pour la campagne de l'an VIII. En réalité, le Directoire avait déjà appelé Moreau à ces fonctions le 17 messidor an VII (4). Les Consuls l'y confirmèrent le 3 frimaire an VIII et réunirent l'armée du Danube à celle du Rhin (5).

A Sainte-Hélène, Napoléon a dénié à Moreau les qualités requises pour diriger des forces de cette importance. « Il était, dit-il, excellent soldat, brave de sa personne, capable de bien remuer sur le champ de bataille une petite armée, mais absolument étranger aux connaissances de la grande tactique (6). »

Cette dernière appréciation est trop sévère, et semble inspirée par l'esprit de passion. Les arguments qu'a fournis Napoléon pour la justifier résultent parfois de faits inexactement relatés, parfois même dénaturés (7). Hochstätt et Hohenlinden sont au reste des victoires assez glorieuses par elles-mêmes et par leurs consé-

---

(1) Arch. adm. Guerre (dossier Championnet).

(2) Cf. Commandant Picard, *Bonaparte et Moreau*, chap. I et II.

(3) Gouvion Saint-Cyr, *loc. cit.*, t. II, p. 101.

(4) Arch. nat., AF^{III}; Arch. adm. Guerre (dossier Moreau).

(5) Aulard, *Registre des délibérations du Consulat provisoire*, p. 37.

(6) *Mémoires de Napoléon* (Montholon), t. I, p. 41. — Cf. *Ibid.*, p. 39 et 47.

(7) Cf. Commandant Picard, *loc. cit.*, chap. XII et XV.

quences, pour que, tout en tenant compte de l'infériorité
du commandement autrichien, on soit autorisé à accorder
à Moreau certaines connaissances « de la grande tactique ».

Sans doute, un abîme sépare Napoléon et Moreau,
considérés comme chefs d'armée, et il serait imprudent
d'établir entre eux une comparaison à ce sujet, ainsi
qu'un historien l'a tenté (1). Foy commet donc une
erreur en déclarant que Moreau fut « le premier de
l'époque dans l'art de faire combattre un nombre limité
de troupes sur un terrain donné (2) ».

A vrai dire, Moreau était un esprit lent, modéré, prudent jusqu'à la circonspection (3), souvent irrésolu (4)
mais solide, et dont les indécisions se terminaient en
conceptions sages et fermes quand il se trouvait face à
face avec le danger (5). On le louait avec raison pour
le sang-froid imperturbable qu'il conservait dans les
situations les plus critiques. On était certain qu'il saurait
toujours limiter un revers.

Malheureusement, en raison de sa faiblesse de caractère, attestée par de nombreux témoignages (6), il subis-

(1) Cf. Carrion-Nisas, *Campagne des Français en Allemagne.*
(2) *Histoire des guerres de la Péninsule*, t. I, p. 36. — Thiébault
attribue ce propos à Moreau : « Bien commander un nombre de troupes
donné, c'est faire avec ce nombre ce qu'il serait impossible de faire avec
un nombre inférieur. »
(3) Moreau au Directoire : Schiltigheim, 2 et 5 pluviôse an V (A. H. G.,
armée de Rhin-et-Moselle) ; Cologne, 29 pluviôse an V (*Ibid.*) ; Coblentz,
11 ventôse an V (*Ibid.*) ; Moreau à Hoche, Schiltigheim, 30 ventôse
an V (*Ibid.*).
(4) Lecourbe à Moreau, Stockach, 13 floréal ; Fauriel, *Les Derniers
jours du Consulat*, p. 106.
(5) Remacle, *Bonaparte et les Bourbons*, p. 276 ; Thiébault, *loc. cit.*,
t. III, p. 260.
(6) Fauriel, *loc. cit.*, p. 106 ; Miot de Melito, *loc. cit.*, t. I, p. 290 ;
Macdonald, *Souvenirs*, p. 106 ; Barras, *Mémoires*, t. V, p. 180 ; *Mémoires,*

sait souvent, plus qu'il n'eût fallu, l'influence de son
entourage : il se laissa dominer par Desaix et Reynier
en 1796, par Lahorie en 1800 (1).

D'après Ségur, les subordonnés de Moreau « aimaient
en lui un patriotisme sans arrière-pensée, une ambition
peut-être un peu paresseuse et de courte haleine, mais
sans personnalité exclusive ; du reste, un abord calme et
doux, un esprit simple et causeur qui n'imposaient pas ;
une bonhomie sans prétention, poussée même jusqu'à la
négligence, et quelque peu bourgeoise et commune.
Cela plaisait à leurs mœurs républicaines, à leur habitude d'égalité. Tous enfin, lui étaient étroitement unis
par la gloire loyalement partagée qu'ils avaient acquise
sous ses ordres (2) ».

Les lieutenants généraux et les divisionnaires de Moreau citaient avec complaisance l'organisation de son
armée qu'ils qualifiaient d'habile et sage, exception faite
pour Gouvion Saint-Cyr, qui a critiqué justement les mesures prises par Moreau pour le corps de réserve (3).
Ils en aimaient la répartition en divisions de huit à dix
mille hommes, composées chacune de toutes les armes,
et pouvant se suffire à elles-mêmes à l'occasion (4). Ils
trouvaient à Moreau, dans le commandement, un degré
d'autorité tempérée qui leur convenait (5). C'était, en
réalité, un défaut de vigueur qui permit parfois aux
mésintelligences de naître autour de lui, si bien que le

---

correspondance et manuscrits du général La Fayette, p. 126 ; Gouvion
Saint-Cyr, Campagnes du Rhin et de Rhin-et-Moselle, t. III, p. 2.

(1) Gouvion Saint-Cyr, loc. cit., p. 114, note 1 ; Decaen, Mémoires
inédits.

(2) Ségur, Histoire et Mémoires, t. II, p. 105.

(3) Cf. Chap. Réorganisation de l'armée du Rhin.

(4) Ségur, loc. cit., p. 105.

(5) Lavalette, Mémoires et Souvenirs, t. I, p. 147 ; Foy, loc. cit., t. I,
p. 36.

Ministre de la guerre Carnot, dut lui rappeler qu'une trop grande mansuétude ne convenait pas à un général en chef (1).

Toutefois, la sévérité de Moreau était extrême en ce qui concernait les actes de pillage ou de violence, les malversations et les concussions (2). Il n'hésita pas à faire fusiller un commissaire des guerres qui avait levé une contribution exorbitante sur la ville de Kempten, et à renvoyer de l'armée le général Vandamme compromis dans cette affaire (3).

Moreau s'efforçait de faire la guerre avec le plus de modération et d'humanité possibles (4), suivant l'exemple qu'avaient donné les généraux des premières années de la République. Sur la proposition du chirurgien Percy, il proposa à Kray de rendre les hôpitaux et les blessés inviolables (5). Il n'imposa pas, outre mesure, les pays conquis (6). Aussi Moreau put-il dire, plus tard avec une légitime fierté : « Parvenu au commandement en chef, lorsque la victoire nous faisait avancer au milieu des nations ennemies, je ne m'appliquai pas moins à leur

---

(1) Le Ministre de la guerre à Moreau, 15 prairial an VIII. (Deux lettres.)

(2) Ordre de l'armée du 3 floréal an VIII ; ordre du jour du 4 floréal ; supplément à l'ordre du jour du 15 floréal ; proclamation du 9 prairial ; ordres du jour du 14 prairial, du 4 messidor an VIII, du 26 vendémiaire an IX ; Dessolle à Montrichard, 4 brumaire an IX ; ordre du jour du 26 frimaire an IX ; Moreau à Ney, Salzbourg, 26 pluviôse an IX ; circulaire du général en chef aux généraux de division, Münich, 17 ventôse an IX ; Moreau au Ministre de la guerre, Frankenmarkt, 27 frimaire an IX.

(3) Moreau au Ministre de la guerre, Babenhausen, 9 prairial an VIII.

(4) Moreau à Kray, Wiblingen, 30 floréal ; Moreau à l'archiduc Charles, Salzbourg, 19 nivôse an IX.

(5) *Journal des campagnes du baron Percy*, Introduction, p. XXIII-XXV et p. 53, 55.

(6) Moreau au Ministre de la guerre, 29 floréal an IX.

faire respecter le caractère du peuple français qu'à leur
faire redouter ses armes. La guerre, sous mes ordres, ne
fut un fléau que sur les champs de bataille. Du milieu
même de leurs campagnes ravagées, plus d'une fois la
nation et les puissances ennemies m'ont rendu ce
témoignage (1). »

Moreau avait su choisir un excellent collaborateur
dans la personne du général Dessolle, investi des fonctions de chef d'état-major général de l'armée, et parfaitement préparé à les remplir par les emplois antérieurs
qu'il avait occupés (2). Capitaine à l'armée des Pyrénées
occidentales en 1792, « les talents » dont il avait fait
preuve « l'avaient appelé, dès les premiers instants, à
l'état-major de l'armée », où il avait « toujours servi de
la manière la plus utile et la plus distinguée (3) ». Les
représentants du peuple le nommaient, dès le 20 octobre
1793, adjudant-général en déclarant qu'il avait « servi la
République avec un zèle et une intelligence au-dessus
de tout éloge ». Envoyé à l'armée d'Italie en 1795, puis
à l'armée du Rhin en 1796, il y fut proposé pour général
de brigade et jugé en ces termes par le Ministre de la
guerre : « L'adjudant-général Dessolle est un officier
instruit et estimé des généraux sous les ordres desquels
il a servi. Il était avantageusement connu à l'armée des
Pyrénées occidentales et le général Moncey en faisait un
cas particulier (4). »

---

(1) *Procès Georges, Pichegru et autres*, t. VII, p. 375-376.

(2) Dessolle, né le 3 octobre 1767 à Auch; capitaine au 1er bataillon
de la légion des Montagnes (1792); adjoint à l'état-major de l'armée
des Pyrénées occidentales (juin 1793); adjudant-général chef de
bataillon (octobre 1793); adjudant-général chef de brigade (1797);
général de division (1799). (Arch. adm. Guerre, dossier Dessolle.)

(3) Le général en chef Müller au citoyen Pille chargé de l'organisation et du mouvement des armées de terre, 10 fructidor an II. (Arch.
adm. Guerre, dossier Dessolle.)

(4) Arch. adm. Guerre (dossier Dessolle).

Esprit fin, cultivé, pénétrant, Dessolle étudiait avec un soin extrême les instructions de ses chefs, s'identifiait en quelque sorte avec elles, et s'effaçait pour ne plus être que leur interprète consciencieux et intelligent, sans toutefois abdiquer son initiative dans le cadre qui lui avait été tracé. Ses ordres étaient clairs et précis ; ses rapports remarquables par leur style et leur concision. D'un calme et d'une sérénité qui ne se démentaient jamais, Dessolle était au feu un auxiliaire précieux du général en chef (1).

L'adjudant-général Fririon, sous-chef d'état-major de l'armée du Rhin, avait d'admirables états de service (2). Il avait passé, depuis le grade de caporal, par tous les échelons de la hiérarchie. Capitaine, il s'était distingué à la défense des lignes de Wissembourg le 22 vendémiaire an II, et à la prise de la tête de pont de Mannheim en l'an III. Chef de bataillon, il avait mérité les éloges du général Beaupuy, lors de la retraite de l'armée du Rhin en l'an IV, et ceux du Directoire, pour sa conduite à l'affaire du 28 floréal an VI en Helvétie.

Employé à l'armée d'Italie, à dater du 1er frimaire an VII, il se fit remarquer en qualité de chef d'état-major de la division Hatry, particulièrement au combat du 16 germinal, sous les murs de Vérone. Il devint ensuite sous-chef d'état-major de cette armée (3). Cet officier, disait de lui le général Sainte-Suzanne, « réunit tous les talents et la moralité pour faire un excellent chef d'état-

---

(1) *Mémoires de Masséna*, t. III, p. 117.

(2) Fririon, né à Vandières, le 7 février 1766 ; soldat le 23 avril 1782 ; caporal le 16 septembre 1783 ; fourrier le 1er juin 1784 ; quartier-maître trésorier le 1er janvier 1791 ; lieutenant le 31 mai 1792 ; capitaine le 24 septembre 1793 ; chef de bataillon le 13 vendémiaire an III ; adjudant-général le 19 ventôse an V. (Arch. adm. Guerre, dossier Fririon.)

(3) Arch. adm. Guerre (dossier Fririon).

major (1) ». D'après le témoignage de Moreau, Fririon remplit ses fonctions, pendant la campagne, « avec la plus grande distinction (2) ». « La place qu'il occupait à l'armée, dit un témoin oculaire, ne pouvait être en de meilleures mains (3) ».

L'adjudant-général Lahorie, chef d'état-major du corps de réserve, était parvenu très rapidement, par ses talents et sa bravoure, au grade d'adjoint aux adjudants généraux (4). Malgré des notes très élogieuses que lui avait données, en l'an III, le général Bourcier, chef d'état-major général de l'armée du Rhin, il n'avait été promu adjudant-général que le 17 pluviôse an VII. Employé à l'armée d'Italie, il y avait été remarqué par Moreau, qui l'appela, en l'an VIII, à l'armée du Rhin et le fit nommer général de brigade le 21 floréal (5).

« Encore plus froid et plus réservé que Moreau, on ne peut tirer de lui qu'un oui ou qu'un non sec. Né pour être dans les affaires et avec les connaissances qu'elles exigent, accompagnées de beaucoup de finesse, il est employé à toutes les négociations diplomatiques, et le plus souvent Lahorie a surpassé toute attente. Quand il arrive de former un vaste plan d'opérations, le général Lahorie, avec les généraux les plus expérimentés, l'exécute. C'est ainsi qu'il s'est montré dans toutes les campagnes qu'il a faites avec l'armée du Rhin. C'est le

---

(1) Sainte-Suzanne au Ministre de la guerre, Strasbourg, 7 prairial an VI (*Ibid.*).

(2) Moreau au Ministre de la guerre, Münich, 28 messidor an VIII (*Ibid.*).

(3) *Moreau et sa dernière campagne*, par un officier de son état-major, p. 48 (ouvrage publié à Münich le 2 février 1801).

(4) Lahorie, né le 5 janvier 1766 à Javion ; engagé volontaire le 5 mars 1793 ; sous-lieutenant le 1er juillet 1793 ; adjoint provisoire aux adjudants généraux le 6 septembre 1793. (Arch. adm. Guerre, dossier Lahorie.)

(5) *Ibid.*

compagnon constant de Moreau; et il mérite bien l'estime
et l'amitié que celui-ci lui porte (1). »

Les trois lieutenants-généraux que Moreau avait
demandés au Ministre pour leur confier le commandement des ailes et du centre de l'armée, étaient dignes, à
tous égards, de ce choix.

Lecourbe, qui était à la tête de l'aile droite, s'était
distingué à Hondschoote, à Wattignies, à Ettlingen, à
Neresheim, à Kehl, mais surtout au Saint-Gothard en
1799 (2). Caractère ferme, loyal, exempt de toute intrigue
et de toute complaisance, prompt dans la conception,
ardent dans l'exécution, « c'est un soldat impétueux
qu'aucun obstacle n'effraie, dont l'énergie grandit avec
le danger; qui ne cède jamais; c'est un général consommé, sachant tirer parti de tout et triompher de
toutes les difficultés, aussi habile dans la défense que
dans l'attaque. Son caractère élevé, avide de justice, le
rend soigneux des intérêts de tous. Il défend les habitants contre les désordres du soldat et ne recule devant
aucun effort pour maintenir l'ordre et la discipline. Mais
aussi jamais il ne se repose avant d'avoir obtenu tout ce
qu'il peut pour ses troupes. Avare de leur sang, quoiqu'il prodigue le sien, il l'est aussi de leurs fatigues et
les ménage avec un soin jaloux; aussi ils l'entourent
d'une affection, d'un dévouement et d'une admiration
sans bornes (3). »

---

(1) *Moreau et sa dernière campagne*, par un officier de son état-
major, p. 47-48.

(2) Lecourbe, né le 22 février 1759 à Ruffey; engagé au régiment d'Aqui-
taine-Infanterie le 3 mai 1777; congédié le 29 juillet 1783; capitaine au
7ᵉ bataillon de volontaires nationaux du Jura le 7 août 1791; lieutenant-
colonel en second du même bataillon le 24 novembre suivant; chef de
brigade le 20 mai 1794; général de brigade le 12 juin 1794; général de
division le 5 février 1799. (Arch. adm. Guerre, dossier Lecourbe.)

(3) *Le général Lecourbe*, préface du général Philebert, p. XXVII. —
Cf. *Mémoires* de Masséna, t. III, p. 118.

Gouvion Saint-Cyr, dans la division duquel il se trouvait en l'an IV, l'appréciait en ces termes, dans une lettre adressée au Ministre de la guerre : « C'est un officier très brave, d'une activité rare, plein de zèle pour remplir les devoirs de son état ; sa bonne conduite à l'armée lui a toujours valu l'estime et l'amitié des troupes qu'il a commandées ; les généraux Moreau et Jourdan, sous les ordres desquels il a servi plus longtemps, vous en donneront de bons témoignages (1). » La campagne de l'an VII en Helvétie avait valu à Lecourbe, à juste titre, une haute réputation dans la guerre de montagnes.

Gouvion, dit Saint-Cyr (2), commandant le corps du centre, avait été l'objet d'une demande toute spéciale de Moreau à Masséna, puis au Premier Consul qui l'avait destiné d'abord à être employé en Italie. Adjudant-général chef de bataillon à l'armée du Rhin en 1793, il s'y était fait remarquer aux affaires de Hohenburg (14 septembre) et de Berstheim (9 décembre) par ses qualités d'habile tacticien et de parfait manœuvrier (3). Fort apprécié par Kellermann dans un court séjour qu'il fit à l'armée d'Italie en 1795 (4), il se distingua ensuite tout particulièrement à l'armée de Rhin-et-Moselle (octobre

---

(1) Arch. adm. Guerre (dossier Lecourbe).

(2) Gouvion, né à Toul le 6 février 1752. Élève dans le corps de l'artillerie le 3 juillet 1768 ; lieutenant en second le 10 novembre 1768 ; capitaine en second le 25 avril 1783 ; capitaine de sapeurs le 1er juin 1787 ; capitaine de bombardiers le 1er mai 1789 ; chef du 3e bataillon de la Drôme le 18 octobre 1791 ; chef de bataillon d'artillerie le 18 mars 1793 ; général de brigade le 20 juin 1793 ; général de division le 2 septembre 1794. (Arch. adm. Guerre, dossier Gouvion Saint-Cyr).

(3) Chuquet, *Wissembourg*, passim.

(4) Kellermann à la Commission de l'organisation et des mouvements des armées, Albenga, 5 juillet 1795. (Arch. adm. Guerre, dossier Gouvion Saint-Cyr.)

1795), puis, à la tête du centre, en 1796, sous les ordres de Moreau ; enfin, à Novi et à Gênes en 1799.

Esprit froid et profond, intelligence supérieure et lucide, Gouvion Saint-Cyr était doué de toutes les qualités du général en chef. Par contre, il était d'un caractère peu sociable, enclin à la critique, et même indiscipliné. Il commettait parfois des actes de mauvaise confraternité militaire (1), comme à la bataille de Messkirch, le 15 floréal an VIII (2). S'il faut en croire le général Lamarque, Moreau aurait annoncé à l'armée la venue de son lieutenant dans les termes suivants : « L'armée du Rhin vient de recevoir un renfort de 10,000 hommes ; le général Saint-Cyr est arrivé (3). »

Sainte-Suzanne (4), commandant l'aile gauche, s'était illustré au siège de Mayence, où il défendit, avec une compagnie de grenadiers, le fort Saint-Philippe (5). Adjudant-général chef de bataillon, il était noté : « Excellent militaire, très instruit et très brave, a le coup d'œil excellent et forme de très bons plans d'attaque et de défense ; peut être avec avantage dans les premiers

---

(1) « Saint-Cyr, homme de guerre excellent, mais détestable caractère, toujours prêt à mettre un collègue dans l'embarras. » (Noël, *Souvenirs militaires*, p. 216.) — Cf. Fezensac, *Souvenirs militaires*, p. 501 ; Thiébault, *Souvenirs*, t. III, p. 48.

(2) Moreau à Saint-Cyr, Weiterdingen, 14 floréal ; Dessolle à Saint-Cyr, Stockach, 14 floréal ; Gouvion Saint-Cyr, *loc. cit.*, t. II, pièces justif., n° 41 ; Decaen, *Mémoires inédits*.

(3) Gay de Vernon, *Vie du maréchal Gouvion Saint-Cyr*, p. 150.

(4) De Bruneteau de Sainte-Suzanne, né le 7 mars 1760 à Poivre (Aube). Page de Madame le 15 mai 1775 ; sous-lieutenant à la suite du régiment d'Anjou le 18 avril 1779 ; lieutenant en 2° le 29 mai 1784 ; capitaine le 6 novembre 1791 ; adjudant-général, chef de bataillon le 1er mai 1793 ; général de brigade le 12 septembre 1795 ; général de division le 2 août 1796. (Arch. adm. Guerre, dossier Sainte-Suzanne.)

(5) Chuquet, *Mayence*, p. 248 et suiv.

grades, mais a toujours refusé de l'avancement..... (1). »
Général de brigade à l'armée de Rhin-et-Moselle, sa
brillante conduite lui avait valu le grade de général de
division pendant la campagne de 1796. Caractère grave
et calme, esprit observateur et sagace, Sainte-Suzanne
joignait, aux dons innés du commandement, une instruction professionnelle très étendue et complétée sans cesse
par les fruits de l'expérience.

L'inspecteur général de l'infanterie de l'armée du
Rhin était le général de division de Schauemburg (2),
qui avait déjà rempli ces fonctions à plusieurs reprises,
et dont Merlin de Thionville avait déjà signalé les aptitudes spéciales à cet égard en 1795. « Je te recommande », écrivait-il le 7 février de cette année, au
Ministre de la guerre, Dubois-Crancé, « un brave
homme suspendu de ses fonctions de général divisionnaire..... c'est l'homme qu'il te faut pour inspecteur
d'infanterie (3). » Sa physionomie est contenue tout
entière dans ce jugement porté par un de ses contemporains : « Sa naissance, un certain air de hauteur et une
fermeté inébranlable dans la discipline qu'il avait puisée
de bonne heure à l'école allemande, le faisaient alors
violemment suspecter d'aristocratie. Ses talents et une
loyauté qui ne s'est jamais démentie, le portèrent au
grade de général en chef (4). Il a, en qualité d'inspecteur général de l'infanterie, rendu à l'armée de Rhin-et-

---

(1) Arch. adm. Guerre (dossier Sainte-Suzanne).
(2) De Schauemburg, né le 31 juillet 1748 à Hellimer (Moselle). Sous-
lieutenant au régiment d'Alsace le 1er mai 1764; lieutenant le 1er août
1767; capitaine en 2e le 2 juin 1777; major au régiment d'infanterie
de Nassau le 25 mars 1785; colonel le 23 novembre 1791; maréchal
de camp le 7 septembre 1792; général de division le 8 mars 1793.
(3) Arch. adm. Guerre.
(4) Il s'agit du commandement en chef de l'armée dite du Centre,
du 16 thermidor an Ier au 8 vendémiaire an II.

Moselle les plus grands services. C'est lui, plus que tout
autre, qui a formé des officiers et créé des soldats ; nul
corps ne fut envoyé à l'armée active sans être exercé
par ses soins. Peu d'officiers généraux en Europe
entendent mieux la manœuvre des troupes et les principes de détail que Schauemburg (1) »

L'inspecteur général de la cavalerie était le général de
division Bourcier (2), ancien chef d'état-major de
Pichegru à l'armée du Rhin, où il avait acquis la réputation « d'un chef brave et instruit (3) », très compétent
dans les questions d'organisation et de tactique des
troupes à cheval. Il avait déjà rempli les fonctions
d'inspecteur général à l'armée de Mayence et à celle
d'Helvétie. Carnot le jugeait « grand amateur de l'ordre
et de la discipline ; actif et zélé (4) ».

Le général de division Éblé (5) commandait en chef
l'artillerie de l'armée, poste qu'il avait déjà occupé avec
la plus grande distinction aux armées du Nord et des
Ardennes, et à celle de Rhin-et-Moselle. Partout il avait
apporté l'activité, l'intelligence, la ponctualité, l'éco-

---

(1) Chuquet, *Wissembourg*, t. VIII, p. 62. — Cf. Colin, *La tactique
et la discipline dans les armées de la Révolution.*

(2) Bourcier, né le 21 février 1760 à la Petite-Pierre. Dragon dans la
légion royale le 2 mars 1772 ; brigadier aux chasseurs de Picardie le
15 janvier 1780 ; adjudant le 24 septembre 1784 ; quartier-maître trésorier le 10 septembre 1789 ; adjudant-général chef de bataillon le
8 mars 1793 ; général de brigade le 20 octobre 1793 ; général de division le 9 juillet 1794. (Arch. adm. Guerre, dossier Bourcier.)

(3) *Rapport* de Serrien au Comité de Salut public, du 1er août 1794.
(*Ibid.*)

(4) *Ibid.*

(5) Éblé, né le 21 décembre 1758 à Rohrbach. Enrôlé au régiment
d'Auxonne le 21 décembre 1773 ; sergent le 22 avril 1775 ; sergent-
major le 7 juillet 1779 ; lieutenant en 3e le 28 octobre 1785 ; capitaine
en 2e le 18 mai 1792 ; chef de bataillon le 26 août 1793 ; général de
brigade le 29 septembre 1793 ; général de division le 25 octobre 1793.
(Arch. adm. Guerre, dossier Éblé.)

nomie, la prévoyance, cet ensemble de qualités plus
solides que brillantes qui produit les résultats féconds.
Il appartenait, a dit justement son biographe, « à cette
race d'officiers modestes, intègres, scrupuleux, qui ont
le culte du devoir, de la discipline et de l'honneur, toujours prêts à consacrer au service de la patrie ce qu'ils
ont de force et d'intelligence, sans raisonner ni se
plaindre, trouvant dans le témoignage d'une conscience
satisfaite, une récompense plus enviable et plus sûre
que les faveurs d'une fortune parfois aveugle ; en un
mot, à cette race d'officiers d'artillerie dont Napoléon
disait à Sainte-Hélène : « qu'ils étaient purs comme de
l'or (1) ».

Moreau avait rendu justice, pendant la campagne de
1796, à ses talents et à son activité qu'il qualifiait d'incroyable, et sans laquelle il eût été impossible de suffire
à l'énorme consommation de munitions ; il écrivait au
Directoire, à cette époque, qu'Éblé avait tous les droits
possibles à sa confiance ; Gassendi le proclamait « le premier général d'artillerie de France, sans contredit (2) ».

Éblé avait sous ses ordres : à l'aile droite, le général
de brigade Lemaire ; au centre, le général de division
Durtubie ; à l'aile gauche, le général de division Sorbier,
jugé par Moreau comme un « officier d'artillerie de la
plus grande distinction », et dont les talents, disait le
général Lacombe-Saint-Michel, prédécesseur d'Éblé,
étaient « connus de toute l'armée (3) ». Le directeur
général des parcs était Lariboisière « homme probe et
excellent officier » pour la valeur et le zèle duquel Éblé
professait une grande considération (4).

---

(1) Girod de l'Ain, *Le général Éblé*, p. 101.
(2) *Aide-Mémoire* à l'usage des officiers d'artillerie.
(3) Lacombe-Saint-Michel au Ministre de la guerre, 24 brumaire
an VIII. (Arch. adm. Guerre, dossier Lacombe-Saint-Michel.)
(4) Le général Lamartinière avait voulu emmener Lariboisière avec

Les généraux placés à la tête des divisions étaient :

A l'aile droite : Vandamme (1) dont Moreau avait remarqué à l'armée du Nord « la grande bravoure, les talents militaires et l'activité peu commune », et qui avait justifié cette appréciation au passage du Rhin à Diersheim le 1er floréal an V, et à Bergen le 24 fructidor an VII ; Lorge (2), « brave et intelligent », qui depuis 1792, avait fait toutes les campagnes sur le Rhin ; Montrichard (3), qui avait été parmi les quatre adjudants-généraux chargés de préparer le passage du Rhin à Kehl en l'an IV, et avait rempli ensuite les fonctions de chef d'état-major général de l'armée de Mayence en l'an V, et de celle d'Italie dans la campagne de l'an VII.

Au centre se trouvait Ney (4), qu'un courage héroïque, dirigé par un heureux instinct de la guerre, avait déjà

---

lui à l'armée d'Italie, mais Éblé avait insisté pour le conserver, et le premier inspecteur général d'Aboville lui donna gain de cause.

(1) Vandamme, né le 5 novembre 1770 à Cassel (Nord). Soldat le 8 juillet 1788 ; chef d'une compagnie franche portant son nom en septembre 1792 ; chef de bataillon le 5 septembre 1792 ; général de brigade le 27 septembre 1793 ; général de division le 5 février 1799. (Arch. adm. Guerre, dossier Vandamme.)

(2) Lorge, né à Caen le 25 novembre 1768. Dragon au 7e régiment le 19 novembre 1785 ; capitaine au 1er bataillon des Lombards en septembre 1792 ; chef de bataillon le 5 septembre 1792 ; général de brigade le 25 septembre 1793 ; général de division le 4 avril 1799. (Arch. adm. Guerre, dossier Lorge.)

(3) Perruquet de Montrichard, né à Thoirette (Jura), le 24 janvier 1760. Élève surnuméraire d'artillerie le 16 août 1781 ; lieutenant en 2e le 1er avril 1786 ; capitaine en 2e le 1er avril 1791 ; chef de bataillon, adjudant-général le 30 juillet 1793 ; chef de brigade adjudant-général le 25 prairial 1795 ; général de brigade le 15 thermidor 1796 ; général de division le 17 pluviôse an VII. (Arch. adm. Guerre, dossier Montrichard.)

(4) Ney, né à Sarrelouis le 10 janvier 1769. Enrôlé au régiment du Colonel-général des hussards le 6 décembre 1788 ; brigadier fourrier le 1er janvier 1791 ; maréchal des logis le 1er février 1792 ; adjudant le 14 juillet 1792 ; sous-lieutenant le 29 octobre 1792 ; lieutenant le 5 no-

rendu populaire dans toutes les armées de la République. Nommé par Kléber, dont il avait « la confiance entière (1) », général de brigade sur le champ de bataille de Forcheim (7 août 1796) (2) Ney était considéré par Moreau comme un « excellent officier, brave à outrance, doué de beaucoup de talents ». Les deux autres divisionnaires du centre étaient : Baraguey d'Hilliers (3), qui manquait peut-être encore de toute l'expérience nécessaire (4) ; Tharreau (5), dont Kléber faisait un cas particulier (6), et auquel Jourdan reconnaissait de la bravoure et des connaissances très étendues (7).

A l'aile gauche : Souham (8), qui s'était distingué à

---

vembre 1792 ; capitaine le 12 avril 1794 ; adjudant-général, chef de bataillon le 31 juillet 1794 ; général de brigade le 1er avril 1796. (Arch. adm. Guerre, dossier Ney.)

(1) Kléber aux Représentants du peuple, 26 messidor an III. (*Ibid.*)

(2) Ney avait été nommé une première fois à ce grade par Merlin, de Thionville, le 1er août 1796 et l'avait refusé par modestie. (*Ibid.*)

(3) Baraguey d'Hilliers, né à Paris le 13 août 1764. Cadet au régiment d'Alsace-Infanterie le 1er avril 1783 ; sous-lieutenant au 53e le 16 août 1784 ; lieutenant en 2e le 23 juillet 1787 ; capitaine au 11e régiment d'infanterie légère le 20 janvier 1792 ; lieutenant-colonel de la légion des Alpes le 28 juillet 1792 ; général de brigade le 4 avril 1793 ; général de division le 20 ventôse an V. (Arch. adm. Guerre, dossier Baraguey d'Hilliers.)

(4) Appréciations de Lecourbe sur les généraux de division de l'armée du Rhin.

(5) Tharreau, né le 15 janvier 1767 au May (Maine-et-Loire). Adjudant-major au 2e bataillon de volontaires nationaux de Mayenne-et-Loire le 17 août 1792 ; adjudant-général chef de brigade le 20 novembre 1793 ; général de brigade le 24 mars 1794 ; général de division le 20 avril 1799. (Arch. adm. Guerre, dossier Tharreau.)

(6) *Rapport* au Comité de Salut public du 24 vendémiaire an III, signé Pille. (*Ibid.*)

(7) Arch. adm. Guerre, dossier Tharreau.

(8) Né à Lubersac le 30 avril 1760. Soldat au 8e régiment de cavalerie, alors régiment des cuirassiers du Roi, le 17 mars 1782 ; élu lieutenant-colonel en second des volontaires de la Corrèze le 15 août 1792,

l'armée du Nord, et à qui un an avait suffi pour devenir, de simple soldat, général de division, grade qu'il ne devait plus dépasser ; Legrand (1), « plein de talents, réunissant le sang-froid et la bravoure dans l'action (2) » ; Colaud (3), « excellent officier » mais « craignant toujours de se compromettre ou d'être compromis (4) », et

---

puis lieutenant-colonel en 1er le 19 septembre 1792; général de brigade le 30 juillet 1793; général de division le 13 septembre 1793. (Arch. adm. Guerre, dossier Souham.)

(1) Legrand, né le 23 février 1762 au Plessier-sur-Saint-Just. Soldat au régiment Dauphin-Infanterie le 16 mars 1777; caporal le 3 février 1781; sergent-major le 1er juin 1786; congédié le 30 avril 1790; enrôlé dans la garde nationale de Metz en 1790; chef de bataillon le 5 mars 1792; général de brigade le 20 septembre 1793; général de division le 20 avril 1799 (Arch. adm. Guerre, dossier Legrand.)

(2) Appréciation de Lecourbe.

(3) Colaud, né le 22 décembre 1754 à Briançon. Enrôlé au régiment du Roi-Dragons le 16 mars 1777; brigadier le 10 juin 1779; maréchal des logis chef le 14 juillet 1781; adjudant le 4 septembre 1782; sous-lieutenant au régiment de chasseurs d'Alsace le 20 mai 1788; lieutenant le 23 janvier 1792; capitaine le 27 juin 1792; lieutenant-colonel le 12 novembre 1792; général de brigade le 4 mai 1793; général de division le 20 septembre 1793. (Arch. adm. Guerre, dossier Colaud.)

(4) Appréciation de Lecourbe.

Nommé, par un arrêté du Directoire en date du 8 germinal an VII, commandant de l'aile gauche de l'armée du Danube, Colaud écrivait au Ministre de la guerre : « Mes moyens physiques et moraux ne me permettent pas d'accepter un commandement de troupes aussi conséquent; ce serait compromettre la chose publique en me chargeant de ce commandement au-dessus de mes forces..... Je ne suis qu'un médiocre lieutenant et non un capitaine. » (Arch. adm. Guerre, dossier Colaud.)

Déjà, quand il fut nommé général de division, « il se fâcha, s'indigna, s'écria qu'il voulait être en sous-ordre, qu'il se moquait des compliments qu'on lui faisait, qu'il connaissait ses moyens et n'avait pas assez de talents pour assumer une si grosse responsabilité et s'acquitter seul de l'ouvrage de trois généraux; qu'il donnerait sa démission et ferait la campagne comme simple hussard. » (Chuquet, *Hondschoote*, p. 195, note 1.)

que Caffarelli du Falga jugeait « probe et délicat en
tout, timide et tâtonneur devant l'ennemi (1) ».

Au corps de réserve : Delmas (2), bouillant, emporté,
audacieux, poussant la vivacité jusqu'à la rudesse, et que
les représentants du peuple avaient déclaré, le 8 mai
1793 « aussi intrépide qu'intelligent » ; Leclerc (3), qui
avait donné les preuves de sérieuses qualités militaires
aux armées du Nord, des Alpes, du Rhin et en Italie,
mais esprit chagrin, toujours mécontent, se croyant
méconnu et cherchant, par tous les moyens, même
par la délation, à acquérir les bonnes grâces de son
puissant beau-frère (4). A la tête de la troisième division
était Richepance (5), qui s'était « distingué d'une manière éclatante aux victoires remportées par l'armée de
Sambre-et-Meuse (6) » où il avait gagné en l'an IV, sur

---

(1) Arch. adm. Guerre, dossier Colaud.

(2) Delmas, né le 21 janvier 1768 à Argental (Corrèze). Élève de
l'École royale militaire le 3 janvier 1781 ; sous-lieutenant au régiment
de Touraine le 18 avril 1785 ; lieutenant en 2e le 30 mai 1787 ; chef du
1er bataillon de la Corrèze le 24 septembre 1791 ; général de brigade le
30 juin 1793 ; général de division le 19 septembre 1793. (Arch. adm.
Guerre, dossier Delmas.)

(3) Leclerc, né à Pontoise le 17 mars 1772. Lieutenant au 2e bataillon
de Seine-et-Oise le 19 octobre 1791 ; adjudant-général chef de bataillon
le 28 frimaire an II ; adjudant général chef de brigade le 30 germinal
an II ; général de brigade le 17 floréal an V ; général de division le
9 fructidor an VII. (Arch. adm. Guerre, dossier Leclerc.)

(4) Cf. Leclerc à Bonaparte Ritziried, 15 prairial, et Buch, 20 prairial an VIII.

(5) Richepance, né à Metz le 25 mars 1770. Soldat au 1er régiment
de chasseurs à cheval le 20 octobre 1785 ; maréchal des logis le 22 octobre 1785 ; sous-lieutenant le 15 septembre 1791 ; lieutenant le
1er septembre 1792 ; capitaine le 11 juillet 1793 ; élu chef d'escadron le
8 juillet 1794 ; chef de brigade le 1er juin 1796 ; général de brigade le
4 juin 1796 ; général de division le 4 novembre 1799. (Arch. adm.
Guerre, dossier Richepance.)

(6) Extrait des registres du Directoire exécutif du 25 prairial an IV

les champs de bataille de la Sieg et d'Altenkirchen, ses grades de chef de brigade et de général de brigade. Il avait obtenu à Fossano, celui de général de division. « C'est un de ces officiers dont les services sont toujours utiles », écrivait Moreau au Ministre de la guerre, le 27 germinal an VIII, en demandant qu'il fût affecté à l'armée du Rhin. Richepance devait hautement justifier cette confiance au combat du 16 prairial, et déterminer la victoire à Hohenlinden, par son énergie et son intelligente initiative. D'Hautpoul (1) qui commandait la division de cavalerie, était « fort actif, brave, intelligent, connaissant parfaitement les fonctions attachées à son grade et les remplissant de même (2) » ; célèbre en outre par mille actions du plus grand éclat (3).

Le cadre des officiers généraux de l'armée du Rhin est donc remarquable au point de vue de la valeur militaire et de l'expérience, auxquelles s'allient la valeur physique et l'activité.

Le général en chef n'a que 37 ans, comme son chef d'état-major général ; les lieutenants-généraux Lecourbe, Saint-Cyr et Sainte-Suzanne ont 41, 48 et 40 ans. Les généraux de divisions sont très jeunes ; seuls, Colaud et d'Hautpoul ont plus de 40 ans ; l'un d'eux, Leclerc, n'en a que 28. Presque tous ont combattu pendant de nombreuses années côte à côte sur le Rhin, et ont appris à se

---

(1) D'Hautpoul, né à Sallettes (Tarn) le 13 mai 1754. Dragon dans la légion du Dauphiné le 15 septembre 1771 ; maréchal des logis le 24 novembre 1776 ; sous-lieutenant à la suite du régiment de dragons du Languedoc le 29 décembre 1777 ; sous-lieutenant au 6º régiment de chasseurs à cheval le 1er avril 1791 ; lieutenant le 10 mai 1791 ; capitaine le 10 mars 1792 ; lieutenant-colonel le 15 août 1792 ; chef de brigade le 1er germinal an II ; général de brigade le 1er floréal an II ; général de division le 19 vendémiaire an V. (Arch. adm. Guerre, dossier d'Hautpoul.)

(2) Appréciations du général Lefebvre. (*Ibid.*)

(3) Ségur, *loc. cit*, t. II, p. 100.

connaître et à s'apprécier. De là, entre tous, une très
grande solidarité et une confiance mutuelle qui, mises
en œuvre pour le bien public, produiront des résultats
féconds. Une noble émulation, qui évoluera plus tard
pour devenir une fâcheuse rivalité, existe entre eux et
les chefs de l'armée d'Italie.

Parmi les subordonnés de Moreau on pouvait distinguer encore quelques-uns de ces *Spartiates du Rhin*,
comme on les appelait alors ; volontaires des premières
armées de la République, modestes, intègres, enthou-
siastes des principes nouveaux, hostiles au gouvernement consulaire, en qui ils pressentaient la fin de la
liberté à laquelle ils s'étaient sacrifiés avec un dévouement exempt de toute ambition personnelle, de fortune,
d'avancement et même de gloire.

« On les avait cent fois vus, après avoir surmonté tous
les périls, refuser les grades les plus élevés, se les rejeter
de l'un à l'autre, et fiers de leur rigide probité républicaine, marcher nus, affamés, souffrant de toutes les
privations les plus cruelles et, vainqueurs enfin, demeurer
pauvres au milieu de tous les biens qu'offre la victoire :
guerre héroïque, toute citoyenne, et bien loin alors
d'être un métier ; où ces hommes d'élite, soldats, officiers, généraux, guerriers par patriotisme et non par
état, n'avaient songé, en se prodiguant tout entiers pour
assurer le salut public, qu'à rentrer ensuite pauvres et
simples citoyens dans leurs foyers (1) ! . . . . On les recon-

---

(1) « Il était souvent difficile de pourvoir aux emplois vacants. J'ai
connu un homme qui avait reçu une éducation assez forte pour devenir
chef d'un service forestier important, qui était assez robuste pour avoir
pu faire, pendant sept ans, une telle guerre, sac au dos et fusil au bras,
assez vaillant pour avoir mérité une croix d'honneur ; jamais il n'avait
voulu d'avancement : parti soldat, il revint soldat. Il citait volontiers
les noms de beaucoup de ses camarades qui, comme lui, s'étaient
volontairement acharnés à rester dans l'obscurité. » (Duc d'Aumale,
Les institutions militaires de la France, p. 68.)

naissait à la simplicité de leurs vêtements et de leur
manière d'être et de vivre, à l'indépendante et austère
gravité de leur attitude, comme aussi à un certain air
de surprise hautaine, amère et dédaigneuse à la vue
d'un luxe naissant et de toutes ces passions ambitieuses
qui se substituaient au dévouement si naïf et si désin-
téressé des premiers élans républicains (1). »

Lorsqu'en 1797, le futur duc de Castiglione, nommé
au commandement de l'armée du Rhin, arriva à Strasbourg, couvert de broderies et suivi de sa femme dans
un carrosse doré, les modestes lieutenants de Hoche et
de Moreau, à peine distingués de la foule par le mince
galon qui bordait leur capote, ne pouvaient en croire
leurs yeux (2). Parfois ils poussaient même à l'extrème
la simplicité de leur tenue. Moreau ne portait habituellement qu'un habit bleu tout uni (3). « Les habits n'ont
rien de commun avec le caractère ni la modestie », a dit
justement Gouvion Saint-Cyr à ce propos. « Il n'y a
point de luxe à porter un uniforme brodé quand les
règlements obligent tous les militaires à porter celui qui
est affecté à leur rang dans l'armée, et la simplicité ne
consiste point dans un habit râpé. En campagne, il est
beaucoup plus commode de porter l'habit le plus
simple, mais il y a des inconvénients pour soi et pour la
discipline ; on peut être méconnu, véritablement ou par
feinte (4). »

---

(1) Ségur, *loc. cit.*, t. II, p. 98-99.

(2) Général Hugo, *Mémoires*, t. I, p. 68 ; Lavalette, *loc. cit*, t. I,
p. 144 ; duc d'Aumale, *loc. cit.*, p. 73. — Le duc d'Aumale a connu
des survivants de l'armée du Rhin.

(3) *Moreau et sa dernière campagne*, par un officier de son état-major,
p. 33.

(4) Manuscrit sur les campagnes des armées du Rhin et de Rhin-et-
Moselle de 1792 jusqu'à la paix de Campo-Formio. (Arch. Art., 3*b*,
159.)

L'état-major de l'armée du Rhin était remarquable-
ment composé et animé du meilleur esprit, si l'on en
juge par le tableau qu'en a laissé un des officiers qui en
faisaient partie.

« Outre les connaissances, les bonnes mœurs et la
politesse, la sincérité et l'union la plus rare règnent
parmi les généraux et les officiers qui composent l'état-
major de l'armée du Rhin. On ne trouve point entre
eux ces procédés durs et sévères que l'on regarde dans
les armées étrangères et même dans nos demi-brigades,
comme une réserve nécessaire au maintien de la discipline. Le subalterne est soumis à ses chefs et obéit
ponctuellement aux ordres qu'ils lui donnent; mais sa
sujétion ne s'étend pas plus loin. Hors du service, la
différence des grades disparaît; tous les officiers vivent
ensemble comme amis, comme camarades. Moreau et
ses chefs d'état-major en donnent l'exemple et sont les
premiers à ne plus rien demander de l'obéissance de
leurs subordonnés, quand la politesse ne la leur rappelle
pas de leur propre mouvement. S'il leur arrive de sou-
haiter quelque chose que les chefs ne puissent leur
accorder, ils savent d'avance qu'ils n'obtiendront rien,
quand même ils s'abaisseraient jusqu'à la prière.
C'est ainsi que l'état-major de Moreau se distingue on
ne peut pas plus avantageusement de tous ceux que j'ai
eu l'occasion de connaître. Aussi son désintéressement
et son amour pour la justice donnent-ils à ce corps la
meilleure réputation, et particulièrement en pays conquis; ils sont pleins de l'exemple de Moreau et animés des
principes des trois autres chefs, Dessolle, Lahorie,
Fririon. Je ne connais aucun officier de l'état-major qui
ne soit l'ennemi de toute perception arbitraire; nul
d'entre eux ne se laisse payer des services qu'il peut
rendre pendant une campagne, soit à des habitants des
provinces occupées, soit même quelquefois à des provinces entières. Avec de l'or ou des présents on est

généralement bien mal reçu d'eux ; s'il est arrivé que
des dons ont été reçus, ils n'ont pu l'être que par quelques employés qui, pour se donner plus de considération, aiment à se faire passer pour officiers d'état-
major (1). »

L'armée du Rhin se composait en grande majorité,
soit de vieux soldats provenant des anciens régiments de
la monarchie, soit surtout de gardes nationaux, de volontaires ou de réquisitionnaires incorporés de 1791 à 1794
et qui comptaient tous plusieurs campagnes. Sur un
effectif de près de 120,000 hommes, il n'y avait que
17,000 conscrits environ (2).

Les cadres, sans grande instruction théorique en
général (3), ont au contraire, presque tous, une très
réelle expérience de la guerre qu'ils font depuis nombre
d'années (4). Les officiers, comme les généraux, sont
jeunes. A la 1re demi-brigade légère, le chef de brigade
et les trois chefs de bataillon ont moins de 40 ans ; il en
est de même de vingt-trois capitaines sur trente ; et sur
les sept autres, cinq ont 42 ans et deux 48 ans. A la
10e légère, le chef de brigade et les trois chefs de bataillon
sont âgés respectivement de 34, 30, 35 et 30 ans ; sur
vingt-six capitaines, huit seulement ont plus de 40 ans.
A la 94e demi-brigade, le chef de brigade à 35 ans, les

---

(1) *Moreau et sa dernière campagne* par un officier de son état-major
à l'armée du Rhin, p. 49-50.

(2) Incorporations : du 21 décembre au 21 janvier 1800, 381 ; du
21 janvier au 21 février, 11,478 ; du 21 février au 21 mars, 1722 ; du
21 mars au 21 avril, 3,368.

(3) Rapports d'inspection générale de l'an VII. (A. H. G.)

(4) A la 10e demi-brigade légère, tous les officiers sont entrés au
service au plus tard en 1792. (Livret d'inspection générale de l'an VII,
A. H. G.) ; il en est de même à la 89e demi-brigade (*Ibid.*). Ces deux
exemples sont pris au hasard parmi les demi-brigades dont les
Archives de la guerre possèdent les livrets d'inspection de l'an VII.

trois chefs de bataillon 26, 40 et 41 ans ; sur vingt-six capitaines, deux ont plus de 60 ans, cinq plus de 50, cinq plus de 40 ; les quatorze autres ont de 30 à 40 ans. A la 109e, le chef de brigade a 45 ans ; les trois chefs de bataillon 39, 41 et 43 ans ; sur vingt-sept capitaines, trois ont plus de 50 ans, quatre plus de 40 ; l'âge des vingt autres varie de 30 à 40 (1).

Officiers et soldats étaient habitués à souffrir des privations de toute nature et des intempéries, et à les considérer même comme un des principaux devoirs de leur état ; mais, seuls, les éléments les plus vigoureux de l'armée avaient pu y résister, et peu à peu la sélection s'était faite d'elle-même par l'élimination des individualités les plus faibles. Leurs chefs les avaient accoutumés à braver toutes les difficultés matérielles et à en triompher ; ils avaient mis en pratique ce qu'un contemporain a pu appeler *la théorie de l'impossible.*

« Pour faire la guerre d'une manière grande, extraordinaire, il fallait aux fondateurs du nouveau système, des mobiles grands et extraordinaires ; la Révolution savait en trouver ; elle qui avait fourni des masses d'hommes à mettre en campagne, fournissait aussi les moyens de les faire mouvoir. Dans d'autres siècles, on avait armé les hommes pour les béatitudes du ciel ; dans le nôtre, ils s'arment pour les biens de la terre. La Révolution avait dit à chaque individu qu'il avait à combattre pour la plus haute félicité terrestre : sa liberté. Pour la défendre, elle demanda de lui des efforts inouïs et lui imposa des épreuves sans exemple. Tout ce que la nature humaine est capable de faire et de souffrir, la Révolution prescrivit à son défenseur de le faire et de le souffrir. Elle lui persuada qu'il se dévouait librement et pour son intérêt personnel, et qu'il mériterait bien de

---

(1) Ces quatre demi-brigades sont choisies absolument au hasard.

l'humanité en se sacrifiant pour son pays. Il faut, disait-elle, que le soldat sache tout faire et se priver de tout : gravir des montagnes, descendre des précipices, porter le canon à bras, le traîner en place de chevaux, traverser des rivières à la nage, coucher au bivouac sans habillement, faire des marches forcées sans chaussures et se battre sans avoir pris de nourriture ; voilà, disait-elle, le métier du soldat. Il faut qu'il sache faire tout ce que la guerre peut exiger, qu'il se croie obligé de faire tout ce qu'elle exige, et qu'il ait la persuasion d'être propre à tout. Il faut enfin que le soldat ne se fasse habitude de rien, sinon de celle de n'en point avoir. Il faut, en un mot, qu'il fasse l'impossible (1). »

Vivres, habillement, équipement, solde, les troupes françaises n'attendaient rien avec régularité, espérant que la campagne prochaine leur donnerait ce dont elles manquaient. Toujours aux expédients, comme le gouvernement qui les faisait mouvoir, elles attendaient tout de la fortune. Les officiers partageaient la misère et le dénûment du soldat (2). Tous vivaient de la même vie frugale et, de gré ou de force, tous pratiquaient le même désintéressement (3). A ce point de vue, les armées qui avaient combattu sur le Rhin avaient été moins favorisées que celles d'Italie ; de ce fait, elles étaient supérieures à ces dernières par plus d'endurance aux privations et par plus de discipline.

Celle-ci est d'ailleurs rigoureusement assurée par des Commissions militaires instituées par Moreau, le 3 floréal an VIII (23 avril 1800), et qui doivent juger « sans désemparer dans les vingt-quatre heures, autant que possible, de la plainte portée, mais toujours dans le plus bref délai ». Dans le même but, le droit d'imposer des

_____

(1) *Observations sur l'armée française de 1792 à 1808*, p. 42.
(2) Cf. Chapitre III, Dénûment de l'armée du Rhin.
(3) Duc d'Aumale, *loc. cit.*, p. 68.

8

contributions en argent, denrées ou matières en pays
ennemi est strictement réglementé par l'ordre du jour
de l'armée du 4 floréal, et limité au général en chef
et aux lieutenants généraux d'ailes. Des instructions du
commissaire ordonnateur en chef, en date du même
jour, complètent ces dispositions.

A la vérité, ces mesures étaient moins nécessaires à
l'armée du Rhin que partout ailleurs. Certes, la guerre de
défense nationale des premiers temps de la République,
avait fait place peu à peu à la guerre de propagande,
puis de conquêtes. La première se faisait sur le sol français, au milieu de populations pour lesquelles on combat-
tait, que l'on ménageait, que l'on aimait et dont on était
aimé, qui se sacrifiaient d'elles-mêmes pour le soldat
qui les défendait et les préservait de l'invasion étrangère.
La seconde, inaugurée par le Directoire, avait des néces-
sités impérieuses et rigoureuses qui grandissaient au fur
et à mesure que l'on s'enfonçait plus avant en territoire
étranger, dans des pays où la langue, les mœurs, les
croyances, les traditions étaient plus différentes ; où
l'habitant, menacé dans sa sécurité, irrité dans son patriotisme, se révoltait ; où il fallait assurer sa soumission
et subvenir aussi à tous les besoins des troupes.

Cette évolution s'était traduite, en général, aux armées
par l'altération des vertus qui caractérisaient les premières levées de la République. Mais l'armée du Rhin
était restée, entre toutes, fidèle au pur idéal de l'an II et
constituait, à ce point de vue, une remarquable exception. De l'esprit primitif de la Révolution, du caractère
français, de la première croisade républicaine, elle avait
gardé les idées magnanimes, désintéressées, libératrices ;
en un mot, quelque chose d'humain et d'enthousiaste
qui adoucissait les rigueurs de la guerre et lui valut
même souvent les sympathies des peuples envahis (1).

_____

(1) Chélard, _Les Armées françaises jugées par les habitants de_

Tandis que, depuis le début des guerres de la Révolution, tout, dans les armées de la République, s'était transformé en s'améliorant, les errements du passé avaient subsisté, presque sans modifications, dans celles de l'Autriche.

L'union des armes n'est pas réalisée; les divisions constituées demeurent, même pour d'infimes détails, subordonnées au commandant en chef. L'armée est d'ailleurs composée d'éléments hétérogènes : les régiments wallons, hongrois, italiens ne considèrent pas l'Autriche comme leur patrie. Les seuls liens dont on dispose pour les relier sont une discipline étroite et sévère, et l'observation la plus stricte des règlements. Il en est résulté inévitablement que des détails secondaires ont acquis une importance considérable; que l'esprit des prescriptions est négligé pour faire place à la lettre et à la forme extérieure; que les chefs, à tous les degrés, s'immiscent et s'absorbent dans des questions qui ne sont pas de leur ressort et oublient des points essentiels. La conséquence de ces prescriptions formelles est également l'absence de toute initiative; on n'exécute que ce qui est ordonné; il n'y a dans cette armée aucune vie intérieure. Cette discipline rigoureuse ne résiste pas aux souffrances de la guerre; les échecs et les privations ne tardent pas à l'ébranler. En 1795, par exemple, la désertion avait pris de telles proportions en Italie qu'il avait fallu replier des bataillons entiers des avant-postes et les enfermer dans des églises et des couvents, d'où, chaque jour, on les conduisait en promenade sous escorte.

Le contingent bavarois est mal vu de l'ensemble de

---

l'Autriche (Recueil de documents), p. 64, 89, 111, 115, 120 ; Decaen, *Mémoires inédits*, t. IX. — « Tous les cœurs des habitants sont avec Moreau. » (*Gazette nationale* du 7 fructidor an VIII.)

l'armée autrichienne, qui lui donne le surnom injurieux
de « soldats mendiants » (1). La mésintelligence prend
de telles proportions que Kray est obligé de publier le
16 mai un ordre du jour interdisant les railleries à
l'égard des troupes bavaroises (2).

L'armée autrichienne, toujours dépendante des magasins, ne se meut que lentement; elle est suivie de nombreux bagages qui l'alourdissent encore (3).

L'état-major est, dans son ensemble, au-dessous de sa
tâche; il compte pourtant nombre d'hommes instruits
au point de vue théorique, mais incapables de faire de
leurs connaissances une application pratique. Le dessin
y est très en honneur; on lui attribue une importance
tout à fait exagérée. « Tout au plus, dit l'archiduc
Charles en parlant de ces officiers, leur mémoire avait-
elle retenu de l'enseignement donné à l'école quelques-
uns des principes fondamentaux de la conduite de la
guerre; mais ils n'en connaissaient pas l'application.
Ceux dont l'esprit ne trouvait pas dans le seul dessin
une nourriture suffisante s'en remettaient purement et
simplement au cours de leur imagination (4). »

On s'y préoccupe peu de la connaissance topographique et géographique des régions où ont lieu les opé-
tions. Quand Souvorov entreprit en 1799 son expédition d'Italie en Suisse, il avait à son état-major neuf

----

(1) Hüffer, *Quellen zur Geschichte des Zeitalters des franz. Revolution
Erster Theil, Zweiter Band*, p. 399.

(2) *K. K. Kriegs Archiv*, 1800, *Deutchland*, V, 326.

(3) « Les armées autrichiennes ont toujours été encombrées par une
multitude de charrois et de bagages superflus qui gênaient tous leurs
mouvements. » (*Exposé des principales circonstances qui ont occasionné
les désastres des armées autrichiennes dans la dernière guerre continentale
et surtout en 1800*, par un voyageur suisse, p. 127. Traduit de
l'anglais, Londres, mai 1801.)

(4) Cité par *Beihefte zum Militär Wochenblatt*, 1867, p. 242.

officiers de l'état-major général autrichien ; pas un
d'entre eux ne savait qu'il n'existait aucune route, tant
d'un côté du lac des Quatre-Cantons que de l'autre. Le
colonel Strauch, qui se trouvait en Suisse depuis plusieurs mois, et le général Hotze, Suisse d'origine,
n'avaient eux-mêmes aucun renseignement à ce sujet,
bien qu'ils eussent reçu communication du plan de
Souvorov, qui admettait l'existence de routes longeant
les rives orientale et occidentale du lac et leur utilisation
dans une large mesure.

« Il faut observer, dit l'archiduc Charles dans son
Histoire de la Campagne de 1799, que, dans la dernière
guerre, l'incapacité des chefs eut des résultats tout
opposés chez les Allemands et chez les Français. Elle
fut la cause de l'irrésolution de ceux-là ; elle rendit
ceux-ci téméraires jusqu'à la folie. Les Français, poussés
par l'esprit révolutionnaire à franchir toutes les bornes
et à n'attendre le succès que d'entreprises audacieuses,
suivaient cette impulsion quand ils ne trouvaient pas
d'autre issue. Les Allemands, accoutumés à la subordination de leur volonté et à des règles fixes ; craignant
d'autre part d'assumer une responsabilité, restaient
dans l'inaction et dans l'embarras (1). »

A l'insuffisance intellectuelle des généraux autrichiens
se joint souvent l'inaptitude physique à faire la guerre.
Le colonel Graham, plénipotentiaire militaire anglais au
quartier général autrichien, s'en ouvre en ces termes à
lord Grenville le 16 janvier 1797 :

« Il y a un nombre incalculable de généraux et d'autres
officiers qui, par défaut notoire de talents, de qualités
morales et de valeur physique, sont absolument incapables de remplir leurs devoirs à l'armée. Ils sont un
sujet de risée pour les troupes qui s'en plaignent à chaque

(1) Cité par *Beihefte zum Militär Wochenblatt*, 1867, p. **244.**

occasion. On les emploie cependant parce qu'ils occupent
un certain rang dans la société et que les intrigues de
la cour les protègent. Je ne cite pas le vieux et bon
maréchal (Wurmser) une autorité de grand poids, mais
il m'a maintes fois répété à Mantoue : « J'ai écrit à
l'Empereur de ne plus envoyer de généraux; ils ne
valent pas le diable; je ne me fierai plus qu'à mes
jeunes gens et je les mettrai à la tête de mes
colonnes (1)..... »

Les généraux en chef autrichiens n'avaient pas leur
entière liberté d'action. Le Conseil aulique, dont l'influence et l'intervention s'étaient déjà manifestées par
des résultats si fâcheux, entendait tenir les commandants
d'armées dans la plus complète dépendance de ses décisions et écartait ceux qui ne voulaient pas s'y soumettre,
comme, par exemple, Clerfayt en 1795.

En 1800, l'âme de ce Conseil était Thugut, qui n'avait
fait nommer personne à l'emploi de président, afin d'en
remplir lui-même provisoirement les fonctions auxquelles
il se considérait comme très apte. Il avait aux armées des
officiers qui lui étaient particulièrement dévoués, et dont
la mission consistait à l'informer de tous les événements.
Parfois, ils faisaient de l'opposition au général en chef
quand celui-ci, comme Souvorov ou l'archiduc Charles,
avait des velléités d'indépendance. D'incessantes intrigues
étaient la conséquence inévitable de cet état de choses.
Le Conseil aulique, auquel incombaient l'organisation,
l'administration générale et l'alimentation de l'armée,
n'usait de ces prérogatives que pour s'immiscer dans la
direction des opérations au détriment des questions qui
étaient effectivement de son ressort. Il lui arrivait même
parfois d'adresser directement ses instructions aux
généraux commandant une fraction de l'armée sans que

---

(1) Cité par *Beihefte zum Militär Wochenblatt*, 1867, p. 244.

le général en chef en eût connaissance ; de là une série
de malentendus et des contradictions continuelles.

La nomination du général en chef dépendait du
Conseil aulique, c'est-à-dire, en réalité, de Thugut, et
les convenances personnelles, les intrigues de cour en
décidaient bien plutôt que les aptitudes militaires. Le
colonel Graham écrivait à ce sujet à lord Grenville, au
mois d'août 1796 :

« Ce sera toujours pour moi un sujet d'étonnement de
voir le Cabinet de Vienne, si ferme dans ses principes,
si anxieusement soucieux des succès de la guerre, se
préoccuper si peu du choix du général en chef, ou du
moins être si mal renseigné sur la valeur réelle de ceux à
qui il confie ces hautes fonctions. Je ne parle que de ceux
que j'ai vus : M. de Beaulieu et le feld-maréchal
(Wurmser). Je n'exagère nullement en disant que j'ai
moi-même remarqué chez tous deux des exemples
d'une insuffisance manifeste, et l'on se raconte ouvertement quantité d'autres faits, si bien que ce qui devrait
être l'objet de la vénération et de la confiance est un
sujet de raillerie et de pitié. Ces deux généraux jouissent,
dit-on, dans l'armée d'une réputation bien justifiée au
point de vue du caractère (1)..... »

Il ne pouvait guère en advenir autrement ; Thugut
choisissait précisément les hommes qu'il jugeait devoir
être entre ses mains des instruments passifs.

Seul, parmi les généraux autrichiens, l'archiduc
Charles tentait parfois de maintenir son indépendance
vis-à-vis du Conseil aulique, mais il s'en tenait à ces
velléités sans y persévérer, peut-être par manque
d'énergie, peut-être par la conviction que la cause était
perdue par avance. Le propre frère de l'Empereur, bien

---

(1) Cité par *Beiheft zum Militär Wochenblatt*, 1867, p. 246.

qualifié pourtant par sa situation, par ses talents, par les services éminents qu'il avait rendus pour entreprendre la lutte contre le néfaste Conseil, finissait donc par se soumettre à ses décisions.

Dans les derniers mois de l'année 1799 et dans les premiers de 1800, l'Archiduc eut d'ailleurs à combattre une puissante cabale qui voulait à tout prix l'écarter du commandement d'une armée où il était parvenu à se faire chérir du soldat, en même temps qu'il était béni par les habitants de la Souabe dont il protégeait les propriétés en allégeant, autant qu'il dépendait de lui, le fardeau des réquisitions de tout genre (1). Il ne cessait aussi de représenter à l'Empereur que la paix sur le continent pouvait seule « mettre fin aux calamités d'une guerre meurtrière dont l'issue serait de réduire les parties belligérantes aux abois et d'affermir le sceptre des mers entre les mains de l'Angleterre (2). » L'état de santé de l'archiduc Charles servit de prétexte pour forcer la main à l'Empereur en lui faisant signer le rappel de l'Archiduc (3).

Son départ jeta la consternation dans l'armée autrichienne. L'ensemble et le parfait accord qui régnaient entre le commandant en chef et l'administration de l'armée cessa d'exister. Le comte de Lehrbach, en sa qualité de « Ministre de l'armée », prétendit non seulement diriger la partie administrative et régler les questions relatives aux approvisionnements, mais encore exercer une grande influence sur les opérations militaires, sous prétexte qu'il était « dépositaire du secret du Cabinet ». Kray était du reste « aussi vif et entier

---

(1) A. H. G , Armée du Rhin, Notes politiques, Registre 60, 18 ventôse an VIII.

(2) Note fournie au Ministre de la guerre par le Ministre des relations extérieures (A. H. G.)

(3) Cf. Chap. III, Dénûment de l'armée du Rhin.

dans son opinion » que Lehrbach était « véhément et
impérieux », ce qui amena des conflits d'autorité.
L'armée fut défavorable à ce dernier, qu'elle rendait en
partie responsable de l'éloignement de l'Archiduc (1).

Moreau était renseigné non seulement sur les emplacements, les mouvements, les effectifs, la valeur morale
des troupes adverses, mais aussi sur ses chefs.

Kray passait pour avoir du talent et pour être
« un des meilleurs généraux de bataille » de l'armée
autrichienne. Bellegarde, d'origine piémontaise, était,
disait-on, « l'âme damnée de l'impératrice ». Ses aptitudes étaient surtout celles d'un négociateur « où il ne
faut que de l'intrigue et de l'astuce italienne ». Mack,
« antagoniste de Bellegarde », avait la réputation d'un
« faiseur ». « Sans naissance et sans fortune, ajoutait-on,
il s'attacha, comme courrier-écrivain, au feld-maréchal
Laudon qui le donna ensuite à l'empereur Joseph auquel
il plut parce qu'il écrivait très vite sous la dictée. Il s'est
formé dans le cabinet des généraux et, à force de copier
des plans de campagne et des mémoires militaires, il
s'est permis d'en proposer de sa façon qui ont été
agréés. »

On disait le plus grand bien du général Schmidt,
chef de l'état-major général. Les renseignements reçus
sur Chasteler étaient encore plus élogieux. C'était,
« sans contredit, l'officier de cabinet autrichien qui
a le plus de talents militaires »; on prétendait qu'il
était destiné à remplacer Schmidt, appelé au Conseil
aulique. Nauendorf était « réputé capable de commander
une avant-garde ou une aile »; il était, en effet, à la tête
de l'aile gauche. Sztaray avait servi dans l'infanterie,
sans s'être acquis encore « une grande réputation de

(1) Rapport de Bacher, du 13 germinal an VIII, transmis par la légation française à Ratisbonne (A. H. G.)

militaire instruit ». Meerfeld passait, « comme général
d'avant-garde, pour un des officiers les plus distingués
de toute l'armée autrichienne ». Pétrasch avait « mérité
des éloges dans plusieurs occasions », assurait-on. Hiller
était « généralement regardé comme un excellent officier ». Kienmayer avait « l'esprit et les talents de son
état ». Kospoth ne s'était jamais élevé « au-dessus de la
réputation d'un officier médiocre (1) ».

Au total, l'armée autrichienne se trouvait en 1800, vis-
à-vis de l'armée française, dans des conditions d'infériorité sensible presque à tous points de vue : valeur et liberté
d'action du commandement; entente et solidarité entre
les généraux subordonnés; moral, homogénéité, mobilité
des troupes. Elle ne lui était guère supérieure que par
sa cavalerie plus nombreuse, mieux montée, mieux
exercée, et par les approvisionnements de toute nature
dont elle était abondamment pourvue.

---

(1) A. H. G., Armée du Rhin, Notes politiques, Registre 60, 18 ventôse an VIII.

CHAPITRE VI

L'armement et la tactique.

Les fusils français et autrichien. — Le matériel d'artillerie. — Le règlement français de 1791. — Les instructions de Schauenbourg. — Les formations de marche et de combat dans les armées opposées.

L'infanterie française est armée du fusil à pierre modèle 1777, qui a fait les guerres de la Révolution et de l'Empire. Le calibre est de $17^{mm},4$; la longueur de $1^m,53$; le poids moyen de 4 kilogr. 600 ; la vitesse initiale de 320 mètres ; le poids de la baïonnette de 300 grammes. Les balles que devait tirer primitivement le fusil étaient de 18 à la livre, soit 27 grammes environ ; leur calibre était de $16^{mm},5$. Mais pendant la Révolution, en raison de la fabrication défectueuse des armes et de la malfaçon des cartouches, le diamètre des balles fut diminué. Le nombre des balles à la livre fut porté à 20, ce qui correspondait au diamètre de 16 millimètres et au poids de 24 grammes.

Outre le fusil réglementaire, on fabriqua pendant la Révolution le modèle républicain, dit n° 1, ayant le canon, la platine et le bois du fusil 1777 et les garnitures des modèles antérieurs. Cette arme était caractérisée par la mauvaise qualité des matières premières, l'irrégularité des pièces et les réparations continuelles qu'elle exigeait. Il exista aussi pendant quelque temps un modèle dépareillé ; on appelait ainsi tout fusil ne se rapportant à aucun modèle et monté avec toutes sortes de pièces d'armes.

Les dragons et les canonniers étaient également armés d'un fusil modèle 1777, qui ne différait de celui de l'infanterie que par la longueur du canon et la forme de quelques garnitures.

Le fusil modèle 1777 est une arme médiocre. Sa cartouche en papier est très sensible à l'humidité et occasionne beaucoup de ratés, surtout par la pluie. Sa justesse est très limitée : à 100 mètres, on peut compter toucher un homme isolé ; jusqu'à 200 mètres un groupe ; mais à 300 mètres on manque une maison. On s'accordait pour affirmer que, sur un million de cartouches tirées, une centaine de balles au plus atteignaient l'ennemi. La cartouche est couverte en papier, très sensible à l'humidité. Le fantassin en porte 50 ; les caissons de la division en contiennent également 50.

L'infanterie autrichienne est armée du fusil modèle 1775, qui a $1^m,50$ de longueur, dont le poids est de $4^k,86$, le calibre de $18^{mm},3$. Le poids de la balle est de 26 grammes environ. On ne peut guère compter sur un tir efficace au delà de 150 mètres. Le feu s'exécute par salves. Le fusil est armé d'une baïonnette triangulaire de 32 centimètres de longueur (1).

Le matériel d'artillerie de campagne français est celui de Gribeauval (2) : canons de 12, de 8, de 4 livres ; obusiers de 6 pouces (3).

---

(1) *Krieg gegen die französische Revolution*, 1792-1797, bearbeitet in der Kriegsgeschichtlichen Abteilung des K. und K. Kriegs-Archivs, I, 232.

(2) On a consulté, pour ce qui a trait au matériel d'artillerie : *a*) les remarquables articles du capitaine G. Rouquerol intitulés : *L'artillerie au début des guerres de la Révolution* (*Revue d'Artillerie*, avril-septembre 1895) ; *b*) le cours à l'École d'application du capitaine Lèque, *Historique et organisation de l'artillerie*.

(3) Le pouce (12 lignes) vaut $0^m,0274$.

BOUCHES A FEU.	POIDS DU BOULET PLEIN BATTU ou du projectile creux vide en kilogrammes.	CALIBRE en CENTIMÈTRES.	LONGUEUR des pièces en centimètres	POIDS DES PIÈCES en kilo- grammes.
Canon de 12..... ...	6	121,3	229	880
— 8.........	4	106,1	200	580
— 4.........	2	84,0	157	290
Obusier de 6 pouces...	11	165,7	76	330

Les vitesses initiales étaient : pour le canon de 12, de 482 mètres (charge de 1^k,960); pour le 8, de 262 mètres (charge de 1^k,225); pour le 4, de 469 mètres (charge de 0^k,735); pour l'obusier de 6 pouces, de 171 mètres (charge de 0^k,325) (1).

La charge ordinaire, renfermée dans des gargousses, était pour le canon le tiers du poids du projectile; pour le tir des boîtes à balles elle était augmentée d'un quart.

Les canons tiraient des boulets pleins en fonte de fer et des boîtes à balles. Pour le calibre de 4, la boîte était réunie à la gargousse de manière à former une cartouche à balles. Ce dispositif ne pouvait être employé pour les autres calibres, car de longues cartouches auraient été fragiles et difficiles à loger dans les caissons.

L'obusier tirait des obus et des boîtes à balles. Mais il était trop court et par suite peu efficace, malgré le poids relativement élevé du projectile. De plus, il était trop léger pour son affût qui se brisait parfois pendant le tir.

Les portées maxima des canons de campagne atteignaient, avec la charge ordinaire, sous l'angle de 6 degrés : 1800 mètres pour le 12, 1250 mètres pour le 8,

(1) Colonel Contanceau, *La campagne de 1794 à l'armée du Nord*, II, 468-470.

1500 mètres pour le 4. Mais ce n'étaient là que des résultats d'expériences de champ de tir et des éléments d'appréciation théoriques.

L'irrégularité du tir croissait en effet très rapidement
avec la distance. Les principales causes étaient : le vent
des bouches à feu, les défauts de fabrication de la poudre,
les inégalités de compression de la charge par le refou-
loir, les différences de poids et de forme des projectiles.
On dépassait très vite la limite au delà de laquelle les
effets obtenus auraient été hors de proportion avec la
consommation des munitions.

Au point de vue des projectiles employés, on exécutait
trois sortes de tirs : le tir à boulet, le tir à balles (ou à
mitraille), le tir à obus.

Les portées pratiques extrêmes du tir à boulet étaient
de 900 à 1000 mètres pour le 12 et le 8 ; de 800 à
900 mètres pour le 4. Les qualités de mobilité de cette
dernière bouche à feu compensaient, et au delà, l'infériorité de sa puissance. Les portées pratiques extrêmes
du tir à mitraille étaient de 500 mètres (petite cartouche
de 4) à 800 mètres (grande cartouche de 12). La bonne
portée de l'obus s'étendait jusqu'à 500 mètres ; un obus
donnait de 25 à 50 éclats dangereux pour l'infanterie
dans un rayon de 20 mètres.

Le canon de bataillon n'existe plus en 1800. Il n'y a
d'autre artillerie de campagne que celle qui est attachée
aux divisions d'infanterie, aux réserves de cavalerie, aux
parcs et aux dépôts. Chaque division compte, en général :
une compagnie d'artillerie légère ou à cheval, servant
six bouches à feu, dont quatre canons de 4 et deux obusiers de 6 pouces (1) ; une compagnie d'artillerie à pied
servant deux pièces de 8 et deux obusiers.

_____

(1) L'artillerie à cheval avait été créée par décret de l'Assemblée
nationale du 17-29 avril 1792. Le nombre des compagnies, d'abord
de 9, fut porté à 20, à 22 et à 30 en 1793, et à 40 en janvier 1794.

L'armée autrichienne ne possède pas d'artillerie à cheval. Les batteries des divisions comprennent quatre canons de 6 et deux obusiers de 7; les batteries de réserve, quatre canons de 12 et deux obusiers de 10. Il existe en outre des bouches à feu de position sur affûts spéciaux (1).

La puissance des canons de campagne français est supérieure à celle des canons autrichiens. Au point de vue de la mobilité, les deux matériels sont comparables, toutefois les pièces autrichiennes sont plus légères, parce que leur calibre est évalué en livres de Nuremberg, unité de poids plus faible que celle en usage dans les autres artilleries.

Un défaut caractéristique du matériel de campagne français consistait dans le mode de liaison des deux trains, qui était à contre-appui. Ce dispositif rendait lente et pénible la manœuvre consistant à ôter ou à remettre l'avant-train. D'autre part, le coffret d'affût qui accompagnait la pièce contenait un nombre insuffisant de munitions, de sorte qu'il fallait conserver, à proximité de la pièce, un ou plusieurs caissons.

Les caissons de campagne très longs, doublés en tôle, étaient fermés dans le sens de la longueur au moyen d'un couvercle formant un toit en pignon. On distinguait deux sortes de caissons, celui de 12 et de 8, d'obusiers de 6 pouces ou des cartouches à fusil; et celui de 4, moins allongé que le précédent. En 1791, on avait adopté, à l'imitation des constructions autrichiennes analogues, un caisson spécial appelé *wurst*, semblable dans ses formes au modèle ordinaire, mais plus léger et suspendu. Il était destiné d'abord à transporter des servants; plus tard, on cessa d'en construire et on utilisa ceux qui exis-

---

(1) *Krieg gegen die französische Revolution*, 1792-1797, I, 245.

taient comme caissons du canon de 8 et de l'obusier de
6 pouces.

En 1800, l'infanterie française marche et manœuvre
sous l'empire du règlement de 1791.

En dehors des routes, elle se meut habituellement en
colonne par pelotons ou par sections. Le règlement prévoit le cas où elle doit circuler sur des chemins étroits
qui l'obligent à diminuer le front de ses formations
jusqu'à des fronts inférieurs à six hommes (1). De là
trois cas à distinguer :

1° Le passage de la colonne par pelotons à la colonne
par sections ;

2° Le rétrécissement de la colonne par sections jusqu'au front de six hommes ;

3° La diminution du front de six hommes.

Dans le premier cas, le mouvement s'exécute successivement par chaque peloton, le peloton de tête se
ployant par les moyens prescrits à l'école de peloton
(titre III, 5ᵉ leçon) et à l'avertissement du chef de
bataillon ou de l'adjudant-major. Cette rupture s'opère
également par tous les pelotons à la fois.

Dans le deuxième cas, les chefs de section font mettre
une ou plusieurs files en arrière, suivant la largeur du
défilé. Pour diminuer ainsi le front des sections, on
rompt alternativement et à nombre égal des files de
droite et des files de gauche, jusqu'à ce que le front de
la section soit réduit à six hommes.

Dans le troisième cas, on peut réduire le front à trois
files, mais comme, dans ces conditions, il ne doit y avoir
des files en arrière que d'un seul côté, les chefs de section
font rentrer en ligne à la fois toutes les files qui sont en
arrière du côté opposé au guide et rompre en même

(1) Règlement concernant l'exercice et les manœuvres de l'infanterie
du 1ᵉʳ août 1791, titre IV, article 2, 3° partie, page 151-153.

temps du côté du guide le même nombre de files plus
une ou deux, selon que le front doit être diminué d'une
ou deux files. Afin de ne pas arrêter la marche, les chefs
de section font obliquer vers le côté du guide les files qui
doivent continuer à marcher de front.

Ces procédés étaient beaucoup trop compliqués, et
Schauenbourg, dans ses *Instructions*, préconise la
marche par le flanc sur trois rangs; il suffisait à cet effet
de faire exécuter un à-droite ou un à-gauche aux formations en ligne.

Schauenbourg recommandait d'employer la marche
de flanc dans les routes et dans les défilés, et même pour
se rendre sur le terrain d'exercice : « Chaque soldat
portera l'arme à volonté, prendra un pied de distance
de plus que dans la marche régulière, et les trois
rangs se partageront la largeur de la route, le premier
et le troisième rang marchant sur les bords et le
deuxième au milieu. Cette marche de route réunit à
l'aisance qu'elle donne au soldat la facilité de traverser
tous les défilés sans autre mouvement que de faire
appuyer les premier et troisième rangs sur le deuxième
suivant la largeur du défilé. Il suffira aux chefs de la
comparer à la marche de route prescrite par l'ordonnance de 1791 pour en sentir les avantages et lui
donner la préférence sur cette dernière. On pourrait
objecter contre cette colonne la profondeur qui en
résulte. Mais cet inconvénient est bien balancé par les
lenteurs qu'ont toujours entraînées les mouvements de
la colonne de route de l'ordonnance de 1791 et par le
peu d'ordre avec lequel ils ont été exécutés malgré les
essais réitérés qui en ont été faits, et dans lesquels souvent
la multiplicité des mouvements allongeait la colonne plus
que n'eût fait la marche de flanc continue (1). »

_____

(1) Capitaine Colin, *La tactique et la discipline dans les armées de la
Révolution*, préface, page XLIII.

9

Les instructions des maréchaux pour la campagne de 1805 prescrivent une formation de route par quatre, mais n'indiquent pas la manière de passer de l'ordre en bataillon sur trois rangs à cette colonne par quatre (1).

Peut-être cette formation en colonne par quatre était-elle prise en 1800 sur les routes ? Il semble que les procédés les plus simples pour passer de la formation en ligne sur trois rangs à la colonne par quatre eussent été les mouvements de « par quatre » ou de « à droite par quatre » de notre règlement actuel. Il eût été nécessaire dans ce cas de prendre au préalable une distance plus grande entre les rangs, ainsi que le recommande Schauenbourg au commencement de la note dont il vient d'être question.

Comment, en 1800, l'infanterie française applique-t-elle ou modifie-t-elle le règlement de 1791 ? Quelles sont les formations de combat ? Il est assez difficile de préciser la tactique élémentaire en usage à cette époque, et l'on ne peut, pour s'en faire une idée, que citer quelques exemples.

Le 3 mai, à Stockach, Vandamme partage sa division en deux parties. La brigade Molitor prend les dispositions suivantes :

« En première ligne, un bataillon déployé marchant en bataille, ayant en arrière de la droite et en arrière de la gauche un bataillon marchant en échelons et disposé en colonne d'attaque, prêt à former le carré. La deuxième ligne, de deux bataillons, marchait en colonne par échelons en arrière des ailes de la première ligne. La réserve, de deux bataillons, suivait en colonne en arrière du centre de tout l'ordre de bataille. L'artillerie et les hus-

_____

(1) Capitaine Colin, *loc. cit.*, préface, page XLIII.

sards étaient répartis dans les intervalles. Une petite
avant-garde couvrait la marche (1). »

Dans la formation en ligne déployée du bataillon, les
huit pelotons ou compagnies (deux sections) se trouvaient
sur la même ligne avec un certain intervalle entre les
pelotons et dans les pelotons entre les sections. La
colonne d'attaque avait les dimensions de la colonne par
division à distance de section, c'est-à-dire qu'elle rem-
plissait à peu près un carré dont le côté variait de 20 à
60 pas suivant la force des pelotons.

Au lieu de placer les divisions l'une derrière l'autre
dans leur ordre normal, on séparait ici les pelotons d'une
même division en ployant la colonne sur le centre du
bataillon, c'est-à-dire sur les 4° et 5° pelotons.

Le 9 mai, à Biberach, les divisions Baraguey-d'Hilliers
et Tharreau se lancèrent sur l'ennemi « en colonne par
demi-bataillon (2) », formation dans laquelle les bataillons étaient placés les uns derrière les autres, chacun
d'eux en colonne par division à distance entière ou à
distance de peloton.

Le 3 mai, à Engen, Lorge laissa le combat traîner
quelque temps en longueur; puis, quand les divisions
de Moreau furent prêtes, et au moment où elles débou-
chèrent en plaine, il fit brusquer l'attaque.

« La 67° demi-brigade ayant son 2° bataillon en
bataille et les deux autres sur les flancs formés en
colonne serrée, s'ébranla, parcourut au pas de charge,
sous le feu de l'infanterie ennemie, la petite distance qui
la séparait d'elle, si bien qu'en dix minutes nos troupes
couronnèrent la hauteur (3). »

---

(1) Précis des opérations du général Molitor, *Spectateur militaire,*
juin 1830, page 242.
(2) Dessolle au Ministre de la guerre, Biberach, 20 floréal.
(3) *Bulletin historique* de la division Lorge.

La colonne serrée dont il est question était ou bien la colonne par peloton ou bien la colonne par division. On rompait en colonne serrée ou en colonne à distance face en avant par des mouvements en tiroir. Cette rupture se faisait ordinairement sur le premier élément (1er peloton ou 1re division), mais elle pouvait s'exécuter sur un autre. Si, par exemple, on jugeait à propos de rompre sur la 2e division, les 3e et 4e se portaient en arrière et la 1re en avant. On rompait aussi face en arrière, le dernier élément prenant la tête et tous faisant face par le troisième rang.

Les attaques de l'infanterie française, précédée par de grandes lignes de tirailleurs, s'effectuaient donc dans une formation qui participe à la fois de l'ordre mince et de l'ordre profond. Un rapport de Molitor relatif à l'enlèvement d'un village montre combien l'on réprouvait alors l'emploi des formations minces privées de colonnes formant pour ainsi dire contreforts : « J'avais presque la certitude du succès de ce mouvement par la mauvaise disposition de l'infanterie ennemie qui m'était opposée. Celle-ci s'était campée en bataille sur une seule ligne parallèle au ruisseau et adossée à la lisière d'un bois (1)..... »

Le règlement prévoyait pour l'infanterie, formée sur trois rangs, deux sortes de feux : d'une part les feux de salves de peloton, de demi-bataillon, de bataillon ; d'autre part, les feux de deux rangs ou à volonté. Ces derniers seuls étaient employés sur le champ de bataille. Ils étaient exécutés par les deux premiers rangs, pendant que le troisième rang chargeait les armes pour le second.

L'instruction de Schauenbourg avait rétabli le feu de chaussée qui existait dans l'ordonnance de 1788. Chaque peloton de tête se portait vivement en avant, s'arrêtait,

---

(1) Molitor à Lecourbe, 6 mai 1800.

faisait un feu de salve, s'écoulait par files à droite et à gauche et était remplacé par le peloton qui lui succédait immédiatement dans la colonne.

Pour combattre, l'infanterie autrichienne se forme sur trois rangs comme l'infanterie française. Chaque compagnie constitue une demi-division à quatre sections; un bataillon de six compagnies compte donc trois divisions. Dans l'instruction de l'infanterie, on s'attachait surtout à la conservation de l'alignement et à son rétablissement après chaque mouvement. On se préoccupait beaucoup de l'augmentation de la vitesse du feu (1). La position du tireur couché ou agenouillé n'existait pas. Le premier rang ne s'agenouillait que pour tirer afin de n'être pas atteint par le troisième, mais il se relevait aussitôt après pour charger. Diminuer la surface que le soldat présentait à l'adversaire était considéré comme un acte non militaire (2).

Outre la ligne déployée, le bataillon ne se forme qu'en colonne ou en carré. On distingue la colonne à distance entière, à demi-distance, la colonne serrée ou masse. Le front en est variable : depuis la division jusqu'à la section. Les inversions sont absolument interdites (3).

La tactique linéaire est plus à la mode que jamais (4). Après avoir employé les tirailleurs en grandes bandes, on s'était efforcé peu à peu d'en diminuer le nombre et de demander la décision à des formations en ordre serré (5).

---

(1) *Krieg gegen die französische Revolution*, I, 369.
(2) *Ibid.*, I, 370.
(3) *Ibid.*, I, 374.
(4) *Ibid.*, I, 332.
(5) *Ibid.*, I, 401.

CHAPITRE VII

Premiers projets d'opérations (1).

Idées de Moreau sur la situation. — La frontière prédominante, — Mémoire de Moreau du 29 frimaire. — Création d'une armée de réserve. — *Note* du Premier Consul sur la campagne prochaine. — Instruction du 10 ventôse à Moreau. — Projets d'opérations de Moreau, — Discussion : ses conceptions reposent sur la passivité de l'ennemi.

Désireux de faire entrer la nouvelle armée du Rhin en Bavière dès la fin de l'année 1799, Bonaparte invitait le 13 frimaire (4 décembre) le Ministre de la guerre à réunir chez lui les généraux Moreau et Clarke, « pour arrêter ensemble un plan d'opérations (2) ». S'il n'est point resté de traces de cette conférence, tout au moins les idées de Moreau sur la situation militaire générale sont-elles connues par une lettre qu'il adressait à Bonaparte, dans le courant de ce même mois de frimaire (3).

A son avis, les projets des alliés ne pouvaient consister que dans l'invasion de la France, si les armées de la République ne parvenaient pas à pénétrer sur leur territoire. Quelle serait, dans cette hypothèse, la frontière menacée : celle des Alpes ou celle du Nord-Est? Moreau croyait « inutile de chercher à démontrer »

---

(1) Voir la carte n° 1.
(2) *Correspondance de Napoléon*, n° 4413.
(3) Cette lettre autographe est sans date; elle porte comme *en-tête* : « Au quartier général, frimaire au VIII de la République. »

que les Austro-Russes ne tenteraient pas de s'emparer de l'ancienne Provence ; cette opération ne les mènerait « à aucun grand résultat ». S'ils obtenaient au contraire des succès en Helvétie ou sur le Rhin, ils trouveraient, en se dirigeant sur la Bourgogne et la Franche-Comté, « une frontière extrêmement ouverte ». On pouvait en conclure qu'ils porteraient leur principal effort dans cette région.

Inversement, disait Moreau, le gouvernement de la République avait tout intérêt à projeter l'invasion de l'Allemagne qui présentait également « une frontière sans défense ». Cette invasion semblait devoir être plus facile et plus rapide qu'une opération similaire en Lombardie, où d'ailleurs des succès égaux offraient moins de chances de terminer la guerre. Quand bien même l'armée d'Italie serait arrivée sur l'Adige, les Autrichiens pourraient encore tenir sur le Rhin ; des succès prononcés en Allemagne auraient, au contraire, une influence considérable et une répercussion immédiate sur les opérations militaires dans le bassin du Pô.

« Je crois plus facile, écrivait Moreau, d'aller à Münich qu'à Vérone et je pense que l'Empereur demandera plutôt la paix quand nous serons maîtres de la Bavière que de la Cisalpine. »

Toutes les considérations, tant offensives que défensives, font donc ressortir la prédominance très marquée et encore très réelle de nos jours, de la frontière du Nord-Est sur celle des Alpes. Très justement, Moreau termine en demandant à Bonaparte d'appeler sur l'armée du Rhin toute la sollicitude du gouvernement, tant pour s'efforcer de pénétrer en Allemagne, que pour défendre éventuellement, avec toutes chances de succès, « la frontière la plus exposée de la République ».

Bonaparte était d'accord avec Moreau sur ces diverses questions : « Le but de la République, en faisant la guerre, lui écrivait-il le 30 frimaire, est d'amener la paix. C'est sur l'armée que commande le général Moreau que repose la principale espérance de paix de la République en ce moment (1). »

Il en conclut, telle est du moins la version de Sainte-Hélène, « qu'il ne fallait pas envoyer à l'armée d'Italie au delà de ce qui était nécessaire pour la porter à 40,000 hommes, et qu'il fallait réunir toutes les forces de la République à portée de la frontière prédominante (2) ».

Dans un mémoire adressé à Bonaparte, le 29 frimaire an VIII (20 décembre), Moreau insiste encore sur le rôle primordial qui incombera à l'armée du Rhin où « le sort de la République française va être décidé ». Tous les efforts du gouvernement doivent donc tendre à la rendre supérieure à celle de l'ennemi, « intéressé

---

(1) *Correspondance de Napoléon* n° 4432.

« Napoléon, considérant la position de la France, reconnut que des deux frontières sur lesquelles on allait se battre : celle d'Allemagne, celle d'Italie ; la première était la frontière prédominante, celle d'Italie était la frontière secondaire. En effet, si l'armée de la République eût été battue sur le Rhin et victorieuse en Italie, l'armée autrichienne eût pu entrer en Alsace, en Franche-Comté ou en Belgique et poursuivre ses succès sans que l'armée française, victorieuse en Italie, pût opérer aucune diversion capable de l'arrêter, puisque, pour s'asseoir dans la vallée du Pô, il fallait prendre Alexandrie, Tortone et Mantoue, ce qui exigeait une campagne entière ; toute diversion qu'elle eût voulu opérer sur la Suisse eût été sans effet. Du dernier col des Alpes on peut entrer en Italie sans obstacle ; mais, des plaines d'Italie, on eût trouvé à tous les pas des positions, si on eût voulu pénétrer dans la Suisse. Si l'armée française était victorieuse sur la frontière prédominante, tandis que celle sur la frontière secondaire serait battue, tout ce qu'on pouvait craindre était la prise de Gênes, une invasion en Provence, ou peut-être le siège de Toulon ; mais un détachement de l'armée d'Allemagne, qui descendrait de Suisse dans la vallée du Pô, arrêtait court l'armée victorieuse ennemie en Italie et en Provence.

Mémoires de Napoléon, t. Iᵉʳ (écrit par le général de Montholon), Paris, 1823, p. 43.

(2) *Mémoires de Napoléon*, loc. cit., 44.

comme nous à faire la guerre d'invasion sur cette frontière ».

Dans cet ordre d'idées, Moreau regrette qu'on en ait distrait, pour les envoyer en Italie, deux demi-brigades d'élite, et qu'un certain nombre de cadres sur lesquels il comptait pour incorporer des bataillons auxiliaires, aient reçu une autre destination. Ces unités eussent été fort utiles et toutes désignées pour constituer les garnisons des places fortes où il faudrait, à défaut de troupes de nouvelle formation, « laisser des corps que l'on aurait employés en campagne ».

Moreau conclut en ces termes : « Personne n'étant plus à portée de juger de l'importance de l'armée du Rhin que le consul Bonaparte, je ne ferai aucune demande et je puis l'assurer qu'il doit compter sur mon zèle et mon dévouement pour tirer le meilleur parti possible des forces qui me sont confiées ; elles sont, à la vérité, considérables, mais la ligne sur laquelle elles doivent opérer est immense, et la quantité de grandes forteresses qui s'y trouvent exige beaucoup de troupes inutiles pour la guerre. »

Moreau estimait alors à un mois le temps nécessaire à ses préparatifs (1). Bonaparte l'avisait du reste, le 30 frimaire (21 décembre), de l'autorisation qui lui était accordée par le gouvernement de conclure un armistice de trois mois, pourvu que l'armée d'Italie y fût comprise. Il lui recommandait d'obtenir une ligne de démarcation aussi avantageuse que possible et de stipuler l'envoi immédiat de négociateurs chargés de conclure la paix (1).

Le même jour, il invitait le Ministre de la guerre à envoyer à l'armée du Rhin Bacler d'Albe, chef des

---

(1) *Correspondance de Napoléon*, n° 4432.

ingénieurs-géographes au Dépôt de la guerre (1). Sa
mission était de faire un relevé exact des troupes qui
la composaient ; d'indiquer, sur une carte, leurs
emplacements détaillés; de dresser un tableau d'effectifs,
par arme et par corps, avec la mention de la position de
chaque unité ; d'établir un état de situation des places
de guerre de première ligne comprises dans l'arrondissement de l'armée, avec mention de leurs approvisionnements de toute espèce et un état semblable de
l'artillerie de l'armée et de ses besoins.

Moreau devait renvoyer Bacler d'Albe, le plus tôt
possible à Paris, après lui avoir remis ses notes sur la
situation militaire, le personnel et le matériel des troupes
dont il avait le commandement en chef, ainsi qu'un
mémoire « annonçant, d'une manière positive, au
gouvernement, le plan arrêté pour le commencement
des opérations militaires, et le développement des
moyens qu'il se propose d'employer pour le mettre à
exécution (2) ».

Cependant, le Premier Consul ne perdait pas de vue
la nécessité de mettre tout d'abord la frontière à l'abri
d'une offensive des Autrichiens. Le 14 frimaire an VIII
(5 décembre 1799), il donnait des ordres au Ministre de
la guerre pour l'expédition de poudre aux places de
première ligne qui en manquaient : Mayence, Landau,
Strasbourg, Schlestadt, Besançon, Fort-Barraux, Brian-

---

(1) Bacler, dit Bacler d'Albe, né le 21 octobre 1761, volontaire au
1er bataillon de l'Ariège le 1er mai 1793, devint capitaine de canonniers le 20 octobre 1793; officier géographe-dessinateur à l'état-major
général de l'armée d'Italie le 3 septembre 1796 ; chef des ingénieurs-
géographes au Dépôt de la guerre, le 22 décembre 1799. Il fut promu
colonel le 21 juin 1807, général de brigade le 24 octobre 1813, et
nommé directeur du Dépôt de la guerre le 2 mars 1814. Il accompagna
l'Empereur dans la plupart de ses campagnes.
(2) *Correspondance de Napoléon*, n° 4433.

çon, Embrun, Mont-Lyon (1), Antibes (2). Quelque
temps après (3), Berthier adressait à Bonaparte « un
rapport sur la frontière d'Helvétie et la défensive des
départements voisins contre la marche de l'ennemi sur
Besançon » et, le 5 pluviôse (25 janvier 1800), un arrêté
des Consuls réglait l'organisation défensive de la frontière du Jura (4). Le 22 pluviôse (11 février), le général
Lacombe-Saint-Michel était chargé, en qualité d'inspecteur extraordinaire, de visiter toutes les places ou
châteaux-forts de l'extrême frontière, depuis Barce-
lonnette jusqu'à Besançon, et de prendre toutes les
mesures nécessaires pour l'exécution des travaux les

---

(1) Mont-Dauphin.

(2) *Correspondance de Napoléon*, n° 4416.

(3) A la fin de décembre.

(4) Art. 1er. — Les places de Genève, Huningue, Belfort, Besançon,
Auxonne et les châteaux de l'Échelle (fort de l'Écluse), Montmélian,
Joux, Blâmont, Landskroon, Salins seront mis dans le meilleur état de
défense. Le Ministre de la guerre prendra des mesures telles qu'au
commencement de floréal ces places soient susceptibles de la plus
grande défense possible.

. . . .

Art. 3. — Le Ministre de la guerre enverra trois commissions, composées chacune d'un ingénieur, d'un dessinateur-géographe, d'un officier du génie, d'un officier d'artillerie, d'un officier général ou adjudant général.

. . . .

Art. 4. — Les commissions traceront trois lignes : la première, celle
qu'il faudrait prendre si l'ennemi était maître de la Suisse; la seconde,
dix à quinze lieues en arrière; la troisième, à deux marches en arrière
de la deuxième.

Ils (*sic*) dessineront toutes les positions militaires qu'ils croiront
pouvoir être occupées. Ils désigneront et visiteront les petites villes,
bourgs, fermes, châteaux susceptibles de mettre les habitants à l'abri
du pillage des hussards ou de servir à appuyer les avant-postes; ils
tiendront note des opérations qu'il y aurait à faire.... (*Correspondance
de Napoléon*, n° 4553.)

plus urgents et la prompte arrivée des approvisionnements de toute nature.

Dès son arrivée à l'armée le 5 nivôse (26 décembre),
Moreau ne tarda pas à constater que le délai d'un mois
qu'il avait demandé pour terminer ses préparatifs, était
loin de suffire, en raison de la désorganisation et du
dénûment de l'armée (1).

« Veuillez dire au consul Bonaparte, écrivait-il le
10 nivôse au Ministre de la guerre, qu'il ne peut pas
compter que nous entrerons en campagne à l'époque où
il le croyait ; cela est impossible. Mais dites-lui que je
ne perdrai pas de temps et que nous commencerons le
plus promptement que ce sera possible (2). »

Il renouvelait, le surlendemain, cette déclaration à
Bonaparte lui-même (3) et insistait le même jour,
auprès du Ministre de la guerre, pour obtenir que les
troupes, le matériel et les ressources de toute nature
fussent réunis sur la partie des frontières où l'ennemi
ferait son effort et où la France aurait intérêt à produire
le sien... (4).

Le 11 pluviôse (31 janvier 1800), le Premier Consul
envoyait en Helvétie, le chef de brigade Duroc, son
aide de camp, avec mission de parcourir les différentes
positions qui y avaient été attaquées et défendues pendant la dernière campagne (5) et dans le but d'avoir
toujours auprès de lui « quelqu'un qui connaisse la
nature du pays (6) ». Moreau devait remettre à

---

(1) Cf. Chapitre III.
(2) Moreau au Ministre de la guerre, Zürich, 10 nivôse.
(3) Moreau à Bonaparte, Zürich, 12 nivôse.
(4) Moreau au Ministre de la guerre Zürich, 12 nivôse.
(5) Il s'agit des positions « en avant et en arrière de Zürich ». Le
Premier Consul au chef de brigade Duroc, Paris, 11 pluviôse, Arch.
Guerre, *Correspondance inédite de Napoléon*.
(6) *Correspondance de Napoléon*, n° 4557.

Duroc un état exact des troupes composant l'armée du
Rhin et de leur organisation actuelle, ainsi qu'une « note
détaillée » exposant ses idées sur les opérations militaires
de la campagne qui allait s'ouvrir (1).

Moreau répond, à ce sujet, au Premier Consul, le
18 pluviôse (7 février). Il remettra à Duroc « quelques
notes » sur ses projets (2). A son avis, le succès est
assuré si l'armée du Rhin parvient à entrer en campagne
avant l'ennemi, mais il ne faut pas y songer actuellement, sous peine des « plus grands malheurs, dans
l'état de misère et de détresse où elle se trouve (3) ».
Les opérations devant avoir lieu d'abord, pendant une
vingtaine de jours, dans un pays assez stérile et totalement épuisé, il est indispensable de réunir au préalable
des approvisionnements pour un mois.

Quatre jours auparavant, Moreau avait été informé
de la retraite définitive de l'armée russe (4). La nouvelle se confirme d'abord (5), puis est démentie. Le
27 pluviôse, on parle de son retour (6). « Tout cela,
observe justement Moreau, marche comme l'esprit de
Paul Ier (7). » Il n'en est pas inquiet d'ailleurs, si

---

(1) *Correspondance de Napoléon*, n° 4557.
(2) Ces notes n'ont pas été retrouvées.
(3) Moreau à Bonaparte, Bâle 18 pluviôse.
(4) « Les premiers rapports, écrit-il, m'en sont venus il y a quatre
jours. » (Moreau à Bonaparte, Bâle, 19 pluviôse.) Ces rapports avaient
été expédiés de Ratisbonne le 6 pluviôse.
(5) Moreau à Bonaparte, Bâle, 19 pluviôse.
(6) Moreau à Bonaparte, Bâle, 27 pluviôse.
(7) *Ibid.*
En réalité, l'armée russe avait reçu l'ordre de se retirer définitivement le 18 janvier 1800 (Hüffer, *Quellen zur Geschichte des Zeitalters
der französischen Revolution*, 1re partie, I, 526, Bellegarde à Thugut,
Prague, 18 janvier 1800). — Le départ des premières colonnes fut
fixé au 26 janvier suivant (Bellegarde à Thugut, Prague 21 janvier, *Ibid*).

l'archiduc Charles conserve le commandement de l'armée autrichienne d'Allemagne. Il sait que Souvorov et lui se détestent, se seconderont mal et se feront probablement battre l'un après l'autre. Mais si, comme on l'assure, l'archiduc est remplacé par Kray, placé sous les ordres supérieurs de Souvorov, « alors il faudra batailler sévèrement ».

Toutefois, même dans cette hypothèse, Moreau espère, grâce aux secours qui lui parviennent, réorganiser ses troupes, remonter leur moral et obtenir des succès. Il ne redoute que l'armée autrichienne d'Italie. Si elle n'est pas contenue dans le bassin du Pô, elle pourra déboucher, par le Gothard, sur les derrières de l'armée du Rhin ; aussi considère-t-il comme essentiel que Masséna prenne vigoureusement l'offensive si l'ennemi se dégarnit en Lombardie, pour tenter de faire irruption en Helvétie (1). Moreau compte pouvoir disposer, au début des opérations, d'une centaine de bataillons à 700 hommes chacun, de 12,000 à 13,000 chevaux et de 120 bouches à feu environ, dont moitié artillerie légère, défalcation faite des troupes de garnison et de celles qui sont destinées à garder l'Helvétie.

Moreau ignorait alors, très vraisemblablement, que Bonaparte se proposait d'organiser une armée de réserve, au moyen des forces disponibles à l'intérieur du territoire, soit dans les dépôts de l'armée d'Orient, soit dans l'Ouest, depuis la pacification de l'Anjou et du Poitou (2). Le Ministre de la guerre avait reçu, du Premier Consul, des instructions à ce sujet, dès le 5 pluviôse (25 janvier), avec la recommandation de tenir « extrêmement secrète la formation de ladite armée », même dans ses bureaux,

---

(1) Moreau à Bonaparte, Bâle, 18 pluviôse.
(2) Les royalistes de l'Anjou et du Poitou avaient accepté la paix les 17 et 18 janvier 1800.

auxquels il ne devait demander que les renseignements
« absolument nécessaires (1) ».

Aucun document ne permet d'affirmer que Bonaparte
fût fixé, dès cette époque, sur l'emploi qu'il ferait de ces
forces dont il se réservait le commandement direct (2),
et dont le rassemblement allait s'effectuer d'abord : la
droite à Lyon, le centre à Dijon, la gauche à Châlons-
sur-Marne, puis, dans une zone plus restreinte, autour
de Dijon. Il semble pourtant que la constitution de cette
armée répondît dans sa pensée à la conception de
frapper un coup décisif sur l'immense théâtre d'opérations qui s'étendait depuis Mayence, par Bâle et le
Saint-Gothard, jusqu'à la Rivière de Gênes, et qu'il se
réservât de déterminer ultérieurement le moment et le
lieu de son intervention.

« Une armée de 35,000 hommes, écrivit-il plus tard,
fût réunie sur la Saône pour se porter au soutien de
l'armée d'Allemagne si cela devenait nécessaire, déboucher par la Suisse sur le Pô, et prendre l'armée autrichienne à revers... (3). »

C'est ce dernier projet qui paraissait prévaloir dans
l'esprit du Premier Consul, vers la fin de pluviôse. Le
fait résulte d'une « Note sur la campagne prochaine »
datée du 29 pluviôse (18 février), non signée, il est
vrai, mais probablement écrite sous l'inspiration, sinon
sous la dictée de Bonaparte (4).

---

(1) *Correspondance de Napoléon*, n° 4552.

(2) La Constitution de l'an VIII ne lui conférait pas le commandement de l'armée qui fut placée nominalement sous les ordres de
Berthier, auquel Carnot succéda au ministère de la guerre le 12 germinal an VIII.

(3) *Mémoires de Napoléon* (Gourgaud), t. I, p. 162.

(4) Une autre note du même jour et de la même main est écrite sur
du papier à en-tête du Premier Consul. L'écriture paraît être celle
de Bourrienne.

D'après ce document, les forces de la République sont réparties ainsi qu'il suit :

Armée du Rhin	120,000	hommes
— d'Italie.	50,000	—
— de réserve.	60,000	—
A Paris.	4,000	—
En Hollande.	12,000	—
Dans l'Ouest.	20,000	—
A l'intérieur.	30,000	—

L'armée du Rhin, réunie tout entière entre Neuf-Brisach et Schaffouse (1), devra commencer son mouvement dans le courant de mars et se porter sur Stockach et Ulm.

Que fera l'ennemi? dit l'auteur de la *Note*. Il est difficile de le prévoir, car ses premières opérations dépendront absolument de ses quartiers d'hiver et « du degré d'éveil qu'il aura ». Ou bien il prendra l'offensive lui-même et marchera à la rencontre de l'armée française, « ce qui donnera lieu à une bataille importante »; ou bien, après avoir concentré ses forces à Ulm, il laissera l'adversaire s'engager suffisamment en Bavière, puis prendra sa ligne de communication sur Innsbruck et débouchera par Feldkirch en Helvétie, avec la majeure partie de son armée. Il en résulterait que « la Suisse serait envahie, la ligne de l'armée française interceptée et les frontières de la République menacées; mouvement tellement pressant, qu'il rappellerait l'armée de Bavière, rendrait ses succès inutiles et la moindre défaite excessivement périlleuse ». Si donc, à l'ouverture des opérations, l'ennemi a des forces importantes à Feldkirch, il

---

(1) Le choix de cette zone de concentration, que Bonaparte recommandera vivement à Moreau, est un des indices que la Note en question doit être attribuée au Premier Consul d'une façon plus ou moins directe. La mention faite dans cette Note de la répartition de toutes les forces de la République en est un autre.

sera nécessaire de laisser en leur présence un détachement numériquement égal (1).

Comme un des grands avantages de l'offensive est
« de se trouver maître du point d'attaque », et dès lors
de faire converger le plus de forces possible sur ce point,
le général commandant en chef l'armée du Rhin devra
affaiblir « le plus qu'il pourra » les divisions d'observation du bas Rhin et du Valais, pour porter un coup
décisif à l'adversaire, qui tiendrait à Stockach ou plus
près du Rhin.

Si les Autrichiens cèdent au contraire la Souabe
et reculent jusqu'à Ulm, l'armée française maintiendra
tout d'abord en Suisse un détachement proportionné à
celui de l'ennemi à Feldkirch, et enverra ensuite, au
moment favorable, un corps vers le Sud pour menacer
les troupes de Feldkirch sur leurs derrières, et les
obliger à se porter de plusieurs marches en arrière.
Ce moment devra être choisi de telle façon que cette
opération soit terminée quand l'armée arrivera devant
Ulm, et que le corps détaché ait pu la rejoindre et
en constituer la réserve. Si le général français obtient
des avantages décisifs, l'ennemi se verra dans la nécessité de rappeler à marches forcées, et par le Tyrol, les
troupes qu'il aurait laissées à Feldkirch, ce qui rendra
disponible le corps d'occupation de la Suisse, et lui permettra de rallier le gros de l'armée du Rhin.

Après avoir examiné ainsi ce que pourra faire l'ennemi
dans différentes éventualités, l'auteur de la *Note* conclut :

« Il faudrait, qu'au commencement d'avril, au moins
40,000 hommes de l'armée de réserve fussent prêts à

---

(1) La Note dit textuellement : « un pareil nombre de troupes. » Il
semble que l'on aurait pu laisser en face du corps de Feldkirch des
troupes d'un effectif un peu inférieur, de façon à augmenter encore la
masse que l'on réunirait sur le point décisif.

marcher et rendus dans le courant d'avril en Suisse. Cette réserve joindrait le gros détachement qui aurait été laissé par l'armée du Rhin et se présenterait par Bellinzona, droit à Milan, dans le courant de mai. »

Il ne s'agit donc pas, explicitement, de renforcer l'armée du Rhin au moyen de l'armée de réserve (1). L'idée qui semble prévaloir, dans l'esprit du Premier Consul, est d'employer celle-ci à produire un effort décisif en Lombardie, sans toutefois qu'elle ait pris encore une forme précise, en ce qui concerne le point de passage des Alpes.

Le 29 pluviôse (18 février), il dicte une « Note pour l'approvisionnement de la Réserve » qu'il désire réunir à Zürich et qu'il projette d'acheminer en Italie, par Coire et le col du Splügen (2). Mais, d'autre part, il charge son aide de camp Le Marois de reconnaître le passage du Saint-Gothard (3) et, le 14 ventôse, il écrit à Masséna de recommander au chef de la garnison de Gavi de ne pas se décourager : « Dans tous les cas, nous le dégagerons, fût-ce même par Trente (4) ». Enfin, le sous-lieutenant Tourné, aide de camp de Clarke, est envoyé dans le Valais, au commencement de ventôse, pour compléter les renseignements que l'on possédait déjà au Dépôt de la guerre sur la haute vallée du Rhône et les passages du Saint-Bernard et du Simplon (5).

Mais, quel que fût le col dont il ferait choix, Bonaparte

---

(1) Le 6 ventôse, Bonaparte écrit à Brune : « ..... Je ne pense pas encore aller à l'armée du Rhin, et, lorsque j'y penserai, vous pouvez compter que je vous y réserverai une place..... » (*Correspondance de Napoléon*, n° 4619.)

(2) *Correspondance de Napoléon*, n° 4605.

(3) *Ibid.*, n° 4627.

(4) *Ibid.*, n° 4641.

(5) Cugnac, *Campagne de l'armée de réserve en 1800*, t. 1, p. 99 et suiv.

considérait comme une nécessité primordiale de subordonner, au début de la campagne, son mouvement à celui de l'armée du Rhin en Bavière. Il s'en est expliqué à Sainte-Hélène.

« Nous n'avons pas besoin de réfuter l'assertion que le Premier Consul voulait déboucher des montagnes de la Suisse en Italie, sans prendre l'offensive sur le Rhin; cela est trop absurde. Bien loin de là, il ne croyait pas que la diversion par le Saint-Gothard fût possible si, au préalable, on n'avait battu et rejeté l'armée autrichienne au delà du Lech; car l'opération de l'armée de réserve eût été une insigne folie si, au moment où elle fut arrivée sur le Pô, l'armée autrichienne d'Allemagne eût pris l'offensive et battu l'armée française. S'il eût voulu, à toute force, et conduit par la passion, prendre d'abord l'Italie, qui l'eût empêché de laisser l'armée d'Helvétie dans la situation où elle se trouvait, en janvier 1800, et d'envoyer les 40,000 hommes dont il la renforçait à Gênes, ce qui aurait permis à Masséna de s'avancer sur le Pô, Napoléon savait bien que l'Italie n'était que la conséquence d'une victoire en Allemagne, que c'était le corollaire du succès obtenu sur la frontière prédominante (1). »

Or, le 10 ventôse (1er mars), Moreau, malgré les demandes réitérées du Premier Consul, ne lui avait pas encore envoyé son plan. Il n'aurait, disait-il, « d'opinion bien prononcée sur les premières opérations de la campagne qu'au moment même d'agir »; elle était subordonnée à la position qu'occuperait alors l'armée ennemie (2).

Il se rendait compte pourtant de la nécessité de commencer promptement les opérations, d'autant plus

(1) *Mémoires de Napoléon* (Montholon), t. I, p. 48.
(2) Moreau à Bonaparte, Bâle, 1er ventôse.

qu'il savait les Autrichiens déconcertés par le départ des
Russes (1). Mais il trouvait la saison « encore très dure
et les chemins affreux (2) », considération qui ne devait
pas l'empêcher d'établir un Mémoire sur ses premiers
mouvements.

Bonaparte chargea alors le Ministre de la guerre d'envoyer, par un courrier extraordinaire, les instructions
suivantes à Moreau (3) :

L'armée du Rhin sera divisée en quatre corps (4); le
quatrième, portant le nom de corps de réserve, sera
commandé par Lecourbe et destiné à servir de réserve
aux trois autres, à garder la Suisse et à combiner ses
opérations avec celles de l'armée d'Italie (5). Moreau
concentrera le plus tôt possible toutes ses forces, avant
le 1er germinal (22 mars), entre Bâle et Constance; la
gauche pourra s'étendre jusqu'à Strasbourg pour la facilité des subsistances. Il fera jeter, dans le plus bref délai,
un pont sur l'Aar, de façon à rendre extrêmement rapides
les mouvements de Bâle à Constance. Il rassemblera
« tout ce qui est nécessaire pour pouvoir jeter trois ponts,
dont l'étendue sera calculée sur la largeur du Rhin,
entre Schaffhouse et Constance ». 3,000 cavaliers, la plus
grande partie en chasseurs et hussards, seront affectés au
corps de réserve. Celui-ci sera pourvu en outre d'un parc
de montagne composé d'une trentaine de pièces de 8 et
d'obusiers, avec des traîneaux en quantité suffisante pour
ce matériel. Enfin, Moreau enverra « en toute diligence »
à Paris, Dessolle, son chef d'état-major, ou, s'il ne peut

---

(1) Moreau à Bonaparte, Bâle, 10 ventôse.
(2) *Ibid*.
(3) Elles furent expédiées le 11 ventôse. (Moreau à Bonaparte, Bâle,
17 ventôse.)
(4) Pour le détail de l'organisation, voir chapitre IV.
(5) On observera que Moreau appelait « corps de réserve » celui
dont il s'était réservé le commandement direct.

se passer de ses services, le général Lecourbe, accompagné d'un des adjudants généraux de Dessolle. Le délégué dont Moreau aura fait choix, « rapportera, à son retour, le plan des premières opérations de la campagne, combiné avec celui des autres armées (1) ».

La conception de Bonaparte consistait donc à grouper toutes les forces entre Bâle et Constance, et à déboucher en masse sur la rive droite du Rhin, au Nord de Schaffhouse, en surprenant l'armée autrichienne disséminée de Mayence à Coire.

Convaincu, à juste titre, de la nécessité de battre et de rejeter l'armée autrichienne d'Allemagne au delà du Lech, avant d'entreprendre le passage des Alpes, Bonaparte songea à se rendre, vers le 10 germinal, à l'armée du Rhin, à la renforcer de l'armée de réserve et à prendre le commandement de toutes les forces ainsi réunies (2). « Il n'est pas impossible, écrivait-il à Moreau le 10 ventôse (1er mars), si les affaires continuent à bien marcher ici, que je ne sois des vôtres pour quelques jours (3). » Son aide de camp, Le Marois, fut chargé de porter cette lettre à Strasbourg.

---

(1) *Correspondance de Napoléon*, n° 4626.

(2) *Ibid.*, n°ˢ 4627 et 4639; *Mémoires de Napoléon* (Gourgaud), t. I, p. 162.

(3) *Correspondance de Napoléon*, n° 4627.
Le bruit du départ du Premier Consul pour l'armée courut à Paris, à cette époque, à plusieurs reprises. (Aulard, *Paris sous le Consulat*, I, 92). On voit que Bonaparte projetait de se rendre sur le Rhin avant de connaître le plan d'opérations de Moreau et avant le voyage de Dessolle à Paris. Or, à Sainte-Hélène, Napoléon a présenté les faits dans l'ordre inverse. Après avoir parlé du plan de concentration de l'armée entre Bâle et Constance, il ajoute : « Le général Moreau était incapable d'exécuter et même de comprendre un pareil mouvement; il envoya le général Dessolle à Paris présenter un autre projet au Ministre de la guerre, suivant la routine des campagnes de 1796 et 1797..... Le Premier Consul, fortement contrarié, pensa un moment à aller lui-

Si vaguement ébauché que parût encore ce projet, la
nouvelle qu'en reçut Moreau, le 15 ventôse (1), suffit à
le déterminer à un parti extrême. Disgracié par le Directoire après le 18 fructidor, il avait pu consentir, l'année
précédente, à servir sous les ordres de Schérer; mais il
n'entendait plus se contenter d'un rôle subalterne qui
lui paraissait d'autant plus immérité qu'il jugeait considérables les services qu'il avait rendus à Bonaparte le
18 brumaire. Admettant déjà comme certaine l'arrivée
du Premier Consul ou voulant la prévenir, il lui fit connaître le 17 ventôse qu'il se retirerait (2).

« Ne prévoyant pas que vous viendriez prendre le
commandement de l'armée, je l'avais placée autrement
que me le prescrit le Ministre de la guerre, mais on va
mettre la plus grande célérité à la rassembler aux points
qu'il indique, et, en vous la remettant, j'aurai l'avantage
de vous laisser une armée pleine de bonne volonté, et
qui, dirigée par vous, ne peut manquer d'obtenir les
succès les plus brillants (3). »

---

même se mettre à la tête de l'armée..... Mais l'agitation intérieure de
la République s'opposa à ce qu'il quittât sa capitale et s'en éloignât
pour autant de temps..... » (*Mémoires de Napoléon* (Gourgaud), t. I,
p. 164.)

(1) Moreau était alors à Mayence, où il inspectait les troupes de
l'aile gauche. Il y reçut les instructions du Ministre de la guerre et
s'empressa de revenir à son quartier général. Il rencontra Le Marois en
route, entre Mayence et Strasbourg.

(2) Le fait est affirmé par Thiébault, qui déclare le tenir de l'adjudant général Fririon (t. III, p. 334 et suiv.). Thiébault est souvent sujet
à caution, mais ici son affirmation se trouve corroborée par un passage,
cité plus loin, d'une lettre de Moreau à Bonaparte. Le témoignage de
Gouvion Saint-Cyr confirme celui de Thiébault : « Moreau ne voulut
pas accepter un tel rôle; il dit hautement, dans un dîner qu'il donnait
à un grand nombre de généraux, « qu'il ne voulait pas d'un petit
Louis XIV à son armée et que, si le Premier Consul y arrivait, il
partirait. » (Gouvion Saint-Cyr, *loc. cit.*, t. II, p. 103.)

(3) Moreau à Bonaparte, Bâle, 17 ventôse.

Moreau ajoutait que Dessolle partirait le lendemain pour Paris, porteur du nouvel ordre de bataille détaillé de l'armée, et qu'il ferait connaître au Premier Consul « ses projets d'entrée en campagne ».

Moreau s'empressa d'ailleurs d'expédier des instructions relatives à la nouvelle organisation de l'armée telle que l'avait prescrite le Premier Consul. Il ordonna en outre la concentration de trois corps : aile droite, centre et réserve, entre Bâle et Constance et au Sud en Helvétie; le quatrième venant se rassembler entre Bâle et Brisach (1).

Mayence, Strasbourg et toutes les places de première ligne ne devaient conserver pour toute garnison, suivant les instructions du Premier Consul, que les dépôts des demi-brigades et des régiments de cavalerie (2), mais Moreau prit sur lui d'y laisser quelques troupes en plus (3). Le 21 ventôse (12 mars), Bonaparte renouvela à Moreau sa recommandation de ne laisser dans les forteresses que des dépôts. « Avec une avant-garde de 30,000 hommes, déclarait-il, et un corps de réserve de 50,000 hommes, on peut parler très haut (4). »

Rendant compte à Bonaparte, le même jour, 21 ventôse, du commencement d'exécution des mouvements de concentration de l'armée sur sa droite, Moreau appelait son attention sur la nécessité d'ouvrir les opérations dès qu'ils seraient terminés, c'est-à-dire vers le 1er germinal (22 mars). Il invoquait, à cet effet, deux arguments : les difficultés de l'alimentation dans une zone aussi restreinte; le défaut de protection du bas Rhin où l'ennemi pourrait faire « quelque entreprise ». Si

---

(1) Dessolle au Commissaire ordonnateur en chef, 17 ventôse.
(2) *Correspondance de Napoléon*, n° 4626.
(3) Moreau à Bonaparte, Bâle, 21 ventôse.
(4) *Correspondance de Napoléon*, n° 4661.

donc Bonaparte n'était pas prêt à agir, très peu de
jours après l'achèvement de la concentration, Moreau
jugeait essentiel de surseoir à son exécution (1). De fait,
le 24 ventôse, influencé peut-être par Lecourbe qui se
montrait très inquiet au sujet des subsistances, Moreau
prit, de sa propre initiative, cette détermination et
prescrivit d'arrêter provisoirement, pendant cinq jours,
toutes les troupes sur les points où elles se trouvaient
à cette date (2).

L'opération fut remise au 6 germinal (3). Le mouvement avait été suspendu en temps utile pour ne point
donner d'inquiétude sérieuse pour les approvisionnements, mais les diverses unités furent « amoncelées »
et se trouvèrent dans un désordre qui, suivant l'expression de Moreau, « ne ressemblait pas mal à l'incertitude
de l'armée russe en Bohême (4) ». Quelques jours suf-
firent toutefois pour remédier à cet état de choses, quand
le Premier Consul eut autorisé Moreau à ajourner *sine
die* l'exécution de la concentration générale entre Strasbourg, Bâle et Constance (5) (6).

---

(1) Moreau à Bonaparte, Bâle, 21 ventôse. — Cf. Moreau à Bonaparte, Bâle, 30 ventôse.

(2) Ordres de Moreau du 24 ventôse.

(3) Moreau à Bonaparte, Bâle, 24 ventôse ; Dessolle à Saint-Cyr,
Bâle, 24 ventôse.

(4) Moreau à Bonaparte, Bâle, 30 ventôse.

(5) *Correspondance de Napoléon*, n° 4672.

(6) Le 30 ventôse (21 mars) l'armée du Rhin occupait les emplacements suivants :

Aile droite (lieutenant général LECOURBE).

	Infanterie.	Cavalerie.	Artillerie.	Totaux.
1re division (Montchoisy); droite au Saint-Bernard, gauche à Brugg	5,532	1,847	260	7,639

Si, comme tout permet de le supposer, Moreau fut
mécontent d'apprendre l'arrivée prochaine du Premier

	Infanterie.	Cavalerie.	Artillerie.	Totaux.
Report.......	5,532	1,847	260	7,639
2ᵉ division (Jardon); droite à Vättis, gauche à Rheineck....	9,116	192	75	9,383
3ᵉ division (Laval); droite à Stad, gauche à Stein	6,885	154	189	7,228
4ᵉ division (Lorge); droite à Wangenhausen, gauche à Waldshut................	10,687	257	176	11,120
5ᵉ division (Jacopin); droite à Waldshut, gauche à Lauffenburg	10,893	166	170	11,229
6ᵉ division (Delmas); droite à Bâle, gauche à Lörrach	6,692	1,037	291	8,020
7ᵉ division (Leclerc); droite à Ensisheim, gauche à Marckolsheim....................	4,655	109	»	4,764
Division de dragons (Nansouty); occupe Épinal, Luxeuil, Rambervillers	»	1,152	»	1,152
Division de cavalerie légère (Walther) : occupe Vesoul, Gray, Port-sur-Saône........	»	1,811	»	1,811
Parcs d'artillerie stationnés à Zürich, Mellingen, Brugg, Huningue................	450	»	2,395	2,845
TOTAUX.....	54,910	6,725	3,556	65,191

Centre (lieutenant général SAINT-CYR).

1ʳᵉ division (Baraguey-d'Hilliers); droite à Colmar, gauche à Marckolsheim	10,852	976	»	11,828
2ᵉ division (Tharreau); droite à Marckolsheim, gauche à Bootzheim....................	8,380	631	»	9,011
A reporter.......	19,232	1,607	»	20,839

Consul, il n'en laissa rien paraître dans sa correspondance, à part la détermination de ne pas servir sous ses ordres.

« Recevez mon compliment, lui écrivait-il, sur la promptitude avec laquelle vous avez fini la guerre des Chouans... (1) » « Vous pouvez compter sur tous mes efforts pour rassembler tous les moyens qui vous seront nécessaires (2). » Et, en agissant ainsi, en ne se bornant pas à de vaines affirmations, Moreau avait d'autant plus

	Infanterie.	Cavalerie.	Artillerie.	Totaux.
Report........	19,232	1,607	»	20,839
3e division (Ney); droite à Bootzheim, gauche à Plobsheim...	7,227	902	»	8,129
Division de réserve (Desbrulys); droite à Kaysersberg, gauche à Ribeauvillé...............	4,799	1,584	»	6,383
Totaux.....	31,258	4,093	»	35,351

Aile gauche (lieutenant général SAINTE-SUZANNE).

	Infanterie.	Cavalerie.	Artillerie.	Totaux.
1re division (Souham); droite à Strasbourg, gauche à Landau.	6,962	1,163	65	8,190
2e division (Legrand); droite à Kehl, gauche à Germersheim.	8,450	1,985	61	10,496
3e division (Delaborde); droite à Landau et sur le Rhin à l'Est.	2,933	189	665	3,787
4e division et division de cavalerie (Leval); à Mayence, Cassel, département du Mont-Tonnerre................	5,489	2,459	769	8,717
Parcs d'artillerie, à Landau et Strasbourg...............	372	»	2,209	2,581
Totaux.....	24,206	5,796	3,769	33,771

(1) Moreau à Bonaparte, Bâle, 17 ventôse.
(2) Moreau à Bonaparte, Bâle, 21 ventôse.

de mérite, qu'il désapprouvait les dispositions que lui
avait prescrites le Ministre de la guerre, au nom du Premier Consul. Il n'en avait ordonné l'exécution que parce
qu'il croyait à la prochaine arrivée de Bonaparte (1).

« Ne me regardant plus comme destiné à commander
l'armée, lui déclarait-il, j'ai dû exécuter à la rigueur
l'organisation et le placement que me prescrivait le
Ministre de la guerre; mais si vous ne m'eussiez pas
annoncé votre arrivée, et qu'on ne m'eût pas parlé d'un
autre successeur, alors je me serais bien donné de garde
de déférer aux ordres du Ministre de la guerre, car je ne
vous dissimule pas que je ne ferai jamais marcher à
l'ennemi, comme général en chef, qu'une armée que
j'aurai organisée moi-même et que je ferai mouvoir
d'après ma méthode de faire la guerre, parce que je crois
qu'on n'exécute bien que ses idées (2). »

Bien renseigné sur la force et les emplacements de
l'armée ennemie (3), Moreau fait connaître pour la première fois, ses projets au Premier Consul, par une longue
lettre datée du 24 ventôse (15 mars).

Il reconnaît qu'il est impossible de juger la situation
en Italie mieux que ne l'a fait Bonaparte; il considère le
succès définitif comme assuré sur ce théâtre d'opérations,
car l'armée de réserve permettra de réparer un revers,
avant que l'ennemi ait eu le temps d'en profiter. La perte

---

(1) Moreau à Bonaparte, Bâle, 24 ventôse.
(2) Moreau à Bonaparte, Bâle, 30 ventôse.
(3) Renseignements adressés le 12 pluviôse au Ministre des relations
extérieures par Bacher, chargé d'affaires près la diète de l'Empire, à
Francfort; Notes politiques reçues à l'armée du Rhin le 28 pluviôse;
Renseignements reçus le 30 pluviôse, par le Ministre de la guerre, com-
portant un état de l'armée autrichienne, indiquant l'emplacement de
chaque régiment; Bulletin de renseignements de l'armée du Rhin du
24 ventôse. — Moreau se déclarait satisfait des informations qui lui
étaient parvenues. (A Bonaparte, 24 ventôse.)

même de Gênes n'aurait qu'une importance secondaire.

« Je suis fâché, ajoute-t-il, de n'être pas de votre avis
sur la guerre d'Allemagne. Ce théâtre-ci diffère entièrement de l'Italie, pays extrêmement resserré où l'on
peut et où l'on doit être toujours très rassemblés, les
diversions ne pouvant jamais y avoir qu'un effet de
vingt-quatre heures (1). »

La distinction qu'établit Moreau entre les deux régions
ne semble pas justifiée. Si resserré qu'il affecte de considérer le théâtre d'opérations du Nord de l'Italie, il est
manifeste que des diversions exécutées, par exemple, de
la Stradella sur Vérone ou de Gênes sur Mantoue, ont
une ampleur supérieure à une journée de marche. Au
surplus, Bonaparte avait montré, dans sa campagne
de 1796, à Castiglione, à Arcole, à Rivoli, notamment, le
parti qu'un général habile peut tirer d'une diversion de
faible envergure, en rappelant un détachement sur le
champ de bataille et en le faisant concourir à l'action
générale, tandis que l'adversaire n'a pas su prendre la
même mesure en temps utile (2).

« Considérez, écrit Moreau, notre ligne d'opérations
depuis Constance jusqu'à Mayence. Nos forces étant à

---

(1) Moreau à Bonaparte, Bâle, 4 ventôse.

(2) « Quand il (Bonaparte) est obligé de détacher des divisions...,
elles sont à dix ou douze kilomètres du corps de bataille. Chacune
d'elles peut être rejointe par les autres pour une action décisive... Ces
corps détachés dans les directions intéressantes ou dangereuses pour
protéger et renseigner l'armée, sans s'en écarter, nul n'en avait connu
l'usage et déjà il est systématique chez Bonaparte. Il a, du premier
coup, tiré tout le parti possible de l'instrument nouveau que la Révolution lui a donné. Il le manie avec une perfection consommée, détachant et rappelant ses divisions à point nommé, utilisant, dans une
action commune, deux forces en apparence contradictoires, la sou-
plesse du principe divisionnaire et la puissance d'un commandement
unique. » (J. C., *Études sur la campagne de 1796-97 en Italie*, 62-63.)

celles de l'ennemi dans la proportion de 100,000 à
80,000 hommes, cette supériorité est peu sensible si on
ne l'oblige pas à faire des détachements » qui donneront,
en dernière analyse, à l'armée du Rhin, un grand
avantage numérique sur le corps qu'elle se proposera
d'attaquer, quand bien même elle aurait été contrainte
à ne pas tenir ses forces réunies.

« La démonstration, dit-il, sera peut-être plus précise. »
En maintenant à Mayence un corps de 20,000 hommes
qui menacera les derrières et les magasins de l'ennemi,
Moreau compte obliger Kray à lui opposer sur ce point
des forces égales et probablement supérieures. Il est convaincu, d'autre part, qu'en faisant déboucher des détachements par Kehl et Brisach, il forcera les Autrichiens
à placer dans les vallées de la Kinzig et d'Enfer des
troupes d'effectif au moins équivalent, c'est-à-dire une
vingtaine de mille hommes.

Dès lors, l'adversaire ne disposera plus, au Nord de
Schaffouse, vers Tüttlingen et Donaueschingen, que de
40,000 hommes qu'il attaquera avec 60,000, « proportion
sans contredit plus avantageuse que celle de 100,000
à 80,000 hommes ; un troisième détachement de
20,000 hommes nous mettrait en force double (1) ».

Le raisonnement de Moreau, exact en théorie, en ce
qui concerne les effectifs en présence, peut soulever une
série d'objections. D'abord il n'est nullement prouvé
que l'ennemi agisse comme il le pense et qu'il oppose
aux détachements français des corps numériquement
égaux. Un général habile s'efforcera au contraire de
contenir ces détachements avec des forces plus faibles et
strictement suffisantes pour les empêcher de participer à
la bataille générale. La vallée de la Kinzig et le val
d'Enfer se prêteraient fort bien à des combinaisons de

---

(1) Moreau à Bonaparte, Bâle, 24 ventôse.

ce genre et, en ce qui concerne le corps de Mayence, son éloignement du général en chef rend très improbable sa coopération ultérieure, même si l'adversaire, bien avisé, ne lui opposait que quelques escadrons destinés à l'observer et à l'inquiéter.

Que devient, dans ces conditions, la proportion de 60,000 contre 40,000 hommes que Moreau espère réaliser au Nord de Schaffouse? Ne risque-t-il pas d'avoir à lutter avec 60,000 hommes contre 80,000? On ne saurait objecter qu'il rappellera ses détachements, au moins ceux de la Kinzig et du val d'Enfer. En raison du coude que le Rhin forme à Bâle, et du massif isolant constitué par la Forêt-Noire, l'ennemi tient la corde de l'arc que les troupes françaises auront à parcourir; il a donc toute latitude pour grouper toutes ses forces le premier.

Au débouché par l'Helvétie, préconisé par Bonaparte, Moreau voit un autre inconvénient, celui « de forcer à laisser des garnisons à Mayence et à Cassel, à Landau, à Kehl, à Vieux-Brisach qui ne se trouvent plus couverts par le mouvement ». Cette objection était sans valeur aux yeux du Premier Consul qui avait recommandé de ne maintenir dans ces places que des dépôts suffisants à les garantir d'un coup de main. Le temps nécessaire pour les emporter par un siège en règle était d'ailleurs beaucoup trop considérable pour que l'influence décisive d'une bataille générale ne fût pas intervenue auparavant. Battus en rase campagne, les Autrichiens abandonneront d'eux-mêmes leur entreprise. S'ils sont vainqueurs, la résistance plus longue de quelques forteresses ne préservera pas le pays de l'invasion, et les garnisons qui les défendent auraient changé peut-être le sort de la bataille, si elles y avaient été présentes.

Moreau estime que l'armée, franchissant tout entière le Rhin entre Schaffouse et Constance, comme le désire Bonaparte, débouchera « trop amoncelée par deux ou trois gorges très resserrées ; vous conviendrez, dit-il au Premier Consul, qu'on ne pourrait y rendre bien mobile une force aussi considérable ; l'ennemi, parfaitement placé, s'apercevrait peu de son infériorité (1) ». L'examen d'une carte montre que cette appréciation du terrain dans la région Engen, Stockach, Thengen, Schaffouse était empreinte d'un certain pessimisme et que la crainte de ne pouvoir utiliser toutes ses forces semblait peu justifiée.

La concentration entre Bâle et Constance, recommandée par Bonaparte, présente, d'après Moreau, de graves inconvénients au point de vue des subsistances. Les approvisionnements seront promptement épuisés et il sera bien difficile d'en assurer le renouvellement, faute de moyens de transport et de ressources, l'Helvétie étant absolument ruinée (2). « De l'autre manière, dit-il, vous tirerez de Strasbourg et de Brisach même, pour faire subsister toute l'armée, dès que la vallée de la Kinzig et du val d'Enfer seront libres. »

Cet argument, qu'approuvait Lecourbe (3), ne manquait pas de valeur mais, ou bien il était prépondérant, et, dans ce cas, tous les autres, d'ordre stratégique, étaient inutiles ; ou bien il était secondaire et devait s'effacer devant ceux-ci.

En débouchant par Mayence, ajoute Moreau, on a encore l'avantage de dissiper tous les rassemblements

---

(1) Moreau à Bonaparte, Bâle, 24 ventôse.

(2) Moreau au Ministre de la guerre, Zurich, 12 nivôse ; au Premier Consul, Bâle, 19 nivôse et 19 pluviôse ; au Ministre de la guerre, Bâle, 21 pluviôse.

(3) « Le général Lecourbe arrive à l'instant très inquiet de la manière de faire subsister les troupes qu'on rassemble en Helvétie, persuadé comme moi qu'elles y mourront de faim si elles y restent réunies quelques jours, particulièrement la cavalerie. » (Moreau à Bonaparte, Bâle, 24 ventôse.)

de milices qui se forment entre le Mein et le Danube ;
d'imposer de fortes contributions ; d'avoir un corps dont
l'entretien ne coûterait rien à la République (1) ; « de
dégager les fonds numéraires de presque toutes les
places de commerce de nos frontières et de l'Helvétie
qui sont à Francfort, nos ennemis ne les laissant point
passer, et, sans eux, il est impossible de réaliser les traites
dont nous sommes inondés ». C'étaient là des avantages
très réels, sans doute, mais il est permis de douter qu'ils
fussent de nature à compenser les inconvénients d'un
détachement à si grande envergure.

Moreau se montrait inquiet à la pensée de franchir
le Rhin sur trois ponts jetés entre Schaffouse et
Constance ; il jugeait « dangereux d'aborder l'ennemi
sans manœuvrer à l'appui de nos excellentes têtes de
ponts » de Mayence, de Kehl, de Brisach et de Bâle.
Il désapprouvait la concentration générale des forces
avant le débouché, estimant qu'elle divulguerait ses
projets à l'adversaire, tandis que son intention était de
le tromper sur le véritable point d'attaque. « Chacun,
écrivait-il, serait parti de son cantonnement et eût
marché isolément jusqu'au point où j'étais sûr de

---

(1) Il est curieux de trouver dans un mémoire de Bacher, du 30 pluviôse an VIII, l'idée du débouché par Mayence. Après avoir examiné
divers projets d'invasion, Bacher conclut ainsi : « Il ne reste donc plus
que la route du Mein qui puisse présenter quelques avantages à une
armée française qui se proposerait de faire une invasion dans le Sud de
l'Empire germanique pour y prendre une position militaire et s'entretenir aux dépens de ses ennemis... Le moyen le plus sûr de dissiper
promptement tous ces rassemblements armés (milices) qui n'ont
jusqu'ici que peu d'ensemble et de consistance, serait de les tourner. »
Dans une lettre adressée, le 10 mars 1825, au colonel de Carrion-
Nisas, Dessolle a nié que Moreau eût jamais pensé à faire déboucher un corps d'armée par Mayence. Ses souvenirs l'ont évidemment trompé. (Carrion-Nisas, *Campagne des Français en Allemagne*, 158.)

trouver l'ennemi que l'on eût attaqué le lendemain de l'arrivée de l'armée (1). »

Cette conception reposait sur la passivité absolue des Autrichiens et n'envisageait pas l'hypothèse où ils prendraient eux-mêmes l'offensive pour battre en détail les diverses colonnes françaises avant leur réunion. N'était-il pas préférable, comme le conseillait Bonaparte, de rassembler d'abord tous ses moyens et de n'aborder l'ennemi qu'avec leur entière possession? La concentration entre Bâle et Constance pouvait, au surplus, être dissimulée à l'adversaire, car, suivant l'opinion de Napoléon à Sainte-Hélène, « il ne fut jamais un meilleur rideau qu'une rivière aussi large que le Rhin pour masquer ses mouvements; le succès était infaillible (2) ».

Poussant jusqu'à ses plus extrêmes limites le principe de l'économie des forces, Bonaparte voulait concentrer toutes les troupes de l'armée du Rhin, sans exception, entre Schaffouse et Constance. Son intention était de ne laisser, depuis Mayence jusqu'à Bâle, que quelques bataillons de dépôt dans les places fortes. Sans doute, cette partie de la frontière était couverte indirectement par le rassemblement même de l'armée, en ce sens qu'une offensive autrichienne vers le Rhin moyen

(1) Moreau à Bonaparte, Bâle, 24 ventôse.

(2) *Mémoires de Napoléon* (Montholon), t. I, p. 46.

M. le général Bonnal a fait observer avec raison que, dans l'esprit de Bonaparte, la certitude du succès ne reposait pas seulement sur le débouché en masse de l'armée par Schaffouse, mais aussi sur le secret du rassemblement préalable. Dans toutes ses campagnes de 1800 à 1815, chaque fois que Napoléon a pu prendre l'offensive, il a mis un soin extrême à tenir cachée, jusqu'au dernier moment, la zone de concentration de ses forces, parce que la manœuvre initiale d'une campagne offensive est contenue en germe dans le rassemblement. (Cours de stratégie et de tactique générale, École supérieure de guerre, 1892-1893.)

eût été prise immédiatement, en flanc et à revers, par les corps français débouchant par Schaffouse.

Mais la protection de la frontière n'était, en réalité, qu'une question secondaire. Si dérobée que fût la marche de l'armée le long du fleuve pour se concentrer entre Bâle et Constance, elle pouvait être connue, partiellement du moins, de l'adversaire. Comme il était essentiel, pour le succès de la manœuvre, que les Autrichiens ne fissent pas un mouvement similaire et restassent disséminés sur une longue ligne, de Mayence à Coire, il y avait lieu, semble-t-il, de leur opposer, entre Mannheim et Fribourg, une série de colonnes peu nombreuses, mais très mobiles, capables de leur donner l'illusion de masses considérables, et de les immobiliser, en masquant le ploiement de l'armée française sur sa droite. Il y avait donc, peut-être, dans la conception de Bonaparte, une exagération du principe de l'économie des forces, en même temps qu'une confiance très grande dans une manœuvre en présence d'un adversaire qui n'avait pas été fixé au préalable (1).

En réalité, Bonaparte et Moreau n'étaient guère d'accord que sur un point : la nécessité d'obtenir des avantages importants, sinon décisifs, sur l'armée autrichienne d'Allemagne, et de la rejeter sur la rive

---

(1) Général Bonnal, *loc. cit.* Les campagnes de 1805 et 1806 montrent « avec quelle parcimonie fut assurée la garde des frontières dangereuses durant la période précédant immédiatement l'ouverture des opérations, mais..... en même temps l'activité dépensée à mettre en jeu les moyens moraux les plus variés pour endormir la vigilance de l'ennemi, l'induire en erreur et lui inspirer des craintes imaginaires. Ces moyens ne suffisent pas et seraient trop aléatoires en face d'un adversaire résolu, actif et intelligent..... Même en stratégie, on ne peut fonder des espérances sur une manœuvre que si l'ennemi a été préalablement fixé ». (*Ibid.*)

droite du Lech, avant de faire déboucher l'armée de réserve en Lombardie (1).

Toutefois, cette condition remplie, Moreau distinguait encore deux cas, suivant que Masséna aurait été forcé ou non d'évacuer Gênes. Dans la première hypothèse, écrivait-il à Bonaparte, « réuni sur les hautes Alpes avec votre réserve, vous descendrez en Italie, par le mont Cenis et la vallée du Rhône, avec au moins 50,000 hommes ». Ce mouvement ne pouvant commencer que vers floréal, Moreau espérait être arrivé sur le Lech à cette époque et pouvoir envoyer, dans le bassin du Pô, un corps de 30,000 hommes, soit par le Vorarlberg, soit par Füssen, Innsbruck et Trente.

Dans la seconde éventualité, au contraire, que Moreau considérait comme probable, la manœuvre devenait plus brillante. La plus grande partie de l'armée de réserve suivrait d'abord l'armée du Rhin, participerait à ses opérations et serait renforcée par celle-ci, après des succès notables, jusqu'à l'effectif de 50,000 hommes. Puis elle ferait elle-même le mouvement par le Tyrol, « soutenue par des détachements qui, menaçant de descendre par les Alpes rhétiennes, mettraient l'ennemi dans la nécessité d'évacuer l'Italie, en jetant à la hâte des garnisons dans toutes les places, ou d'y être entièrement détruit ».

Moreau subordonne donc la manœuvre de l'armée de réserve sur les communications de l'armée autrichienne d'Italie, à la résistance de Masséna dans la Rivière de Gênes. Sans conteste, la présence de cette sorte d'avant-garde à grande distance, immobilisant Mélas, rendait, en effet, l'opération « plus brillante ». Mais elle ne constituait pas une condition nécessaire à son exécu-

---

(1) Moreau à Bonaparte, Bâle, 24 ventôse ; *Correspondance de Napoléon*, n° 4694 ; *Mémoires de Napoléon* (Montholon), t. I, p. 47.

tion, et la chute de Gênes ne semblait pas devoir entraîner le débouché de l'armée de réserve par le mont Cenis, c'est-à-dire l'abandon de la manœuvre sur les derrières de l'armée autrichienne.

Moreau et Lecourbe estimaient d'ailleurs tous deux qu'on ne pouvait faire que des diversions par le Saint-Gothard et le Splügen, parce qu'il fallait « au moins une chaussée pour être assuré de tous ses moyens (1) ».

_____

(1) Moreau à Bonaparte, Bâle, 24 ventôse.

CHAPITRE VIII.

Entrevues de Dessolle avec Bonaparte.

Dessolle expose les projets de son chef. — Moreau tient à utiliser ses têtes de ponts. — Inconvénients de cette manœuvre. — Le Consul préconise son plan. — Objections de Dessolle. — Bonaparte cède. — Il portera son effort décisif en Italie.

Tandis que Moreau exposait ainsi ses idées sur la prochaine campagne, Dessolle, arrivé à Paris le 22 ventôse, s'en entretenait verbalement avec Bonaparte. A la première audience, le Premier Consul l'interrogea sur la situation générale de l'armée du Rhin. Dessolle, dans ses réponses, trouva l'occasion de présenter les observations dont l'avait chargé Moreau au sujet de la concentration préalable prescrite par la lettre du Ministre de la guerre du 10 ventôse.

Il fit observer que le projet de Moreau était entièrement conforme à celui de Bonaparte, « quant au but qu'il s'agissait d'atteindre (1) », mais que, dans les moyens, Moreau profitait au moins de l'avantage des ponts qui étaient déjà en sa possession, pour franchir le Rhin et éviter la nécessité d'un passage de vive force. Il lui semblait au contraire ajouta Dessolle, qu'au lieu de tirer parti de cet avantage, on y renonçât, sans éviter aucune difficulté, mais, en réalité, pour les réunir toutes vers Schaffouse et y rendre nécessaire un plus violent effort qui pourrait échouer et entraîner peut-être des conséquences fâcheuses.

N'était-il pas préférable de menacer l'ennemi sur

---

(1) Le général Dessolle au colonel de Carrion-Nisas, 10 mars 1825. (Carrion-Nisas, *loc. cit.*, p. 158.)

plusieurs points à la fois, et de le tenir ainsi dans une
grande incertitude sur la région où s'effectuerait la
principale attaque, et où l'on éviterait d'ailleurs la
moindre démonstration? De la sorte, les Autrichiens
resteraient dans une ignorance complète à cet égard,
jusqu'au moment de l'arrivée de Saint-Cyr à Saint-Blaise
et des préparatifs de Lecourbe en face de Schaffouse.
Alors il serait trop tard pour rappeler leur droite et
même les troupes qu'ils auraient engagées dans la vallée
de la Kinzig.

Moreau ne craignait pas d'ailleurs, selon Dessolle,
de porter l'armée entière sur la rive droite du Rhin,
« quoique en colonnes séparées », en raison des dispositions de l'ennemi « qui paraissait sur la défensive »;
dont toutes les réserves étaient établies vers Donaueschingen, et dont quelques corps seulement, numériquement inférieurs, du reste, à ceux qu'on allait leur
opposer, se trouvaient placés aux débouchés occidentaux
de la Forêt-Noire. Leur rôle était moins de combattre,
affirmait-il, que d'avertir le général autrichien des
attaques plus ou moins sérieuses de l'armée française
sur la rive droite du fleuve. Ainsi, conclut Dessolle,
« Moreau se donnait les moyens d'aborder l'armée
ennemie sur Stockach, avec une supériorité notable,
garantie d'un beau succès ».

En terminant, Dessolle déclara « que si l'exécution
du plan envoyé (le 10 ventôse), était définitivement
arrêtée, Moreau priait le Premier Consul de nommer un
nouveau général au commandement de l'armée, lui ne
voulant, en aucune manière, prendre sur sa responsabilité, l'issue d'une opération qui, à ses yeux, paraissait
douteuse pour un succès et susceptible de devenir funeste
dans le cas d'un revers..... (1) ».

---

(1) Le général Dessolle au colonel de Carrion-Nisas, Paris, 10 mars
1825. (Carrion-Nisas, *loc. cit.*, p. 158.)

Bonaparte parut très surpris de cette offre de
démission qu'il n'accepta point. Bien qu'il ne fût pas
habitué à rencontrer une opposition sérieuse à ses
projets, il fit un grand effort sur lui-même.

Il entama avec Dessolle une discussion qui dura trois
jours consécutifs, dans le but de le convaincre de la
supériorité de son plan sur celui de Moreau. On peut,
dans une certaine mesure, connaître ses arguments, par
les observations dictées à ce sujet à Sainte-Hélène.

La conception de Moreau n'admettait rien moins que
l'immobilité absolue des Autrichiens (1); le débouché
par Mayence, Kehl, Brisach, « suivant la routine des
campagnes de 1796 et 1797 (2) », conduisait nécessairement à la dispersion des forces, sans que l'on fût
assuré que l'ennemi modèlerait ses actes sur ceux de
l'armée française ; « la marche de trente lieues, depuis
Vieux-Brisach à Bâle et Schaffouse, par la rive droite
du Rhin... dans un cul-de-sac, au milieu des ravins,
des forêts et des défilés... le flanc droit au Rhin et le
flanc gauche à l'ennemi (3) », présentait de graves
dangers, en présence d'un adversaire que l'on n'avait
ni droit, ni raison de supposer passif ; enfin, le général
autrichien serait « ainsi prévenu où voulait aller son
ennemi (4) » et aurait le temps de réunir à Donaueschingen les troupes de son aile droite et celles de la
vallée de la Kinzig et du val d'Enfer.

Le Premier Consul tenta ensuite, vraisemblablement,
de démontrer à Dessolle que son plan n'avait aucun des
inconvénients précédents. Ainsi qu'il l'a écrit à Sainte-

(1) « Un plan de campagne doit avoir prévu tout ce que l'ennemi peu
faire, et contenir en lui-même les moyens de le déjouer. » (*Mémoires
de Napoléon* (Gourgaud), t. I, p. 185.)

(2) *Mémoires de Napoléon* (Gourgaud), t. I, p. 164.

(3) *Ibid.*, t. I, p. 187.

(4) *Ibid.*

Hélène, il était possible de dérober à l'ennemi les marches de concentration dans la région Bâle, Schaffouse, Constance, « en interdisant toute communication de la rive gauche à la rive droite du Rhin (1) » ; de déboucher, en masse, par surprise, sur Stockach et Engen, « de manière à se mettre en bataille, la gauche au Rhin et la droite au Danube (2) ».

Il fit encore entrevoir, sans doute, à Dessolle, « les grands résultats (3) » de cette manœuvre : prendre à revers toutes les divisions autrichiennes échelonnées depuis Mayence jusqu'à Fribourg (4); « acculer le général Kray dans les défilés de la Forêt-Noire et dans la vallée du Rhin ; saisir tous ses magasins ; empêcher toutes ses divisions de se rallier ; arriver avant lui sur Ulm ; lui couper la retraite sur l'Inn et ne laisser à ses débris, pour tout refuge, que la Bohême (5) ». La campagne, a affirmé plus tard Napoléon, eût été décidée dans les quinze premiers jours (6).

Dessolle, esprit fin, cultivé et pénétrant (7), digne de servir de lien entre ces deux hommes, comprit parfaitement les idées du Premier Consul et se rendit compte de la supériorité de son plan sur les projets de Moreau. Il n'en persista pas moins à engager Bonaparte à les adopter, parce qu'il n'était pas autorisé par son chef à céder sur un point quelconque (8), et qu'il fallait, à son avis, laisser à un général, chargé d'une opération de

---

(1) *Mémoires de Napoléon* (Gourgaud), t. I, p. 186.

(2) *Ibid.* (Montholon), t. I, p. 45.

(3) *Ibid.* (Gourgaud), t. I, p. 187.

(4) *Ibid.*, t. I, p. 186.

(5) *Ibid.* (Montholon), t. I, p. 46.

(6) *Ibid.* (Gourgaud), t. I, p. 187.

(7) *Mémoires de Masséna*, t. III, p. 118; Thiers, *Le Consulat et l'Empire*, t. I, p. 261. (Thiers a connu Dessolle.)

(8) Le général Dessolle au colonel Carrion-Nisas. (Carrion-Nisas, *loc. cit.*, p. 158.)

guerre, la latitude de l'exécuter suivant ses conceptions.
Il reconnut que le plan du Premier Consul était plus
grand, plus décisif, probablement même plus sûr; mais
il ne le trouvait pas adapté au caractère du commandant
de l'armée du Rhin.

« Vous avez, dit-il à Bonaparte, une manière de faire
la guerre qui est supérieure à toutes ; Moreau a la sienne
qui est inférieure, sans doute, à la vôtre, mais excellente
néanmoins. Laissez-le agir ; il agira bien, lentement
peut-être, mais sûrement, et il vous procurera autant de
résultats qu'il vous en faut pour le succès de vos combinaisons générales. Si, au contraire, vous lui imposez vos
idées, vous le troublerez, vous le blesserez même, et
vous n'obtiendrez rien de lui, pour avoir voulu trop
obtenir. »

Le Premier Consul apprécia la sagesse des derniers
arguments de Dessolle et s'y rendit. Il connaissait d'ailleurs assez Moreau pour être assuré, qu'à défaut de
succès éclatants, celui ci saurait, par ses talents et sa
prudence, empêcher, ou tout au moins limiter un
revers (1).

« Vous avez raison, dit-il à Dessolle ; Moreau n'est
pas capable de saisir et d'exécuter le plan que j'ai
conçu. Qu'il fasse donc comme il voudra, pourvu qu'il
jette le maréchal de Kray sur Ulm et Ratisbonne, et
qu'ensuite il renvoie à temps son aile droite sur la Suisse.
Le plan qu'il ne comprend pas, qu'il n'ose pas exécuter,
je vais l'exécuter, moi, sur une autre partie du théâtre
de la guerre. Ce qu'il n'ose pas faire sur le Rhin, je vais
le faire sur les Alpes. Il pourra regretter, dans quelque
temps, la gloire qu'il m'abandonne (2). »

---

(1) Le général Dessolle au colonel Carrion-Nisas. (Carrion-Nisas, *loc.
cit.*, p. 158.)

(2) Thiers, *loc. cit.*, t. I, p. 262. — « J'ai eu l'honneur, dit Thiers,
de recueillir ce récit de la bouche même du général Dessolle. »

Le Premier Consul, si l'on en croit ses *Mémoires*, fit connaître alors au Ministre de la guerre « qu'il serait impossible d'obliger un général en chef à exécuter un plan qu'il n'entendait pas; qu'il fallait donc lui laisser diriger ses colonnes à sa volonté... (1) »

Mais avant de prendre définitivement ces résolutions, le Premier Consul subit une crise d'hésitations. Très contrarié des résistances de Moreau (2), et inquiet peut-être de la tournure que pourraient prendre les opérations sur la frontière prédominante, il revint à son projet d'assumer lui-même le commandement des armées du Rhin et de réserve réunies (3), afin de réaliser le plan qu'il avait

---

(1) *Mémoires de Napoléon* (Montholon), t. I, p. 46.

Napoléon ajoute : « .....pourvu qu'il (Moreau) n'eût qu'une seule ligne d'opérations et ne manœuvrât que sur la rive droite du Danube. » Ce dernier membre de phrase impliquait l'obligation, pour Moreau, de renoncer à faire déboucher son aile gauche par Mayence, opération qu'il préconisait dans sa lettre du 24 ventôse. De fait, le mouvement n'eut pas lieu. Dessolle affirme, pourtant, dans sa lettre au colonel de Carrion-Nisas, que le plan de Moreau fut exécuté « tel que le général Moreau l'avait conçu et arrêté ». Il déclare aussi qu' « il ne fut jamais question de faire déboucher un corps d'armée par Mayence », en quoi ses souvenirs l'ont certainement trompé. Il assure enfin qu'il ne fut jamais nécessaire d'exiger de Moreau qu'il n'eût qu'une seule ligne d'opérations.

D'après Gouvion-Saint-Cyr, Moreau aurait modifié son plan, en le rapprochant le plus qu'il put des idées de Bonaparte. (*Loc. cit.*, t. II, p. 104.)

Selon la version de Sainte-Hélène, Moreau avait été autorisé à exécuter « un projet mitoyen qui consistait à faire passer le fleuve par sa gauche à Brisach, par son centre à Bâle, par sa droite au-dessus de Schaffouse ». « Encore ce projet lui parut-il trop hardi, ajoute Napoléon, et il fit des changements en utilisant le pont de Kehl. » (*Mémoires de Napoléon* (Gourgaud), t. I, p. 164.) On observera que l'adoption de ce projet mitoyen est en contradiction avec l'autorisation de « diriger les colonnes à sa volonté ».

(2) *Mémoires de Napoléon* (Gourgaud), t. I, p. 164.

(3) *Ibid.*, t. I, p. 164 et 186; Gouvion-Saint-Cyr, *loc. cit.*, t. II, p. 103 et 118.

conçu. Peut-être des considérations d'ordre politique l'y
engageaient-elles également (1); « mais l'agitation intérieure de la République s'opposa à ce qu'il quittât sa
capitale et s'en éloignât pour autant de temps (2) ».

Cette version, que donnent ses *Mémoires*, ne semble
pas être la vraie, car Bonaparte n'eut aucune hésitation,
peu après, à quitter Paris pour se mettre à la tête
de l'armée de réserve. En réalité, il savait déjà que
Moreau refuserait d'être son subordonné. En outre, s'il
faut en croire Thibaudeau, Dessolle aurait représenté
au Premier Consul que Moreau, après avoir fait une
retraite pénible en Italie, avait besoin de succès pour
rétablir sa réputation militaire. « Le rôle qu'on lui
réservait le portait à craindre qu'on ne lui imputât les
revers, s'il en survenait, et qu'on n'attribuât au Premier Consul l'honneur des victoires (3). » Il ne pouvait
donc accepter, pour ces motifs, d'être le lieutenant de
Bonaparte.

Celui-ci, voulant éviter une démission bruyante de
Moreau, suivie sans doute d'une rupture, à une époque
où il fallait ne point se créer une hostilité aussi dange-

---

(1) A Sainte-Hélène, Napoléon a prêté les propos suivants à Rew-
bell, qui aurait dit au Premier Consul, en février 1800 : « Vous réunissez
une belle armée sur le Rhin, vous avez là toutes les troupes de la
France, ne craignez-vous pas des inconvénients de mettre tant de
troupes dans une seule main ; cette considération politique m'a toujours fait maintenir les deux armées de Rhin-et-Moselle et de Sambre-
et-Meuse ; peut-être cet inconvénient est-il moindre vis-à-vis de vous,
que le soldat regarde comme le premier général ; cependant, croyez-
moi, allez à cette armée vous-même, sans cela vous en éprouverez de
grands inconvénients. Je sais que Moreau n'est pas dangereux ; mais
les factieux, les intrigants de ce pays-ci, quand ils s'attachent à un
homme, suppléent à tout. » (*Mémoires de Napoléon* (Montholon), t. I,
p. 48.)

(2) *Mémoires de Napoléon* (Gourgaud), t. I, p. 164.

(3) Thibaudeau, *Le Consulat et l'Empire*, t. I, p. 241.

reuse, consentit à céder et renonça définitivement à se
rendre sur le Rhin (1).

C'est donc à cette époque, semble-t-il, c'est-à-dire vers
le 25 ventôse (16 mars), que, suivant Gouvion-Saint-Cyr,
la connaissance du plan d'opérations de Moreau et son
refus de le modifier, déterminèrent Bonaparte à employer
l'armée de réserve, non plus à renforcer celle du Rhin,
mais à produire un effort décisif en Italie (2).

Dès le 29, le Premier Consul n'en fait plus mystère.
Talleyrand en a connaissance et divulgue même à l'ambassadeur de Prusse à Paris, Sandoz-Rollin, que le projet
de Bonaparte est d'amener l'armée de réserve à Milan
par le pays de Vaud, le Valais et le Saint-Gothard,
avant que les Autrichiens, occupés dans la Rivière de
Gênes, aient eu le temps de rétrograder. Ils se trouveront ainsi « coupés sur leurs derrières (3) ».

Mais, tout en prenant ce parti, le Premier Consul s'efforça de faire disparaître, dans l'esprit de Moreau, toute

---

(1) Moreau à Bonaparte, Bâle, 12 germinal : « Dessolle m'a appris
que votre projet n'était pas de venir à l'armée du Rhin. »

(2) Le Ministre de la guerre à Masséna, Paris, 19 germinal (A. H. G.,
armée d'Italie) ; Gouvion-Saint-Cyr, loc. cit., t. II, p. 103.

(3) Bailleu, loc. cit., t. VIII, p. 373, Rapport de Sandoz du 29 mars.
— Kray en fut informé le 23 avril. (K. K. Arch. 1800, Deutschland,
III, 48.)

Quelques jours avant son départ de Paris, Bonaparte, à un déjeuner
aux Tuileries, s'ouvrit de son projet à Carnot, à La Clos et à Le Coulteux. Comme celui-ci s'étonnait de cette confidence, La Clos lui dit :
« Rassurez-vous ; lors même que le projet du Premier Consul serait
communiqué à M. de Mélas, il croirait que ce que vient de dire le
Premier Consul est dans le dessein de lui faire abandonner le siège de
Gênes. La suffisance autrichienne est telle, le cabinet de Vienne est si
mal instruit sur nos ressources et la facilité incroyable qu'on peut
avoir de nous remettre sur nos pieds, qu'il ne pense pas que nous
puissions mettre une armée sur pied, même en France, encore moins
de lui faire passer les Alpes. » (Lescure, Souvenirs du comte Le Coulteux, p. 29.)

trace du dissentiment qui s'était produit. Il lui fit dire
par Dessolle que personne ne s'intéressait, plus que lui,
à sa « gloire personnelle » et à son « bonheur ». Il lui
écrivit qu'il enviait son « heureux sort » et que sa confiance en lui était « entière sous tous les rapports (1). »

(1) *Correspondance de Napoléon*, n° 4674.

CHAPITRE IX.

Plan de campagne définitif.

Bonaparte arrête son plan de campagne. — Note sur les premières
opérations des armées du Rhin et de réserve. — Instructions données
à Moreau. — Appréciations de Moreau sur la situation des deux
armées. — Son projet définitif. — Réflexions qu'il suggère. —
Observations de Napoléon.

A la suite de ses entretiens avec Dessolle, le Premier
Consul arrêta définitivement son plan de campagne et
dicta à Bourrienne, le 1er germinal (22 mars), une *Note*
exposant ses vues sur les premières opérations des armées
du Rhin et de réserve (1).

L'armée du Rhin (2) passera ce fleuve du 20 au 30 germinal, se portera sur Stockach et poussera l'ennemi au
delà du Lech. La 3e division du corps de réserve (3)
franchira le Rhin et servira de réserve générale à
Moreau, mais demeurera en arrière pour maintenir la

---

(1) *Correspondance de Napoléon*, n° 4694.

(2) Le texte porte : « Le corps d'armée du Rhin ». Bonaparte donne
indistinctement le nom de « corps d'armée » à l'ensemble de l'armée
du Rhin et à chacun des quatre grands corps dont il avait prévu l'organisation. (Voir chapitre IV.)

En réalité, ces corps, dépourvus de troupes et de services techniques
leur appartenant en propre, n'étaient que des agrégats de division, ainsi
que l'a fait observer M. le général Bonnal. Toutefois, l'autonomie de la
division était détruite à l'armée du Rhin, de même qu'elle n'existait
plus dans l'organisation de l'armée de réserve. (*Correspondance de Napoléon*, n° 4552.) Le corps d'armée était même mieux constitué dans cette
armée. Il comprenait : 2 divisions d'infanterie, 2 régiments de hussards
ou chasseurs, 16 pièces d'artillerie.

(3) Voir chapitre IV. — Il s'agit du corps de Lecourbe.

communication avec Schaffouse, quand l'armée sera en Souabe. La 4e couvrira le débouché de Rheineck ; la 1re, avec les six pièces sur affûts-traîneaux, prendra position au Saint-Gothard et au Nord ; la 2e restera à Zürich, point central d'où elle pourrait éventuellement renforcer l'une des trois autres.

Le Premier Consul employait donc, à la garde de l'Helvétie, trois divisions du corps de réserve, c'est-à-dire 20,000 hommes. Ces divisions devaient faire défaut à l'armée du Rhin, dans la lutte qu'elle aurait probablement à soutenir après le passage du fleuve, tandis que leur présence pourrait contribuer peut-être à rendre la victoire décisive ou à éviter la défaite. Or, l'opération du passage des Alpes par l'armée de réserve et l'invasion subséquente de la Lombardie dépendaient étroitement — Napoléon l'a reconnu — du sort de cette bataille, et ne devenaient possibles que si l'armée autrichienne de Souabe était rejetée au delà du Lech (1).

Comment expliquer, dès lors, que Bonaparte ne laissât pas à Moreau la libre disposition de toutes ses forces, pour rendre plus probable le succès de l'armée du Rhin ? Certes, il importait de s'assurer la conservation de la Suisse dont la possession permettait, à la fois, de tourner les défenses de l'armée autrichienne d'Allemagne et de déboucher sur les derrières de celle qui occupait la Lombardie et le Piémont.

Il fallait également, à la vérité, immobiliser le corps ennemi du Vorarlberg et l'empêcher de faire irruption en Helvétie, pendant le mouvement de l'armée du Rhin en Souabe. On conçoit encore, à la rigueur, l'occupation du Saint-Gothard par une division de 5,000 hommes, en raison de l'importance qu'acquérait ce col destiné à servir de point de passage à l'armée de réserve. Mais

---

(1) *Mémoires de Napoléon* (Montholon), t. I, p. 48.

était-il réellement indispensable de maintenir 10,000 hommes à Zürich? Il eût été préférable, semble-t-il, de les faire participer à la bataille générale livrée par Moreau à Kray; puis, après une victoire, de les renvoyer sur la rive gauche du Rhin.

Comment expliquer la décision du Premier Consul? Absorbé tout entier par les opérations de l'armée de réserve qu'il allait diriger, Bonaparte paraît avoir tout ramené et sacrifié à ses propres conceptions, négligeant ainsi jusqu'à la condition nécessaire à leur exécution : la victoire préalable de Moreau sur Kray.

Les objections qui précèdent n'échappèrent point à l'homme perspicace qu'était Dessolle. Il fit observer au Premier Consul que cette répartition des troupes devait « être regardée comme soumise aux circonstances ». Il demanda qu'un article exprès de l'instruction autorisât Moreau « à faire ces mouvements et à renforcer la réserve, ainsi qu'il le jugerait à propos, d'après les forces que lui présenterait l'ennemi à son débouché ». Dessolle jugeait que si les Autrichiens recevaient la bataille non loin du lac de Constance, il n'y avait pas d'inconvénient à dégarnir la Suisse, le Valais et le Gothard exceptés. L'argument était fondé puisque, dans cette hypothèse, le mouvement même de l'armée du Rhin couvrirait l'Helvétie. Dessolle estimait enfin, non sans raison, que le nombre des troupes à y laisser augmentait en raison directe de l'éloignement de l'ennemi du lac de Constance, lorsqu'il s'arrêterait pour recevoir la bataille (1).

« Dès l'instant, disait la *Note* du Premier Consul, que le corps de l'armée du Rhin aurait poussé l'ennemi au delà d'Ulm, qu'il aurait remporté des avantages tels que l'ennemi évitât d'en venir aux mains », les 1re et 2e divi-

---

(1) Note marginale de la main de Dessolle sur la *note* précitée.

sions du corps de réserve entreraient en Italie par le
Saint-Gothard ; la 4e, puis la 3e, qui repasserait le Rhin,
suivraient le mouvement. Le jour même où Moreau fran-
chirait le fleuve, les trois premières divisions de l'armée
de Dijon se porteraient à Genève, et de là au Saint-
Gothard, soit par Berne et Lucerne, soit par la vallée du
Rhône et la Furka (1). Toutefois, Bonaparte envisageait
l'hypothèse où « des événements différents en Souabe
changeraient les circonstances » ; ce premier échelon de
l'armée de réserve pourrait alors, de Genève, se rendre
rapidement à Schaffouse.

Les trois dernières divisions de l'armée de réserve
partiraient de Dijon, dans les premiers jours de floréal,
et se dirigeraient sur Zürich ; leur effectif total, évalué à
24,000 hommes d'infanterie et 2,000 chevaux, compen-
serait, à l'armée du Rhin, le détachement qu'elle aurait
envoyé en Italie.

Bonaparte prévoyait enfin la constitution d'approvi-
sionnnements en vivres et en munitions à Lucerne et à
Hospenthal, et la réparation des chemins qui conduisent
de Lucerne à Altorf, de façon à les rendre praticables
au moins à l'infanterie et à la cavalerie (2). Dès le
24 ventôse, il avait adressé des instructions à cet effet à
Moreau ; il lui avait recommandé, en outre, de faire
établir quelques fours à Wasen et d'accélérer la construction de la flottille du lac de Constance, où il jugeait
désirable d'avoir la supériorité (3).

---

(1) Dessolle avait écrit en marge l'observation suivante que le Premier Consul raya de sa main : « Il me semble que, sans un embarras
trop grand pour les subsistances, une des trois premières divisions de
l'armée de réserve pourrait être dirigée par Pontarlier sur Lucerne, et
que cette direction la mettrait très à portée de Schaffouse, si un événement l'y appelait, sans l'éloigner de sa principale destination vers le
Saint-Gothard. »

(2) *Correspondance de Napoléon*, no 4694.

(3) *Ibid.*, no 4672.

L'intention bien nette du Premier Consul, au commencement de germinal, était donc d'utiliser le col du
Saint-Gothard pour le passage de l'armée de réserve de
Suisse en Italie. Mais Moreau lui transmit, le 30 ventôse,
une série d'observations de Lecourbe à ce sujet. A son
avis, les obstacles du Gothard étaient tels qu'ils compromettraient les troupes qu'on y ferait passer, à moins
qu'elles ne fussent d'un effectif assez considérable pour
se suffire à elles-mêmes, et encore, dans cette hypothèse,
les transports de tout genre présenteraient-ils de très
grandes difficultés. L'ennemi pourrait d'ailleurs disputer le terrain, pied à pied, dans des conditions particulièrement favorables.

A l'appui de son opinion, Lecourbe rappelait les
événements de 1799; la situation était même plus
fâcheuse actuellement, car les Russes avaient achevé
d'épuiser le pays, notamment en fourrages. Il n'existait
pas de chemin de Brunnen à Altorf; les communications
se faisaient par eau; il en était de même de Lucerne à
Stanz. Il y avait des fours à Altorf, mais non à Wasen où
il faudrait transporter tous les matériaux nécessaires.
« Le général Lecourbe, déclarait Moreau, paraîtrait se
charger avec répugnance d'une pareille opération, y
voyant de très grandes difficultés. Je puis même vous
assurer que ce que je vous transmets de son opinion est
très mitigé (1). »

Bonaparte n'avait pas encore pris connaissance de
cette lettre, quand il expédia à Moreau, le 1er germinal
(22 mars), les instructions suivantes relatives au plan
d'opérations définitif des armées du Rhin, de réserve et
d'Italie.

Il est nécessaire d'ouvrir la campagne, au plus tard,
du 20 au 30 germinal. L'armée du Rhin franchira le

_____

(1) Moreau à Bonaparte, Bâle, 30 ventôse.

fleuve à cette époque, « en profitant des avantages
qu'offre l'occupation de la Suisse pour tourner la Forêt-
Noire et rendre nuls les préparatifs que l'ennemi pourrait avoir faits pour en disputer les gorges (1) ». Bonaparte laisse donc Moreau libre d'utiliser, suivant son
désir, les têtes de ponts de Kehl, de Brisach et de Bâle,
mais il appelle son attention sur l'opportunité de déboucher par Schaffouse sur la rive droite de Rhin, pour
faire tomber ainsi la résistance que les Autrichiens oppo-
seront dans les vallées de la Kinzig et d'Enfer.

Le but du mouvement de l'armée du Rhin en Allemagne est de pousser l'ennemi en Bavière, de manière
à lui intercepter la communication directe avec Milan,
par le lac de Constance et les Grisons. Ce résultat
obtenu, et les Autrichiens refoulés assez loin vers l'Est
pour que, même victorieux ultérieurement, ils emploient
dix à douze jours pour reconquérir le terrain perdu,
Bonaparte se propose de franchir les Alpes à la tête de
l'armée de réserve renforcée du corps de Lecourbe, et
d' « opérer la jonction avec l'armée d'Italie dans les
plaines de la Lombardie (2) ».

Le Premier Consul suppose que la traversée des Alpes
pourra commencer quand Moreau sera « parvenu à
douze ou quinze marches » des points de passage du
Rhin (3), c'est-à-dire du 12 ou 15 floréal (4). En cas
d'insuccès, la retraite, très disputée, ramènera Moreau
sur le Rhin vers le 25 floréal, mais, à cette date, l'armée

---

(1) Les Autrichiens avaient parfaitement saisi les avantages que
donnait aux Français la possession de la Suisse. (Plan de campagne
rédigé par le général Chasteler, Vienne, 4 février 1800, K. K. Arch.,
1800, Deutschland, II, 12 1/2.)

(2) *Correspondance de Napoléon*, n° 4695.

(3) *Ibid.*, n° 4711.

(4) En admettant que Moreau franchisse le Rhin le 30 germinal,
dernier délai fixé.

de réserve aura terminé son mouvement et Bonaparte espère qu'une grande victoire remportée en Italie, arrêtera l'offensive autrichienne en Helvétie ou en Alsace.

Des circonstances favorables, ignorées il est vrai du Premier Consul le 1er germinal, permettaient à Moreau d'augurer du succès au début de ses opérations. L'aile droite de l'armée ennemie, au lieu de suivre parallèlement, comme Moreau l'avait pensé, le mouvement du corps de Sainte-Suzanne vers le Sud, à la fin de ventôse (1), et de venir se placer devant Kehl, s'était maintenue à Rastatt et Heidelberg (2). Les Autrichiens restaient donc disséminés depuis cette dernière ville jusqu'à Coire, par le Vorarlberg. Dès lors, Kray ne disposait, pour manœuvrer et faire face à l'attaque principale, que de la moitié environ de l'effectif total de l'armée.

La concentration des forces ne pourrait, vraisemblablement, s'effectuer que très loin, vers l'Est, après la défaite probable des corps qui subiraient le premier choc des Français débouchant en masse.

Moreau, parfaitement au courant des emplacements occupés par les forces adverses (3), ne semblait pas, d'ailleurs, apprécier ainsi la situation. A son avis, la présence des troupes de Sztaray, à Rastatt et Heidelberg, constituait pour l'ennemi un avantage « inappréciable », en lui permettant de se tenir, avec l'appui de Philippsbourg, sur le flanc gauche de ses attaques. Sans doute, il faudrait détacher un corps important pour contenir Sztaray. Moreau paraissait regretter l'abandon de

---

(1) Voir p. 60.
(2) Moreau à Bonaparte, Bâle, 1er germinal.
(3) On trouve aux Archives de la guerre « un tableau des corps composant l'armée autrichienne avec leurs emplacements et leurs forces. »

Mayence qui lui eût permis de s'établir, à son tour, sur
le flanc droit de ce dernier (1). Toutefois, loin de
redouter l'offensive de l'adversaire, il la désirait : « C'est
tout ce que Kray pourrait faire d'heureux pour nous;
s'il s'enferrait sur le Rhin ou en Suisse, il n'en sortirait
pas (2). »

Moreau prévoyait les deux hypothèses qui pouvaient
se présenter à cet égard. Si Kray attaquait l'aile droite
de l'armée, en Helvétie, Lecourbe rassemblerait ses
forces et rétrograderait de position en position jusqu'à la
Limmat s'il le fallait, en disputant le terrain, sans
s'engager à fond. Pendant ce temps, Moreau réunirait le
reste de l'armée, déboucherait par la vallée de Kinzig et
le val d'Enfer, et se porterait rapidement sur les ponts
construits par l'ennemi vers Schaffouse (3). « Nous
verrons, concluait-il très justement, comme il s'en
tirera (4). »

Si, au contraire, les Autrichiens marchaient sur Kehl
et Brisach, Moreau se proposait d'exécuter un mouvement analogue sur leurs derrières en partant du haut
Rhin. Mais il doutait que l'adversaire lui donnât « aussi
beau jeu (5) ». Il considérait comme probable une
attaque sur le Valais, mais la présence à Genève des
têtes de colonnes de l'armée de réserve lui enlevait
toute inquiétude de ce côté.

Le 8 germinal, Dessolle revenant de Paris, arriva à
Bâle et apprit, d'une manière certaine, à Moreau — qui

---

(1) Moreau croyait, à cette époque, que l'ennemi voulait « tenter
quelque chose d'important sur le bas Rhin ». (Moreau à Lecourbe,
Strasbourg, 16 germinal, Fiches Charavay.)

(2) Moreau à Bonaparte, Bâle, 1er germinal. — Cf. Moreau à
Bonaparte, Bâle, 6 germinal.

(3) Moreau à Lecourbe, Bâle, 3 germinal.

(4) Moreau à Bonaparte, Bâle, 6 germinal.

(5) *Ibid.*

pouvait encore douter (1) — que Bonaparte avait renoncé
à se rendre à l'armée du Rhin (2). Il lui communiqua en
même temps les instructions dont il était porteur. Le
général en chef et son chef d'état-major se mirent
immédiatement au travail pour organiser l'armée en
conséquence et la disposer en vue du mouvement offensif
qu'elle avait à exécuter.

Le 12 germinal, Moreau fit connaître au Premier
Consul que les Autrichiens se concentraient sur la
Wütach, face à Stein et Schaffouse, rassemblement qui,
à son avis, rendait « le passage du haut Rhin dangereux,
même imprudent ». Son intention était, dès lors, de faire
déboucher toute l'armée, sauf le corps de Lecourbe,
par les ponts de Kehl, Brisach et Bâle, et de se jeter, à
travers la Forêt-Noire, sur les derrières de l'ennemi.
Celui-ci abandonnerait vraisemblablement, dans ces
conditions, ses positions de la Wütach pour venir combattre les têtes de colonnes françaises, ce qui permettrait
à Lecourbe de franchir le Rhin vers Schaffouse.

Si, sur ces entrefaites, Kray prenait, au contraire,
l'offensive pour écraser Lecourbe isolé, celui-ci, « en
lui opposant la résistance nécessaire pour retarder sa
marche » se replierait de position en position jusque
derrière la Limmat (3). La région comprise entre le Rhin
et les lacs de Constance et de Zürich, sillonnée par les
coupures parallèles de la Thür, de la Toss et de la Glatt,
se prêtait, en effet, tout particulièrement à la manœuvre
prescrite à l'aile droite de l'armée du Rhin.

Moreau se rallia d'autant mieux aux idées du Premier
Consul, relativement à l'armée de réserve, qu'avant de

---

(1) Une lettre de Bonaparte du 25 ventôse disait en effet : « Je
souhaite fort que les circonstances me permettent de venir vous donner
un coup de main. » (*Correspondance de Napoléon*, n° 4674.)

(2) Moreau à Bonaparte, Bâle, 8 et 12 germinal.

(3) Moreau à Bonaparte, Bâle, 12 germinal.

savoir qu'elle dût être formée, il avait, assurait-il, conçu
le projet, après des succès définitifs en Allemagne, de
laisser Saint-Cyr sur la défensive en Bavière, avec une
partie de l'armée, et d'exécuter lui-même, avec le reste,
« la pointe de l'Italie (1) ».

Il reconnaissait d'ailleurs que l'armée qui se rassemblait à Dijon remplirait ce but « bien plus facilement
et plus sûrement », mais, à son avis, la ligne d'opérations
la plus recommandable à cet effet, était celle de Landeck, Nauders, Meran, Botzen et Trente. Moreau la
préconisait, sans doute, parce qu'elle permettait de
déboucher, d'une façon certaine, sur les derrières de
l'armée autrichienne d'Italie, mais le Gothard et même
le Grand Saint-Bernard offraient, à peu près, le même
avantage, pour une distance moins grande à parcourir.
Considération d'autant plus importante que la manœuvre
était liée, dans une certaine mesure, aux destinées de
l'armée de Masséna.

Le 18 germinal, Moreau, qui s'était rendu à Strasbourg, reçut du Premier Consul une dépêche télégraphique lui donnant l'ordre « d'entrer en campagne le
plus tôt possible (2) ». Dans sa réponse du même jour,
il considérait comme douteux que le mouvement pût
commencer avant le 30 germinal (20 avril), en raison
de la pénurie des approvisionnements et d'un déficit
considérable en chevaux d'artillerie.

Le gros de l'armée, mandait-il à Bonaparte, débouchera par les villes forestières, mais le corps de gauche,
commandé par Sainte-Suzanne, franchira le Rhin à Kehl.
Sa mission sera, à la fois, de faire une démonstration
sur la vallée de la Kinzig, dans le but d'y attirer
l'ennemi ; de contenir le corps de Sztaray en s'éta-

---

(1) Moreau à Bonaparte, Bâle, 12 germinal.
(2) Moreau à Bonaparte, Bâle, 18 germinal.

blissant sur la Rench et sur l'Acher ; enfin, de couvrir la tête de pont de Kehl qui n'est pas à l'abri d'un coup de main.

Bien que le Premier Consul lui eût recommandé de ne laisser que des dépôts dans les places fortes, Moreau déclarait que presque tout le corps de Sainte-Suzanne serait perdu, « pour agir réellement », par l'obligation de garder Ehrenbreitstein, Mayence et Kehl. Il espérait pourtant « lui faire occuper un corps ennemi égal au sien (1) ».

Moreau sentait, comme le Premier Consul, la nécessité d'agir sans retard, d'autant plus que l'ennemi se renforçait tous les jours. Le corps de Condé et les contingents bavarois devaient, sous peu, rejoindre l'armée autrichienne qui aurait alors la supériorité numérique. Il déplorait d'être obligé de laisser des troupes nombreuses sur les frontières d'Italie et dans les Grisons, et désirait que les premières divisions de l'armée de réserve vinssent rapidement en Helvétie, afin de lui laisser le plus possible de forces disponibles pour l'exécution d'un mouvement dont il ne se dissimulait pas les difficultés.

L'ennemi, ajoutait-il, nous attend à la tête de défilés d'une défense facile, et il ne faut pas espérer pouvoir lui donner le change sur la véritable attaque ; le mouvement que l'armée du Rhin a exécuté à la fin de ventôse ne lui laisse aucun doute à cet égard (2). Moreau voyait juste : Kray fut en effet parfaitement renseigné (3).

Le désir de Moreau de pouvoir disposer, dans un

(1) Moreau à Bonaparte, Bâle, 18 germinal.
(2) Ibid.
(3) Kray au comte Tige, Donaueschingen, 13 avril (K. K. Arch., 1800, Deutschland, IV, 57 1/4) ; Gyulai à Kray, Fribourg, 23 avril (Ibid., IV, 92). — Le rapport adressé à Gyulai par un émissaire, est écrit

bref délai, des troupes qui gardaient l'Helvétie était loin de se réaliser. Le 19 germinal, le nouveau Ministre de la guerre, Carnot (1), en lui expédiant copie des nstructions adressées à Masséna, lui rappelait en effet que « le souci de conserver la ligne de l'Helvétie intacte » le concernait tout particulièrement et qu'il devait y apporter « l'attention la plus sérieuse », aussitôt que l'armée de réserve, forte de 40,000 hommes, aurait franchi les Alpes. Si la nécessité d'atteindre cet effectif ne permettait pas à Berthier de fournir des forces suffisantes pour remplacer en Helvétie le corps de Lecourbe, Moreau devait y détacher les troupes nécessaires « pour la mettre à l'abri de toute invasion (2) ».

Tandis que le général en chef de l'armée du Rhin se rendait à Zürich pour donner, de vive voix, ses dernières instructions à Lecourbe (3), Dessolle exposait, le 20 germinal (10 avril), au Ministre de la guerre, le projet définitif, plus détaillé, des premières opérations, tel que Moreau l'avait arrêté.

Le principal effort devant se porter sur la gauche de l'ennemi, appuyée au lac de Constance, des diversions seront exécutées en vue de le faciliter. D'une part, Sainte-Suzanne débouchera par Kehl, pour attirer une partie des forces autrichiennes dans la vallée de la

---

en excellent français et non signé. — Cf. Gyulai à Kray, Fribourg, 24 avril (*Ibid.*, IV, 96) ; Kray à Tige, Donaueschingen, 24 avril (K. K. Arch., Hofkriegsrath, IV, 28).

(1) Carnot avait été nommé Ministre de la guerre par arrêté du 12 germinal an VIII. (Arch. nat., procès-verbaux des délibérations des Consuls, AF IV, 4.)

Berthier avait été appelé au commandement de l'armée de réserve le 12 germinal (2 avril 1800).

(2) Le Ministre de la guerre à Moreau, 19 germinal (*Correspondance inédite de Napoléon*).

(3) Moreau à Bonaparte, Bâle, 18 germinal.

Kinzig et contenir le corps de Sztaray. D'autre part, Saint-Cyr, franchissant le Rhin à Brisach, fera une feinte dans le val d'Enfer. Enfin, les divisions Leclerc et Delmas appartenant au corps de réserve, se porteront de Bâle sur Schliengen afin de convaincre Kray de la marche des colonnes françaises à travers la Forêt-Noire.

Moreau espérait ainsi amener les Autrichiens à occuper, avec des forces assez nombreuses, les défilés du massif montagneux et à se dégarnir en face de Schaffouse et de Stein.

Ensuite, « à jour fixé », ajoutait Dessolle, tous les corps, sauf celui de Sainte-Suzanne, feront un changement de direction vers le Sud et se porteront vers la vallée de Wütach. En même temps, le reste du corps de réserve partant de Bâle, suivra la rive droite du Rhin par les villes forestières, et le corps de Lecourbe franchira le fleuve soit à Diessenhofen, soit à Eglisau ou Kaiserstuhl, d'après les mouvements de l'ennemi.

Quant au corps de Sainte-Suzanne, après avoir fait une démonstration vers la vallée de la Kinzig, il se repliera par Kehl sur la rive gauche du Rhin qu'il remontera ensuite jusqu'à Brisach. Suivant les circonstances, il rejoindra le gros de l'armée, soit par le val d'Enfer, Neustadt et Löffingen, soit en longeant le cours du Rhin, ou bien il se bornera à couvrir les ponts de Brisach et de Bâle, en envoyant à Moreau la plus grande partie de son infanterie.

Il est possible, écrivait Dessolle, « si l'ennemi donnait dans la diversion du général Sainte-Suzanne, que le corps autrichien engagé dans la vallée de la Kinzig, s'y attardât et ne pût être rallié par Kray que postérieurement à l'époque à laquelle Sainte-Suzanne eût rejoint lui-même le gros de l'armée française, par Löffingen. »

En terminant, Dessolle mandait au Ministre que l'on faisait tous les préparatifs nécessaires pour réparer les ponts sur le Rhin depuis Bâle jusqu'à Schaffouse et pour en jeter un à Waldshut. Le but était, vraisemblablement, de tromper l'ennemi sur le véritable point de passage choisi entre Bâle et le lac de Constance.

Si l'on considère, d'après ce projet d'opérations, l'hypothèse la plus favorable à l'armée française, on peut admettre que les diversions de Sainte-Suzanne et de Saint-Cyr auront pour effet d'attirer, dans la vallée de la Kinzig et dans le val d'Enfer, des forces autrichiennes importantes. L'intention de Moreau est, sans doute, de faire couvrir ensuite le mouvement de retraite des corps de gauche et du centre par des arrière-gardes qui se maintiendront pendant un certain temps aux débouchés de ces deux passages dans la plaine de Bade.

Mais est-il en droit d'espérer que l'ennemi persistera dans son erreur quand il constatera l'immobilité ou la faiblesse offensive des têtes de colonnes françaises à Offenbourg et à Fribourg? On ne peut, certes, compter que les Autrichiens ne seront pas informés des mouvements exécutés par les corps de Sainte-Suzanne et de Saint-Cyr et par les divisions Delmas et Leclerc, sur la rive droite du Rhin, en pays ennemi.

Il est vraisemblable, dès lors, que Kray va rappeler en hâte, vers Donaueschingen, tous ses détachements de la Forêt-Noire, à part quelques troupes légères. De plus, les Autrichiens n'ont à parcourir que la corde de l'arc très convexe suivi par les Français (1). Ils ont donc pour eux toutes les chances de se trouver concentrés les premiers sur la Wütach. S'ils prennent à leur tour l'offensive, ils parviendront peut-être à empêcher la jonction des deux masses séparées de l'armée du Rhin.

---

(1) Moreau le constatait dans ses lettres du 27 germinal au Premier Consul et au Ministre de la guerre : « Comme nous avons trois ou quatre marches de plus que lui (l'ennemi) pour nous rassembler à une de ses ailes, il a tout l'avantage de la position. »

Que subsiste-t-il, dans ce cas, des avantages que Moreau accorde à son plan ? Celui d'avoir utilisé les ponts de Brisach et de Bâle pour prendre pied sur la rive droite du Rhin, mais avec le grave inconvénient d'avoir scindé ses forces en deux groupes, dont l'un se meut difficilement, en situation tactique défavorable, dans l'étroit couloir compris entre le fleuve et les montagnes, de Bâle à Schaffouse, et dont l'autre doit exécuter le passage du Rhin en présence d'un adversaire mis en éveil et concentré.

Dessolle reconnut plus tard ces défectuosités : « Il fallait, dit-il, combiner ces opérations de manière à éviter tout combat douteux dans plusieurs journées de marche, ce qui devenait assez difficile à raison des défilés qu'il fallait traverser, d'un passage du Rhin à effectuer, et de la position centrale de l'ennemi à Donaueschingen qui le mettait à même de se porter, avec toutes ses forces, sur chacun des points de la ligne que nous avions menacée (1). »

Moreau, lui-même, fut amené, inconsciemment peut-être, à reconnaître implicitement la supériorité du plan de Bonaparte sur le sien. Toujours bien renseigné sur les emplacements des forces adverses, il avait pu aisément calculer le temps nécessaire à leur concentration (2). « L'ennemi, écrivait-il, le 27 germinal, a tout l'avantage de la position, car nous avons trois ou quatre marches

_____

(1) Dessolle au Ministre de la guerre, Schaffouse, 13 floréal.

(2) Bacher avait fait transmettre à Moreau, par la légation française à Ratisbonne, « un état général de l'armée autrichienne du Rhin, sous les ordres du général Kray, y compris les troupes d'Empire et les corps de milices organisés dans les pays riverains du Rhin au 20 germinal VIII. » D'après cet état, l'aile droite forte de 28,800 hommes d'infanterie, 12,050 de cavalerie, s'étendait le long du Rhin, depuis la Nidda et le Mein, jusqu'à Fribourg ; le centre, comptant 30,000 hommes d'infanterie et 5,800 de cavalerie, était cantonné à l'Est de

de plus que lui pour nous rassembler à une de nos
ailes (1). » Il annonçait que si, dans les vingt-quatre
heures, Kray n'avait pas répondu à la proposition d'armistice qui lui avait été faite, l'armée se mettrait en mouvement. Moreau observait toutefois qu'il ne pourrait
« avoir d'action décisive que sur la Wütach, c'est-à-dire
à sept marches du débouché du général Saint-Cyr (2). »

Ces inconvénients qui apparaissaient enfin aux yeux de
Moreau, n'étaient-ils pas inhérents au projet d'opérations
qu'il avait conçu et dont il n'avait pas voulu se départir
pour adopter celui du Premier Consul, offrant les avantages de la concentration préalable restée secrète et du
débouché en masse, par surprise, au Nord de Schaffouse?

Ainsi qu'on l'a fait justement observer, si Moreau eût
fait passer la majeure partie de ses forces entre Bâle et
Constance, suivant la conception de Bonaparte, « la position des Autrichiens aurait été encore plus critique. La
colonne qui passait à Constance marchait à Stockach et
s'y emparait de ses magasins; celle de Schaffouse cou-
pait l'armée impériale de Stockach, et toutes deux se
trouvaient bientôt tellement à dos de l'ennemi, qu'il lui
était presque impossible de se rouvrir une communication
avec les États héréditaires, à moins qu'une armée de
réserve ne vînt lui faire jour... L'opération, eût été
beaucoup plus décisive parce qu'elle était *excentrique*, et
que les hommes ordinaires ne savent point prendre de
mesures contre *l'extraordinaire* (3) ».

---

la Forêt-Noire, entre Villingen et le lac de Constance, et le long du
Rhin, depuis Säckingen jusqu'à Schaffouse; l'aile gauche dont l'effectif
était de 20,500 fusils et 5,000 sabres, occupait le Vorarlberg et les
Grisons. Le total général de l'armée autrichienne « active et disponible » s'élevait, d'après ce document, à 111,650 hommes.

(1) Moreau au Ministre de la guerre, Bâle, 27 germinal.
(2) Moreau au Premier Consul, Bâle, 27 germinal.
(3) Bülow, *Histoire de la Campagne de 1800*, p. 27.

Mais le sort en était jeté. Si les inconvénients du projet de Moreau se manifestaient enfin, il était trop tard, à la veille de l'ouverture des opérations, pour le modifier. Le 27 germinal, Kray répondait, en effet, qu'il n'avait pas de pouvoir pour traiter d'un armistice (1). Moreau se décida à agir sur-le-champ (2).

Dans le but d'attirer l'attention des Autrichiens vers leur droite, Moreau fit publier un ordre du jour annonçant que le quartier général de l'armée serait transféré, le 28 germinal, de Bâle à Ensisheim, et le 29 à Colmar où il resterait établi jusqu'à nouvel ordre. De sa personne, il se rendit à Strasbourg dans la nuit du 27 au 28 (3), après avoir chargé Dessolle de donner au Ministre de la guerre toutes les indications d'ensemble sur les mouvements prochains qu'il se proposait d'exécuter.

Sainte-Suzanne devait déboucher le 5 floréal (25 avril),

---

(1) Moreau à Bonaparte, Bâle, 27 germinal.

(2) Les derniers renseignements recueillis par Moreau au moment d'entrer en campagne, étaient les suivants :

Grand quartier général du F. Z. M. Kray à Donaueschingen.

Aile droite, commandée par Sztaray, quartier général à Heidelberg; de Mayence à Fribourg; 50,000 hommes environ de toutes armes.

Centre, sous les ordres de Nauendorf, quartier général à Stühlingen; de Fribourg à Lindau; 45,000 hommes environ de toutes armes.

Aile gauche, commandée par le prince de Reuss, quartier général à Bregenz; de Lindau à Coire, Ilanz et Dissentis; 26,000 hommes environ de toutes armes.

Effectif total : 121,000 hommes environ.

(*Bulletin* du 1er floréal.)

Ces renseignements étaient corroborés par les rapports des déserteurs et des espions. (Dessolle au Ministre de la guerre. Bâle, 5 floréal.) Moreau savait que les réserves étaient constituées à Donaueschingen. (*Bulletin de Schaffouse* du 3 floréal.)

(3) Moreau au Ministre de la guerre, Bâle, 27 germinal. — Cette ruse ne réussit pas : Kray apprit, le 27 avril, que Moreau avait reporté son quartier général à Bâle. (K. K. Arch. Deutschland, 1800, IV, 154.)

par Kehl, sur Offenbourg, observer le corps de Sztaray,
l'amener à jeter une partie de ses forces dans la vallée
de la Kinzig et retarder sa jonction avec le gros de l'armée ennemie (1). La mission de Saint-Cyr était de franchir le Rhin à Brisach le même jour; de se porter sur
Fribourg; de menacer Waldkirch et le val d'Enfer, pour
faire croire à l'ennemi que ses opérations se liaient à
celles de Sainte-Suzanne. Ensuite, « marchant rapidement par sa droite », Saint-Cyr suivrait le mouvement
du corps de réserve (2). Celui-ci, partant de Bâle le 6
ou le 7, était chargé de suivre la rive droite du Rhin par
Säckingen et Waldshut, et d'atteindre la Wütach à
Thengen (3). Un gros détachement de flanqueurs du
corps de Saint-Cyr passerait par Fribourg, Todnau,
Saint-Blaise, Stühlingen.

Le jour même où les corps de réserve et du centre
attaqueraient la position de la Wütach, Lecourbe devait
tenter un passage de vive force du Rhin, entre Stein et
Diessenhofen. Suivant les circonstances, il prendrait les
Autrichiens à revers s'ils résistaient sur la Wütach, ou
formerait la droite de l'armée, s'ils se repliaient sur
Stockach (4). Dans cette dernière hypothèse, Sainte-
Suzanne rétrograderait sur Brisach et rejoindrait Moreau
par le val d'Enfer et Löffingen (5).

« Tous les mouvements que je fais par ma gauche,
écrivait le général en chef, ont pour but de l'attirer

(1) Dessolle au Ministre de la guerre, Strasbourg, 4 floréal; Dessolle à Sainte-Suzanne, 3 floréal.

(2) Dessolle au Ministre de la guerre, Strasbourg, 4 floréal; Dessolle à Saint-Cyr, Bâle, 1er floréal.

(3) Moreau à Dessolle, Bâle, 30 germinal ; Dessolle au Ministre
de la guerre, Strasbourg, 4 floréal; Moreau à Lecourbe, Bâle, 2 floréal ;
Dessolle à Delmas, Bâle, 2 floréal.

(4) Dessolle à Lecourbe, Bâle, 1er floréal.

(5) Dessolle au Ministre de la guerre, Strasbourg, 4 floréal.

(l'ennemi) vers la Kinzig pour en avoir moins à combattre à la tête des villes forestières..... Je peux réussir, mais il faudra de la vigueur; tout le monde me témoigne de la bonne volonté (1). »

Moreau savait que les Autrichiens avaient reçu « de puissants renforts » en Allemagne. Déduction faite de ce que l'armée du Rhin laissait en Suisse, à Mayence et dans d'autres places, l'ennemi « est plus fort que nous, disait-il, mais la seule supériorité qui me donne quelque inquiétude est celle de son artillerie, plus nombreuse que la nôtre du double (2) ».

Dans sa correspondance avec Berthier, Moreau se montrait plus optimiste : « Le signal est donné et j'espère que les ennemis de la République se ressentiront d'avoir refusé la paix. Comptez sur nos efforts. L'armée est dans les meilleures dispositions et tout promet un heureux début (3). »

Le Premier Consul lui manifestait d'ailleurs son « entière confiance (4) » ; il n'est « personne au monde », affirmait-il, qu'il estimât davantage (5).

En réalité, quelles que fussent les défectuosités du plan de Moreau, Bonaparte lui laissa définitivement gain de cause et ne fit même plus allusion aux manœuvres qu'il avait préconisées lui-même. Deux raisons l'y avaient déterminé. Il n'était pas possible d'imposer à Moreau un projet d'opérations contraire à ses idées ; Bonaparte

---

(1) Moreau au Premier Consul et au Ministre de la guerre, Bâle, 27 germinal.

(2) Moreau à Bonaparte, Bâle, 27 germinal. — D'après Moreau, l'armée du Rhin disposait d'un peu plus de 100 bouches à feu, l'armée autrichienne de 300. « Cela tient au défaut de chevaux, ajoutait-il, pour n'avoir nulle inquiétude à cet égard, il nous en faudrait près de 3,000. »

(3) Moreau à Berthier, Strasbourg, 4 floréal.

(4) *Correspondance de Napoléon*, n° 4725.

(5) *Ibid.*, n° 4713.

s'était, en 1796, très nettement expliqué à cet égard (1).
Il importait aussi d'éviter une rupture avec le général le
plus réputé de la République, qui pouvait devenir un
rival dangereux, à un moment où le Premier Consul
avait besoin de consolider sa situation.

Napoléon jugea plus tard avec sévérité les premières
manœuvres de Moreau :

« La marche de trente lieues depuis Vieux-Brisach à
Bâle et Schaffausen par la rive droite du Rhin était
fâcheuse ; l'armée pressait son flanc droit au Rhin et son
flanc gauche à l'ennemi ; elle était dans un cul-de-sac,
au milieu des ravins, des forêts et des défilés. Le feld-
maréchal Kray fut ainsi prévenu où voulait aller son
ennemi ; il eut huit jours pour se concentrer ; aussi fut-il
réuni en bataille à Engen et Stockach, et en mesure de
couvrir ses magasins et Ulm avant le général français
qui, cependant, avait l'initiative du mouvement. Si
Moreau eût débouché par le lac de Constance avec toute
l'armée, il eût surpris, défait et pris la moitié de l'armée
autrichienne ; les débris n'auraient pu se rallier que sur
le Neckar ; il fût arrivé à Ulm avant elle. Que de résultats ! La campagne eût été décidée dans les quinze
premiers jours (2). »

« Moreau manœuvra comme si la Suisse eût été
occupée par l'ennemi, ou eût été neutre ; il ne sentit pas
le parti que l'on pouvait tirer de cette importante possession en débouchant par le lac de Constance. Le
général Kray eût été perdu sans ressource, si Moreau
eût pu comprendre qu'il fallait que toute son armée
débouchât par où déboucha Lecourbe. Le détail d'opérations si mal conduites faisait souvent dire au Premier Consul : « *Que voulez-vous, ils n'en savent pas*

---

(1) *Mémoires de Napoléon* (Montholon), I, p. 7 et IV, p. 347.
(2) *Ibid.* (Gourgaud), t. I, p. 187.

davantage ; ils ne connaissent pas le secret de l'art, ni les ressources de la grande tactique ! (1) »

Il est impossible de faire une critique plus juste du plan et des premières opérations de Moreau.

---

(1) *Mémoires de Napoléon* (Montholon), t. I., p. 47.

CHAPITRE X.

Plan d'opérations autrichien (1).

Projet d'offensive simultanée en Italie et en Allemagne. — Opinion de Sztaray. — Kray partisan d'une diversion d'Italie en Suisse. — Chasteler veut s'emparer tout d'abord de la Suisse. — La décision finale : défensive en Allemagne, offensive en Italie.

Le plan d'opérations des armées autrichiennes avait été arrêté à Vienne le 4 février 1800. Il était, en principe, basé sur une offensive simultanée dans la région du lac de Constance et en Italie.

Le rôle principal incombait à l'armée d'Allemagne. Forte de 120,000 combattants (2), elle devait former trois groupes : un corps principal (60,000 hommes, répartis en 6 divisions) aux sources du Danube ; un corps de 30,000 hommes du côté de Feldkirch ; un autre de même force vers Heidelberg. Une division, à l'effectif de 15,000 hommes, tirée de l'armée d'Italie, devait, par le Petit Saint-Bernard, pénétrer en Suisse et appuyer le mouvement du corps principal ; elle serait rejointe dans le Valais par 5,000 hommes, venus des Grisons par le Saint-Gothard, et, ainsi renforcée, s'établirait entre Morat et Niedau (3), en attendant de pouvoir opérer sa jonction avec le corps principal sur les bords du lac de Bienne. En outre, 25,000 hommes du corps d'occupation

---

(1) Les renseignements qui suivent sont, en grande partie, extraits de l'*Œsterreichische militärische Zeitschrift*, Vienne, 1836, t. I, *Der Feldzug 1800 in Deutschland*, p. 253 sqq. Les autres sources utilisées seront indiquées au cours même du chapitre.

(2) Renseignement confirmé dans le mémoire intitulé : *Plan pour la campagne de 1800 du général Chasteler* (K. K. Archiv, III, 12 1/2.)

(3) Niedau, sur la Thièle, au débouché Nord du lac de Bienne.

du Vorarlberg, passant par Sargans et Zürich, devaient rejoindre à Brügg le gros de l'armée.

L'investissement et, vraisemblablement, la prise d'Huningue et de Landskron, voire même la possibilité de pousser une forte avant-garde jusque vers Belfort, tels étaient les résultats attendus de cette première partie de la campagne.

On admettait à Vienne que la concentration probable de l'armée française s'effectuerait en Lorraine, en Alsace, en Franche-Comté et en Bourgogne. Dans cette hypothèse, le corps d'Heidelberg devait franchir le Rhin et envahir la Lorraine, tandis que le corps principal, masquant Neuf-Brisach et Belfort, prendrait solidement pied sur les Vosges, pousserait son aile gauche dans la vallée de la Saône et chercherait à faire sa jonction avec l'armée d'Italie, qui, par la Savoie, devait, selon toutes les prévisions, arriver à cette époque à hauteur de Lyon.

Ce plan compliqué et visant des objectifs géographiques, ne paraît pas avoir été unanimement approuvé par les généraux chargés de l'exécuter. Le feldzeugmeister Sztaray, appelé à exprimer son opinion sur le dispositif adopté pour l'armée autrichienne d'Allemagne, estimait qu'en raison des avantages offerts aux Français par l'occupation de la Suisse, « il était de toute nécessité d'établir l'ensemble des forces autrichiennes dans une position leur permettant de livrer bataille dans les conditions les plus avantageuses et surtout d'utiliser leur nombreuse et excellente cavalerie »; à son avis, c'était donc aux sources du Danube, « sur la rive droite, dans la région Stockach et Pfullendorf », que l'armée autrichienne devait être concentrée (1). Là on pouvait à la fois voir venir les Français débouchant à travers les

---

(1) Sztaray à Kray, Heidelberg, 9 avril 1800 (*K. K. Archiv*, IV, 48.)

défilés de la Forêt-Noire et veiller à un passage du Rhin en aval du lac de Constance.

Kray considérait la nécessité d'une offensive combinée, immédiate, comme indispensable au succès final des opérations futures. D'après lui, il n'échapperait pas à l'ennemi que c'était en Allemagne qu'il était le plus facile de frapper de grands coups, susceptibles « d'un retentissement fâcheux sur les événements ultérieurs en Italie »; l'armée d'Allemagne aurait donc à supporter tout le choc de la masse des troupes françaises, et, en raison de la supériorité numérique de celles-ci, il ne pensait pas pouvoir y résister sérieusement, si, en même temps, une diversion n'était pas tentée en Suisse par Mélas (1).

Mais, à son avis, ces opérations de l'armée d'Italie vers la Suisse ne devaient pas être confiées à de petites colonnes, opérant par le Saint-Gothard, le Simplon et le Petit Saint-Bernard; ces colonnes, sans aucune liaison entre elles, se trouveraient dans l'impossibilité de faire quoi que ce soit d'efficace, et seraient exposées, par suite de leur faiblesse et de leur isolement, à être détruites séparément (2).

La seule solution susceptible de donner des résultats, pensait-il, était de jeter brusquement au cœur de la Suisse, par le Petit Saint-Bernard et le bas Valais, un fort corps d'armée agissant en toute indépendance; par cette manœuvre, on prenait possession d'une des régions les plus riches de la Suisse; les facilités de ravitaillement ultérieur étaient assurées; l'ennemi ne manquerait pas d'être surpris par cette attaque inattendue sur ses derrières (3).

---

(1) Kray à Mélas, Donaueschingen, 26 mars 1800 (*K. K. Archiv*, III, 130.)

(2) Kray à Mélas, Donauschingen, 12 avril 1800 (*K. K. Archiv*, IV, 55.)

(3) *Ibid.*

Kray, de son côté, franchissait le Rhin, pénétrait en
Suisse, enlevait la position de Zürich, et, malgré le
danger auquel il se jugeait exposé par une marche de
flanc à proximité de l'ennemi, malgré la supériorité
numérique écrasante des Français, il se portait hardi-
ment au-devant du corps venu d'Italie, opérait sa jonction avec lui vers Berne, et obligeait les Français, attaqués en tête et surpris en queue, à évacuer la Suisse
pour échapper à une destruction totale (1).

Dans l'esprit de Kray, c'était à ce prix seulement qu'il
serait possible de reprendre plus tard la marche en
avant, et de faire face à la fois à l'armée française du
Rhin et à l'armée de réserve en formation aux environs
de Dijon, tout en étant couvert du côté de l'Allemagne
par les troupes chargées d'investir Huningue et Belfort (2).

En tout cas, les Autrichiens avaient parfaitement compris l'avantage que donnait aux Français l'occupation de
la Suisse. Le général Chasteler estimait qu' « il fallait
d'abord chasser les Français de ce pays, puis envahir la
France par sa partie la plus faible, entre Genève et
Huningue (3) »; Kray ne jugeait pas ce projet exécutable
sans la coopération de l'armée d'Italie. Quant à Mélas,
tout en admettant le principe d'une coopération effective avec l'armée autrichienne d'Allemagne, il estimait
qu'il était impossible de tenter la moindre diversion du
côté de la Suisse, tant que les opérations engagées dans
la rivière de Gênes n'auraient pas donné de résultats
décisifs. L'archiduc Charles, ancien commandant en

---

(1) Kray à Mélas, Donaueschingen, 12 avril 1800 (*K. K. Archiv,*
IV, 55); Kray au comte Tige, vice-président du Conseil aulique,
Donaueschingen, 12 avril 1800 (*K. K. Archiv, H. K. R.,* 4-26.)

(2) *Ibid.*

(3) *Plan pour la campagne de 1800 du général Chasteler* (*K. K.
Archiv,* III, 12 1/2.)

chef de l'armée d'Allemagne, qui comprenait cependant
tout le danger d'une victoire française en Souabe, partageait d'ailleurs la manière de voir de Mélas (1).

C'est cette opinion qui prévaudra : on prendra l'offensive en Italie ; on restera sur la défensive en Allemagne.

Masséna, par son héroïque résistance, retiendra dans
la rivière de Gênes les forces destinées à appuyer par le
Petit Saint-Bernard le mouvement de l'armée d'Allemagne ; Kray attendra, dans une défensive absolue, que
les progrès de l'armée d'Italie lui permettent à son tour
d'entamer les opérations contre les Français. La mise à
exécution du plan élaboré par le général Chasteler sera
remise à plus tard.

« Il ne résulte ni des journaux de marche existants de
l'armée, ni des autres documents, que le F. Z. M. Kray
eût été décidé à suivre ce plan. Au contraire, plusieurs
rapports adressés au Conseil aulique et au général Mélas,
exprimaient qu'en principe Kray était décidé à agir
d'après les circonstances..... Pourquoi s'est-il constamment tenu sur la défensive ?..... Est-ce parce que
Mélas, dont il attendait une diversion par le Saint-
Bernard, lui avait fait connaître qu'il ne pourrait rien

---

(1) L'archiduc Charles écrivait, à la date du 11 avril 1800 :

« Vous savez que je crois que l'offensive seule permet d'avancer ; qu'il
n'est pas absolument nécessaire pour cela de tenir la Souabe ; que, pour
accomplir cette opération, l'armée du F. Z. M. Kray doit être renforcée
de 25,000 à 30,000 hommes, et que ce renfort ne peut lui être envoyé
par l'armée d'Italie qu'après que nous aurons conquis la Riviera.....
L'ennemi doit chercher à nous devancer, à attaquer l'armée en Souabe
avant qu'elle soit renforcée et à obtenir une victoire décisive. Ici le sort
de la campagne peut se décider en une seule journée.....

« Une victoire décisive en Souabe assure à l'ennemi la possession de
la Suisse, peut nous obliger à reculer également en Italie et peut
mener l'ennemi jusqu'à la frontière autrichienne..... » (*Correspondenz
des E. H. Karl an E. H. Ferdinand d'Este*, 1800-1801, Prag, 11 avril,
K. K. Archiv.)

faire tant qu'il n'en aurait pas fini avec Masséna? » Ainsi
s'exprime, dans une lettre au général Chasteler, un officier général autrichien dont le nom est resté inconnu (1).

Le résultat de ces hésitations, de ce manque d'entente
entre les généraux autrichiens, sera que l'armée autrichienne d'Allemagne se laissera surprendre par la
brusque offensive de Moreau, et que le plan d'opérations
élaboré à Vienne pour l'armée autrichienne échouera
complètement.

------

(1) Lettre adressée au général Chasteler, par un F. M. L. inconnu.
(*K. K. Archiv*, XIII, 52.)

CHAPITRE XI.

La convention de Bâle.

Nécessité d'une entente entre les généraux en chef. — Missions de
l'armée de réserve. — Clauses arrêtées entre Moreau et Berthier.
— Envoi d'un détachement de l'armée du Rhin en Italie. — Do-
léances de Berthier et de Dupont. — Bonaparte reste fidèle au texte
de la convention.

Le plan d'opérations définitif des armées du Rhin, de
réserve et d'Italie avait été exposé à Moreau dans les
instructions qui lui avaient été adressées par les Consuls
le 1er germinal (22 mars) (1). Mais, pour que ce plan fût
exécuté avec ensemble sur les différentes parties de la
ligne qui s'étendait depuis le Danube jusqu'à Gênes, une
entente était indispensable entre les généraux qui commandaient en chef (2).

Bonaparte s'était réservé le commandement direct de
l'armée de réserve dont il avait confié le commandement
nominal à Berthier. Aussi fût-ce à Berthier qu'il demanda,
le 19 germinal, d'aller se concerter avec Moreau sur les
dispositions à prendre pour donner de l'unité aux opérations (3). Il eut soin de lui indiquer les différentes
missions que l'armée de réserve avait à remplir : elle
devait tout d'abord appuyer le mouvement de l'armée du
Rhin au début de la campagne et lui prêter secours au
besoin ; puis passer en grande partie en Italie, renforcée
du corps de Lecourbe ; enfin laisser à la garde de la
Suisse des forces suffisantes pour garantir ce pays contre
toute invasion.

---

(1) *Correspondance de Napoléon*, nos 4694, 4695.
(2) *Ibid.*, no 4710.
(3) *Ibid.*, nos 4710, 4711.

Le Premier Consul avait soin de rappeler en même temps à Moreau, par une lettre du 21 germinal, que son rôle essentiel était d'agir le plus rapidement possible contre les Autrichiens, par une offensive énergique ; il lui soulignait la faiblesse de l'armée d'Italie, qui ne pouvait être compensée que par l'activité immédiate des armées du Rhin et de réserve (1).

Les points sur lesquels Moreau et Berthier avaient surtout à s'entendre n'étaient donc plus que des points de détail, puisque Bonaparte précisait encore le plan général à suivre ; ils devaient décider quel effectif serait emprunté à l'armée de réserve pour garder la Suisse et quelle portion de l'armée du Rhin serait envoyée en Italie. Il leur appartenait enfin de fixer l'époque à laquelle ce détachement aurait lieu.

Berthier partit de Paris le 21 germinal, accompagné de son chef d'état-major le général Dupont ; il n'arriva à Bâle que le 25, par suite du mauvais état des routes (2) ; dès le lendemain il entra en conférence avec Moreau, qu'assistait Dessolle.

Moreau émit l'avis que les forces qu'il avait à laisser en Helvétie devaient être celles strictement nécessaires à la protection du pays ; 11 bataillons aux ordres de Moncey, sur les 40 dont se composait son aile droite, lui semblaient suffisants. Ce jugement était en harmonie parfaite avec les intentions du Premier Consul, qui désirait avant tout un succès décisif remporté sur Kray, afin de pouvoir opérer ensuite plus librement avec l'armée de réserve et l'armée d'Italie. Moreau était disposé à envoyer en Italie, aussitôt ce premier succès obtenu, un corps composé du quart de l'infanterie et du cinquième de la cavalerie de l'armée du Rhin.

---

(1) *Correspondance de Napoléon*, n° 4713.
(2) Berthier au Premier Consul, 24 germinal. (A. H. G., armée de réserve.)

Deux mesures devaient d'ailleurs contribuer à assurer la sécurité de la Suisse ; d'une part en effet, Moreau s'engageait à manœuvrer constamment de manière à écarter l'armée ennemie du Tyrol (1) ; d'autre part, Berthier lui-même devait porter une partie de ses troupes à Genève, appuyant ainsi les 11 bataillons qui assumaient la mission de couvrir le pays.

La désignation du général destiné à commander le corps de l'armée du Rhin qui devait passer en Italie, offrit plus de difficultés. Berthier, fidèle aux instructions du Premier Consul, désirait que ce fût Lecourbe (2) ; il exposa, suivant Mathieu Dumas, « qu'une grande énergie et son talent pour la guerre de montagnes, si bien éprouvés pendant la campagne précédente, devaient rendre ce général fort utile sur un terrain où ces connaissances locales et son expérience ne pouvaient être suppléées (3) ». Mais Moreau, qui appréciait mieux que personne le mérite de son lieutenant, déclara qu'il voulait absolument avoir avec lui le général Lecourbe (4), au moins pour les premières opérations de la campagne. Berthier lui accorda cette satisfaction.

Les deux généraux décidèrent aussi que, si Kray ne répondait pas dans les vingt-quatre heures à la proposition d'armistice qui lui avait été faite le 23 germinal, sur l'ordre des Consuls, l'armée française passerait le Rhin immédiatement.

La convention de Bâle, entente rapide et cependant complète, fut arrêtée dès le 26 germinal (16 avril). Berthier chargea le général Dupont d'expédier au Ministre de la guerre le texte des articles qui en faisaient l'objet. Mais il eut le temps, avant de partir pour Dijon,

---

(1) Berthier à Bonaparte, Bâle, 26 germinal.
(2) *Correspondance de Napoléon*, n° 4626.
(3) Mathieu Dumas, t. III, p. 89.
(4) Berthier à Bonaparte, Bâle, 26 germinal.

d'écrire lui-même au Premier Consul et de lui donner
quelques détails sur les décisions prises (1). L'offensive
de Moreau lui semblait assurée du plus grand succès ;
mais il pensait néanmoins que le général Lecourbe ne
pourrait, avant un temps assez éloigné, revenir avec les
forces nécessaires pour passer en Italie ; il faisait d'ailleurs connaître l'opinion de Lecourbe, d'après laquelle
le passage par le Saint-Gothard était fort difficile, tandis
que la route du Tyrol semblait préférable (2).

Bonaparte approuva la convention telle qu'elle avait
été conclue. Il prit soin en même temps de montrer à
Berthier que l'intervention de Lecourbe avec un corps
aussi considérable que celui dont il était question, n'était
pas indispensable au succès de ses projets. L'opération en
Italie était encore possible, pensait le Premier Consul,
avec un renfort de 5 demi-brigades d'infanterie et de
2,000 hommes de cavalerie. Il représenta d'ailleurs à
Berthier que, même si Moreau se trouvait empêché de
lui envoyer des secours importants, ses seules forces pouvaient lui suffire pour agir (3).

Berthier ne partageait pas l'optimisme de Bonaparte.
A la nouvelle que Masséna avait été attaqué (4), il revint
d'une manière plus ferme au sentiment qu'un corps
important, commandé par Lecourbe, était nécessaire
pour franchir le Saint-Gothard. Il écrivit de Dijon à
Bonaparte le 5 floréal et lui demanda de prendre une
décision qui fût indépendante « des événements du Rhin

---

(1) Cette lettre est datée du 26 germinal, mais il annonçait plus de
détails à son arrivée à Dijon. Il écrivit en effet le 29 (*Correspondance de
Napoléon*, n° 4724).

(2) Berthier à Bonaparte, Bâle, 26 germinal.

(3) *Correspondance de Napoléon*, n° 4724.

(4) La nouvelle officieuse en parvint à Bonaparte le 4 floréal. (Le
Ministre de la guerre à Berthier, 4 floréal, A. H. G., armée de réserve.)

et même de ceux de l'aile droite de l'armée d'Italie (1) ».
Il exprima même le désir que le Premier Consul donnât
à Moreau l' « ordre impératif » de réunir le 15 floréal à
Lucerne un corps de 15,000 hommes avec le matériel, les
mulets et les approvisionnements nécessaires pour le
passage du Saint-Gothard, et que ce corps fût placé sous
les ordres de Lecourbe. Dupont écrivit le même jour au
Ministre de la guerre pour lui adresser la même
requête (2). Berthier insista encore dans une nouvelle
lettre qu'il écrivit à 11 heures du soir à Bonaparte (3).

Deux jours plus tard, le 7 floréal, Dupont revint sur
le même sujet, en des termes qui montrent combien
Berthier et lui-même attachaient d'importance à la
mesure qu'ils demandaient.

« Il est indispensable, écrivait-il au Ministre, ...
que le général Moreau nous donne sur-le-champ
15,000 hommes, avec l'artillerie nécessaire à ce corps. Si
le général Lecourbe arrive à temps, quel que soit le sort
de la Rivière de Gênes, nous franchirons avec confiance
les Alpes et nous pourrons nous maintenir en Lombardie.... Le général en chef insiste sur la nécessité
d'ordonner au général Lecourbe de se réunir à lui. Sans
ce secours, nous ne pouvons rien tenter avec succès.
Moreau sera encore supérieur à son ennemi. Si ce secours
nous était refusé, nous serions inférieurs à l'ennemi...
et le sort d'une bataille dans le Piémont serait très douteux. L'opération par le Gothard avec le corps de
Lecourbe est la plus grande et la plus sûre (4) ».

Malgré ces démarches réitérées, Bonaparte resta inébranlable dans la décision qui avait été sanctionnée par
la convention de Bâle, et qui n'accordait à la garde de

(1) Berthier à Bonaparte, Dijon, 5 floréal. (A. H. G., armée de réserve.)
(2) Dupont au Ministre de la guerre, 5 floréal. (*Ibid.*)
(3) Berthier à Bonaparte, Dijon, 5 floréal. (*Ibid.*)
(4) Dupont au Ministre de la guerre, Dijon, 7 floréal. (*Ibid.*)

l'Helvétie que les 11 bataillons placés sous les ordres de
Moncey. Carnot écrivit en effet, sur la lettre envoyée par
Dupont le 7 floréal : « Le Premier Consul n'a pas
approuvé cette distraction de 15,000 hommes (1).

Bonaparte voulait-il ainsi éviter de froisser Moreau,
c'est chose possible ; mais il était guidé surtout par des
raisons plus hautes. Une lettre du général en chef de
l'armée du Rhin lui avait appris que les Autrichiens
avaient reçu de puissants renforts en Allemagne (2), et
lui avait fait penser que cette armée devait conserver
toutes ses forces pour entamer la lutte. Kray avait d'ailleurs répondu, dès le 27 germinal, à la proposition
d'armistice qui lui avait été faite, qu'il n'avait pas qualité
pour signer une suspension d'armes (3). Les opérations
de l'armée du Rhin étaient commencées, et Bonaparte
jugeait inopportun de donner de nouveaux ordres à
Moreau.

Carnot fit écrire le 10 floréal aux généraux Berthier et
Dupont que leurs demandes ne pouvaient être agréées ;
il leur exposa très nettement qu'en enlevant 15,000
hommes à Moreau dès le début, c'était risquer de compromettre son succès ; que Lecourbe, étant prêt à passer
le Rhin, on s'exposerait à être battu partout en changeant
sa destination avant d'avoir assuré la position de l'armée ;
il conclut enfin que le mieux était d'observer fidèlement
la convention de Bâle (4).

Ainsi, Moreau restait libre d'agir comme bon lui semblait. Bonaparte lui laissait le soin de fixer l'effectif des
troupes d'Helvétie, d'envoyer à la date qui lui semblerait

---

(1) Dupont au Ministre de la guerre, Dijon, 7 floréal. (A. H. G.,
armée de réserve, note marginale.)

(2) Moreau à Bonaparte, Bâle, 27 germinal.

(3) Moreau au Ministre des relations extérieures, Bâle, 27 germinal.

(4) Carnot à Berthier et Dupont, 10 floréal. (A. H. G., armée de
réserve.)

convenable les renforts destinés à l'armée de réserve, et
de désigner le général qui devait les commander ; enfin,
quoiqu'il eût primitivement fixé le 30 germinal comme
date extrême de l'ouverture des opérations (1), il estimait
que Moreau pouvait n'entrer en campagne que dans les
dix premiers jours de floréal (2).

---

(1) *Correspondance de Napoléon*, n° 4695.
(2) *Ibid,,* n° 4722.

CHAPITRE XII.

Les armées opposées le 1er floréal (21 avril) 1800 (1).

---

§ I. — ARMÉE FRANÇAISE.

Le 21 avril, l'armée française s'étendait le long du Rhin depuis Coire, par le lac de Constance, Bâle et Strasbourg, jusqu'aux abords de Mannheim. Elle occupait par des détachements les vallées supérieures du Rhône, du Rhin et de la Reuss ; des divisions stationnaires avaient leur quartier général à Besançon (6e), Nancy (4e), Metz (3e), Strasbourg (5e), Mayence (corps du bas Rhin), Coblentz (26e), celle-ci gardant à l'extrême-gauche, Bonn et Dusseldorff. Son quartier général avait été tranféré, le 29 germinal (19 avril), de Bâle à Colmar, et, de sa personne, Moreau s'était rendu à Strasbourg dans la nuit du 27 au 28 germinal pour donner le change aux Autrichiens sur ses projets, en attirant leur attention vers leur droite.

L'armée du Rhin était divisée en quatre corps désignés sous les noms de : aile droite, corps de réserve, centre, aile gauche (2).

.L'AILE DROITE, quartier général Zürich, commandée par le lieutenant général Lecourbe, se composait de 4 divisions d'infanterie, 1 division dite de réserve, et un parc d'artillerie.

---

(1) Voir la carte no 2.
(2) Voir aux Documents annexes la situation no 1.

1re division (Montchoisy). — 4,159 fusils, 519 sabres, 2 compagnies d'artillerie à pied.

Quartier général : Berne ; occupe Berne, Lucerne, Lausanne, Vevey, le Grand Saint-Bernard, le Simplon, Brigg, la haute vallée de la Reuss.

2e division (Vandamme). — 12,758 fusils, 540 sabres, 2 compagnies d'artillerie à pied, 1 d'artillerie légère, 2 de pontonniers, 1 de sapeurs.

Quartier général : Saint-Gall ; cantonnée dans la zone : Steckborn, Frauenfeld, Wyl, Saint-Gall, Rorschach.

3e division (Lorge). — 8,706 fusils, 601 sabres, 3 compagnies d'artillerie à pied, 1 d'artillerie légère, 1 de sapeurs.

Quartier général : Winterthur ; la gauche au confluent de la Glatt et du Rhin, le centre à Andelfingen, la droite à Wagenhausen ; occupe Andelfingen, Kefikon, Wiesendangen, Kybourg, Fischingen, Greiffensee, Kloten.

4e division (Montrichard). — 7,554 fusils, 467 sabres, 1 compagnie d'artillerie à pied, 1 d'artillerie légère, 1 de sapeurs.

Quartier général : Weltingen ; répartie entre Leuggern, Weyach, Wädenschwyl, Langenthal, Bremgarten.

Le parc d'artillerie comprend 7 compagnies d'artillerie à pied, 4 d'artillerie légère stationnées à Schlestadt, Huningue, Bâle, Niederfrick, Lauffenbourg, Zoffingen, avec des détachements à Berne, Zürich, Saint-Gall, Winterthur, Brugg (1465 hommes). Les 1er et 2e bataillons de pontonniers, cantonnés à Kloten et Lucerne (429 hommes), un détachement de 66 bateliers militaires à Wallenstadt, de 21 mineurs et de 30 ouvriers d'artillerie lui sont rattachés.

La force totale de l'aile droite s'élève à 35,377 fusils, 3,146 sabres, 2,926 canonniers et pontonniers.

LE CORPS DE RÉSERVE, placé sous le commandement direct de Moreau, se compose de 3 divisions d'infanterie, 1 division de cavalerie, un parc d'artillerie.

1re division (Delmas). — 10,749 fusils, 1088 sabres, 1 compagnie d'artillerie à pied, 1 d'artillerie légère.

Quartier général : Bâle ; concentrée au camp retranché établi près de cette ville, sauf la 108e demi-brigade à Stein, la 54e à Lörrach, le 5e régiment de cavalerie à Soultz.

2e division (Leclerc). — 6,753 fusils, 1060 sabres, 1 compagnie d'artillerie à pied, 1 d'artillerie légère, 1 de sapeurs.

Quartier général : Colmar ; cantonnée à Rouffach, Guebwiller, Sainte-Croix, Dannemarie, Belfort.

3e division (Richepance). — 2,436 fusils, 1015 sabres, 1 compagnie d'artillerie à pied, 1 d'artillerie légère, 1 de sapeurs.

Quartier général : Soultz ; répartie entre Dannemarie, Altkirch, Hirzbach, Ranspach, Tagsdorf, Walbach.

Division de cavalerie (d'Hautpoul). — 1660 sabres.

Quartier général : Épinal ; les quatre régiments à Saint-Dié, Ramberviller, Charmes, Remiremont.

Le parc d'artillerie est à Colmar (2 compagnies d'artillerie à pied, 1 d'artillerie légère : 230 hommes).
La force totale du corps de réserve s'élève à 19,938 fusils, 4,823 sabres.

Le corps du centre, sous les ordres du lieutenant général Saint-Cyr, comprend 3 divisions d'infanterie, 1 division de réserve, un parc d'artillerie.

1re division (Baraguey d'Hilliers). — 8,697 fusils, 542 sabres, 2 compagnies de sapeurs.

Quartier général : Neuf-Brisach ; cantonnée à Strasbourg, Erstein, Neuf-Brisach, Vogelsheim, Vieux-Brisach.

2e division (Tharreau). — 8,475 fusils, 611 sabres, 1 compagnie d'artillerie à pied, 1 de sapeurs.

Quartier général : Strasbourg ; occupe cette ville et les environs, Kehl, Neuf-Brisach ; le 23e régiment de cavalerie à Altkirch.

3° division (Ney). — 7,270 fusils, 830 sabres, 1 compagnie d'artillerie à pied.

Quartier général : Marckolsheim ; répartie entre Délémont, Dannemarie, Altkirch, Thann, Baldersheim, Neuf-Brisach.

Division de réserve (Desbrulys). — 4,795 fusils, 1616 sabres, 2 compagnies d'artillerie à pied.

Quartier général : Neuf-Brisach ; cantonnée entre Colmar et Neuf-Brisach, à Vieux-Brisach, Rouffach, Cernay, Hattingen.

Le parc d'artillerie, comprenant 12 compagnies d'artillerie à pied, 3 d'artillerie légère, 1251 hommes, est stationné à Logelheim, Neuf-Brisach, Agolsheim.

L'effectif total du corps du centre est donc de : 28,817 fusils, 3,599 sabres, 1835 canonniers.

L'AILE GAUCHE, commandée par le lieutenant général Sainte-Suzanne, se compose de 4 divisions d'infanterie et 1 parc d'artillerie.

1re division (Collaud). — 4,670 fusils, 1231 sabres, 1 compagnie d'artillerie légère, 1 compagnie de sapeurs.

Quartier général : Strasbourg ; occupe Röschwoog, Germersheim, Lauterbourg, Strasbourg, Bruschwickersheim, Molsheim.

2e division (Souham). — 2,836 fusils, 1394 sabres, 1 compagnie d'artillerie légère.

Quartier général : Strasbourg ; répartie entre Brumath, Haguenau, Surbourg, Soultz, Wœrth.

3e division (Legrand) : 5,518 fusils, 844 sabres, 7 compagnies d'artillerie à pied (1), 1 détachement de pontonniers, 2 compagnies de sapeurs.

Quartier général : La Robertsau ; concentrée tout

---

(1) Le nombre élevé de compagnies d'artillerie de cette division s'explique par le fait qu'elle était chargée de l'occupation de la tête de pont de Kehl.

entière à Kehl, sauf les deux régiments de cavalerie cantonnés à Reichstett et à Schiltigheim.

4ᵉ division (Delaborde). — 2,573 fusils, 341 sabres, 4 compagnies d'artillerie à pied, 1 compagnie de pontonniers, 1 de sapeurs.

Quartier général : Landau ; occupe cette ville, Spire et Frankenthal.

Le parc d'artillerie (355 hommes), comprend 1 compagnie à pied, 2 d'artillerie légère, et divers détachements d'artillerie à pied, d'artillerie légère et de pontonniers à Strasbourg, Kehl, Fort Vauban, Brumath, Bruschwickersheim.

La force totale de l'aile gauche est de : 12,797 fusils, 3,910 sabres, 1454 canonniers et pontonniers.

L'effectif de l'armée du Rhin, disponible pour des opérations de campagne, est donc, le 21 avril :

Infanterie et Sapeurs : 96,929 hommes (123 bataillons) ;
Cavalerie   : 15,478   —   (137 escadrons) ;
Artillerie et Pontonniers : 6,830   —   (61 compagnies) ;

Total : 119,347   — et 29,247 chev. (1).

Le nombre de bouches à feu attelées, à la date du 25 avril, est de 116.

§ II. — Armée autrichienne.

Le feldzeugmeister baron Kray avait pris, le 18 mars (2), le commandement de l'armée autrichienne d'Allemagne, en remplacement de l'archiduc Charles (3). Son chef

---

(1) 3,986 chevaux d'officiers, 18,653 de troupe, 5,744 d'artillerie, 864 de « charrois ».

(2) L'archiduc Charles annonce au Conseil aulique qu'il a passé le commandement à Kray, 18 mars 1800 (*K. K. Archiv.*, III, 77 1/2) ; Kray prend le commandement le même jour (*Ibid.*, III, 78).

(3) « Les généraux plus anciens que Kray ne déguisèrent pas leur

d'état-major général était le général Schmidt, secondé
par le général Chasteler et le colonel Weyrother.

A cette époque la situation des troupes autrichiennes
d'Allemagne était la suivante (1) :

Le corps d'occupation du Tyrol et du Vorarlberg, —
24,343 hommes, dont 3,560 de troupes à cheval, — s'é-
tendait des sources du Rhin jusqu'au lac de Constance,
et, en arrière de celui-ci, jusqu'à Buchhorn. Ses cantonnements couvraient tout le Vorarlberg et une partie de
la Souabe.

Le F. M. L. Prince de Reuss, qui avait pris le commandement de ce corps en remplacement du F. M. L. Petrasch,
avait pour mission principale de défendre le Tyrol et le
Vorarlberg. Dans ce but, il avait fait organiser des
positions de rassemblement, destinées à arrêter les progrès de l'adversaire, à Coire, Feldkirch, Götzis, sur la
Dorbirner Ach (2), sur la Bregenzer Ach (3), sur la
Laiblach (4), et à l'Est de Lindau. La ligne des avant-
postes autrichiens, de ce côté, bordait la rive droite du
Rhin et du lac de Constance ; en outre, les Autrichiens
avaient, sur ce lac, une flottille commandée par l'Anglais
Williams.

La division Kollowrat, — 13,251 hommes, dont 1785 de
troupes à cheval, — était employée au service des avant-

---

dépit de le voir placé à leur tête ». (*Précis de la campagne de 1800* dans
la Souabe, la Bavière et l'Autriche, par un officier wurtembergeois
attaché à l'état-major de l'armée impériale.)

(1) Les renseignements qui suivent proviennent des Archives de la
guerre de Vienne ou sont extraits de l'*Œsterreichische militärische
Zeitschrift*, Vienne, 1836, t. I, *Der Feldzug 1800 in Deutschland
nach œsterreichischen Originalquellen*, p. 243 sqq.

(2) Petite rivière passant près de Dornbirn, et se jetant dans la partie
Sud-Est du lac de Constance.

(3) Rivière qui se jette dans le lac de Constance, à l'Ouest de Bregenz.

(4) Rivière qui se jette dans le lac de Constance, entre Bregenz et
Lindau.

postes, entre Überlingen et Schaffhouse, par Petershausen, l'île de Reichenau et Radolfszell. Son rôle était de défendre d'abord la position Markelfingen-Bodmann, ensuite celle de Stockach.

Le F. M. L. Nauendorf, — 11,324 hommes dont 2,608 de troupes à cheval, — surveillait le Rhin entre Schaffhouse et Säckingen; de là, la ligne des avant-postes remontait la Wehra jusqu'à Wehr, franchissait le contrefort entre la Wehra et la Wiese, et se dirigeait par Zell sur Schönau. Ses cantonnements étaient répartis de telle sorte que la plupart de ses troupes pussent se concentrer rapidement sur la rive gauche de l'Alb. Sa mission consistait à se maintenir autant que possible sur cette rivière, entre Albbrück et Saint-Blaise, et à se replier, en cas de supériorité de l'adversaire, sur Engen, par Stühlingen et Riedöschingen (1).

De Müllheim, où la brigade Gyulai avait un poste de 100 hommes, jusqu'à Rothhaus, le Rhin n'était surveillé que par des patrouilles et des postes-vigie.

La brigade Gyulai, — 3,473 hommes dont 1528 de troupes à cheval, — occupait la ligne Ihringen, Achkarren, Nieder-Rothweil, face à la tête de pont de Vieux-Brisach; elle était chargée de défendre le Val-d'Enfer, et de se replier, en cas de nécessité, sur Neustadt.

Le F. M. L. Kienmayer, avec 9,735 hommes dont 3,694 de cavalerie et d'artillerie, établis entre Lahr et Renchen, observait le cours du Rhin, d'Ottenheim à Diersheim par des postes reliés entre eux, et de là jusqu'au confluent de la Murg par de nombreuses patrouilles qui assuraient sa liaison avec Sztaray. Il ne devait évacuer la vallée du Rhin que si des forces adverses très supérieures l'y contraignaient et, dans ce cas, il lui

---

(1) Nauendorf à Vogelsang, Stühlingen, 15 février 1800 (*K. K. Archiv.*, II, 46 1/4); Vogelsang au commandant du régiment d'infanterie Benjowsky, Thiengen, 1er mars 1800 (*K. K. Archiv.*, III, 4 1/2).

était prescrit d'effectuer sa retraite par la vallée de la
Kinzig et le Kniebis, en évitant de se laisser séparer des
généraux Sztaray et Gyulai (1).

Le F. Z. M. Sztaray était chargé de surveiller avec ses
forces, — 19,000 hommes dont 9,126 de troupes à
cheval, — le cours du Rhin entre la Murg et le Neckar.
La ligne des avant-postes autrichiens courait le long du
Rhin depuis l'embouchure de la Murg jusqu'à un point
situé en face de Germersheim, et de Rheinhausen jusqu'à
Mannheim. L'intervalle était gardé par les soins du
commandant de la place de Philippsbourg.

La région entre le Neckar et le Main était sillonnée
de nombreux corps de partisans qui se tenaient en relations vers Hanau avec les troupes de l'électorat de
Trèves.

Les instructions données à Sztaray envisageaient
deux hypothèses qui devaient lui dicter sa ligne de
conduite. S'il était attaqué par un corps français
débouchant de Mayence, il lui était prescrit de résister
de la façon la plus opiniâtre en attendant que la majeure
partie de l'armée vînt le renforcer. Si, au contraire,
l'adversaire menaçait seulement par Brisach et Offenburg,
Sztaray déboucherait au Sud de la Murg sur son flanc
gauche. Dans le cas où les Français ne se préoccu-
peraient pas de cette démonstration, Sztaray diviserait
son corps : la plus forte fraction rejoindrait le gros de
l'armée par Rottenburg et Hechingen ; la plus faible,
sous le commandement de Hohenlohe, resterait sur le
Rhin moyen aussi longtemps que les circonstances le
permettraient, et rejoindrait ensuite Kray par Cannstadt
et Blochingen (2).

---

(1) Kray à Kienmayer, Donaueschingen, 7 avril 1800 (*K. K. Archiv.*,
IV, 32).

(2) Kray à Sztaray, Donaueschingen, 12 avril 1800 (*K. K. Archiv.*,
IV, 56).

Les réserves de l'armée se trouvaient sur le versant oriental de la Forêt-Noire : celle d'infanterie (9,418 hommes, sous le commandement du F. M. L. Baillet), était cantonnée sur la rive droite du Danube, dans la zone Sigmaringen-Messkirch-Singen ; celle de cavalerie (3,420 hommes), commandée par le F. M. L. Kospoth, était dispersée dans la région Hochemmingen-Rottweil-Tübingen. La réserve d'artillerie était directement rattachée au corps du F. M. L. Baillet.

Le grand quartier général était établi à Donaueschingen,

Les places de Philippsbourg, Ulm, Ingolstadt, Würzbourg, étaient occupées, en outre, par 7,470 hommes, dont 412 de cavalerie.

Un équipage de 64 pontons se trouvait à Riedlingen (1). Les magasins de l'armée étaient : pour la droite à Cannstadt, Ellwangen, Heilbronn, Mergentheim, Neckargemund, Heidelberg, Eberstadt, Offenbach, Mannheim, Bruchsal, Gernsbach, Appenweyer, Offenburg et Fribourg ; pour le centre, à Augsbourg, Ulm, Memmingen, Biberach, Stockach, Donaueschingen, Villingen, Neustadt et Hechingen ; pour l'aile gauche, à Lindau, Feldkirch et Coire (2).

Une ligne télégraphique fut établie au bord du Rhin, depuis Coire et Bregenz jusqu'à Offenburg, par Säckingen et Fribourg (3).

Pendant les mois de janvier, février, mars et la plus grande partie d'avril, rien d'intéressant ne se produisit sur toute la chaîne des avant-postes ; de Coire au lac de Constance, et de là jusqu'au Main, on se borna à faire de

---

(1) Kray avait fait venir les pontons à Riedlingen, le 18 mars (*K. K. Archiv.*, III, 81).

(2) Détails extraits du *registre de renseignements secrets*, tenu à l'état-major général de l'armée du Rhin, par l'adjudant général Claparède.

(3) *Ibid.*

temps en temps quelques reconnaissances, qui amenèrent d'insignifiantes escarmouches.

Dans le courant du mois d'avril, une grande activité se manifeste du côté de l'armée française ; des mouvements continuels sont exécutés par les troupes de Moreau, entre Bâle et Strasbourg. Ces mouvements inquiètent beaucoup les Autrichiens (1) ; Kray y répond par des ordres de concentration ou de dislocation. Le 9 avril, la plupart des troupes autrichiennes reçoivent des ordres de cette nature (2) ; le 21 avril, la concentration de l'armée aux ordres du F. Z. M. Kray est définitive (3).

---

(1) Ces inquiétudes ressortent nettement de la correspondance échangée à ce sujet entre Kray et le Conseil aulique, du 24 mars au 23 avril.

Kray au comte Tige, vice-président du Conseil aulique, Donaueschingen, 25 mars 1800 (*K. K. Archiv.*, *H. K. R.*, III, 5).

Le même au même, Donaueschingen, 28 mars 1800 (*K. K. Arch.*, *H. K. R.*, III, 8 1/2) ; *Ibid.*, 3 avril (*Ibid.*, IV, 17) ; *Ibid.*, 5 avril (*Ibid.*, IV, 20) ; *Ibid.*, 7 avril (*Ibid.*, IV, 22) ; *Ibid.*, 8 avril (*Ibid.*, IV, 23 et IV, 44 1/2) ; *Ibid.*, 10 avril (*Ibid.*, III, 14) ; *Ibid.*, 13 avril (*Ibid.*, IV, 57 1/4) ; *Ibid.*, 21 avril (*Ibid.*, IV, 27) ; *Ibid.*, 24 avril (*Ibid.*, IV, 28).

(2) Toutes ces opérations donnent lieu à une correspondance suivie entre Kray et ses lieutenants ; on est d'ailleurs frappé, en lisant les ordres des généraux autrichiens, des détails dans lesquels ils entrent.

Kray à Kollowrat et à Kospoth, Donaueschingen, 4 avril 1800 (*K. K. Archiv.*, IV, 25 1/2) ;

Kray au colonel Wrède, *Ibid.*, 4 avril (*Ibid.*, IV, 33) ;

Kray à Kollowrat, *Ibid.*, 5 avril (*Ibid.*, IV, 24) ;

Kray à Kospoth, *Ibid.*, 5 avril (*Ibid.*, IV, 26) ;

Kray à Kienmayer, *Ibid.*, 7 avril (*Ibid.*, IV, 32) ;

Kray à Nauendorf, *Ibid.*, 8 avril (*Ibid.*, IV, 40) ;

Kollowrat à Kray, Stockach, 8 avril (*Ibid.*, IV, 42) ;

Kollowrat au prince Joseph de Lorraine, Stockach, 8 avril (*Ibid.*, IV, 42 1/2) ;

Kospoth à Kray, Aldingen, 8 avril (*Ibid.* IV, 43) ;

Sztaray à Kray, Heidelberg, 9 avril (*Ibid.*, IV, 48) ;

Kray à Sztaray, Donaueschingen, 12 avril (*Ibid.*, IV, 56).

(3) Kray à Gyulai, Donaueschingen, 18 avril 1800 (*K. K. Archiv.*,

A cette date, les différents corps de l'armée autrichienne sont répartis ainsi qu'il suit (1) :

Le F. M. L. Prince de Reuss a sa gauche à Coire
(F. M. L. Hiller, 6 bataillons, 2 escadrons) ; le général
Jellachich (7 bataillons, 5 escadrons, 14 canons) occupe
Feldkirch et les localités avoisinantes ; le F. M. L. Linken
(8 bataillons, 5 escadrons, 17 canons) est à Bregenz ; le
corps mixte (3 bataillons, 1 escadron) du général comte
Grünne est installé à Götzis. Comme réserve, 6 bataillons sont cantonnés à Tettnang et Markdorf, au Nord du
lac de Constance.

La division Vincenz Kollowrat est toujours aux avant-
postes entre Überlingen et Schaffhouse ; tout le long de
cette ligne, elle a échelonné une série de petits postes,
mais elle n'a aucune position centrale. Les bataillons de
grenadiers affectés à cette division, sont cantonnés dans
la zone Engen, Lipptingen, Rorgenwies, Eigeldingen (2).

Le F. M. L. Nauendorf, aux avant-postes entre Schaffhouse et Säckingen, peut, grâce au dispositif adopté pour
ses cantonnements, se concentrer très rapidement en
arrière de la ligne de l'Alb.

Le général Gyulai occupe Fribourg et ses environs ; la
ligne de ses avant-postes forme un demi-cercle autour
de la tête de pont de Vieux-Brisach. Plus tard, il détachera trois bataillons Olivier Wallis, partie dans le val
d'Enfer, partie à Saint-Mürgen (3), pour couvrir sa
retraite éventuelle.

III, 37) ; Kray à Reuss, *Ibid.*, 18 avril (*Ibid.*, III, 38 1/2) ; Kray à
Sztaray, *Ibid.*, 21 avril (*Ibid.*, IV, 83).

(1) Renseignements extraits de l'*Œsterreichische militärische Zeitschrift, Der Feldzug 1800 in Deutschland*, t. I, p. 257 sqq.

(2) Lipptingen, 13 kilomètres Nord-Est d'Engen ; Rorgenwies, 5 kilomètres Sud de Lipptingen ; Eigeldingen, 10 kilomètres Nord-Est
d'Engen. (Carte au 1/300.000ᵉ, Bâle.)

(3) Saint-Mürgen, 23 kilomètres Est de Fribourg. (Bâle 1/300.000ᵉ.)

La position du F. M. L. Kienmayer est toujours la même, entre Lahr et la Rench.

Du 21 au 25 avril, le F. Z. M. Sztaray concentre la plus grande partie de ses forces entre la Rench et Durlach (1). Il laisse alors le général prince de Hohenlohe à Heidelberg avec 1 bataillon et 12 escadrons et le fait renforcer par le régiment des hussards de Szekler (général Szentkeresty), resté jusqu'alors sur la Nidda.

La réserve de cavalerie (F. M. L. Kospoth) occupe Hochemmingen (2), Rottweil, Balingen et Reichenbach ; en outre, 20 escadrons sont cantonnés à Tübingen.

La réserve d'infanterie (F. M. L. Baillet) est concentrée à Villingen et aux environs ; la réserve générale d'artillerie entre Messkirch et Stockach.

L'équipage de pontons avait été dirigé de Riedlingen sur Ravensburg.

L'effectif total de l'armée autrichienne s'élève, à la date du 21 avril, à 132,411 hommes, dont 26,402 de troupes à cheval, ainsi répartis (3).

	Quartier général	Hommes	Chevaux
F. Z. M. Sztaray......	Heidelberg...	19,010	9,126
F. M. L. Kienmayer....	Gengenbach..	9,735	3,697
G. M. Gyulai.........	Fribourg.....	3,473	1,528
F. M. L. Nauendorf....	Stühlingen...	11,323	2,608
F. M. L. Kollowrat...	Singen......	18,522	2,036
F. M. L. Baillet.......	Villingen.....	9,418	»
F. M. L. Kospoth......	Adlingen.....	»	3,420
F. M. L. Reuss........	Bregenz......	24,343	3,560
Totaux..........		95,824	25,975

En plus les garnisons de Philippsbourg,
Ingolstadt, Ulm, Würzbourg.........   10,185   427

_____

(1) Durlach, à l'Est de Karlsruhe. (Strasbourg 1/300.000e.)

(2) Hochemmingen, au Nord de Donaueschingen. (Bâle 1/300.000.)

(3) Ces chiffres sont extraits d'un rapport du comte Tige à l'Empereur en date du 22 avril 1800 (K. K. Archiv., IV, 90 1/2).

Le colonel de Carrion-Nisas (Campagne des Français en Allemagne,

Les Français « avaient un garant de succès dans les
dispositions des généraux autrichiens. Ceux-ci ignoraient-
ils que, la Suisse étant occupée par les Français, il n'y
avait point de position tenable en Souabe, en avant d'une
ligne tirée du lac de Constance jusqu'au Rhin par Pfullendorf et Heidelberg ? Si les Français passaient le Rhin
entre Bâle et le lac de Constance, ou s'ils pénétraient
dans le pays des Grisons et le Tyrol, tout ce qui occupait
le Sud-Ouest de la Souabe, se voyait forcé à une retraite
précipitée pour ne point perdre toute communication
avec ses moyens de subsistance (1). »

L'appréciation de Bülow est juste, mais cette situation
n'était pas due uniquement à l'occupation de la Suisse
par les Français ; elle résultait surtout du dispositif de
l'armée autrichienne. Kray ne disposait en effet, pour
manœuvrer en cas d'attaque, que des réserves établies
sur le versant oriental de la Forêt-Noire, c'est-à-dire
d'une quinzaine de mille hommes. Tout le reste de
ses forces était disséminé, suivant les errements du
XVIIIᵉ siècle, en une longue ligne de corps qui se servaient à eux-mêmes de propre couverture, depuis Coire
jusqu'à Heidelberg.

Dès lors, l'armée française, prenant l'initiative des opérations et agissant en masse, avait la certitude de pouvoir
percer en un point quelconque ce cordon sans consistance. Si, par surcroît, elle débouchait par surprise vers
Schaffhouse, ainsi que l'avait préconisé le Premier Consul,

---

année 1800), donne à la date du 5 floréal an VIII (21 avril 1800), les
chiffres suivants pour l'armée autrichienne (Pièces justificatives, p. 243
sqq) : Infanterie 92,604; cavalerie 26,100; artillerie 4,680. Au total,
123,384 hommes.

D'après le *Précis de la Campagne de 1800*, par un officier würtembergeois, les troupes autrichiennes comprenaient 150 bataillons, 190 escadrons et 525 bouches à feu.

(1) Bülow, *Der Feldzug von 1800*, Berlin, 1801, p. 49.

elle tournait et faisait tomber toutes les défenses des défilés de la Forêt-Noire. Il en eût été tout autrement si la majeure partie de l'armée autrichienne se fût trouvée concentrée dans la zone Donaueschingen, Villingen, Rottweil, Messkirch, Tuttlingen, dans une formation telle qu'elle pût se porter rapidement vers l'Ouest, le Nord-Ouest ou le Sud, suivant les circonstances, et sous la protection de corps de couverture réunis en arrière du Rhin et détachant vers le fleuve un fort réseau d'avant-postes. Mais la situation des Impériaux les mettait dans l'impossibilité d'accepter une bataille avec les trois quarts de leurs forces par exemple, au début de l'offensive française, et les obligeait à effectuer leur concentration très au loin vers l'Est, au prix de fatigues et d'efforts considérables joints à la défaite vraisemblable de quelques-uns de leurs corps avancés.

« L'inspection seule de la carte fait voir quelle étrange imprévoyance avait présidé à la distribution des quartiers d'hiver des Impériaux et à l'établissement de leurs magasins. Placés sur le Danube supérieur, dans la Souabe méridionale, ils n'étaient qu'un appât de plus pour les Français. Les premiers éléments de la guerre enseignent que les magasins doivent, autant qu'on le peut, être situés dans des places à l'abri d'un coup de main. C'est à Kempten, à Memmingen et à Ulm que les Autrichiens devaient former les leurs, après avoir rendu ces trois endroits susceptibles de la plus longue défense possible (1). »

Moreau avait recueilli de nombreux renseignements sur l'armée autrichienne d'Allemagne. Dès le 12 pluviôse (1er février 1800), Bacher, chargé d'affaires près la Diète de l'Empire à Francfort, envoie au Ministre des relations extérieures la liste des corps qui composent

---

(1) Bülow, *loc. cit.*, p. 51 et 52.

l'armée autrichienne de l'archiduc Charles sur le haut Rhin, avec la description de leurs uniformes (1) :

> 35 régiments d'infanterie de ligne.
> 6 régiments d'infanterie légère.
> 8 bataillons de grenadiers.
> 5 régiments de cavalerie.
> 6 régiments de chevau-légers.
> 4 régiments de dragons.
> 6 régiments de hussards.
> 3 bataillons d'artillerie.
> 6 compagnies de pionniers.
> 3 compagnies de pontonniers.

Le 18 pluviôse (17 février), on reçoit au quartier général français des renseignements de Ratisbonne, de Munich, de Nuremberg, qui s'accordent à mentionner le départ définitif de l'armée russe (2) et sa marche vers la Pologne (3).

___

(1) La note de Bacher ne donne pas le nombre de bataillons ou d'escadrons par régiment, ni l'effectif de chaque corps, ni la force totale de l'armée autrichienne.

(2) De Ratisbonne, le 6 pluviôse : « Au moment où l'on croyait tout arrangé avec le comte de Bellegarde et Souvorov et où l'on s'attendait par conséquent à revoir dans quinze jours les troupes russes passer par Ratisbonne, on apprend que tout est rompu parce que Paul Ier a exigé impérieusement, pour satisfaction de ce qui s'était passé en Suisse, que tous les généraux autrichiens qui y commandaient à cette époque fussent destitués et soumis à un conseil de guerre. »

(3) L'ordre de la retraite était arrivé le 18 janvier.

Bellegarde à Thugut, Prague, 18 janvier 1800 : « J'apprends à l'instant qu'une estafette, arrivée ce matin de Pétersbourg, a apporté au généralissime l'ordre de se mettre aussitôt en marche avec toutes ses troupes pour regagner la Russie. Le Maréchal cherchera encore à gagner du temps, dans l'espoir que la réponse à ses courriers expédiés d'ici lui apportera des ordres différents. » (H. Hüffer, *Quellen zur Geschichte des Zeitalters der französischen Revolution*, Ire partie, p. 526.)

Le 23 pluviôse (12 février), on apprend que la première colonne s'est mise en mouvement le 6 et la deuxième le 17 ; cette nouvelle se confirme le 26. C'est sans doute pour remédier à ce départ que « les préparatifs pour la campagne prochaine se poussent à Vienne et dans les État autrichiens avec la plus grande activité.... Chaque jour est marqué par le départ de nouveaux transports de recrues allant renforcer l'armée de l'archiduc, et les routes sont couvertes de troupes (1) ».

Le 30 pluviôse (19 février) le Ministre de la guerre et le Premier Consul reçoivent (2) les renseignements suivants « sur l'armée autrichienne du Rhin, ses généraux, son administration, ses magasins et autres ressources pour continuer la guerre par la voie des réquisitions et des levées de corps d'élite dans l'Empire germanique » :

L'aile gauche de l'armée de l'archiduc Charles occupe la haute Souabe, le lac de Constance, le Vorarlberg et s'étend jusqu'au Tyrol d'une part, jusqu'à la source du Rhin par la vallée de ce fleuve et les Grisons d'autre part ; on évalue sa force à 16,000 hommes d'infanterie (3).

Le centre est cantonné sur le revers oriental de la Forêt-Noire, à partir du lac de Constance jusqu'au Wurtemberg par Stockach, Messkirch, Tuttlingen, Donaueschingen, Villingen, Rottweil ; son effectif s'élèverait à 20,000 hommes d'infanterie.

Dans une nouvelle lettre à Thugut, datée de Prague, 21 janvier, Bellegarde annonçait que le départ des premières colonnes russes était fixé au 26 janvier. (*Loc. cit.*, p. 527.)

(1) *Armée du Rhin*, Notes politiques, 28 pluviôse.

(2) Vraisemblablement par les soins du Ministère des relations extérieures.

(3) Un état de l'armée autrichienne indique l'emplacement de chaque régiment.

La droite s'étend par la vallée de la Kinzig, Offenbourg, Stollhofen, Rastatt, Karlsruhe, Philippsbourg, Mannheim, Heidelberg jusqu'au Main, vers Francfort, et le long de la Nidda ; elle comprendrait 14,000 hommes d'infanterie.

A ces 50,000 fantassins, il convient d'ajouter : 20,000 cavaliers; les garnisons d'Ulm, Würzbourg, Philippsbourg, etc. (5,000 hommes), et « les troupes d'Empire » (7,500 hommes) (1).

Au total : 82,550 hommes.

Le parc de campagne (150 pièces) (2) est partie à Memmingen, partie à Ulm. Un grand parc de siège de 200 bouches à feu et trois équipages de 60 pontons chacun se trouvent à Ingolstadt et Günzbourg.

Il n'est pas vraisemblable, dit-on, que l'armée de l'archiduc Charles se mette en mouvement avant le commencement du mois de mars ; les Autrichiens complètent actuellement leurs régiments par les recrues qui arrivent journellement des dépôts. Les commissaires des guerres se donnent tous les soins possibles pour assurer dans d'excellentes conditions la remonte, l'avancement et l'équipement ; ils espèrent que l'armée sera prête à entrer en campagne le 15 ventôse (6 mars). Quelques-uns des régiments qui ont le plus souffert auront beaucoup de recrues, mais il faut s'attendre en général à combattre de bonnes troupes, « surtout depuis que les officiers autrichiens, sans distinction de grade, ne peuvent plus, comme en 1793 et 94, rester sur les derrières les jours de combat ». Le plan de la cour de Vienne consiste à faire la prochaine campagne aux dépens de l'Italie et du Sud de l'Empire germanique.

---

(1) Contingent de troupes palatines, würtembergeoises, de Würzbourg, de Bamberg, de Fulde, de Mayence, etc.
(2) Sans compter les canons de bataillons.

Tout en s'élevant contre ce qu'ils appellent « l'immoralité de la Révolution française », les Ministres de l'Empereur auraient cependant trouvé commode d'adopter les mesures révolutionnaires telles que l'emprunt forcé déguisé sous le nom de taxe de guerre ; les réquisitions forcées en denrées et objets de toute espèce et en argent comptant ; les payements en bons pour tout ce que les troupes ne peuvent enlever autrement ; les assignats, c'est-à-dire les obligations et billets de banque qu'ils multiplient à l'infini et dont ils inondent le Sud de l'Empire et toute l'Italie ; les conscriptions militaires, les levées en masse. « Bien que les Autrichiens ne négligent aucune occasion de vivre de réquisitions », ils ne perdent pas de vue, dit-on, la constitution de magasins. Il y en aurait pour la farine et l'avoine à Ratisbonne, Günzbourg, Ulm, Hechingen, Cannstadt, Heilbronn ; la navigation du Danube jusqu'à Ulm leur donne de grandes facilités pour le transport des approvisionnements. Les hôpitaux seraient très mal tenus ; les « charrois militaires » sont confiés à une administration particulière et seraient fort bien organisés (1).

On croit que le Conseil aulique dirigera les principales forces de l'Autriche en Italie. L'armée du Rhin, sous les ordres de l'archiduc Charles, remplacé en cas de maladie par le général Kray (2), se concentrerait, dans cette hypothèse, et se bornerait à occuper les Grisons, le Vorarlberg, le lac de Constance, la Forêt-Noire jusqu'au Kniebis, la Murg, jusqu'à Rastatt.

---

(1) Bulletin de renseignements du 30 pluviôse.
(2) L'archiduc Charles avait réclamé à plusieurs reprises d'être relevé de son commandement, en raison de l'état de sa santé. Le 25 janvier, il insistait à ce sujet auprès de l'empereur François qui répondait : « ..... Je me préoccupe depuis quelque temps déjà de trouver un successeur pour le commandement de l'armée, mais tu sais comme moi la pénurie d'hommes de valeur. » (François II à l'archiduc Charles, Vienne, 2 février 1800, Hüffer, *loc. cit.*, p. 527 et 528.)

15

D'après un bulletin de renseignements du 24 ventôse
(15 mars), le nombre des troupes autrichiennes entre
Offenbourg et Mannheim ne s'élèverait pas à plus de
15,000 hommes (1). Le général Sztaray qui en a le commandement (2) aurait reçu depuis quelques jours un
renfort de 6 régiments, de cavalerie pour la plupart ; il
aurait envoyé sur le Mein, antérieurement, la plupart des
forces stationnées dans la vallée du Neckar. Le général
Merveldt est établi de sa personne à Offenbourg (3) ; il
est à la tête d'un corps d'environ 15,000 hommes
répartis de Kehl à Brisach. Plus au Sud, se trouve le
corps du centre, sous les ordres du général Nauendorf,
cantonné entre Brisach et Lindau, et soutenu par un
corps de réserve commandé par l'Archiduc, dont le
quartier général est à Donaueschingen. Les grenadiers (4) (généraux Spork et Kospoth) sont entre
Schaffhouse et le lac de Constance. Enfin, le général
Pétrasch est à Lindau et son corps est réparti dans les
Grisons et le Vorarlberg (5).

Des batteries de position auraient été établies aux environs de Singen et au Nord de Schaffhouse, et des redoutes
armées d'artillerie auraient été construites à Stockach, à Villingen, entre Thengen et Thengendorf, et à Geisingen (6).

---

(1) Renseignement confirmé le 28 ventôse (21 mars) : « Des rapports
de cette partie, qui méritent confiance, font croire qu'en effet la force
des Autrichiens, entre Offenbourg et Heidelberg, n'excède pas 15,000
hommes. »

(2) Son quartier général serait à Heidelberg, d'après le Bulletin du
28 ventôse.

(3) Le Bulletin du 28 ventôse annonce qu'il a transféré son quartier
général à l'abbaye de Schuttern.

(4) 12 bataillons, d'après un rapport de Duroc au Premier Consul.

(5) Un rapport de Duroc au Premier Consul, daté de « mars 1800 »,
évalue la force de l'armée autrichienne à cette époque à 80 bataillons
et 150 escadrons, soit un effectif total de 60,000 hommes.

(6) Bulletin du 30 ventôse.

Moreau semble avoir eu des renseignements très complets et très sûrs à la date du 24 ventôse (15 mars).

« Pour m'assurer de la force de l'armée ennemie, écrit-il au Premier Consul, j'avais fait prendre sur différents points les informations les plus précises sur l'organisation, l'emplacement, l'état des corps, les différentes armes et, sur l'état ci-joint (1), vous verrez que je n'ai pas été mal servi. J'ai réuni ceux qui m'ont été fournis de Mayence, de Strasbourg et de l'Helvétie. Le peu de différence qui se trouve entre ces situations doit vous convaincre de leur exactitude. Il y a plusieurs contingents de l'Empire et particulièrement les Bavarois et les corps de milice qu'on lève actuellement qui n'y sont pas compris, parce qu'ils n'ont pas encore joint les divisions de l'armée, mais tout cela ne portera pas l'ennemi à plus de 120,000 hommes, dont 30,000 de mauvaises troupes. De sorte que nous avons réellement une supériorité d'infanterie qui ne compense pas à mes yeux la masse de cavalerie ennemie de plus du double de la nôtre (2). »

Les renseignements recueillis tant au quartier général de l'armée du Rhin qu'au Ministère des relations extérieures permettaient de dresser, au commencement de germinal, un « tableau des corps composant l'armée autrichienne, avec leurs emplacements et leurs forces » qui peut se résumer ainsi (3) :

Aile droite : F. Z. M. Sztaray (quartier général Heidelberg). — Zone des cantonnements : Francfort, Höchst, Heilbronn, Pforzheim, Freudenstadt, Zell, Fribourg, Offenburg, Appenweier, Rastatt, Bruchsal, Mannheim.

---

(1) Cet état n'existe pas aux Archives de la guerre.

(2) Moreau à Bonaparte, Bâle, 24 ventôse.

(3) Pour l'orthographe des noms des officiers généraux autrichiens, on s'est servi de l'*Œsterreichischer Militär-Almanach* de 1800.

5 régiments d'infanterie de ligne (8,100 hommes) ;
4 régiments d'infanterie légère (7,200 hommes); milices
du Brisgau (3,000 hommes) ; 17 compagnies de grenadiers (2,550 hommes) ; 2 bataillons légers (1800
hommes); 7 régiments de cuirassiers (6,300 hommes) ;
2 de dragons (1800 hommes) ; 4 de hussards (5,600
hommes) ; 2 de uhlans (2,800 hommes) ; au total :
19,650 fusils, 16,500 sabres.

Centre : F. M. L. Nauendorf (quartier général
Schwenningen). — Zone des cantonnements : Zell,
Säckingen, Waldshut, Eglisau, Schaffhouse, Radolfszell,
Ueberlingen, Lindau, Pfullendorf, Tuttlingen, Donaues-
chingen.

8 régiments d'infanterie de ligne (6,200 hommes) ;
infanterie légère (5,400 hommes); 17 compagnies de
grenadiers (2,550 hommes) ; 2 régiments de cuirassiers
(1800 hommes); 5 de dragons (4,500 hommes); 2 de
hussards (2,800 hommes) ; au total : 21,450 fusils,
9,100 sabres et en plus 4,200 canonniers.

Aile gauche : F. M. L. Petrasch (quartier général
Lindau). — Zone des cantonnements : Bregenz,
Dornbirn, Feldkirch, Mayenfeld, Coire, Ilanz.

7 régiments d'infanterie de ligne (16,200 hommes);
infanterie légère (900 hommes); 1 régiment de hussards
(1400 hommes) ; au total : 17,100 fusils, 1400 sabres.

A ces troupes, il faut ajouter : 1800 émigrés suisses,
3,000 hommes des milices du Brisgau et une flottille sur
le lac de Constance, sous les ordres de l'Anglais Williams.

Le total général de l'armée autrichienne s'élève,
d'après ce tableau, à 94,200 hommes. L'archiduc Charles
a été remplacé par le F. Z. M. de Kray.

Un « État de l'armée ennemie sur toute la ligne qu'elle
occupe à l'époque du 1er germinal an VIII (mars 1800) »
comprenant toutes les milices et les troupes stationnées
entre Ilanz et Dissentis, dans la vallée de Montafon, dans
le Vorarlberg, à Lugano, Chiavenna et Bellinzona donne

un effectif général un peu plus élevé de 121,105 hommes ;
c'est ce chiffre qu'indique Moreau au Premier Consul
dans sa lettre du 24 ventôse.

La récapitulation de cet état est :

TERRAIN OCCUPÉ.	INFANTE-RIE de ligne.	INFANTE-RIE légère.	MILICES.	CAVALE-RIE.	ARTILLE-RIE.	PION-NIERS.
De l'extrême droite à Rastatt.	3,200	7,400	6,500	7,800	200	200
De Rastatt à Kehl	5,800	4,000	600	3,900	»	»
De Kehl à Kappel	»	»	3,000	»	»	»
De Kappel à Fribourg	2,400	3,525	»	1,500	»	»
De Fribourg à Waldshut	2,400	1,250	»	1,800	»	»
De Waldshut à Schaffhouse	25,300	1,600	»	8,700	3,600	680
D'Ueberlingen à Bregenz	3,400	»	»	»	»	»
De Bregenz à Dornbirn	4,800	»	»	150	»	»
De Dornbirn à Feldkirch	800	600	»	450	»	»
De Feldkirch à Coire	3,050	1,200	»	1,200	»	»
De Coire à Ilanz et Dissentis.	6,800	600	2,400	300	»	»
TOTAUX	57,950	20,175	12,500	25,800	3,800	880

Bacher mandait, le 13 germinal, que les troupes
continuaient à arriver de tous côtés ; qu'un régiment de
Croates se dirigeait vers Ulm ; que les bataillons wallons
en garnison dans cette place, à Würzbourg et à Ingolstadt se portaient vers le Rhin. L'armée autrichienne
avait été renforcée en outre récemment par 3,000 Wurtembergeois et autant de troupes palatines. Les milices
wurtembergeoises, palatines et mayençaises se ras-
semblaient à Wilbad, Pforzheim, Heidelberg, Aschaffen-
bourg et entre Francfort et Mayence; les milices fran-
coniennes se réunissaient près de Würzbourg.

Les troupes bavaroises fortes d'environ 10,000 hommes
et formées en deux divisions, se concentraient à Donau-
wert. Elles devaient se rendre ensuite à Riedlingen et
y faire leur jonction avec 3,000 Wurtembergeois et trois
régiments d'émigrés suisses. On ignorait encore la destination du corps de Condé. Le projet favori de Pitt,
d'après Bacher, serait d'avoir dans l'Empire germanique

« une armée séparée à la solde anglaise, sous le commandement d'un général nommé par le cabinet de Saint-James. » Il chercherait à cet effet à amalgamer un corps considérable de troupes bavaroises, mayençaises et würtembergeoises à la solde anglaise avec les régiments d'émigrés suisses, mais « il est impossible, ajoute Bacher, que la cour de Vienne consente à une pareille monstruosité ». Pour engager l'Empereur à ouvrir la campagne l'Angleterre lui prêtait, dit-on, 40 millions et entretenait à sa solde une armée composée de troupes de l'Empire (1).

Bacher ne s'en tenait pas à ces renseignements. Il faisait transmettre, peu après, par la légation française de Ratisbonne, un « État général de l'armée autrichienne du Rhin, sous les ordres du général Kray, y compris les troupes d'Empire et les corps de milice organisés dans les pays riverains du Rhin, au 20 germinal an VIII (10 avril 1809) ».

L'aile droite, sous les ordres des généraux Sztaray,

---

(1) Bacher termine son rapport par une série d'observations intéressantes :

« Cette dépense, dit-il, qui paraît au premier coup d'œil très considérable ; ne présente cependant qu'une partie du bénéfice que les Anglais font annuellement en Allemagne par le monopole du café, du sucre et des marchandises anglaises en général. Cette puissance, depuis que le sceptre des mers se trouve entre ses mains, s'est procuré et se procurera encore, toujours par la même voie, les moyens de tourmenter et même de déchirer la France par la consommation énorme qui s'y fait des denrées coloniales et l'usage des étoffes de luxe. Ce sont là les ennemis extérieurs que le gouvernement actuel a à combattre et la guerre la plus ruineuse et la plus cruelle que les Français puissent se faire à eux-mêmes. Ils ont su, pendant deux années, se passer pour ainsi dire de pain et faire trembler la coalition, en menaçant de marcher sur Vienne et sur Londres. Il ne s'agit aujourd'hui, pour obtenir le même résultat, que de savoir restreindre pendant une année la consommation du sucre et du café et de renoncer aux marchandises anglaises. »

Kienmayer, Gyulai s'étend, le long du Rhin, depuis la Nidda et le Mein, jusqu'à Fribourg en Brisgau ; elle comprend 23,800 hommes d'infanterie, 12,050 de cavalerie. Le centre, cantonné derrière la Forêt-Noire, entre Villingen et le lac de Constance et le long du Rhin depuis Schaffhouse jusqu'à Säckingen, est fort de 30,000 hommes d'infanterie, 5,800 de cavalerie. L'aile gauche, commandée par le général Hiller et le prince de Reuss, occupe le Vorarlberg et les Grisons ; son effectif est de 20,500 fusils, 5,000 sabres.

On ignore encore les emplacements de 2 bataillons de Valaques transylvains, de 2 bataillons de Gradiscans, de 2 bataillons wallons, comptant ensemble 5,000 hommes. Aux forces précédentes, il convient d'ajouter :

1 bataillon de Wurtzbourg, 1 de Bamberg et d'autres petits contingents d'Empire, soit 3,000 hommes ; les contingents des cercles de Souabe et de Franconie rassemblés à Ulm : 5,000 hommes ; 2 bataillons de garnison encore dans cette dernière place : 1500 hommes.

Le total général de l'armée autrichienne « active et disponible », s'élève d'après cet état à 111,650 hommes.

Bacher estime : à 33,400 le nombre des miliciens ; à 23,500 l'effectif d'un corps de troupe à la solde anglaise (1) qui doit se rassembler à Riedlingen dans le courant de floréal.

D'après un bulletin de Schaffhouse, daté du 18 germinal (8 avril) et adressé au Ministre de la guerre « un parc de 113 canons et de 200 caissons est arrivé à Ulm, de même qu'un convoi de 150 pontons formant 3 équipages de 50 pontons chacun ». L'armée autrichienne

---

(1)		
	Bavarois......................	12,000
	Wurtembergeois.................	3,000
	Émigrés suisses	5,000
	Corps de Condé.................	3,500
	TOTAL.............	23,500

serait actuellement pourvue de « tout ce qu'elle peut désirer » pour faire une campagne vigoureuse. Les corps sont au complet, bien habillés et équipés ; les magasins, placés sur les derrières de l'armée, sont bien approvisionnés.

Jamais, dit ce bulletin, l'armée autrichienne n'a été sur un pied de défense plus respectable en Souabe et dans le pays des Grisons ; elle est donc très forte pour la défensive, mais il n'en serait pas de même pour l'offensive.

Les derniers renseignements que semble avoir recueilli Moreau, quelques jours avant l'ouverture des opérations, sont les suivants :

Grand quartier général du F. Z. M. Kray (1), à Donaueschingen (2).

L'aile droite est commandée par le général Sztaray (3), dont le quartier général est à Heidelberg ; elle s'étend de Mayence à Fribourg.

Sa force est de :

8 corps d'infanterie de ligne............	11,400	hommes.
15 — — légère...........	14,925	—
Milices et nouvelles levées............	10,100	—
14 corps de cavalerie.................	13,200	—
2 compagnies de canonniers..........	200	—
Pionniers, pontonniers	200	—
TOTAL............	50,025	hommes.

(1) « Passe pour avoir du talent et pour un des meilleurs généraux de bataille de l'armée autrichienne. Souvorov lui doit les succès dont il s'est glorifié et la Maison d'Autriche, en grande partie, ses conquêtes d'Italie. » (Renseignements sur l'armée autrichienne, 15 pluviôse an VIII.)

(2) Renseignements sur le général Kray et son armée. (Bulletin du 1er floréal-21 avril.)

(3) « A servi dans l'infanterie ; n'a pas une grande réputation militaire, mais a la confiance de l'Archiduc. » (*Ibid.*)

Les principaux généraux de cette aile sont :

SZENTKERESTY (1)........	Quartier général :	Erfelden.
Prince DE HOHENLOHE (2) ..	—	Mannheim.
FRENEL (3)...............	—	Seckenheim.
CANISIUS	—	Heidelberg.
Prince DE VAUDEMONT	—	Rohrbach.
GOERGER (4).............	—	Freudenstadt.
Comte DE HARDECK........	—	Wilstett.
MERVELDT (5)............	—	Scheittern.
KIENMAYER (6)...........	—	Offenbourg.
SIMBSCHEN (7)	—	Mertingen.
GYULAI (8)...............	—	Fribourg.
LICHTENSTEIN.............	—	Villingen.
Prince DE HESSE-HOMBOURG.	—	Avec KIENMAYER.
SEBOTTENDORF...........	—	Avec KIENMAYER.
KLINGLIN (9).............	—	Rastatt.

Le centre, sous les ordres du général Nauendorf, dont le quartier général est à Stühlingen, s'étend de Fribourg à Lindau. Il comprend :

12 corps d'infanterie de ligne........	27,700	hommes.
1 — légère...........	2,850	—
10 — de cavalerie.................	10,500	—
3 — d'artillerie.................	3,600	—
3 compagnies de sapeurs-mineurs.....	680	—
TOTAL...........	45,330	hommes.

(1) « Fort bon officier d'avant-garde. » (Bulletin du 1er floréal.)

(2) « Ardent et plein du désir de se distinguer. » (*Ibid.*)

(3) Même appréciation que le précédent.

(4) « Fort bon officier d'avant-garde. » (Renseignements sur l'armée autrichienne du Rhin, 15 pluviôse an VIII.)

(5) « Est, par ses connaissances militaires, un des officiers les plus distingués de l'armée autrichienne, surtout comme général d'avant-garde. » (*Ibid.*)

(6) « A servi avec beaucoup de distinction sur le bas Rhin. Excellent officier. Créature du Conseil aulique de guerre. » (*Ibid.*)

(7) « S'est distingué dans plusieurs occasions. Créature du Conseil aulique. » (*Ibid.*)

(8) « Fort bon officier d'avant-garde. » (*Ibid.*)

(9) « Connu en France; attaché à l'Impératrice par sa femme, qui est mêlée dans toutes les intrigues des alentours de cette princesse. » (*Ibid.*)

Les principaux généraux du centre sont :

VOGELSANG...............	Quartier général :	Thengen.
Archiduc FERDINAND	—	Thengen.
BOLZA..................	—	Schaffhouse.
BAILLET LA TOUR	—	Radolfzell.
SPORK (1)...............	—	Singen.
KOSPOTH................	—	Singen.
CHARLES DE LORRAINE.....	—	Radolfszell.
LINDENAU................	—	Radolfszell.
KEMPF (2)...............	—	Stockach.
KOLLOWRAT..............	—	Donaueschingen.
ANHALT-GOETHEN (3)......	—	Donaueschingen.
Colonel WILLIAMS (anglais).	—	Mersbourg.

L'aile gauche est commandée par le prince de Reuss, dont le quartier général est à Bregenz ; elle s'étend de Lindau à Coire, Ilanz et Dissentis. Sa force est de :

18 corps d'infanterie de ligne........	18,850	hommes.
3 — — légère..........	2,400	—
Milices du Montafon et du Vorarlberg...	2,400	—
6 corps de cavalerie................	2,100	—
TOTAL	25,750	hommes.

Les principaux généraux de cette aile sont :

LINKEN (4)..............	Quartier général :	Bregenz.
HILLER (5)	—	Coire.

---

(1) « A servi dans l'infanterie ; a la réputation d'être bon officier. » (Renseignements du 15 pluviôse an VIII.)

(2) « N'a pour lui que l'ancienneté de service. Créature du Conseil aulique. » (*Ibid.*)

(3) « Très ardent, plein du désir de se distinguer. » (*Ibid.*)

(4) « A servi dans la cavalerie ; passe pour être fort instruit, excellent tacticien et pour avoir beaucoup de présence d'esprit sur le champ de bataille. » (*Ibid.*)

(5) « A servi dans l'infanterie. C'est un excellent officier, qui a été longtemps aide de camp du F. M. Laudon. Créature du Conseil aulique de guerre. » (*Ibid.*)

AUFFENBERG............... Quartier général : Feldkirch.
JELLACHICH (1)............   —   Lindau.
PETRASCH (2)............   —   Ulm.
DEDOVICH...............   —   Bellinzona (3).

Au total, l'effectif de l'armée autrichienne s'élève à 121,105 hommes.

On constate donc que, depuis sa prise de commandement jusqu'à la veille de l'ouverture des opérations, Moreau avait été constamment renseigné sur l'organisation, la force, les augmentations d'effectif, les emplacements, les chefs de l'armée autrichienne.

« Je vous fait passer, écrit Dessole au Ministre, le 5 floréal, l'état de situation de l'ennemi, ainsi que l'emplacement de ses corps ; il est assez exact puisque les rapports des espions et des déserteurs s'y conforment. »

Le registre des rapports militaires et les notes politiques reçues au grand quartier général de l'armée du Rhin précisent jour par jour sur ces diverses questions, certains points de détail qu'il a paru, en général, inutile de reproduire.

D'après un bulletin de Schaffhouse du 3 floréal (23 avril), « toute l'armée autrichienne est réunie et l'on s'attend d'un moment à l'autre à l'ouverture de la campagne sur le Rhin ». Le pays des Grisons serait garni de troupes jusqu'à Bregenz, ainsi que le lac de Constance. Il se confirme que les principales forces ennemies sont concentrées sur le revers oriental de la Forêt-Noire, aux environs de Donaueschingen. La droite qui s'étend

---

(1) « A la réputation d'un fort bon officier, de même que le général Auffenberg. » (Renseignements du 15 pluviôse an VIII.)

(2) « S'est distingué dans plusieurs occasions; il a commandé un corps séparé entre Philippsbourg et Kehl, lors de la retraite du général Moreau. » (*Ibid.*)

(3) Reliant l'armée du Rhin à celle d'Italie.

jusqu'à Rastatt aurait été renforcée par plusieurs bataillons bavarois et wurtembergeois à la solde anglaise.

Les Autrichiens ont un équipage de pont près de Rastatt ; un autre, de 64 pontons, qui se trouvait à Kempten, en est parti le 2 floréal (22 avril), et a pris la direction du bas Rhin.

« On remarque aussi plusieurs autres mouvements qui font présumer que les Autrichiens ne tarderont pas à prévenir les Français en passant sous peu le Rhin. »

Il est certain, mentionne un bulletin de Francfort du 4 floréal (24 avril), que l'armée française s'est ébranlée du côté de la Suisse. « Nous sommes dans l'attente de quelque grand événement. »

IIᶜ PARTIE

LE DÉBOUCHÉ

CHAPITRE PREMIER
Préparation du débouché.

Préparatifs pour le passage du Rhin par l'aile droite. — Instructions
de Moreau du 30 germinal et du 1ᵉʳ floréal. — La défense de l'Helvétie. — La lettre de Carnot du 4 floréal. — Le passage du Rhin
fixé au 5 floréal. — Instructions à Moncey pour la répartition de
ses forces en Helvétie. — Inquiétudes de Moncey.

Le 23 germinal (13 avril), Moreau prescrit à Saint-Cyr
et à Sainte-Suzanne de prendre leurs dispositions pour
pouvoir réunir le corps qu'ils commandent, en « deux
petites marches ou même une marche forcée », le premier
à Brisach, le second à Strasbourg, de façon à franchir
le Rhin dès qu'ils en recevront l'ordre (1).

Le 28 germinal (18 avril), il est ordonné, en vue du
passage du fleuve par l'aile droite : au général Éblé,
commandant l'artillerie de l'armée, de faire réunir sur
l'Aar tous les matériaux et agrès nécessaires à l'établissement d'un pont de bateaux sur le Rhin, au premier
avis qu'il recevra (2); au général Lecourbe d'exécuter

---

(1) Dessolle à Sainte-Suzanne et à Saint-Cyr, Bâle, 23 germinal.
Le commissaire-ordonnateur en chef est prévenu de ce mouvement.

(2) En transmettant ces instructions à Dedon, commandant le régiment de pontonniers, Éblé ajoutait en *post-scriptum* : « Ne laissez
apercevoir aucun mouvement qui puisse fixer l'attention de l'ennemi. »

des démonstrations vers Mayenfeld et l'extrême gauche
de l'ennemi pour retenir, entre Coire et le lac de Constance, les forces autrichiennes qui s'y trouvent, et de
faire circuler dans ce but le bruit de l'arrivée d'une
partie de l'armée de réserve; au commissaire-ordonnateur en chef, de constituer sans retard des approvisionnements en vivres et fourrages à Bâle, Aarau,
Zürich (1).

D'après les instructions du commandant de l'aile
droite (2), Vandamme est chargé d'interrompre, à partir
du 5 floréal (25 avril) (3), toute communication entre les
deux rives du Rhin et du lac de Constance, et de
réunir, sous bonne garde, toutes les barques « grandes
ou petites » à Rorschach, Arbon et Constance, en n'en
laissant aucune ailleurs « sous quelque prétexte que ce
soit ». Dans le but d'amener les Autrichiens à croire que
l'armée française se propose de prononcer une attaque
sérieuse par le haut Rhin sur les Grisons et le Vorarlberg, Vandamme fera répandre le bruit de l'arrivée
prochaine de l'armée de réserve entre Sargans et Coire,
et de l'entrée de ses têtes de colonnes à Berne. Il fera
conduire son équipage de pont à Rheineck et y enverra
un de ses trois généraux de brigade, Laval, avec un ou
deux bataillons. Un autre général de brigade, Jardon,
s'établira de sa personne à Mels jusqu'à nouvel avis ; il fera
préparer à Atzmoos et Zollbrück des bois, madriers et

---

(1) Dessolle à Éblé, à Lecourbe et au commissaire ordonnateur en
chef, Bâle, 28 germinal.

(2) Lecourbe à Vandamme, Zürich, 29 germinal (19 avril).

(3) Lecourbe avait d'abord indiqué à Vandamme la date du 22 avril.
Il lui écrivit à ce sujet le 1er floréal (21 avril) : « Le mouvement général
étant retardé et ne devant commencer à la gauche que le 4 (floréal),
vous ferez bien de ne faire exécuter les mouvements et la plupart des
autres mesures que je vous ai prescrites par ma dernière que le 5 ou le
6, au lieu du 3 que je vous avais fixé. »

poutrelles, et exécuter « beaucoup de simulacres ». Le troisième, Molitor, se portera vers Steckborn.

D'une manière générale, tous les éléments de la division Vandamme se rapprocheront le 5 floréal du Rhin et du lac de Constance ; les postes seront « doublés, triplés même, de manière qu'aucun espion ne puisse passer » ; les troupes ne bivouaqueront point, afin de ne pas donner l'éveil à l'ennemi (1).

Le 30 germinal (20 avril), Moreau fait connaître à Dessolle ses intentions générales au sujet du débouché.

L'aile gauche, sous les ordres de Sainte-Suzanne, passera le Rhin le 3 floréal à Kehl et se portera en avant le 4 (24 avril). « Il y a, dit Moreau, une marotte assez généralement reçue qui est que la fausse attaque est la première. Je ne connais rien de plus routinier que les Autrichiens et, certes, ils regarderont le mouvement de Sainte-Suzanne comme une fausse attaque, s'il commence. »

Saint-Cyr franchira le fleuve le même jour à Brisach.

D'autre part, la division Leclerc, du corps de réserve, débouchera de Bâle le 2 floréal (22 avril) un jour avant les corps de l'aile gauche et du centre ; elle établira son avant-garde à Säckingen, qu'elle atteindra tout entière le 3 et d'où elle fera, le 4, un simulacre de mouvement vers l'Est, en dirigeant en réalité un gros détachement « au delà de Müllheim pour se relier à Saint-Cyr ».

Moreau espère donc, en faisant déboucher d'abord une partie de la réserve, que les Autrichiens considéreront cette opération comme une fausse attaque et celles de Sainte-Suzanne et de Saint-Cyr comme la vraie ; que dès lors leur attention et leurs efforts se porteront vers Kehl et Brisach en se détournant de la section du cours du Rhin comprise entre Bâle et le lac de Constance.

_____

(1) Lecourbe à Vandamme, Zürich, 29 germinal.

Mais le 1er floréal (21 avril), ses intentions se sont
modifiées, sans que les documents existants permettent
de déterminer les mobiles de ce revirement, en ce qui
concerne les dates de passage du fleuve et le mouvement
de la division Leclerc. Ses instructions définitives sont,
en effet, différentes des premières (1) :

Sainte-Suzanne débouchera de Kehl le 5 floréal
(25 avril) et se portera vers Offenbourg. Le but de son
mouvement est d'observer le corps autrichien de Sztaray
établi entre la Rench et Durlach ; « de produire une
diversion en diminuant les forces de l'ennemi entre
Rastatt et la Kinzig, et en l'obligeant d'en jeter une partie
dans la vallée de la Kinzig ». Ce résultat obtenu,
Sainte-Suzanne ralliera l'armée d'après les ordres particuliers qu'il recevra du général en chef, en laissant
toutefois, près de Kehl, deux demi-brigades d'infanterie
et un régiment de cavalerie.

Saint-Cyr franchira le Rhin à Brisach également le
5 floréal, et marchera sur Fribourg en repoussant dans
le val d'Enfer les troupes autrichiennes qui lui seraient
opposées. Il manœuvrera de manière à menacer le
débouché de la vallée de l'Elz dans la plaine du Rhin, à
Waldkirch, et à faire supposer à l'ennemi que son intention est de se relier à Sainte-Suzanne. Saint-Cyr laissera
ensuite une demi-brigade à Brisach, pour mettre la tête
de pont à l'abri de toute insulte, et se dirigera par Fribourg et Todtnau sur Saint-Blaise. Il recevra, en ce
dernier point, de nouvelles instructions du général en
chef pour la suite de ses opérations combinées avec celles
du corps de réserve qui doit se porter sur Waldshut.
Saint-Cyr est prévenu que, pendant son mouvement,
une division de la réserve se portera sur Schliengen avec

_____

(1) Instructions pour les généraux Sainte-Suzanne et Saint-Cyr,
1er floréal.

une avant-garde à Müllheim et un détachement dans la vallée de la Wiese, à Schönau. Le 2 floréal, Moreau lui prescrit de diriger son artillerie sur Bâle par la rive gauche du Rhin (1).

---

(1) On trouve dans les *Mémoires* de Gouvion-Saint-Cyr (t. II, p. 350) une « première instruction » sans date qui n'existe pas aux Archives de la guerre et qui lui aurait été donnée dans les derniers jours du mois d'avril. Elle est ainsi conçue :

Annotations écrites de la main du général en chef Moreau.

C'est en menaçant Waldkirch qu'on peut faire croire à l'ennemi que nous voulons déboucher par la Kinzig.

Je présume que ce corps doit être au moins de 12 à 15 bataillons et 8 escadrons de cavalerie légère. On pourra entrer fréquemment en communication avec lui par les vallées qui aboutissent au Rhin vis-à-vis Säckingen et Lauffenburg.

Je donnerai ordre à ce corps, qui sera fort de 12 à 15 bataillons, de pousser ses avant-postes jusqu'à Müllheim et Neuenbourg; alors il pourra entrer en communication avec vous le jour où vous déboucherez.

Le général Saint-Cyr débouchera par le Vieux-Brisach le .... et se portera sur Freiburg, en repoussant dans le val d'Enfer les troupes qui pourraient lui être opposées. Il manœuvrera de manière à menacer le débouché de Waldkirch pour faire croire à l'ennemi que ses opérations se lient à celles du général Sainte-Suzanne, qui aura débouché par Kehl pour se porter sur la Kinzig.

Le général Saint-Cyr fera un mouvement par sa droite et se portera à Bâle en deux jours, après avoir laissé à Brisach l'infanterie nécessaire pour mettre cette tête de pont à l'abri de toute insulte; une partie de son corps, forte de....., passera par Freiburg, Todtnau, Saint-Blaise et débouchera sur Stühlingen. Ce corps est destiné à flanquer la marche du corps de réserve et du centre jusqu'à Waldshut.

Le général Saint-Cyr prendra tous les renseignements qu'il pourra se procurer sur la nature de ce chemin pour juger la quantité d'artillerie qu'il pourra y faire passer. Il paraît, d'après les renseignements qu'on a pu se procu-

16

Lecourbe « fera préparer et réunir tous les moyens
d'un passage sur le Rhin entre Schaffhouse et Stein » et
manœuvrera pour menacer la gauche de l'ennemi depuis
le lac jusqu'à Mayenfeld. Il rassemblera, d'autre part,
sur l'Aar, tous les bateaux et matériaux nécessaires
pour jeter un pont sur le Rhin, vers Waldshut, à l'endroit le plus propice et le jour même où la tête de
colonne du corps de réserve atteindra cette localité. Il en
sera informé par les soins du général en chef et devra
tenter le passage du fleuve aussitôt, entre Schaffhouse et
Stein. Si les Autrichiens défendent la ligne de la Wutach,
face à l'Ouest, Lecourbe se portera sans retard sur
Neunkirch, pour leur intercepter la retraite; sinon, il
prendra position pour former la droite de l'armée quand
sa jonction avec elle se sera opérée.

Il lui est recommandé de ne mettre cette instruction
à exécution qu'au moment où il sera averti du mouvement des autres corps par un courrier extraordinaire du

---

rer jusqu'ici, que les pièces de 4 seules sont susceptibles de passer sans difficulté et sans avoir besoin de travailleurs pour préparer les chemins.

Je crois qu'il faut, pour que la diversion soit complète, que vous restiez un jour franc à Freiburg.

La partie du corps du général Saint-Cyr, qui longera la rive droite du Rhin, trouvera dans la position de Schliengen une division de réserve chargée de couvrir jus-qu'à son arrivée les débouchés de Kandern et de Lörrach.

Le but est de se porter sur la Wutach, la droite au Rhin, la gauche vers Stühlingen, et de forcer le passage le même jour. Le général Lecourbe tentera un passage du Rhin entre Stein et Dies-senhofen.

Arrivé à Bâle, le général Saint-Cyr recevra de nouvelles instruc-tions du général en chef.

général en chef. Lecourbe est prévenu que Sainte-Suzanne et Saint-Cyr déboucheront le 5 floréal (25 avril), et que les divisions du corps de réserve seront prêtes à se porter en avant le 6 ou le 7, suivant la rapidité de la marche de Saint-Cyr.

Ces instructions du 1er floréal sont complétées le 2 en ce qui concerne les divisions de la réserve.

Le 1re (Delmas) s'établira le 4 (24 avril) à l'Est de Bâle, entre la Wiese et le Rhin, prête à se porter en avant le 6, d'après des instructions qu'elle recevra ultérieurement.

La 2e (Leclerc) sera rassemblée le 5 floréal (25 avril) à une petite journée de marche de Bâle.

La 3e (Richepance) (1) se trouvera le même jour à Eimeldingen et environs, en aval; une de ses brigades (Digonnet) prenant position à Schliengen et Kandern, occupant Müllheim et s'étendant à droite jusqu'à la vallée de la Wiese.

Les 1re et 2e divisions fournirent à la 3e la compagnie de grenadiers du 1er bataillon de chacune de leurs demi-brigades de ligne ou légères pour constituer « une réserve d'élite », destinée à remplacer une demi-brigade que Moreau se proposait de laisser à Bâle et sur le Rhin, entre cette ville et Rheinfelden (2).

La division de cavalerie d'Hautpoul se mettra en marche de façon à atteindre Brisach les 5 et 6 floréal. Ses régiments franchiront le Rhin successivement le lendemain de leur arrivée et iront se concentrer à Müllheim (3).

---

(1) Le général Richepance avait remplacé le général Lapoype le 1er floréal.

(2) Pour la nouvelle constitution de la division Richepance, voir la situation de l'armée du Rhin à la date du 20 floréal (10 mai).

(3) Dessolle à Delmas, Leclerc, Richepance et d'Hautpoul, Strasbourg, 2 floréal. — La 1re compagnie du 3e régiment d'artillerie légère fut attribuée, le 1er floréal (21 avril) à la division de cavalerie d'Hautpoul.

Les approvisionnements en vivres et fourrages seront assurés pour huit jours aux divisions d'infanterie et pour dix jours à la division de cavalerie; il en sera distribué la valeur de quatre jours aux troupes le 4 floréal.

Le 2 floréal (22 avril), le général Molitor rend compte d'une reconnaissance qu'il a faite pour le passage du Rhin entre Stein et Reichlingen. Il se prononce pour un point situé entre cette dernière localité et Wagenhausen, à peu près en face du hameau d'Hemmishofen, et recommande de s'emparer aussitôt que possible de Stein, afin de faire rétablir promptement le pont de cette ville, dont les chevalets existent encore (1).

Au moment d'entreprendre le passage du Rhin, Moreau n'était pas sans préoccupation pour la sécurité de l'Helvétie.

Le 4 floréal (24 avril), il écrit à Berthier pour appeler son attention sur l'opportunité de faire arriver le plus vite possible des troupes de l'armée de réserve dans le Valais. « L'Helvétie, dit-il, va se trouver abandonnée à de faibles forces, et c'est sur ce point que l'ennemi pourrait peut-être tenter une diversion et chercher à soulever les habitants contre nous ; nous avons bien réparé quelques maux, mais non effacé tous les souvenirs. » De plus, il lui paraît rationnel de placer momentanément ces troupes de l'armée de réserve sous le commandement du général Moncey à qui est confiée la garde de la Suisse, ou de l'autoriser tout au moins à leur envoyer des ordres en cas d'attaque.

Cette mesure lui semble d'autant plus importante que la défense du Saint-Gothard et de la vallée de la Reuss est intimement liée au haut Valais par le débouché de la Furka, d'où l'on pourrait agir sur le flanc et les

---

(1) Reconnaissance faite par le général Molitor, Frauenfeld, 2 floréal.

derrières d'une colonne ennemie qui tenterait de se diriger sur le lac des Quatre-Cantons. Il lui paraît utile enfin que le gros de l'armée de réserve se rapproche de l'Helvétie afin de parer à une offensive des Autrichiens par Rheineck et Feldkirch, dont l'éventualité doit être considérée surtout comme possible dans l'hypothèse où l'armée du Rhin aurait dépassé le lac de Constance sans avoir pu livrer bataille à l'ennemi et, par conséquent, sans avoir pu entamer ses forces.

« Les Autrichiens se sont beaucoup renforcés, conclut-il; ils sont dans ce moment aussi nombreux que nous ; en reculant, ils recevront des renforts, comme en s'avançant nous devons nécessairement nous affaiblir. Vous sentez mieux que moi toutes ces raisons, citoyen général; l'armée de réserve en Helvétie peut décider ou du moins assurer les premiers succès de celle du Rhin (1) ».

Berthier n'allait pas tarder, en effet, à commencer son mouvement en raison des nouvelles arrivées d'Italie.

Le même jour, 4 floréal, le Premier Consul informait Moreau des événements survenus dans la rivière de Gênes. Masséna avait remporté, le 16 germinal, un succès à la Bocchetta contre la droite de l'armée autrichienne ; néanmoins sa situation était très critique et il était urgent d'opérer en sa faveur « une puissante diversion (2) ». En conséquence, le Ministre de la guerre venait de donner l'ordre à Berthier de se mettre en mouvement le plus tôt possible. Bonaparte espérait que Moreau avait passé le Rhin.

« Ayez le plus tôt possible un avantage, écrivait-il, afin de pouvoir, par une diversion quelconque, favoriser les opérations d'Italie. Tous les jours de retard seraient extrêmement funestes pour nous (3). »

---

(1) Moreau à Berthier, 4 floréal.
(2) Carnot à Berthier, Paris, 4 floréal, A. H. G., Armée de réserve.
(3) *Correspondance de Napoléon* nº 4730.

Le Premier Consul ne s'en tint pas à cette lettre qu'il jugea sans doute devoir parvenir à Moreau trop tard. Le télégraphe de Bâle et de Strasbourg lui ayant appris que l'armée du Rhin n'était pas encore aux prises avec les Autrichiens, il chargea Carnot le même jour, 4 floréal, de réitérer à Moreau l'ordre d'attaquer l'ennemi. « Faites-lui sentir, ajoutait Bonaparte, que ses retards compromettent essentiellement la sûreté de la République (1). »

Le Ministre de la guerre se conforma aux instructions du Premier Consul en expédiant à Moreau un télégramme d'abord (2), puis une lettre qu'il envoya par un courrier extraordinaire (3). Après avoir exposé la situation de l'armée d'Italie, Carnot fait remarquer à Moreau, que, malgré l'avantage qu'elle a remporté, la lutte est trop inégale pour qu'elle puisse la soutenir longtemps. Si l'ennemi parvient à la désorganiser ou seulement à acquérir la supériorité, « la nécessité de lui porter directement des secours changerait les combinaisons faites et nous réduirait pour tout le reste de la campagne à une défensive également funeste à l'honneur national et au besoin physique qu'ont les armées de s'établir en pays ennemi (4) ».

En écrivant ces lignes, le Ministre était-il l'interprète fidèle de la pensée du Premier Consul, pénétré de la prédominance de la frontière d'Allemagne sur celle des Alpes? Il est permis d'en douter. Était-il d'ailleurs absolument sincère, lui qui avait témoigné au Comité de Salut public de sa haute compétence stratégique et et qui avait mis en lumière le principe de l'économie des forces? N'exagérait-il pas à dessein les conséquences

---

(1) *Correspondance de Napoléon* n° 4728.
(2) « Attaquez l'ennemi sans perdre un instant. »
(3) Le Ministre de la guerre à Dupont, A. H. G., armée de réserve.
(4) Le Ministre de la guerre à Moreau, Paris, 4 floréal.

d'un échec de l'armée de l'Italie pour mieux convaincre Moreau de l'urgence de l'ouverture des opérations sur le Rhin?

« Vous seul, mon cher général, ajoutait-t-il, pouvez prévenir de si grands malheurs en attaquant avec impétuosité et sans perdre un moment, ainsi que l'ordonnent les Consuls ; attirez l'ennemi de votre côté, et forcez-le, par la rapidité de vos succès, à lâcher prise en Italie..... Je vous conjure, au nom du salut de la patrie, d'ouvrir la campagne sans hésiter et d'apprécier la valeur d'un instant, dans la circonstance actuelle (1) ».

Carnot prévoit une objection de la part de Moreau. Il est à présumer que les Autrichiens se seront concentrés pour attaquer successivement, avec une supériorité numérique marquée, les diverses colonnes de l'armée du Rhin ; aussi Moreau ne voudra-t-il sans doute, avec raison, livrer une bataille décisive qu'après avoir acquis la certitude de pouvoir y faire participer toutes ses forces. Mais ce n'est point là ce que les Consuls lui demandent : «L'essentiel, est de franchir le Rhin, de faire irruption en pays ennemi, et cette opération, conclut le Ministre, ne peut être retardée d'une heure, sans compromettre le salut de la République (2) ».

Cette lettre pressante fut d'ailleurs sans influence sur la date de l'entrée en campagne, car elle parvint à Moreau le 7 floréal, quand, depuis deux jours déjà, les opérations étaient commencées (3). Quant au télégramme du 4 floréal, il arriva à destination avec un retard considérable, le 9 floréal seulement, à Rheinfelden (4).

---

(1) Le Ministre de la guerre à Moreau, Paris, 4 floréal.
(2) *Ibid.*
(3) Moreau à Bonaparte, Säckingen, 7 floréal.
(4) Le directeur de la correspondance télégraphique à Strasbourg, à Moreau, 5 floréal; l'adjudant général Fririon à Moreau, 9 floréal.

Le jour même où le message du Ministre était expédié de Paris, Dessole écrivait à Carnot, de la part du général en chef, pour lui annoncer que l'armée se mettrait en mouvement le lendemain, 5 floréal (25 avril), et lui exposer les mouvements des divers corps. On avait calculé au quartier général de l'armée du Rhin, expliquait Dessolle, que, d'après les positions actuelles des Autrichiens, leur force, et les marches qu'ils auraient à effectuer, ils pourraient réunir dans la région Stühlingen, Thengen, Schaffhouse, une quarantaine de mille hommes auxquels Moreau comptait en opposer 60,000 « sur un rayon de 7 lieues ». Si donc Kray voulait résister sur la Wutach, le général en chef était décidé à lui livrer bataille ; si, au contraire, il se retirait sur Stockach, Sainte-Suzanne, après une fausse attaque sur Offenbourg, se replierait sur Brisach et rejoindrait Saint-Cyr et le corps de réserve par Löffingen. L'armée, disait Dessole, en terminant, n'a pu être préparée avant le 5 floréal à commencer son mouvement ; « les difficultés des subsistances en sont les principales causes (1) ».

La défense de la Suisse, pendant les premières opérations de l'armée du Rhin, était confiée au général Moncey, poste important, disait l'instruction qui lui était adressée le 7 floréal (27 avril) par les soins de Dessole (2), « qui peut exiger le déploiement de beaucoup de talents et qui nécessite une grande sagesse dans la conduite politique ». Moncey devait s'attacher à faire oublier les maux dont souffrait la Suisse, entretenir les meilleures relations avec les autorités constituées et correspondre souvent avec Rheinart, l'ambassadeur de France à Berne.

---

(1) Dessolle au Ministre de la guerre, Colmar, 4 floréal.
(2) Une première instruction très générale lui fut envoyée de Colmar le 4 floréal.

Moreau estimait que la difficulté des débouchés et peut-être encore plus la pénurie des moyens de subsistance empêcheraient les Autrichiens d'entreprendre une opération de quelque importance. Il était possible cependant qu'ils tentassent « quelque diversion » par des détachements soit de l'armée d'Italie, soit du corps qui occupait le Vorarlberg et les Grisons.

Les passages qui conduisent du Piémont et du Milanais dans le Valais étaient nombreux, mais, comme le faisait observer Moreau, la plupart d'entre eux n'étaient praticables que pendant quelques mois de l'année. Les principaux étaient ceux du Grand-Saint-Bernard, du val d'Hérens, de la vallée de la Wis, du Simplon et du Griess; les plus importants étaient ceux du Saint-Bernard et du Simplon. Moreau considérait que cinq ou six bataillons suffisaient à défendre le Valais à condition de ne pas les disséminer et de les tenir « le plus possible réunis dans les vallées » en se contentant d'avoir quelques postes sur le sommet des montagnes. Il serait convenable d'en établir deux dans le haut Valais, à Munster et Lax, d'où ils pourraient à la fois surveiller le col de Griess et menacer, par celui de la Furka les troupes adverses qui déboucheraient du Saint-Gothard dans la vallée de la Reuss. Si en attaquant le Gothard, l'ennemi s'emparait en même temps du haut Valais, un bataillon ou deux devraient se replier dans la haute vallée de l'Aar et garder avec soin le passage du Grimsel d'où ils pourraient agir soit dans la vallée de Urseren, soit dans celle du Rhône. Il faudrait également résister énergiquement au Simplon et à Brigg.

Si l'adversaire débouchait avec des forces supérieures en nombre par tous les passages à la fois, les troupes françaises se replieraient, partie sur le Grimsel, partie sur la Gemmi et Kandersteg, partie sur Saint-Maurice « poste facile à garder ».

700 à 800 hommes suffiraient, d'après Moreau, pour

défendre la vallée de la Reuss et surveiller les passages du Gothard, de l'Ober et de l'Unter-Alp. S'ils étaient
forcés de battre en retraite, ils résisteraient au Trou-
d'Uri et au Pont-du-Diable en veillant à un mouvement
tournant de l'ennemi par le Maderaner-Thal. Obligés
d'abandonner toute la vallée, ils se réuniraient à Seedorf,
sur la rive gauche de la Reuss, après avoir détruit les
ponts d'Erstfeld et d'Attinghausen, et en postant quelques
compagnies sur les hauteurs du Surenen-Pass qui conduit dans la vallée d'Engelberg. Dans la vallée de la
Linth et celle de son affluent la Seruft, un bataillon permettrait de garder les rares passages qui viennent de la
haute vallée de Rhin.

Entre Sargans et le lac de Constance, il fallait établir
une demi-brigade. Ses lignes de retraite en cas de nécessité étaient sur Wallenstadt, sur la haute vallée de la
Thur par Wildhausen et sur Gais ; elle défendrait les montagnes de l'Appenzell. D'ailleurs, l'armée enverrait, dans
cette éventualité, des détachements soit sur Rorschach,
soit sur Lindau et Bregenz, qui obligeraient l'ennemi à
une prompte retraite en menaçant ses communications.

Enfin Moreau faisait observer à Moncey que l'armée de
réserve ayant déjà porté une division à Vevey et Lausanne, il pourrait diriger son attention d'une manière
toute particulière sur la vallée de la Reuss et le Rheinthal en se préoccupant moins du Valais.

L'Instruction se terminait par un état des troupes placées sous le commandement de Moncey.

Valais, cinq bataillons : 1 de la 9ᵉ légère, 1 de la 44ᵉ, 3 de la 28ᵉ.
Vallée de la Reuss : 1 bataillon de la 1ʳᵉ légère.
Zürich et vallée de la Linth : 2 bataillons de la 44ᵉ, dont 1 dispo-
nible pour la défense du Rheinthal.
Rheinthal : 3 bataillon de la 102ᵉ.
A Bâle : 2ᵉ bataillon de la 101ᵉ.

Le général de division Lapoype avait le commande-

ment des troupes des vallées du Rhin et de la Reuss;
le général de division Montchoisy de celles du Valais.
Mais Moncey avait toute latitude pour changer les
limites de leurs commandements et leur donner la destination qu'il jugerait convenable.

Il trouva d'ailleurs insuffisantes les forces qui lui
avaient été attribuées et écrivit à ce sujet à Berthier le
8 floréal (28 avril) : « Si l'ennemi n'entreprend rien,
c'est assez pour assurer la tranquillité intérieure de la
Suisse et pour empêcher un mouvement insurrec-
tionnel; si au contraire il tente une attaque sérieuse,
la force que j'ai à lui opposer est nulle ».

Si, comme on l'avait fait espérer à Moncey, Berthier
détachait une division pour tenir le Valais, son intention était de concentrer tous ses bataillons dans la vallée
du Rhin et au Gothard. Il lui paraissait « essentiel au
bien du service » que cette division fût placée sous
son commandement, et qu'un seul système de défense,
conçu et exécuté par un seul chef, servît de base aux
dispositions prises pour assurer la garde de la Suisse.
Dans les conditions actuelles, sa position lui semblait des
plus fâcheuses si l'ennemi devenait entreprenant (1).

---

(1) Moncey à Berthier, 8 floréal.

CHAPITRE II

Opérations de l'aile gauche, du centre et de la réserve, le 5 floréal (1).

§ 1. — L'AFFAIRE DE KEHL.

L'aile gauche de l'armée du Rhin, aux ordres de Sainte-Suzanne, devait franchir le fleuve à Kehl. En face de cette tête de pont se trouvait le corps autrichien de Kienmayer, comptant un peu plus de 9,000 hommes, et occupant un front assez étendu, avec de larges intervalles, de Willstett, par Kork et Bodersweier, jusqu'au Rhin vers Lentesheim. Les postes les plus avancés tenaient Marlen, Neumühl, Auenheim; l'aile droite était commandée par les généraux Klénau et Löwenberg, la gauche par le général Merveldt.

La 1re division de l'aile gauche (Souham) déboucha de Kehl le 5 floréal à 5 heures du matin, marchant en deux colonnes.

A droite, le général de brigade Puthod, à la tête d'un bataillon de la 95e demi-brigade, de trois escadrons du 6e dragons et d'un détachement d'artillerie légère servant un obusier et une pièce de 4, marcha par Sundheim sur Griesheim, mais fut arrêté assez long-temps devant Eckartsweier par une sérieuse résistance des Autrichiens. Une compagnie et un escadron de dragons, qui constituaient une flanc-garde, face à Marlen, furent attaqués par un bataillon et un escadron ennemis,

_____

(1) Voir les cartes nos 3, 4 et 5.

sous les ordres directs du général Merveldt, et même chassés de Marlen (1). Recueilli par le 1er bataillon de la 29e demi-brigade et le 7e régiment de cavalerie appartenant à la division de réserve, ce détachement de flanc put pourtant reprendre son mouvement offensif (2).

A gauche, le général de brigade Decaen, à la faveur des fourrés qui bordent la rive droite de la Kinzig, se porta sur Kork avec la 8e demi-brigade de ligne, le 2e bataillon de la 9e, le 1er régiment de chasseurs, le 4e escadron du 6e dragons, un détachement d'artillerie légère comprenant deux obusiers et deux pièces de 4, enfin un détachement du parc composé de deux pièces de 8. Les Autrichiens n'opposèrent d'abord à son mouvement que peu d'infanterie, environ 600 chevaux et 4 bouches à feu en position près de Willstett; aussi furent-ils rapidement délogés de Neumühl, Kork et Sand; en revanche, pendant quatre heures, toutes les attaques dirigées contre Willstett restèrent vaines (3).

Le général Decaen éprouva surtout une très sérieuse résistance devant Griesheim et Windschlag, où se trouvaient des forces beaucoup plus importantes (4). Néanmoins, le village de Griesheim fut emporté « de vive force (5) » par la 8e demi-brigade, tandis que le 1er régiment de chasseurs exécutait contre les dragons de Latour une charge vigoureuse, au cours de laquelle son chef,

---

(1) Rapport officiel de Kienmayer à Kray sur l'affaire de Kehl (Kienmayer à Kray, Haslach, 27 avril 1800, *K. K. Archiv*, IV, 100).

(2) Bulletin historique du 1er au 10 floréal de la 1re division de l'aile gauche.

(3) Kienmayer à Kray, Offenburg, 25 avril, 10 h. 30 matin (*K. K. Archiv*, IV, 100).

(4) Bulletin historique du 1er au 10 floréal de la 1re division de l'aile gauche. Voir aussi rapport officiel de Kienmayer à Kray sur l'affaire de Kehl (*K. K. Archiv*, IV, 100).

(5) Bulletin historique du 1er au 10 floréal de la 1re division de l'aile gauche.

Dubois-Crancé, fut frappé à mort d'un coup de pistolet à bout portant. Ce fut seulement très tard, dans la soirée, que les villages de Griesheim et de Windschlag furent enlevés, au prix d'efforts considérables.

L'ennemi se replia sur Bühl et Bohlsbach, localités qu'occupait sa seconde ligne, entres lesquelles il avait placé son artillerie et que le général Decaen ne put emporter malgré plusieurs tentatives énergiques (1). D'autre part, les Autrichiens tentèrent sans succès de reprendre Griesheim, mais réussirent pourtant à déloger les Français de Windschlag (2). Le combat dégénéra en une canonnade qui dura jusqu'à la fin du jour.

La division Souham s'établit pour la nuit, la droite au pont de Griesheim sur la Kinzig, la gauche à Sand (3).

La 2e division (Legrand), après avoir passé le Rhin à Kehl à la suite de la 1re, fut rassemblée d'abord en avant des ouvrages de la tête de pont et marcha également en deux colonnes. La brigade Drouet prit la route de Rastatt et s'établit au Nord de Linx, sa gauche s'appuyant au Rhin, vers Diersheim (4), sa droite se liant par des postes, vers Urloffen, à la brigade Rouyer. Celle-ci s'était portée, en tournant Querbach, sur Legelshurst où l'ennemi opposa une vive résistance et dont il ne fut délogé qu'au bout de deux heures, à la suite d'une attaque de plusieurs compagnies de grenadiers combinée avec une charge du 13e régiment de dragons (5).

---

(1) Bulletin historique du 1er au 10 floréal de la 1re division de l'aile gauche. Voir aussi *Œsterreichische militärische Zeitschrift*, *loc. cit.*, et rapport de Kienmayer à Kray sur l'affaire de Kehl (*K. K. Archiv*, IV, 100).

(2) Kienmayer à Kray, Offenburg, 25 avril, 9 h. 30 soir (*K. K. Archiv*, IV, 100).

(3) Pertes : 11 hommes tués, 66 blessés, 43 disparus.

(4) Rapport de Kienmayer à Kray (*K. K. Archiv*, IV, 100).

(5) *Ibid.* Cf. Bulletin historique du 1er au 10 floréal de la 2e division de l'aile gauche.

Maître de Legelshurst et des bois avoisinants, le général Rouyer, avec toute sa brigade, attaqua Urloffen et Appenweier, et réussit à s'emparer de ces localités, malgré l'énergique défense des généraux Klénau et Löwenberg (1). Le soir, il s'établit à proximité de ces points, où il fut rejoint par le reste de la 2ᵉ division.

La division de réserve du corps Sainte-Suzanne s'établit à Kork et aux environs.

Les Autrichiens s'étaient maintenus sur la ligne Ichenheim—Langhurst—Bühl—Bohlsbach—Nussbach—Renchen. Ils restaient maîtres de la plupart des points d'appui de la position occupée par Kienmayer; les Français s'étaient heurtés à une résistance opiniâtre; il leur avait fallu seize heures pour conquérir deux lieues et demie de terrain, et malgré l'acharnement de la lutte, la retraite des Autrichiens s'était effectuée dans de bonnes conditions. Leurs pertes s'élevaient, en tués et blessés, à 281, dont 1 officier tué et 7 officiers blessés (2).

Le F. Z. M. Sztaray, qui avait concentré la majeure partie de sa division entre Oos et Kuppenheim, se trouvait trop éloigné le 5 floréal pour secourir Kienmayer (3). A la nouvelle de l'échec sans gravité subi par son lieutenant, il prit le parti de se porter sur la rive droite de la Murg pour se retirer par Pforzheim en cas de nécessité (4). Or la situation était loin de justifier une semblable résolution. Tout commandait au contraire à Sztaray de se porter immédiatement vers le Sud et d'effectuer sa jonction

---

(1) Rapport de Kienmayer à Kray (*K. K. Archiv*, IV, 100).

(2) *Ibid.*

(3) Kienmayer avait tenu Sztaray au courant des événements de la journée et des positions qu'il occupait en fin de combat; le fait ressort des comptes rendus adressés par Kienmayer à Kray : Kienmayer à Kray, Offenburg, 25 avril (sans heure) (*K. K. Archiv*, IV, 100) ; *Ibid.*, 9 h. 30 soir (*K. K. Archiv*, IV, 100).

(4) *Œsterreichische militärische Zeitschrift*, *loc. cit.*, p. 120.

vers Renchen avec Kienmayer. Ce mouvement s'impo-
sait d'autant plus que « l'occupation par ses troupes des
environs de Rastatt et de Karlsruhe n'avait plus d'objet
depuis que Sainte-Suzanne avait remonté le Rhin (1) ».
Disposant alors de 25,000 hommes contre 12,000, Sztaray
aurait pu rendre la position de Sainte-Suzanne fort
critique.

§ 2. — L'AFFAIRE DE FRIBOURG.

Le corps du Centre s'était établi, dans la matinée
du 4 floréal (24 avril), au bivouac sur la rive gauche du
Rhin, entre Biesheim et Kühnheim, au Nord de Neu-
Brisach. Ce rassemblement n'avait pas échappé aux
Autrichiens (2). Sur la rive droite du Rhin se trouvait le
faible corps de Gyulai — 3,500 hommes environ —
dont les troupes occupaient Fribourg et ses environs,
couvertes, du côté de l'Ouest, par une ligne d'avant-
postes, formant un demi-cercle autour de la tête de pont
de Vieux-Brisach (3).
Ceux-ci avaient reçu l'ordre, au cas où les Français
prononceraient une attaque sérieuse, de se replier lente-

(1) Saint-Cyr, *loc. cit.*, p. 121.
(2) Gyulai à Kray, Fribourg, 24 avril (*K. K. Archiv*, IV, 96).
Il l'informe que l'ennemi se concentre entre Kühnheim et Biesheim,
et que des troupes françaises vont d'Alsace en Suisse. Il estime que
tout ce que font les Français dans la région de Brisach et de Strasbourg ne sont que des démonstrations pour envoyer, « derrière ce
masque », des renforts en Italie.
Kienmayer partage aussi cette manière de voir (Kienmayer à Kray,
Gengenbach, 24 avril 1800, *K. K. Archiv*, IV, 97).
(3) Gyulai avait prévenu Kray que les Français attaqueraient le 24
par Kehl et Vieux-Brisach (le rapport qui informait Gyulai de ce fait
était écrit en français et non signé) (Gyulai à Kray, Fribourg, 23 avril
1800, *K. K. Archiv*, IV, 92).

ment ; en particulier, les postes de la gauche de la ligne avaient pour mission de chercher à gagner du temps, de manière à permettre à ceux qui tenaient le Kaiserstuhl et la route de Burkheim de se retirer sans être ni bousculés ni coupés (1).

Dans la nuit du 24 au 25, le général Gyulai était informé par des espions que les forces françaises, rassemblées entre Biesheim et Kühnheim, avaient l'ordre de se mettre en mouvement à 3 heures du matin ; toutefois, les renseignements transmis ne précisaient pas la destination de ces troupes (2).

En prévision d'une attaque, Gyulai fit prendre les armes et occuper une position défensive, qu'il avait choisie à l'entrée du Val-d'Enfer, ne voulant pas se laisser entraîner à un combat inégal avant d'avoir rallié tout son monde. Cette position, jalonnée par les villages de Saint-Georges, Betzenhausen et Zähringen, s'appuyait par ses deux ailes aux dernières hauteurs de la Forêt-Noire qui dominent Fribourg au Nord et au Sud. Le général Gyulai commandait en personne l'aile gauche, à Saint-Georges ; l'aile droite était sous les ordres directs du baron von Löpper, colonel des hussards Archiduc Ferdinand, à Betzenhausen (3).

A 5 heures du matin, le 5 floréal (25 avril), le corps du centre franchit le Rhin à Vieux-Brisach, par le pont de Fort-Mortier (4), et déboucha, la 1re division (Ney) en tête, se subdivisant en quatre groupes après le passage du fleuve. L'avant-garde, commandée par le

---

(1) Gyulai à Kray, Fribourg (place d'alarme), 25 avril, 6 heures matin (*K. K. Archiv*, IV., ad 98).

(2) *Ibid.*

(3) Renseignements extraits du rapport officiel de Gyulai à Kray sur l'affaire de Vieux-Brisach (Gyulai à Kray, Obersteig, 28 avril 1800, *K. K. Archiv*, IV, 98).

(4) *Ibid.* Voir aussi *Œsterreichische militärische Zeitschrift*, p. 260.

général de brigade Joba, et composée de la 54e demi-
brigade, d'un escadron du 8e chasseurs et d'une compagnie de sapeurs, marcha sur Eichstetten par Ihringen et
Wasenweiler, détachant en une sorte de flanc-garde,
quatre compagnies du 1er bataillon et une de chasseurs
sur Rothweil et Burkheim afin d'observer l'adversaire
vers le Nord (1). Les 2e et 3e bataillons de la 54e prirent
position au Sud d'Eichstetten, d'où l'escadron du 8e chasseurs poussa, dans la nuit du 5 au 6 floréal, des reconnaissances sur Emmendingen et Waldkirch, pour « découvrir la marche, la force et les projets de l'ennemi (2) ».

La flanc-garde de gauche ne put pénétrer à Burkheim, gardé par un grand nombre de miliciens et le corps
franc lieutenant-colonel Branovatzky ; ces troupes, sans
opposer aux Français une grande résistance, les forcèrent
pourtant à se retirer jusque sur les hauteurs d'Ihringen (3), et, ne pouvant elles-mêmes se replier sur Fribourg, gagnèrent en bon ordre dans la soirée Waldkirch
et la vallée de l'Elz (4), d'où elles rétablirent la liaison
avec le corps Kienmayer par des postes détachés à
Emmendingen et Kenzingen (5).

La colonne de droite, sous les ordres du général de
brigade Bonnet, composée de la 76e demi-brigade, du
8e régiment de chasseurs et d'une demi-compagnie d'artillerie légère (6), suivit le même itinéraire que l'avant-
garde de la division jusqu'à Wasenweiler d'où elle se
porta sur les hauteurs au Sud de Gottenheim, qu'elle

---

(1) Bulletin historique du 1er au 30 floréal.
(2) Ibid.
(3) Saint-Cyr, loc. cit., p. 122.
(4) Rapport officiel sur l'affaire de Vieux-Brisach (Gyulai à Kray,
Obersteig, 28 avril 1800, K. K. Archiv, V, 98).
(5) Gyulai à Kray, Obersteig, 26 avril, 8 h. 30 soir (2e letttre)
(K. K. Archiv, IV, ad 98).
(6) Moitié de la 3e compagnie du 7e régiment.

enleva après un court engagement. Les Autrichiens se
replièrent successivement sur Umkirch, Lehen, Betzen-
hauzen ; puis, ayant reçu des renforts, reprirent l'offensive, refoulèrent à leur tour une partie de la 76ᵉ sur
Umkirch, mais furent définitivement obligés, par une
contre-attaque du reste de cette demi-brigade, de battre
en retraite sur Fribourg (1).

La colonne de gauche, commandée par le général de
brigade Bonnamy et composée de la 103ᵉ demi-brigade
et du 25ᵉ régiment de cavalerie, se dirigea d'Ihringen
sur Botzingen, où elle s'établit : partie sur les hauteurs
qui dominent cette localité au Nord et à l'Ouest, partie
dans la plaine où sa gauche gardait la route de Fribourg.
Le 3ᵉ bataillon de la 103ᵉ avait été détaché, pendant la
marche, sur l'ordre du général Ney, pour recueillir les
quatre compagnies de la 54ᵉ qui se repliaient de Burkheim sur Ihringen (2).

Le reste de la division — 12ᵉ demi-brigade légère,
1 compagnie et demie d'artillerie — occupa Ober-Schaff-
hausen.

Dans la nuit du 5 au 6 floréal, des reconnaissances
furent envoyées dans le massif du Kaiserstuhl et pous-
sèrent jusqu'à Endingen, où elles apprirent que les
troupes adverses qui avaient manifesté leur présence à
Burkheim s'étaient repliées sur Kenzingen (3).

Pendant ces mouvements de la division Ney, le reste
du corps Saint-Cyr, après avoir débouché de Vieux-Brisach, marchait sur Fribourg par Hochstetten, Ober-
Rimsingen et Munzingen, dans l'ordre : 3ᵉ division
(Tharreau), 2ᵉ division (Baraguey d'Hilliers), division de
réserve (Sahuc). Suivant les instructions reçues, les

---

(1) Bulletin historique du 1ᵉʳ au 30 floréal.
(2) *Ibid.*
(3) *Idid.*

avant-postes autrichiens se retirèrent sur Saint-Georges
en combattant, disputant pied à pied les deux lieues de
terrain qui séparent Vieux-Brisach de Fribourg (1).

Saint-Georges était défendu par un régiment de
hussards, un bataillon d'infanterie et un assez grand
nombre de paysans (2), et couvert par une redoute armée

---

(1) Rapport officiel sur l'affaire de Vieux-Brisach (Gyulai à Kray,
Obersteig, 28 avril, *K. K. Archiv*, IV, 98).

(2) Gouvion-Saint-Cyr dit à ce sujet (*Mémoires*, t. II, p. 123) :

« Les Autrichiens avaient, je ne dirai pas insurgé, mais armé une
grande partie des paysans des Montagnes-Noires ; ils les avaient formés
en bataillons et compagnies, et dressés aux plus simples mouvements
de la guerre en leur donnant quelques leçons de maniement d'armes...
Ney en avait rencontré sur tous les points où il s'était présenté, mêlés
à l'infanterie légère et à la cavalerie autrichienne ; le plus grand
nombre se trouvait avec Gyulai.... On avait placé à portée d'eux,
pour les soutenir, quelques troupes autrichiennes, et pour les diriger,
des officiers de cette nation. Si ces rassemblements de paysans eussent
été des troupes, il n'y a pas à douter que le général autrichien aurait
eu un excellent appui par sa gauche et qu'il eût pu, avec raison,
défendre sa position avec avantage dans la plaine de Freiburg, où se
trouvaient d'ailleurs quelques retranchements : mais si les Allemands
sont d'excellents soldats, ce n'est qu'après avoir été parfaitement instruits et formés à une discipline sévère, et nous étions persuadés alors
qu'il est impossible d'en faire des soldats improvisés ; aussi nous ne
crûmes pas devoir nous occuper de cette espèce de milice, persuadés
que les Autrichiens, une fois battus dans la plaine, elle disparaîtrait
bientôt, ou du moins qu'elle serait facilement dispersée. »

Gouvion-Saint-Cyr ajoute en note :

« En général, les hommes du Nord ont besoin de quelques années
pour devenir des soldats propres à la guerre, tandis qu'il suffit pour
cela de quelques mois aux hommes du Midi. Pendant nos longues
guerres, nous avons toujours trouvé les insurrections des Allemands
sans aucun danger et leurs nouvelles troupes fort médiocres. Une seule
exception s'est présentée dans ces derniers temps, et elle est trop
remarquable pour que nous puissions nous dispenser de la citer ; je
veux parler des jeunes landwehr de Prusse, qui ont rivalisé avec les
plus vieilles troupes de cette monarchie. Sans aucun doute, l'enthousiasme qu'elles ont montré était la manifestation de celui qui existait
alors dans toutes les classes de la population, où l'on aspirait avec

d'artillerie. Tharreau fit attaquer le village par la brigade Beauregard et la 4e compagnie du 7e d'artillerie
légère et prescrivit à la brigade Debilly de déborder la
position par Wolfenweiler et les hauteurs au Sud de la
route de Fribourg (1). Après une résistance assez vive,
Saint-Georges fut enlevé ; vers 4 heures, battu sur son
front par trente pièces de canon et menacé d'un mouvement tournant par le Nord, Gyulai ordonna de battre en
retraite à l'Est de Fribourg (2).

Le colonel von Lôpper reçut l'ordre de se replier avec
la droite par le Nord de la ville et le Schlossberg ; Gyulai
se retira par le Sud, en suivant la rive gauche de la
Dreisam ; il évita ainsi de faire traverser par ses troupes
en retraite la ville de Fribourg, qui fut utilisée seulement par quelques faibles détachements d'infanterie.

La retraite s'effectua en très bon ordre ; pourtant, un
grand nombre de miliciens abandonnèrent leurs armes,
s'enfuirent chez eux et livrèrent aux Français une partie
des approvisionnements de Fribourg (3). En revanche,

---

ardeur à se venger des humiliations que Napoléon avait fait peser sur le
pays. L'enthousiasme (ainsi que j'ai eu occasion de le remarquer ailleurs), qui est un défaut dans les troupes du Midi, est une grande qualité dans celles du Nord ; les premières sont disposées à en avoir toujours trop et les dernières pas assez. L'excès d'enthousiasme fut la
cause des grands revers des Espagnols en 1808 et 1809; en 1813 et
1814, il fit triompher les Prussiens ; mais on ne peut commander l'enthousiasme comme une manœuvre, il faut qu'il naisse de lui-même ; il
n'est produit que par de grandes circonstances, telles que la Révolution
française, l'injuste invasion d'Espagne et la réaction dont je viens de
parler et qui eut à peu près le caractère d'une révolution. Hors de ces
cas, les troupes allemandes sont dominées par la sévérité d'une discipline dont elles ne peuvent se passer, mais qui tue l'enthousiasme. »

(1) Rapport précité de Gyulai à Kray (K. K. Archiv, IV, 98).
(2) Ces renseignements et ceux qui suivent sont extraits du rappor
précité et annexes (K. K. Archiv, IV, 98 et ad 98).
(3) Gyulai à Kray, Untersteig, 25 avril, 11 h. soir (K. K. Archiv,
IV, ad 98).

l'escadron d'arrière-garde n'hésita pas, à plusieurs
reprises, à charger la cavalerie française et réussit à
ralentir la poursuite très active de la division Tharreau,
qui ne s'arrêta cependant qu'à Ebnet, où le combat prit
fin (1).

Cette affaire avait coûté aux Autrichiens 38 tués (dont
2 officiers) et 220 blessés (dont 9 officiers); le chiffre des
prisonniers s'élevait à 28; celui des disparus à 54. Du
côté des Français, les pertes s'élevaient à 24 tués,
173 blessés, 47 disparus et 76 prisonniers, dont 2 officiers (2).

Le général Gyulai se retira, dans le Val-d'Enfer, jusqu'à Steig et prit, pour la nuit, ses dispositions de
sûreté : des postes furent placés en avant de Kirchzarten,
Zarten et jusque vers Ebnet; la réserve (2 bataillons
Olivier Wallis et une division des Grenzhusaren) prit
position à Steig; l'infanterie fut disposée par compagnies,
dans le défilé, de manière à pouvoir recueillir la cavalerie, si celle-ci, trop vigoureusement pressée, était
obligée de se replier, et à permettre, le cas échéant,
d'opérer une retraite par échelons.

Des postes d'observation furent envoyés de la réserve,
à gauche dans la direction de Lenzkirch et à droite du
côté d'Unter-Breitnau (3).

Les miliciens et le corps franc Branowatzky, établis
à Waldkirch, formaient l'extrême droite de la ligne et

---

(1) Gyulai à Kray, Obersteig, 26 avril, 8 h. 30 soir (1re lettre) (*K. K.
Archiv*, IV, ad 98); *Ibid.*, 28 avril (*K. K. Archiv*, IV, ad 98).

(2) Bulletin historique du 1er au 30 floréal. Au sujet des pertes françaises, Gyulai écrit : « D'après des renseignements unanimes, les pertes
des Français doivent être élevées..... A Fribourg seulement sont arrivées 100 voitures chargées de blessés qu'elles ont transportés à l'hôpital
de la ville. »
(Gyulai à Kray, Obersteig, 28 avril, *K. K. Archiv*, IV, 98.)

(3) Gyulai à Kray, Untersteig, 25 avril, 11 heures soir (*K. K.
Archiv*, 98 et ad 98); *Ibid.*, 28 avril (*K. K. Archiv*, IV, 98 et ad 98).

servaient de liaison entre le général Gyulai et le F. M. L.
Kienmayer; à l'extrême gauche, l'escadron de cavalerie,
laissé en observation devant Müllheim, s'était retiré par
le Münsterthal jusqu'à Saint-Blaise, établissant ainsi la
liaison entre le général Gyulai et le F. M. L. Nauendorf (1).

Moreau, qui avait assisté aux opérations du corps du
centre jusqu'au combat de Saint-Georges (2), s'empressa
de se rendre à Bâle, tandis que le quartier général de
l'armée était transféré le 5 floréal de Colmar à Batten-
heim et Baldersheim. « On sait, dit Saint-Cyr, que notre
mouvement n'avait pas d'autre but que de faire croire à
l'ennemi que la principale attaque aurait lieu par la
Kinzig et le Val-d'Enfer. Moreau avait pensé que son
apparition sur ce point, qui pouvait être rapporté à l'ennemi, assurerait davantage le succès de son strata-
gème (3). »

Le corps de réserve exécuta, le 5 floréal, les mouvements qui lui avaient été prescrits par Moreau à la date
du 2.

La 3e division (Richepance) s'établit à Emmendingen,
détachant la brigade Digonnet, partie à Schliengen,
partie « sur les débouchés de Kandern (4) ».

La 1re (Delmas) se resserra entre la Wiese et le Rhin,

(1) Gyulai à Kray, Obersteig, 26 avril, 8 h. 30 soir (K. K. Archiv,
IV, ad 98).

(2) Au sujet de la présence de Moreau, Gyulai écrit à Kray :
« On n'est pas d'accord sur la présence de Moreau. » (Gyulai à Kray,
Fribourg (place d'alarme), 25 avril, 2 h. 30 soir, K. K. Archiv, IV,
ad 98.) Et plus tard : « Les prisonniers disent que Moreau commandait
en personne en face de moi. » (Gyulai à Kray, Untersteig, 25 avril,
11 heures soir, K. K. Archiv, IV, ad 18.)

(3) Saint-Cyr, loc. cit., p. 123.

(4) Bulletin historique du 1er au 10 floréal.

de Lörrach à Grenzach ; la 2ᵉ (Leclerc) vint d'Altkirch et des environs de cette ville à Ransbach.

La division de cavalerie d'Hautpoul effectuait ses marches de concentration de Saint-Dié, Rambervillers, Charmes, Remiremont sur Brisach, où ses derniers éléments devaient arriver le 6 floréal (26 avril).

L'aile droite resta immobile le 5 floréal ainsi que les 6 et 7.

CHAPITRE III

L'armée du Rhin, le 6 floréal.

Immobilité de l'aile gauche. — Saint-Cyr prépare sa marche sur
Saint-Blaise. — Instructions données au corps de réserve.

D'une manière générale l'armée du Rhin fit peu de
mouvements le 6 floréal.

L'aile gauche resta sur ses positions du 5; les documents de la journée du 6 ne mentionnent aucune opération. Si l'on se reporte aux instructions données le 2 par
Moreau au lieutenant général Sainte-Suzanne, et recommandant une diversion pour amener l'ennemi à jeter une
partie de ses forces dans la vallée de la Kinzig, on recon-
naîtra que cette inertie absolue n'était pas faite pour
réaliser le but que l'on se proposait. Elle se fût expliquée,
à la rigueur, si le corps de Kienmayer se fût maintenu
sur la ligne Bühl — Bohlsbach — Nussbach —, Renchen
et si Sztaray lui eût envoyé des renforts. Mais tous deux
se mirent en retraite le 6 floréal et cette nouvelle devait
décider Sainte-Suzanne à se porter à Offenbourg avec
deux divisions pour tenir le débouché de la vallée de la
Kinzig dans la plaine du Rhin, et à pousser une avant-
garde jusqu'à Gengenbach. Sa troisième division serait
restée sur ses positions face au Nord, éclairée très au loin
vers Rastatt par sa cavalerie légère et prête à faire face
à un retour éventuel de Sztaray. Ce mouvement offensif
eût été de nature à confirmer les Autrichiens dans la
croyance d'une attaque de l'aile gauche française sur le
Kniebis.

Dans la journée du 6, Moreau envoya de nouvelles

instructions à son lieutenant. Sainte-Suzanne, après
avoir laissé à Strasbourg et à Kehl deux demi-brigades
d'infanterie et un régiment de cavalerie, devait prendre
ses dispositions pour être arrivé le 10 floréal (30 avril)
au plus tard à Fribourg, soit par la rive gauche, soit par
la rive droite du Rhin, « suivant qu'il jugera préférable ».
Ce dernier itinéraire lui ferait sans doute gagner un jour
de marche. Toutefois, il ne l'adopterait que s'il croyait
« ne pouvoir être inquiété dans cette marche, ni retardé
dans son arrivée à Fribourg ». Sinon, il repasserait le
Rhin à Kehl dans la soirée du 7 floréal (27 avril) et se
mettrait en marche le 8 pour être rendu le 9 à Brisach
et le 10 à Fribourg. Il recevrait en ce point des ordres
du général en chef pour son mouvement ultérieur (1).

Le corps du centre montra quelque activité et tint les
Autrichiens en haleine.

La 1re division (Ney) fit occuper par des détachements
Kenzingen et Emmendingen que les troupes légères
autrichiennes évacuèrent à la hâte, et envoya une reconnaissance à Waldkirch, « suivant en cela les instructions
du général en chef, qui voulait faire croire à l'ennemi
que son intention était de se porter de ce point sur la
haute Kinzig et le Val-d'Enfer, en se liant avec le mouvement de Sainte-Suzanne devant Offenbourg (2) ».

La 2e (Baraguey d'Hilliers) se déploya sur les hauteurs
de Merzhausen, Wittnau, Sölden, Bolschweil, Ehrenstetten et poussa son avant-garde à Saint-Ulrich.

La 3e (Tharreau) continua d'occuper Fribourg avec des
postes à l'Est, dans le Val-d'Enfer.

La réserve de cavalerie (Sahuc) occupa Norsingen,
Krotzingen, Staufen, éclairant sur sa droite la route de
Fribourg à Bâle.

D'après les instructions du 1er floréal, Saint-Cyr devait

---

(1) Moreau à Sainte-Suzanne, 6 floréal.
(2) Gouvion-Saint-Cyr, *loc. cit.*, p. 127.

se diriger de Fribourg sur Saint-Blaise par Todtnau par un chemin « que l'on croyait exister (1) » entre ces localités, mais dont personne ne connaissait l'existence et la viabilité sur tout le parcours. Aussi se préoccupa-t-il de réunir dans la journée du 6 des renseignements à ce sujet et fit-il exécuter par les divisions Tharreau et Baraguey d'Hilliers des reconnaissances qui ne fournirent cependant que des informations insuffisantes.

La veille, en débouchant de Brisach, Saint-Cyr avait manifesté au général en chef l'inquiétude qu'il éprouvait à « embarquer un corps d'armée au travers des Montagnes-Noires, avec le frêle espoir d'y trouver un chemin inconnu de la plupart des habitants du pays (2) ». Il lui avait demandé, en conséquence, l'autorisation de se diriger, par la bonne route du Val-d'Enfer, sur Löffingen, d'où il se réunirait à la réserve et à Lecourbe vers Stühlingen.

Moreau, sans approuver ni désapprouver ce projet, parut vouloir s'en tenir à ses instructions premières. Saint-Cyr lui fit observer que le changement qu'il proposait n'y eût pas apporté de grandes modifications. Il en fit ressortir ensuite tous les avantages : le corps du centre aurait couvert le mouvement que Sainte-Suzanne allait exécuter, et en le débarrassant de la présence de l'ennemi aurait rendu sa marche plus rapide et plus sûre ; la marche vers Löffingen était propre à faire illusion aux Autrichiens et à leur persuader que c'était là le point d'attaque ; enfin aucun obstacle matériel ne pouvait retarder la jonction du centre et de la réserve entre Löffingen et Stühlingen ; non loin de là un bon chemin réunissait ces deux localités. « Un corps d'armée de 25,000 hommes, ajoutait Saint-Cyr, ne peut se passer

(1) Gouvion-Saint-Cyr, *loc. cit.*, p. 127.
(2) *Ibid.*, p. 128.

d'en avoir au moins un ; il serait arrivé plus vite et avec
tous ses moyens pour faire la guerre, tandis qu'en suivant le parti auquel s'était arrêté le général en chef, le
centre devait marcher privé de son artillerie et de ses
munitions, et, s'il rencontrait un corps ennemi de quelque
force, il pouvait être arrêté dans sa marche et combattu
avec désavantage (1). »

Ces arguments, qui ne manquaient pas de valeur, ne
purent cependant convaincre Moreau et il quitta Saint-
Cyr le 25 floréal, sans que la question eût été résolue.

Les quatre divisions du corps de réserve reçurent
les instructions suivantes pour la journée du 7 floréal
(27 avril) :

La 1re (Delmas), stationnée entre Lörrach et Grenzach,
partira à 4 heures du matin pour se porter sur Säckingen
par la route qui longe la rive droite du Rhin. Elle fera
rétablir le pont de Rheinfelden pour permettre à la
108e demi-brigade qui se trouve sur la rive gauche, entre
cette localité et Bâle, de se joindre à elle ; elle prendra
position la droite vers Murg, la gauche dans la position
de Rippolingen.

La 2e (Leclerc) quittera Ranspach à 2 heures du matin
et, passant par Bâle, suivra la 1re jusqu'à Nieder-
Schwörstadt d'où elle se portera sur Enkendorf et
Wehr (3).

La 3e (Richepance) se mettra en marche d'Eimeldingen
à 4 heures du matin et ira occuper Schopfheim, Zell et
Mambach, poussant un détachement sur Schönau « si la
distance et les forces de l'ennemi le permettent ». Les
troupes de la brigade Digonnet, stationnées à Schliengen
et Kandern, gagneront la vallée de la Wiese à Zell ou à
Mambach en franchissant les contreforts qui la séparent

---

(1) Gouvion-Saint-Cyr, *loc. cit.*, p. 128-129.
(2) *Ibid.*, p. 130.
(3) La 1re division est informée du mouvement de la 2e.

de celles de la Kander et de la Petite-Wiese. Celles qui
sont cantonnées à Eimeldingen se rendront au contraire
à Schopfheim par Brombach. Ces dernières dispositions
devaient être laissées à l'initiative du commandant de la
division (1).

La division de cavalerie d'Hautpoul, stationnée partie
à Staufen, partie à Brisach, ira à Müllheim et environs,
où elle attendra des ordres ultérieurs. Elle mettra à la
disposition de la division Richepance le 13ᵉ régiment de
cavalerie ; par contre, elle en recevra, à Müllheim, une
compagnie d'infanterie « qui restera détachée à la réserve
de cavalerie jusqu'à nouvel ordre (2) ».

---

(1) La 3ᵉ division est informée du mouvement de la 2ᵉ et de celui du
général Saint-Cyr.

(2) Ordres aux divisions du corps de réserve pour la journée du 7 floréal.

CHAPITRE IV

Concentration de l'armée autrichienne.

Ordres de Kray à Sztaray et à Kienmayer. — Rassemblement des forces disponibles à Villingen et à Donaueschingen. — Ordres de Kray à Gyulai et à Nauendorf. — Kray se décide à rester sur la défensive. — Il se méprend sur le but des mouvements de l'armée française.

Les renseignements relatifs au mouvement offensif des Français du côté de Kehl et de Vieux-Brisach, transmis par Kienmayer et Gyulai, arrivèrent, dans la journée du 25, au quartier général, à Donaueschingen (1). Le F. Z. M. Kray en conclut aussitôt que l'intention des Français était de se jeter entre Kienmayer et Sztaray, et de s'emparer des hauteurs du Kniebis et de Freudenstadt (2).

Il ordonna donc au F. Z. M. Sztaray, au cas où il ne pourrait utilement seconder Kienmayer du côté d'Offenburg et d'Oberkirch, de faire occuper le Kniebis par deux bataillons (un bataillon Wenkheim et un du con-

---

(1) Les renseignements, transmis par Gyulai et Kienmayer, étaient contenus dans les documents ci-après :

Gyulai à Kray, Fribourg, place d'alarme, 25 avril, 6 heures matin (*K. K. Archiv*, IV, ad. 98) ; *Ibid.*, 10 heures matin (*K. K. Archiv*, IV, ad 98) ; *Ibid.*, 2 h. 30 soir (*K. K. Archiv*, IV, ad 98). Kienmayer à Kray, Offenburg, 25 avril, 7 heures matin (*K. K. Archiv*, IV, ad 100) ; *Ibid.*, 10 h. 30 matin (*K. K. Archiv*, IV, ad 100) ; *Ibid* , (sans heure) (*K. K. Archiv*, IV, ad 100).

(2) Kray à Nauendorf, Donaueschingen, 25 avril (*K. K. Archiv*, IV, 104).

tingent würtembergeois), de manière à recueillir, le cas
échéant, les troupes en retraite de Kienmayer. S'il était
trop tard pour tenter cette opération, et si le F. M. L.
Kienmayer était forcé d'évacuer complètement ses positions, il devait, avec toutes les troupes disponibles, se
retirer directement de Rastatt sur Horb, et de là rallier
le gros de l'armée (1).

En réponse aux prescriptions de Kray, Sztaray fit
connaître qu'il avait donné des ordres pour réunir, sur
la rive gauche de la Murg, toute l'infanterie disponible.
S'il était obligé de se replier, il comptait se diriger sur
Pforzheim, de manière à couvrir les magasins situés sur
le Neckar et à former ainsi l'extrême droite de l'armée.
Il rendit compte, en même temps, qu'il envoyait, par
mesure de précaution, le régiment des hussards de
Vecsey prendre position entre Durlach et Philippsbourg (2).

En avisant Kienmayer des instructions qu'il adressait
à Sztaray, Kray lui prescrivit d'opérer lentement sa
retraite, si les circonstances l'y obligeaient ; d'éviter,
dans ce mouvement, tout désordre et toute précipitation,
et surtout de ne pas manquer de se tenir en liaison
constante avec Gyulai (3).

La direction de marche des colonnes françaises et,
d'autre part, les nouvelles signalant la présence de
Moreau à Bâle et évaluant à 25,000 hommes les forces
rassemblées autour de cette ville (4), laissaient craindre
une attaque sérieuse sur la droite et sur le centre de

(1) Kray à Sztaray, Donaueschingen, 25 avril (K. K. Archiv, IV,
101). Voir aussi Œsterreichische militärische Zeitschrift, loc. cit., p. 262.
(2) Sztarray à Kray, Durlach, 25 avril (K. K. Archiv., IV, 107).
(3) Kray à Kienmayer, Donaueschingen, 25 avril, 6 h. 30 soir (K.
K. Archiv, IV, 102).
(4) Rapport du capitaine Winter à Kray, 25 avril (K. K. Archiv,
IV, 105).

l'armée autrichienne ; aussi Kray résolut-il de concentrer le plus rapidement possible à Villingen et à Donaueschingen toutes les forces disponibles (1). Il espérait ainsi, si l'on en croit un rapport postérieur de quelques jours aux événements, sans laisser aux colonnes ennemies qui menaçaient sa droite, le temps de faire leur jonction, pouvoir se jeter en forces sur l'une d'elles, « lui infliger un échec sérieux et enlever à l'autre l'envie de subir le même sort (2) ».

Dans ce but, il ordonna à Baillet de rassembler immédiatement, au camp de Villingen, six bataillons (deux Lacy, deux Gemmingen, un Beaulieu, un de Ligne), et à Kospoth de diriger sans tarder sur le même point les six régiments de cuirassiers, dont les cantonnements étaient les plus rapprochés. Les trois régiments de cavalerie, stationnés plus au Nord, vers Tübingen, reçurent l'ordre de se porter, aussi rapidement que possible, sur Villingen, et de s'installer dans les cantonnements évacués par les cuirassiers (3).

Kray décida aussi de former un autre camp près de Donaueschingen et d'y établir un corps de réserve (4). A cet effet, les six bataillons de grenadiers (5) et trois régiments d'infanterie (Archiduc Charles, Stein et Bender), du corps Kollowrat, furent dirigés en toute

---

(1) Kray à Nauendorf, Donaueschingen, 25 avril (*K. K. Archiv,* IV, 104). Voir aussi *Œsterreichische militärische Zeitschrift,* p. 261.

(2) Kray au président du Conseil aulique (Rapport sur les événements du 25 au 29 avril), Donaueschingen, 29 avril (*K. K. Archiv,* IV, ad 100 1/2). Voir aussi Kray à Nauendorf, Donaueschingen, 25 avril (*K. K. Archiv,* IV, 104).

(3) Kray à Baillet, Donaueschingen, 25 avril (*K. K. Archiv,* IV, 103). Voir aussi *Œsterreichische militärische Zeitschrift, loc. cit.,* p. 261.

(4) Kray à Nauendorf, Donaueschingen, 25 avril (*K. K. Archiv,* IV, 104). Kray à Kollowrat, Donaueschingen, 25 avril (*K. K. Archiv,* IV, 106 et IV, 109).

(5) Kollowrat à Spork, Singen, 25 avril (*K. K. Archiv,* IV, 110).

hâte (1) sur Donaueschingen où, renforcés par le régiment d'infanterie Archiduc Ferdinand (2), de la division Nauendorf, ils devaient constituer le corps de réserve, sous les ordres directs du F. M. L. Vinzenz Kollowrat (3).

Le prince Joseph de Lorraine (4) prit, en remplacement de Kollowrat, le commandement des troupes cantonnées dans la zone Petershausen — Schaffhouse (5), ayant sous ses ordres le F. M. L. Spork, provisoirement chargé de commander l'ancienne division Lindenau (6). Aux termes des instructions reçues, il devait transférer son quartier général à Singen, occuper la rive droite du Rhin et les bords du lac de Constance, et se tenir en liaison constante avec Nauendorf, prêt à le soutenir, si celui-ci était obligé de battre en retraite.

---

(1) Kray à Kollowrat, Donaueschingen, 25 avril (*K. K. Archiv*, IV, 106 et IV, 109).

(2) Kray à Nauendorf, Donaueschingen, 25 avril (*K. K. Archiv*, IV, 104).

(3) Kray à Kollowrat, Donaueschingen, 25 avril (*K. K. Archiv*, IV, 106 et IV, 109). Voir aussi *Œsterreichische militärische Zeitschrift, loc. cit.*, p. 261.

(4) La division du prince Joseph de Lorraine comprenait :

Dragons de Cobourg	6 escadrons.
Dragons Archiduc Ferdinand	6 —
Hussards Esclavons	2 —

(Kray à Nauendorf, Donaueschingen, 25 avril, *K. K. Archiv*, IV, 104.)

(5) Kray à Nauendorf, Donaueschingen, 25 avril (*K. K. Archiv*, IV, 104) ; Kray à Kollowrat, Donaueschingen, 25 avril (*K. K. Archiv*, IV, 106 et IV, 109).

(6) La division Lindenau comprenait :

Régiment d'infanterie Carl Schröder	3 bataillons.
— — Kerpen	3 —
— — Clerfayt	1 —
— — Peterwardeiner	1 —

(Kray à Nauendorf et à Kollowrat, Donaueschingen, 25 avril, *K. K. Archiv*, IV, 104, 106, 109.)

Le F. M. L. Nauendorf avait pour mission de couvrir le flanc gauche des rassemblements autrichiens de Donaueschingen et de se tenir par sa droite en communication avec le corps Gyulai et constamment à sa hauteur, vers Löffingen. Si celui-ci était obligé de se replier sur Neustadt, Nauendorf devait, en outre, occuper la zone de terrain comprise entre la Wutach et Neunkirch, et empêcher, coûte que coûte, l'ennemi de prendre pied dans la région avoisinante de Schaffhouse (1).

Après avoir arrêté ces dispositions, Kray avisa le Conseil aulique des mouvements opérés par les Français sur sa droite ; il fit connaître que les corps d'observation Gyulai et Kienmayer avaient reçu l'ordre de ne pas s'engager à fond, son intention n'étant pas de faire une résistance sérieuse dans l'étroite vallée du Rhin. En même temps, il rendait compte que le F. M. L. Sztaray avait concentré, le jour même, la majeure partie de ses troupes sur la rive gauche de la Murg, entre Oos et Küppenheim, et pouvait ainsi rendre plus difficile le déploiement de l'ennemi de ce côté; enfin, il informait le Conseil de son intention de concentrer l'armée autour de Villingen (2).

C'est seulement dans la nuit du 25 au 26 que parvinrent au quartier général les renseignements faisant connaître les positions de Gyulai et de Kienmayer, à la fin de la journée du 25. Gyulai annonçait, de Steig, qu'il était décidé à se replier par le Val-d'Enfer sur les hauteurs à l'Est de Neustadt, si l'ennemi reprenait la poursuite, le 26 (3). Quant à Kienmayer, resté maître

---

(1) Kray à Nauendorf, Donaueschingen, 25 avril (K. K. Archiv, V, 104).

(2) Kray au comte Tige, vice-président du Conseil aulique, Donaueschingen, 25 avril (K. K. Archiv, H. K. R., IV, 30).

(3) Gyulai à Kray, Untersteig, 25 avril, 11 heures soir (K. K. Archiv, IV, ad 98).

d'Offenburg, il comptait attendre sur place le choc de l'ennemi ; se replier, s'il y était forcé, sur les hauteurs d'Ortenberg, et défendre aussi longtemps que possible le débouché de la vallée de la Kinzig (1).

Dès la réception de ces nouvelles, Kray ordonna à Gyulai, si les circonstances l'y obligeaient, de se retirer en bon ordre sur Neustadt, aussi lentement que possible. Il lui recommandait, dans ses instructions, de ne pas manquer d'aviser de tous ses mouvements les F. M. L. Nauendorf, Archiduc Ferdinand et surtout Kienmayer, commandants des troupes voisines. Faute de cette précaution, Kienmayer était menacé de voir couper ses communications sur Hornberg, car une colonne ennemie, passant par Elzach ou Tryberg, pouvait menacer sa ligne de retraite, tandis qu'il serait obligé de faire face à une attaque des Français à l'Ouest d'Hausach ou d'Haslach (2).

En même temps, Kray fit occuper Röthenbach par un détachement (deux bataillons Lacy (3), le régiment des cuirassiers de Nassau (4) et une batterie à cheval), chargé de soutenir, au besoin, la retraite du corps Gyulai (5). Ce détachement était placé, d'ailleurs, sous les ordres directs de Gyulai (6).

Le mouvement rétrograde de Gyulai découvrait le flanc droit et aussi les derrières de Nauendorf. Kray prescrivit donc à ce dernier de faire fortement garder

---

(1) Kienmayer à Kray, Offenburg, 25 avril, 9 h. 30 soir (*K. K. Archiv*, IV, ad 100).

(2) Kray à Gyulai, Donaueschingen, 26 avril, 6 h. 30 matin (*K. K. Archiv*, IV, 114).

(3) Bubna, Flügel-Adjudant, à Baillet, 26 avril (*K. K. Archiv*, IV, 112).

(4) *Ibid.*, à Kospoth, 26 avril (*K. K. Arch.*, IV, 113).

(5) Kray à Nauendorf, Donaueschingen, 26 avril, 8 heures matin (*K. K. Archiv*, IV, 116).

(6) Bubna, Flügel-Adjudant, à Baillet et à Kospoth, 26 avril (*K. K. Archiv*, IV, 112 et 113).

Seebrücke, de concentrer dans la région Thiengen—Lenzkirch—Röthenbach le gros de ses forces, couvert du côté de l'Ouest par de faibles avant-postes, et de se tenir aussi longtemps que possible en liaison avec Gyulai (1).

Si Nauendorf était forcé d'évacuer la Forêt-Noire et de se replier sur la rive gauche de la Wutach, ses troupes (régiments d'infanterie Erbach et Benjowsky, dragons Kinsky) gagneraient tout d'abord Blumberg, et chercheraient ensuite à rallier, vers Donaueschingen, le gros de l'armée. D'ailleurs, les divisions Joseph de Lorraine et Spork, massées entre Singen et Schaffhouse, étaient prêtes, le cas échéant, à le recueillir ou à le renforcer (2).

En exécution des instructions du F. Z. M. Kray, Nauendorf fit occuper, dans la matinée du 26, Seebrücke par un bataillon Benjowsky, trois escadrons des hussards de Meszaros et deux pièces d'artillerie ; ce détachement était, en même temps, chargé de couvrir la route de Bonndorf. Trois compagnies Benjowsky et deux escadrons de hussards (un des hussards de Meszaros et un des hussards esclavons) reçurent mission d'établir la liaison avec Gyulai par Höchenschwand et Saint-Blaise. Les bataillons d'infanterie légère et les chasseurs stationnés à Säckingen, Wehr et Zell, se retirèrent du côté de l'Alb, couverts seulement par de petits postes de cavalerie (3).

L'archiduc Ferdinand, pour couvrir l'extrême droite de la division Nauendorf, s'établit à Bonndorf avec neuf

---

(1) Kray à Nauendorf, Donaueschingen, 26 avril, 8 heures matin (*K. K. Archiv*, IV, 116).

(2) *Ibid.*

(3) Nauendorf à Kray, Stühlingen, 26 avril, 3 h. 30 soir (*K. K. Archiv*, IV, 121).

compagnies (quatre Benjowsky, trois Erbach, deux compagnies suisses) et cinq escadrons (trois de hussards Meszaros, deux de dragons Kinsky), destinés à former réserve. Il assura sa liaison avec les troupes de Gyulai, poussées vers Lenzkirch, au moyen d'une compagnie Benjowsky et d'un escadron des hussards Meszaros, détachés à Dresselbach et Gündelwangen (1). Le général O'Donel, à Thiengen, resta investi du commandement des troupes disponibles de ce côté.

Kray fit aussi partir du camp de Villingen le général Canisius, avec le régiment des cuirassiers de l'Empereur et un bataillon Gemmingen. Sa mission était d'occuper Vöhrenbach et de détacher dans la direction de Furtwangen et dans celle du Kaltenherberg un escadron soutenu par une compagnie d'infanterie. Des patrouilles, envoyées au Nord vers Tryberg et Elzach, au Sud vers Neustadt et Lenzkirch, devaient chercher à rétablir le contact avec les corps Gyulai et Kienmayer (2).

Dans la journée, Kienmayer fit connaître qu'en raison du mouvement de Gyulai sur Zarten, il se considérait comme trop exposé dans la vallée ouverte du Rhin (3), et qu'il envoyait deux divisions Lacy et un escadron La Tour sur Tryberg, cinq compagnies et un escadron sur Elzach. Il comptait se replier, dans la nuit, sur Hornberg (4).

Le 26 au soir, Kray adressa au Conseil aulique un rapport, où il faisait connaître les renseignements recueillis

---

(1) L'Archiduc Ferdinand à Nauendorf, Bonndorf, 26 avril (*K. K. Archiv*, IV, 130).

(2) Kray à Kospoth et à Baillet, Donaueschingen, 26 avril, 11 h. 30 soir (*K. K. Archiv*, 124).

(3) *Œsterreichische militärische Zeitschrift*, loc. cit., p. 261.

(4) Ce renseignement ne parvint à Kray que dans la matinée du 27 (Kray à Kienmayer, Donaueschingen, 27 avril, *K. K. Archiv*, IV. 137).

sur les mouvements de l'ennemi et les dispositions qu'il
avait prises pour y répondre. Sztaray et Kienmayer ne
signalaient plus rien de leur côté (1) ; Gyulai annonçait
que le nombre des feux ennemis avait considérablement
diminué vers Fribourg et en concluait que les Français
étaient en train de retirer une partie de leurs troupes
pour les concentrer ailleurs (2).

Nauendorf transmettait des renseignements venus d'Ellikon, annonçant une grande activité des troupes françaises en Suisse et laissant prévoir une attaque prochaine
de ce côté (3). Ces dernières nouvelles ne semblent pas
avoir inquiété beaucoup le général en chef autrichien.
Il ordonna au prince de Lorraine de concentrer ses
troupes entre Singen et Schaffhouse « en laissant seulement un léger réseau de surveillance entre Petershausen
et Schaffhouse, rien ne laissant prévoir une attaque ou un
passage de vive force entre Stein et Petershausen (4) ».

Kray prévenait en même temps le Conseil aulique
qu'il espérait avoir terminé pour le 27 la concentration
de ses forces autour de Villingen et de Donaueschingen,
et qu'il était bien décidé à « attendre les événements » et
à agir pour le mieux, suivant les circonstances (5).

Kray écrivit aussi à Mélas pour l'informer des mouvements de concentration qu'il avait prescrits, et lui fit de
même part de son intention d'« attendre les événements »,

---

(1) Kray à Tige, vice-président du Conseil aulique, Donaueschingen,
26 avril (*K. K. Archiv*, IV, 120 1/2).

(2) Gyulai à Kray, Obersteig, 26 avril, 8 h. 30 soir (2ᵉ lettre) (*K.
K. Archiv*, IV., ad 98).

(3) Nauendorf à Kray, Stühlingen, 26 avril, 3 h. 30 soir (*K. K.
Archiv*, IV, 121).

(4) Kray au prince Joseph de Lorraine, Donaueschingen, 26 avril
(*K. K. Archiv*, IV, 129).

(5) Kray à Tige, Donaueschingen, 26 avril (*K. K. Archiv*, IV,
120 1/2) ; *Ibid.* (*K. K. Archiv, H. K. R.*, IV, 31 et IV, 20.) Voir aussi
Œsterreichische militärische Zeitschrift, loc. cit., p. 261.

en se tenant sur une stricte défensive (1). Il semblait donc avoir abandonné son projet de se jeter avec toutes ses forces sur l'une des colonnes françaises (2).

Telles furent les premières mesures prises par le F. Z. M. Kray en réponse à l'offensive française dans la vallée du Rhin. Kray ne comprenait pas encore le plan de son adversaire et les mouvements de l'ennemi, assez compliqués, restaient pour lui absolument énigmatiques. Aussi, lorsqu'il apprendra que le général Sainte-Suzanne s'est retiré vers Kehl et que le général Saint-Cyr prend la direction de Bâle, le général autrichien ne verra-t-il, dans ce mouvement, qu'une intention des Français de se porter par la Suisse sur l'Italie pour faire pencher, de ce côté, la balance en faveur des armes de la République (3).

Nauendorf, son lieutenant, mieux inspiré que son chef, avait pourtant parfaitement compris, dès les premiers bruits du mouvement de repli des Français sur Bâle, que les attaques vers Kehl et Vieux-Brisach étaient de simples démonstrations, destinées à masquer des opérations plus importantes dans la vallée du Rhin, du côté de la Suisse (4).

---

(1) Kray à Mélas, Donaueschingen, 26 avril (*K. K. Archiv*, IV, 132).

(2) Voir à ce sujet *supra*, p. 272.

(3) *OEsterreichische militärische Zeitschrift*, loc. cit., p. 263.

(4) Nauendorf à l'archiduc Ferdinand, Stühlingen, 26 avril, 8 h. 30 matin (*K. K. Archiv*, IV, 118 1/4).

CHAPITRE V

Opérations de l'armée du Rhin, le 7 floréal.

Sainte-Suzanne repasse sur la rive gauche du Rhin. — Saint-Cyr autorisé
à suivre la route du Val-d'Enfer, persiste à marcher sur Saint-
Blaise. — Difficultés de ce mouvement. — Opérations du corps de
réserve. — Réponse de Moreau aux lettres de Bonaparte et du
Ministre de la guerre.

Le lieutenant général Sainte-Suzanne reçut dans la
journée du 7 l'ordre du général en chef, daté du 6 floréal,
lui prescrivant d'être rendu à Fribourg le 10 floréal
(30 avril). Libre d'effectuer son mouvement par la rive
droite ou par la rive gauche du Rhin, il préféra cette
dernière « pour ne pas abandonner aux chances de la
guerre, disait-il, une opération qui peut se terminer d'une
manière sûre (1) ».

Il confia le commandement de la place de Kehl au
général de brigade Gérard, dit Vieux, « officier expérimenté et plein de zèle (2) », et lui laissa, d'après les instructions de Moreau, deux bataillons de la 29ᵉ demi-
brigade, deux de la 95ᵉ et le 16ᵉ régiment de cavalerie.
Il prescrivit en outre au général Freytag, commandant
la 5ᵉ division militaire à Strasbourg, de faire camper la
légion polonaise dans l'île du Rhin où elle servirait de
réserve aux troupes de Kehl ; il l'autorisa enfin à disposer, en cas de besoin, du 3ᵉ bataillon de la 95ᵉ stationné

---

(1) Sainte-Suzanne à Moreau, 7 floréal.
(2) Le commandement de Kehl fut attribué quelques jours plus tard
au général Klein, que Sainte-Suzanne ne pouvait plus « employer en
ligne ». (Sainte-Suzanne à Moreau, 10 floréal.)

sur la rive gauche du Rhin, de Strasbourg à Germersheim.

Il fit connaître à Moreau que l'ennemi paraissait rétrograder « avec vitesse » par la vallée de la Kinzig, tout en maintenant une assez grande quantité de troupes légères sur la Rench. « Tout laisse croire, écrivait-il, que les Autrichiens rassemblent toutes leurs forces sur le versant oriental de la Forêt-Noire, vers Donaueschingen (1). »

Sainte-Suzanne fit commencer à la nuit tombante le mouvement de retraite prescrit par le général en chef. La 2ᵉ division (Legrand), qui se trouvait depuis le 5 floréal à l'Est d'Urloffen et d'Appenweier, rétrograda sur Kehl en deux colonnes par les routes qu'elles avaient suivies à cette date, franchit le Rhin et vint cantonner à Plobsheim et environs. Les avant-postes restèrent sur leurs emplacements jusqu'au 8 floréal (28 avril) à la pointe du jour. La 1ʳᵉ division (Souham), évacuant la ligne Sand—Griesheim, suivit la 2ᵉ et, après une marche de nuit, vint bivouaquer le 8 entre Schlestadt et Guemar. La division de réserve, formant arrière-garde, se porta entre Strasbourg et Schlestadt, vers Benfeld.

Sur ces entrefaites, Saint-Cyr avait obtenu enfin « quelques renseignements plus satisfaisants sur un chemin qui conduit à Saint-Blaise, marqué sur aucune carte, et que presque personne ne connaît (2) ». Il se décida donc à exécuter les mouvements préparatoires dans la journée même, « espérant, écrivait-il à Moreau, y faire arriver la division Baraguey d'Hilliers le 9 floréal (29 avril), les deux autres et le quartier général le 10 (3) ». Toute l'artillerie, sauf trois pièces de 4, les caissons et les équipages furent réunis à Saint-Georges, sous le commandement du général Durtubie, commandant l'artillerie du

---

(1) Sainte-Suzanne à Moreau, 7 floréal.
(2) Saint-Cyr à Moreau, 7 floréal.
(3) *Ibid.*

corps du centre, assisté de l'adjudant général Jarry, et
dirigés sur Bâle par la rive droite du Rhin, sous l'escorte
de deux bataillons d'infanterie et de quelques escadrons
de cavalerie.

Quelques autres dispositions pour la marche du lendemain avaient été prises également, quand Saint-Cyr reçut
à Fribourg une lettre du chef d'état-major général, qui
lui avait écrit le 6 floréal, au nom de Moreau, au sujet
de la marche sur Löffingen dont il avait entretenu le
général en chef le 5 floréal (1). « Vous sentez trop bien,
disait Dessolle, les avantages et les inconvénients de
cette marche pour que le général en chef entre dans de
grands détails avec vous à cet égard. L'essentiel est
que vous arriviez à Stühlingen le plus rapidement possible et en évitant le plus que vous pourrez les obstacles
que l'ennemi pourra vous opposer, celui surtout d'avoir
à combattre isolément des forces nombreuses (2). »

Il appelait son attention sur la faculté que possédaient
les Autrichiens de s'établir à Bonndorf, dans une position
centrale entre la colonne du Val-d'Enfer et celle du Rhin,
et de réunir à Donaueschingen et à Villingen des réserves
importantes ; des rapports d'espions annonçaient même,
disait Dessolle, qu'ils en avaient déjà rassemblé dans cette
région (3). Toutefois les renseignements qu'avait pu recueillir Saint-Cyr étaient peut-être tels, que ces difficultés se fussent évanouies et qu'il se fût décidé à se
diriger sur Löffingen. Dans cette hypothèse, il devait en
prévenir Moreau par un courrier extraordinaire et faire
en sorte d'arriver à Stühlingen le 9 floréal (29 avril) (4).

Le général en chef laissait donc à son lieutenant toute

(1) Voir *suprà*, p. 267.
(2) Dessole à Saint-Cyr, 6 floréal.
(3) Le fait était exact, ainsi qu'on l'a vu précédemment. (Voir
suprà, chap. IV.)
(4) Dessole à Saint-Cyr, 6 floréal.

initiative pour le choix d'un itinéraire. Mais Saint-Cyr
avait déjà pris le parti de se conformer strictement aux
instructions premières de Moreau, quand la lettre de
Dessolle lui parvint. Les considérations d'ordre militaire
n'y étaient pour rien ; Saint-Cyr restait persuadé que
son projet était préférable à celui du général en chef.
Mais, dans l'entretien qu'il avait eu avec ce dernier le
5 floréal, il avait cru remarquer que Moreau lui témoi-
gnait une certaine froideur qu'il attribuait à la discussion
qui s'était élevée entre eux au sujet de l'organisation de
l'armée ; Saint-Cyr en augura que le général en chef
n'avait plus en lui la même confiance qu'autrefois (1).
Telle est du moins la version qu'il donne dans ses
mémoires.

« C'en fut assez pour qu'il renonçât à exercer la moindre
influence sur les opérations de Moreau. Il prit le parti de
ne lui faire jamais une observation, et de se borner à
exécuter, autant que cela était possible à la guerre, les
ordres qu'il en recevrait ; cette détermination prise, il ne
s'en écarta plus, hors le cas d'une nécessité absolue,
pendant tout le temps qu'il resta à l'armée (2). »

Une telle résolution ne peut qu'être réprouvée : l'obéissance d'un subordonné, d'un commandant d'une fraction importante de l'armée surtout, ne peut se contenter
d'être passive et de s'en tenir à l'exécution stricte et litté-
rale des instructions reçues ; elle doit, pour seconder les
vues du chef et produire des résultats féconds, être active
et intelligente.

Saint-Cyr répondit à Moreau qu'il lui était impossible
d'arriver à Stühlingen le 9 floréal (29 avril), et qu'il se
mettrait en marche le 8 pour se diriger, non pas sur
cette localité, dont il n'était nullement question dans ses

---

(1) *Mémoires* de Gouvion-Saint-Cyr, *loc., cit.*, p. 129.
(2) *Ibid.*

instructions, disait-il, mais sur Saint-Blaise. « Le général
Dessolle prévoit avec beaucoup de raison, écrivait-il,
que l'ennemi pourrait se placer en très grandes forces à
Bonndorf. » Telle était la seule allusion à l'initiative qui
lui était laissée et aux objections faites à son projet.

« Ce n'est donc qu'après mon arrivée à Saint-Blaise,
ajoutait Saint-Cyr, et quand vous aurez plus de certitude
sur les dispositions, que l'on pourra décider ou non les
mouvements sur Stühlingen. Il y a d'autres difficultés et
qui sont de quelque poids ; c'est que nous n'avons, ni
le général Tharreau, ni moi, ni personne, de renseignements certains sur le chemin que l'on croit exister de
Fribourg à Saint-Blaise, passant par Güntersthal et
Todtnau. Quelques personnes seulement nous ont donné
quelques indications sur quelques parties isolées de ce
chemin et nous ont assuré que les voitures, même du
pays, ne pouvaient pas passer partout. Jugez de notre
embarras si nous ne pouvons conduire avec nous quelques pièces de canon et les munitions nécessaires à ce
corps d'armée. Cependant je commencerai demain mon
mouvement, dussé-je le faire sans artillerie, puisque vous
y tenez toujours (1). »

Cette conclusion n'était pas celle qui se dégageait de
la lettre de Dessolle, qui laissait au contraire toute latitude au commandant du corps du centre pour se porter
soit sur Löffingen, soit sur Saint-Blaise. Saint-Cyr déclarait qu'en raison des difficultés du terrain et des combats
probables qu'il y aurait à livrer aux troupes adverses du
Val-d'Enfer, il fallait compter trois jours pour atteindre
Saint-Blaise, encore ne pouvait-il fixer d'une manière
précise la date de son arrivée (2).

Dans l'après-midi du 7 floréal, la 1re division (Ney)

(1) Saint-Cyr à Moreau, Fribourg, 7 floréal.
(2) Ibid.

replia les troupes avancées qu'elle avait à Waldkirch, à Emmendingen et à Kenzingen. Son avant-garde (Joba) vint s'établir à Merzhausen ; la brigade Bonnet entre Fribourg et Hochdorf ; la brigade Bonnamy derrière la précédente ; le quartier général à Betzenhausen.

La 2ᵉ division (Baraguey d'Hilliers) et la réserve (Sahuc) demeurèrent immobiles.

La 3ᵉ (Tharreau) reçut l'ordre de rester provisoirement à Fribourg (1) pour faire face aux troupes autrichiennes de Gyulai et avec la mission de couvrir, pendant une partie du mouvement sur Saint Blaise, les derrières du corps du centre, jusqu'à l'arrivée de Sainte-Suzanne à Fribourg (2).

Les mouvements du corps de réserve s'effectuèrent conformément aux instructions de Moreau en date du 7 floréal.

La 1ʳᵉ division (Delmas) se porta, vers 4 heures de l'après-midi, de la ligne Lörrach-Grenzach sur Säckingen, ralliée à hauteur de Rheinfelden, après le rétablissement du pont sur le Rhin, par la 108ᵉ demi-brigade. Elle se heurta aux postes de l'extrême gauche de Nauendorf, placés sous les ordres du colonel Mecsery, des hussards Meszaros. Le combat se prolongea jusqu'à 9 heures du soir ; puis les avant-postes autrichiens se retirèrent sur Lüttingen, Hochsaal, Ober-Wihl et même jusqu'à la rive droite de l'Alb (3). La division Delmas s'établit sur la rive droite de la Murg, sa droite au village de ce nom,

---

(1) Saint-Cyr à Tharreau, 7 floréal :

« Je me rendrai demain, avec les divisions des généraux Baraguey d'Hilliers et Ney, sur Saint-Blaise, où je serai le 10. Vous resterez demain dans votre position et prendrez les dispositions que les circonstances exigeront. Vous quitterez Fribourg dans la nuit du 8 au 9 pour vous rendre de même, le 10, à Saint-Blaise. »

(2) *Mémoires* de Gouvion-Saint-Cyr, *loc. cit.*, p. 131.

(3) *Œsterreichische militärische Zeitschrift*, *loc. cit.*, p. 264.

sa gauche vers Rippolingen, son quartier général à
Säckingen.

La 2e (Leclerc), partie de Ranspach, occupa Enkendorf et Wehr, son quartier général à Nieder-Schwörstadt.

La 3e (Richepance), venant d'Eimeldingen, s'échelonna
dans la vallée de la Wiese, de Mambach par Zell à
Schopfheim, son quartier général à Zell, avec un détachement avancé vers Schönau, qu'évacuèrent, pour se
replier sur Saint-Blaise, 500 Autrichiens environ, commandés par le colonel Nordmann (1).

Les ordres donnés au corps de réserve pour le 8 floréal (28 avril) étaient :

La 1re division se mettra en marche à 7 heures du
matin et se portera sur l'Alb, avec des avant-postes sur
Waldshut « si les forces de l'ennemi et la distance le lui
permettent ». La 2e rompra à 5 heures du matin pour
venir à Lauffenbourg, formant ainsi la seconde ligne de
la précédente. La 3e partira à 6 heures du matin et se
rendra de Zell par Todtmoos à Ibach, « en arrière de
Saint-Blaise » ; elle cherchera à se relier au corps du
centre. Si Saint-Cyr s'était également dirigé sur cette
localité, Richepance devait poursuivre sa route jusqu'à
Urberg. Si, au contraire, Saint-Cyr s'était porté par
Löffingen sur Stühlingen, Richepance s'établirait à Saint-
Blaise même, couvrant le chemin qui conduit à Löffingen
et Bonndorf par Seebrücke et celui qui suit la vallée de
l'Alb (2). Richepance n'avait d'ailleurs reçu, dans la
soirée du 7 floréal, aucune nouvelle de Saint-Cyr (3).

La division de cavalerie d'Hautpoul devait se porter de
Müllheim à Eimeldingen.

_____

(1) Richepance à Moreau, Zell, 7 floréal.

(2) Ces instructions à Richepance prouvent que Moreau avait entendu
laisser à Saint-Cyr toute initiative pour se diriger soit sur Saint-
Blaise, soit sur Löffingen.

(3) Richepance à Moreau, Zell, 7 floréal.

Moreau reçut à Bâle, dans la journée, les lettres du Premier Consul et du Ministre de la guerre datées du 4 floréal, qui lui recommandaient d'ouvrir la campagne sans retard (1). Il leur rendit compte aussitôt du commencement des opérations, des mouvements exécutés par Sainte-Suzanne et Saint-Cyr, et de son projet de faire passer le Rhin à Lecourbe le 10 floréal (30 avril) entre Diessenhofen et Stein, le jour même où les corps du centre et de réserve aborderaient la ligne de la Wutach.

Si les Autrichiens y attendaient l'attaque, ils seraient ainsi assaillis de front et à revers le 10 ou le 11 et « nous pouvons, disait Moreau, faire des prisonniers (2) ». Dans l'hypothèse où ils ne résisteraient pas sur cette rivière, dans le but de n'accepter la lutte qu'à Stockach, la bataille n'aurait lieu que le 14 floréal, suivant les prévisions de Moreau mais alors « l'armée sera réunie (3) », et le plus brave l'emportera (4). Le général en chef avait le meilleur espoir ; toutefois il n'était pas sans inquiétudes sur le sort de ses corps, isolés les uns des autres jusqu'à leur arrivée sur le versant oriental de la Forêt-Noire et susceptibles d'éprouver des échecs sans espoir de secours immédiat.

« Je me regarderai comme très heureux, écrivait-il au Ministre de la guerre, le jour où l'armée française sera réunie au débouché des montagnes sans qu'aucun de ses corps ait été battu. Toute la position est entièrement en faveur de l'ennemi, puisqu'il a trois marches moins que nous pour communiquer de sa droite à sa gauche ; vous jugez d'après cela de la facilité qu'il aurait à battre nos têtes de colonnes à mesure qu'elles débou-

---

(1) Voir p. 247.
(2) Moreau au Premier Consul, Bâle, 7 floréal.
(3) *Ibid.*
(4) Moreau au Ministre de la guerre, Bâle, 7 floréal.

cheraient, si nous ne manœuvrions pas avec une grande
précision (1). »

Faisant allusion aux recommandations instantes et
répétées du Premier Consul et du Ministre de la guerre
de commencer d'urgence les opérations, Moreau se dis-
culpait d'y avoir apporté le moindre retard. Il y a longtemps, déclarait-il, que j'aurais désiré être en campagne
et cela eût été possible quinze jours auparavant, mais le
rassemblement de l'armée dans la 5ᵉ division militaire
avait épuisé les faibles ressources réunies à grand'peine.
Aussi, les subsistances n'étaient-elles assurées actuellement qu'au moyen des approvisionnements de siège pour
le remplacement desquels des marchés avaient été passés
dont il faudrait surveiller strictement l'exécution.

D'autres raisons majeures étaient d'ailleurs interve-
nues pour fixer au 4 floréal seulement les premiers
mouvements : négociations, rassemblement définitif de
l'armée, réunion des moyens de passage du Rhin, marches de concentration de la cavalerie que la pénurie de
fourrages avait obligé à cantonner sur les derrières de
l'armée. Actuellement, Moreau se déclarait assez satisfait
du fonctionnement des services administratifs, mais,
disait-il, « les hôpitaux exigent de grands secours, et la
solde est bien arriérée (2) ».

« On ne devait pas s'attendre, concluait-il, dans la
huitième année de guerre d'un gouvernement épuisé, à
voir les services se faire avec autant de régularité (3). »

---

(1) Moreau au Ministre de la guerre, Bâle, 7 floréal.
(2) *Ibid.*
(3) *Ibid.*

CHAPITRE VI

Mouvements des Autrichiens, le 7 floréal.

Retraite de Sztaray sur Pforzheim. — Retraite de Kienmayer sur Hornberg. — Sur l'ordre de Kray, Kienmayer se reporte en avant. —
Gyulai se propose de reprendre l'offensive sur Fribourg. — La
marche des Français sur Saint-Blaise arrête le mouvement commencé. — Positions de Nauendorf et du prince de Lorraine. —
Intentions de Kray. — Les reconnaissances ordonnées à Gyulai et
à Kienmayer sont suspendues.

La journée du 26 avril s'était écoulée sans mettre aux
prises les deux adversaires, sur aucun point de la ligne.
Sztaray avait concentré ses troupes à Bühl, prêt à prononcer, le lendemain, une attaque combinée avec le
F. M. L. Kienmayer sur le flanc gauche des Français,
mais, par suite du mouvement de retraite opéré par
celui-ci dans la nuit du 26, il fit connaître, le 27, son
intention de se mettre immédiatement en route avec le
gros de ses forces dans la direction de Pforzheim. Il pré-
férait suivre l'itinéraire Gernsbach, Pforzheim, Rotten-
burg-sur-Neckar plutôt que de se diriger sur Horb par
Freudenstadt, bien que ce détour dût lui faire perdre
une journée de marche. Si, en effet, il s'engageait sur la
route de Gernsbach à Freudenstadt, il était obligé de
longer le Kniebis ; or, il était difficile de ne faire surveiller ce massif que par des postes d'observation, en
raison de son étendue et aussi des multiples vallées et
ravins qui le sillonnent ; d'autre part, les troupes dont
disposait le général de Löwenberg ne lui permettaient
pas de songer à défendre sérieusement cette position. Si
le Kniebis venait à être forcé, tandis que le gros des
forces de Sztaray se trouvait encore dans la vallée de la

Murg, en amont de Gernsbach, ce corps était donc exposé à se trouver dans une situation très critique : en effet, il n'existait pas, dans cette région, d'autre point de passage que le pont de Freudenstadt, et d'autre route praticable que celle de Gernsbach à Freudenstadt. Sztaray se borna donc à envoyer un détachement, composé de chasseurs et de cavalerie, dans la direction de Horb où il devait rallier le bataillon de chasseurs, envoyé précédemment par Kray, et aussi se mettre en liaison avec le général de Löwenberg. En se mettant en route sur Pforzheim, Sztaray informa de son mouvement le prince de Hohenlohe et le commandant de la place et des magasins de Philippsburg, qui avaient précédemment reçu, l'un et l'autre, des instructions spéciales en cas de retraite (1).

Kienmayer s'était retiré vers Hornberg; il comptait s'arrêter, au Sud-Est de cette localité, sur la position connue sous le nom de « Benz Ebene (2) ». Dès son arrivée à Hornberg, il prit les dispositions suivantes : 10 compagnies wurtembergeoises, le régiment d'infanterie Murray et 2 escadrons dragons Latour devaient s'établir sur la Benz Ebene; le quartier général, 2 compagnies Lacy et 1 escadron Latour, à Hornberg; à Gutach, l'état-major et 1 escadron du régiment des uhlans Merveldt; à Hausach, 1 compagnie du corps franc Würmser et 1 escadron de uhlans. Le général Merveldt resta à Hausach avec mission de faire procéder à l'évacuation des magasins. Une série de postes s'échelonnaient dans la vallée de la Kinzig en aval de Hausach. Haslach était occupé par 2 compagnies (Würmser) et 2 escadrons

---

(1) Sztaray à Kray, Muggensturm, 27 avril (*K. K. Archiv*, IV, 146).

(2) Kienmayer à Kray, Hornberg, 27 avril, 10 h. 30 matin (*K. K. Archiv*, IV, 196); Kienmayer à Gyulai, Hornberg, 27 avril, 10 h. 30 matin (*K. K. Archiv*, IV, 136 1/4).

(1 Latour, 1 de uhlans), le Schemberg par 1 compagnie (Würmser), Steinach par 1 compagnie (Würmser) et 1 escadron (Latour). A Bieberach se trouvaient 1 compagnie (Würmser) et 1 escadron de uhlans, couverts du côté de Berghaupten, Gengenbach et jusque vers Ortenberg par des postes de cavalerie. Le général Klenau devait prendre position en arrière d'Oppenau et diriger sur le Kniebis ce qu'il pourrait prélever sur le gros de ses forces : son poste le plus éloigné, du côté de l'Ouest, était Oberkirch (1).

La nouvelle du mouvement de repli de Kienmayer sur Hornberg ne parvint au grand quartier général, à Donaueschingen, que dans la matinée du 27. Kray désapprouva hautement cette opération trop précipitée, susceptible de nuire au succès des entreprises ultérieures de Sztaray, et d'autant moins justifiée que Gyulai, bien plus en avant pourtant, manifestait seulement quelques légères inquiétudes. Il prescrivit à Kienmayer de se relier d'urgence avec le F. Z. M. Sztaray, et de se reporter en avant, « aussi loin que les circonstances le permettraient »; ce mouvement devait, en outre, favoriser l'attaque que Gyulai se proposait d'exécuter, le lendemain, dans la direction de Fribourg (2).

Kienmayer se remit en marche, dans l'intention de prendre position à hauteur de Bieberach, couvert par des avant-postes poussés jusque vers Offenburg (3), mais il ne put dépasser Haslach, les Français ayant occupé Langendinzlingen (4). Des postes furent poussés

---

(1) Kienmayer à Kray, Hornberg, 27 avril, 10 h. 30 matin (*K. K. Archiv*, IV, 136).

(2) Kray à Kienmayer, Donaueschingen, 27 avril (*K. K. Archiv*, IV, 137). *Ibid.* (*K. K. Archiv*, IV, 141).

(3) Kienmayer à Kray, 27 avril (*K. K. Archiv*, IV, 139).

(4) Kienmayer à Kray, Haslach, 27 avril (*K. K. Archiv*, IV, 147).

sur Lahr et Oberkirch. Kienmayer se mit en liaison avec Sztaray par ce dernier point, tandis que des détachéments, établis à Elzach (2 compagnies wurtembergeoises, 2 Würmser et 2 pelotons de hussards), à Bleibach (1 compagnie Würmser) et à Tryberg (4 compagnies Lacy, 1 demi-escadron de cavalerie) le reliaient avec les postes avancés, Waldkirch et Saint-Pierre, du général Gyulai (1).

Les renseignements reçus par Gyulai évaluaient la force des Français, à Fribourg, au maximum, à 24,000 hommes; le bruit avait même couru, dans la soirée du 26, qu'ils se préparaient à évacuer la ville. Avec ses propres troupes, renforcées par les détachements de Röthenbach et de Bonndorf, Gyulai disposait d'un effectif sensiblement égal à celui de l'ennemi. Il résolut, sans attendre de nouveaux renforts, de prendre, le 28, l'offensive dans la direction de Fribourg (2), de concert avec l'archiduc Ferdinand (3).

Cinq colonnes d'attaque devaient contribuer à cette opération : celle de droite, partant de Waldkirch, suivrait le cours de l'Elz et marcherait sur Emmendingen, tandis que la deuxième se dirigerait de Saint-Pierre sur Zähringen par le Glotterthal. La colonne du centre ou colonne principale avait pour objectif Fribourg, sur lequel elle devait marcher directement de Zarten ; la quatrième, rassemblée près de Kloster-Oberriedt, avait pour mission de gagner Merzhausen par le Güntersthal, pour se porter ensuite sur Saint-Georges. Enfin, à l'extrême gauche, le détachement de Bonndorf, sous les

---

(1) Kienmayer à Kray, Hornberg, 27 avril, 10 h. 30 matin (*K. K. Archiv*, 136).

(2) Gyulai à Kray, Steig, 27 avril, 7 h. 30 matin (*K. K. Archiv*, IV, 134).

(3) Gyulai à l'archiduc Ferdinand, 27 avril (*K. K. Archiv*, IV, 152 1/4).

ordres directs de l'archiduc Ferdinand, formerait la cinquième colonne : elle devait tout d'abord gagner Todtnau et de là marcher, par Saint-Ulrich et Bolschweil, sur Ehrenstetten, de manière à menacer la droite ennemie vers Wolfenweiler (1).

Kray, approuvant ces dispositions, prescrivit à Nauendorf de mettre à la disposition de Gyulai, à la première réquisition, le détachement de Bonndorf, et ordonna à Kienmayer de se reporter en avant, « au moins jusqu'à Gengenbach », de manière à coopérer, dans la mesure du possible, au succès de cette entreprise (2).

L'opération projetée par Gyulai reçut un commencement d'exécution ; les colonnes d'attaque se mirent en mouvement, dans la journée du 27, mais, comme la colonne, aux ordres de l'archiduc Ferdinand, arrivait à la hauteur de Saint-Blaise (3), on reçut avis que l'ennemi se portait de Todtnau sur cette localité et que déjà une dizaine de mille hommes était signalée à Bernau (4). En même temps, l'archiduc Ferdinand était informé « que quatre fortes colonnes françaises étaient sorties de Bâle et avaient déjà dépassé Sackingen ». Craignant de se laisser couper, il reprit son ancienne position près de Bonndorf (5). Dès que Gyulai apprit que Zell et Schönau étaient occupées par l'ennemi, il arrêta la marche de ses colonnes et redoutant une

---

(1) Gyulai à Kray, Steig, 27 avril, 7 h. 30 matin (*K. K. Archiv*, 134) ; *Journal de l'archiduc Ferdinand d'Este* (Journée du 27 avril).

(2) Kray à Gyulai, Donaueschingen, 27 avril (*K. K. Archiv*, IV, ad. 134).

(3) Kray à Nauendorf, Donaueschingen, 27 avril (*K. K. Archiv*, IV, 142) ; *Journal de l'archiduc Ferdinand* (Journée du 27 avril).

(4) Gyulai à Kray, 27 avril (*K. K. Archiv*, IV, 143 1/2).

La colonne ennemie, ainsi signalée, était l'avant-garde du corps de Saint-Cyr.

(5) *Journal de l'archiduc Ferdinand* (27 avril).

contre-offensive sur son flanc gauche, il décida de renoncer à son projet d'attaque pour le lendemain (1).

Nauendorf conserva le 27 les mêmes positions que la
veille : son extrême droite s'appuyait à Dresselbach, à
Gündelwangen, et à Seebrücke, gardé provisoirement
par une compagnie Benjowsky renforcée de deux pièces
de 3 ; ce dernier poste pouvait être, au besoin, secouru
de Bonndorf ou de Höchenschwand (2). Le lieutenant-
colonel Nordmann occupait Höchenschwand avec un
détachement de quatre compagnies (2 Benjowsky, 1 du
bataillon léger Rubenitz, 1 de chasseurs tyroliens —
ces deux dernières provenant des troupes retirées de
Zell) — 2 pièces de 6 et un demi-escadron des hussards
Meszaros (3).

De Saint-Blaise à Albbrück, la ligne de l'Alb était
garnie par les troupes disponibles et par toute l'infanterie légère devenue inutile dans la vallée de la Wiese,
depuis l'occupation de Fribourg par les Français ; de
petits postes d'observation, fournis par la cavalerie,
assuraient la sécurité du côté de l'Ouest. La brigade
O'Donel occupait la région de Thiengen, formant l'extrême gauche ; la réserve (9 compagnies, 5 escadrons),
établie à Bonndorf, était commandée par l'archiduc
Ferdinand (4).

Le prince Joseph de Lorraine avait détaché, à

---

(1) Gyulai à Kray, Steig, 27 avril, 6 heures soir (*K. K. Archiv*,
IV, 149) ; Gyulai à l'archiduc Ferdinand, Steig, 28 avril (*K. K. Archiv*,
IV, 154 1/4).

(2) Nauendorf à Kray, Stühlingen, 27 avril, 10 h. 30 matin (*K. K.
Archiv*, IV, 135).

(3) *Ibid.* Voir aussi *Œsterreichische militärische Zeitschrift*, *loc. cit.*,
p. 264. D'après ce dernier document, la garnison d'Höchenschwand
aurait été de sept compagnies et de un escadron.

(4) Nauendorf à Kray, Stühlingen, 27 avril, 10 h. 30 matin (*K. K.
Archiv*, IV, 135).

Beringen, à l'Ouest de Schaffhouse, 4 compagnies Carl Schröder, destinées à soutenir et, au besoin, à recueillir la brigade O'Donel et les troupes légères de Nauendorf.

Les nouvelles, venues de Suisse, confirmaient les premiers renseignements relatifs aux mouvements de l'ennemi du côté de Constance et à la probabilité d'une attaque prochaine du côté de Petershausen. Si cette éventualité se produisait, le prince Joseph de Lorraine devait rappeler, en toute hâte, les troupes disponibles de Schaffhouse et de Bilsingen ; les faire remplacer, au besoin, par les 4 compagnies Carl Schröder détachées à Beringen, et empêcher à tout prix un passage de vive force à Petershausen. Nauendorf était lui-même décidé à porter, le cas échéant, de ce côté, toutes les troupes dont il pourrait disposer sans inconvénients (1).

Les mouvements de concentration, à Villingen et à Donaueschingen, prescrits par Kray, étaient terminés (2). Le général en chef de l'armée autrichienne estimait, par suite de ses dispositions, être en mesure de surveiller et de défendre les débouchés de la Forêt-Noire (3) ; mais, avant toute opération ultérieure, il désirait « être fixé exactement sur la position des Français dans la vallée du Rhin (4) ». Il comptait faire payer cher à son adversaire sa marche en avant, exécutée si « à la légère », affirmait-il ; profitant de la séparation des colonnes ennemies, il espérait pouvoir se jeter sur l'une ou l'autre, « la détruire complètement ou tout au moins lui infliger un échec grave », de manière à

---

(1) Nauendorf à Kray, Stühlingen, 27 avril (*K. K. Archiv*, IV, 135).

(2) Kray au président du Conseil aulique, Donaueschingen, 27 avril (*K. K. Archiv*, IV, 32) ; Kray au comte Tige, Donaueschingen, 27 avril (*K. K. Archiv*, IV, 135 1/2).

(3) *Ibid.*

(4) Kray à Gyulai, Donaueschingen, 27 avril (*K. K. Archiv*, IV, 149 1/2).

enlever à l'autre l'envie de recommencer. (1) Il prescrivit
donc à Kienmayer et à Gyulai d'exécuter, le 28, une
« sérieuse reconnaissance » des positions ennemies (2).

Avisé que les Français, sortis en forces de Bâle,
s'étaient avancés dans la vallée de la Wiese et que, déjà
maîtres de Zell, ils se préparaient à poursuivre le lendemain leurs opérations, Kray en conclut que l'intention
de Moreau était de le faire attaquer, sur tout son front
et sur sa droite, par la colonne venue de Bâle, agissant
de concert avec celles de Saint-Cyr et de Sainte-
Suzanne (3). La présence du quartier général de Moreau
à Bâle (4) le confirmait dans cette hypothèse. Dans ces
conditions, la reconnaissance prescrite à Gyulai devenait dangereuse. Il ordonna, en conséquence, à Gyulai
de se tenir sur ses gardes, lui recommandant une fois
de plus de veiller à la sécurité de ses flancs et de se tenir
en liaison très étroite avec ses voisins, Kienmayer à
droite et l'archiduc Ferdinand à gauche (5).

Nauendorf prévenu que l'exécution des mouvements
prescrits à Gyulai pour la journée du 28, était suspendue,
reçut, du grand quartier général, des instructions analogues à celles de Gyulai. Quant au prince Joseph de

---

(1) Rapport de Kray au Conseil aulique sur les événements du 25 au
29 avril, Donaueschingen, 29 avril (*K. K. Archiv*, IV, ad. 100 1/2) ;
Kray à Gyulai, Donaueschingen, 27 avril (*K. K. Archiv*, 149 1/2).

(2) Rapport sur les événements du 25 au 29 avril, Donaueschingen,
29 avril (*K. K. Archiv*, IV, ad. 100 1/2) ; Kray à Gyulai, Donaueschingen, 27 avril (*K. K. Archiv*, IV, 149 1/2) ; Kray à Tige, 27 avril
(*K. K. Archiv*, IV, 135 1/2) ; Kray au Conseil aulique, 27 avril (*K.
K. Archiv, H. K. R.*, IV, 37).

(3) Kray à Gyulai, Donaueschingen, 27 avril (*K. K. Archiv*, IV,
ad. 151).

(4) Rapport du capitaine Winter (*K. K. Archiv*, IV, 154).

(5) Kray à Gyulai, Donaueschingen, 27 avril (*K. K. Archiv*, IV,
ad. 151).

Lorraine, aux termes des ordres reçus, il devait porter
« toute son attention sur les mouvements des Français
dans la région de Schaffhouse (1) ».

---

(1) Kray à Nauendorf, 27 avril (*K. K. Archiv*, IV, 151).

Un renseignement, reçu le 26 de Constance, signalait la concentration des Français du côté de cette ville et laissait prévoir une attaque
très prochaine du côté de Petershausen (Nauendorf à Kray, Stühlingen, 27 avril, 10 h. 30 matin, *K. K. Archiv*, IV, 135). Un autre renseignement, reçu aussi le 26, d'Ellikon, faisait connaître que les
troupes françaises se concentraient en Suisse et qu'une attaque était à
craindre à bref délai du côté de Bâle et du côté d'Ellikon (Nauendorf à Kray, 26 avril, 3 h. 30 soir, *K. K. Archiv*, IV, 121).

CHAPITRE VII

Les armées opposées du 8 au 10 floréal.

§ 1. — JOURNÉE DU 8 FLORÉAL : Mouvements de l'aile gauche. — Kienmayer appelé à Donaueschingen, — Sztaray en observation devant Kehl. — Marche du corps du Centre sur Saint-Blaise. — Combat d'Albruck. — Arrivée de Richepance à Saint-Blaise. — Nauendorf se replie sur Schaffhouse. — Dispositions prises par le prince de Lorraine pour la surveillance du Rhin.

§ 2. — JOURNÉE DU 9 FLORÉAL : Rapidité de la marche de Sainte-Suzanne. — Dispositions de Kienmayer et de Sztaray. — Le corps du Centre effectue sa jonction à Saint-Blaise avec Richepance. — Retraite de Gyulai sur Neustadt. — Instructions de Moreau à Saint-Cyr. — Richepance appelé à Waldshut. — L'archiduc Ferdinand se maintient à Bonndorf. — Inquiétudes de Nauendorf. — Mesures prises par Kray.

§ 3. — JOURNÉE DU 10 FLORÉAL : Sainte-Suzanne repasse le Rhin et occupe Fribourg. — Dispositions de Saint-Cyr. — Mouvements du corps de réserve. — Mesures prises pour l'attaque de la ligne de la Wutach. — Avis donné à Lecourbe : le passage du Rhin fixé au 11 floréal. — Positions de Sztaray et de Gyulai. — Reconnaissance offensive prescrite à Nauendorf.

§ 1. — JOURNÉE DU 8 FLORÉAL.

L'aile gauche continua à remonter le Rhin en suivant la rive gauche.

La 1re division resta à ses bivouacs entre Guemar et Schlestadt; la 2e vint cantonner aux environs de Marckolsheim; la 3e s'établit entre Strasbourg et Schlestadt, vers Benfeld (1).

D'après les ordres que lui expédiait Moreau dans la journée du 8, Sainte-Suzanne, arrivant le 9 floréal à

---

(1) *Bulletin* historique du 1er au 30 floréal.

Brisach, devait en partir le 10 pour atteindre Fribourg le même jour. Le 11, il pénétrerait dans le Val-d'Enfer pour occuper Neustadt puis Löffingen; « il réglera sa marche, ajoutait le général en chef, d'après la distance et les obstacles que l'ennemi pourra lui opposer en le faisant d'ailleurs le plus rapidement qu'il lui sera possible ;.... il aura particulièrement pour objet, jusqu'à ce qu'il soit en ligne, de couvrir le front du corps principal, sans se compromettre devant des forces supérieures (1) ».

Moreau l'informait des mouvements des autres éléments de l'armée et approuvait les dispositions qu'il avait prises pour la défense de la tête de pont de Kehl.

Du côté des Autrichiens, Sztaray, poursuivant son mouvement de retraite, devait arriver à Pforzheim dans la journée, et comptait y donner un jour de repos à ses troupes fatiguées (2), mais Kray lui prescrivit de suspendre son mouvement (3), en raison des nouvelles positions occupées par Kienmayer (4). Il devait laisser le gros de son infanterie à Gernsbach et à Reichenthal, pour couvrir sa ligne de retraite, et porter ses troupes légères jusqu'à Sinzheim, pour observer les mouvements des Français du côté du Rhin (5).

Kienmayer, en exécution des ordres reçus la veille, s'avança d'Haslach jusqu'à Bieberach et poussa ses troupes légères vers Ortenberg (6); il fit connaître que les Français avaient repassé le Rhin à Kehl (7), et qu'il

---

(1) Dessole à Sainte-Suzanne, Säckingen, 8 floréal.

(2) Sztaray à Kray, Gernsbach, 28 avril (*K. K. Archiv*, IV, 162).

(3) Kray à Sztaray, Donaueschingen, 28 avril (*Ibid.*, IV, 161).

(4) Les positions de Kienmayer, dont il est question, sont celles relatées dans la lettre de Kienmayer à Kray, Haslach, 27 avril (*K. K. Archiv*, IV, 147). Voir *supra*, p. 290.

(5) Kray à Sztaray, Donaueschingen, 28 avril (*Ibid.*, IV, 161).

(6) Kienmayer à Kray, 28 avril (*Ibid.*, IV, 155).

(7) (*Ibid.*, IV, 167.)

n'avait plus, en face de lui, que des effectifs très réduits. Informé de cette nouvelle, Kray ordonna à Kienmayer d'employer, dans la vallée du Rhin, ses troupes légères à une poursuite « énergique et active » des Français en retraite, et de diriger, en toute hâte sur Donaueschingen, les généraux prince de Holstein, Klénau et Löwenberg, avec 4 bataillons wallons, 1 bataillon Lacy et 1 régiment de cavalerie légére (1). Kienmayer devait, en outre, surveiller Kehl de concert avec Sztaray. Celui-ci reçut l'ordre, contrairement aux instructions qui lui avaient été précédemment adressées, de ne laisser sur la rive droite de la Murg qu'un faible effectif de troupes légères, et de se porter avec le gros de ses forces jusqu'à Kehl, tandis que le régiment d'infanterie Wenkheim et le régiment de cuirassiers Mack rallieraient le gros de l'armée à Donaueschingen, par le plus court chemin et le plus rapidement possible (2).

Le corps du Centre entama sa marche sur Saint-Blaise.

La 1re division (Ney) se porta de Betzenhausen par Merzhausen, Sölden et Staufen à Neuhof. La 2e (Baraguey d'Hilliers) et la réserve de cavalerie Sahuc suivirent ce mouvement et vinrent s'établir à Wieden ; le quartier général du corps du Centre fut installé à Saint-Trudpert. La 3e division (Tharreau) resta à Fribourg. L'itinéraire suivi était d'ailleurs impra-

---

(1) Kray à Kienmayer, Donaueschingen, 28 avril (*K. K. Archiv*, IV, 172). L'archiduc Ferdinand, dans son *Journal*, signale ce mouvement le 27 avril ; d'après lui, ce seraient les généraux Holstein, Klénau et Latour avec 4 bataillons wallons qui auraient été rappelés à Donaueschingen. Voir aussi : Kray à Gyulai, Donaueschingen, 28 avril, 10 heures soir (*K. K. Archiv*, IV, 171).

(2) Kray à Kienmayer, Donaueschingen, 28 avril (*K. K. Archiv*, IV, 172).

ticable aux voitures : « Nous essaierons cependant, écrivait Saint-Cyr, d'y porter à bras quelques pièces de canon ; pour les caissons, il faut absolument y renoncer ; nous serons réduits aux coffrets de ces pièces, c'est-à-dire à quinze coups chacune (1). »

Les sapeurs employèrent une partie de la journée et passèrent toute la nuit du 8 au 9 floréal à améliorer le chemin de Neuhof à Wieden, mais ils manquaient d'outils ; on en trouva d'ailleurs très peu dans le pays et ils ne purent faire que très peu de besogne au prix de grandes fatigues (2). Malgré ces difficultés, Saint-Cyr espérait amener ses troupes à Saint-Blaise, partie le 9 floréal, et le reste le 10, si toutefois l'ennemi n'occupait pas ce point en forces. Moreau attendait avec impatience la nouvelle de son arrivée (3) qui, à son avis, ne pouvait être retardée que par les obstacles provenant de « la nature des communications » et non par la résistance de l'adversaire, d'après les renseignements fournis par le chef d'escadron Plauzonne, adjudant général à la division Richepance.

L'armée, écrivait Dessole à Saint-Cyr le 8, « n'a pas un moment à perdre pour aborder l'ennemi. Deux courriers que j'ai reçus dans le même jour du gouvernement me pressent là-dessus. Hâtez-vous, mon cher général ; tout le reste de l'armée est en mesure (4) ».

D'après les ordres du 7 floréal, la division Delmas, du corps de réserve, devait se porter sur l'Alb. La brigade d'avant-garde de cette division, partie de Murg à 7 heures du matin, se heurta d'abord au Nord de Lauffenbourg, à des avant-postes ennemis qu'elle refoula facile-

---

(1) Saint-Cyr à Moreau, Saint-Trudpert, 8 floréal.
(2) Gouvion-Saint-Cyr, *loc. cit.*, p. 131.
(3) Dessole à Saint-Cyr, Säckingen, 8 floréal ; Dessole à Richepance, Säckingen, 8 floréal.
(4) Dessole à Saint-Cyr, Säckingen, 8 floréal.

ment à l'Est de Luttingen. Les Autrichiens occupaient la ligne de l'Alb, depuis Saint-Blaise jusqu'à son confluent dans le Rhin, avec 28 compagnies et 4 escadrons. La rivière coule généralement à travers bois, dans une gorge profonde; elle est guéable sur de nombreux points de son cours, mais le passage est rendu difficile par des escarpements rocheux qui la bordent. A l'aile droite, à Höchenschwand se trouvaient 7 compagnies et l'escadron sous les ordres du lieutenant-colonel Nordmann (1); au centre, à l'Ouest d'Oberalpfen, 8 compagnies et un escadron sous le commandement du major Spauer; à l'aile gauche, 13 compagnies, 2 escadrons, 2 canons de 3 livres et une demi-batterie à cheval, sous les ordres du colonel Mecsery. A l'Ouest d'Albruck, l'ennemi avait construit un ouvrage en forme de flèche et des tranchées; des travaux semblables avaient été entrepris sur la rive gauche, au Nord de cette localité (2). La ligne de défense avait une étendue considérable : il ne fallait pas moins de six heures pour communiquer d'une extrémité à l'autre.

La brigade d'avant-garde, arrêtée à Hauenstein par une résistance énergique, se déploya à l'Ouest de ce village; sa gauche se porta sur Hochsal et Schachen pour déborder la position ennemie. En même temps, le

---

(1) *Œster. Militär. Zeitsch.*, *loc. cit.*, p. 264. — 5 compagnies et 2 escadrons, d'après le *Journal de l'archiduc Ferdinand d'Este* (28 avril); 4 compagnies, un demi-escadron et deux pièces de canon, d'après une lettre de Nauendorf à Kray, Stühlingen, 27 avril, 10 h. 30 soir (*K. K. Archiv*, IV, 135).

(2) *Œster. Militär. Zeitsch.*, *loc. cit.*, p. 264.

D'après le *Bulletin* historique du 1ᵉʳ au 30 floréal, il y avait à l'Ouest d'Albruck deux redoutes, à droite et à gauche du chemin qui conduit au pont de l'Alb, celle de gauche était appuyée au Rhin par un retranchement; celle de droite était reliée par un retranchement à une autre redoute, adossée elle-même à un escarpement inabordable.

général Delmas fit avancer la brigade Grandjean et donna l'ordre à l'avant-garde d'enlever les retranchements de la rive droite. Le 1er bataillon de la 14e légère, les 1er et 2e de la 50e et le 4e hussards se formèrent aussitôt en colonne d'attaque, et se portèrent en avant « si promptement et avec une telle résolution (1) » qu'ils envahirent les ouvrages autrichiens en même temps que s'y repliaient les tirailleurs placés en avant. Ils en restèrent maîtres après une courte mêlée. C'est au cours de cette attaque que le colonel Mecsery fut atteint d'un coup de feu à la jambe. Les Français poursuivirent ensuite les Autrichiens de si près que le colonel Mecsery n'eut pas le temps de détruire le pont. Les fuyards furent pris à revers d'ailleurs par l'adjudant général Cohorn qui, avec un peloton de la 14e, avait franchi l'Alb en amont (2).

Tournés par la gauche de la brigade d'avant-garde qui avait débouché sur la rive droite par Tiefenstein, les défenseurs des ouvrages construits au Nord d'Albruck, effectuèrent leur retraite sur Birndorf, puis sur Waldkirch (3) où vinrent se réunir toutes les unités échelonnées sur l'Alb entre Höchenschwand et Albruck. L'archiduc Ferdinand les rappela de là sur la ligne Seebrück, Rothaus, Grafenhausen, Birkendorf (4). Le général O'Donel prit position, avec les faibles troupes

_____

(1) *OEster. Militär. Zeitsch.*, *loc. cit.*, p. 265.

(2) *Bulletin* historique du 1er au 30 floréal; Nauendorf à Kray Stühlingen, 28 avril, 4 h. 30 soir (*K. K. Archiv*, IV, 175).

(3) Au Nord-Ouest de Waldshut.

(4) *OEster. Militär. Zeitsch.*, *loc. cit.*, p. 265. Voir aussi *Journal de l'archiduc Ferdinand* (Journée du 28 avril). Le lieutenant-colonel Nordmann reçut l'ordre de se replier, pendant la nuit, par Grafenhausen sur Birkendorf, pour établir la liaison entre les troupes de l'archiduc Ferdinand à Bonndorf et celles d'O'Donel vers Thiengen (*Journal de l'archiduc Ferdinand*).

restées disponibles, au pont sur la Schlucht entre Thiengen et Gurtweil (1).

La division Delmas avait perdu 90 hommes tués, blessés ou disparus ; elle avait fait 220 prisonniers et enlevé, à l'ennemi, 2 pièces de canon (2). Elle bivouaqua sur les hauteurs à l'Ouest de Gurtweil (3), échelonnée jusqu'à Döggern. Le quartier général s'établit à Lüttingen (4).

L'archiduc Ferdinand se trouvait, à Bonndorf, dans une situation très critique, en raison du mouvement de retraite exécuté par Nauendorf, à la suite de l'enlèvement de la ligne de l'Alb par les Français. Gyulai, menacé lui-même d'être coupé de l'armée si l'archiduc Ferdinand était obligé de se retirer, reçut l'ordre de rappeler à lui, en toute hâte, le régiment d'infanterie Lacy et les cuirassiers Nassau. Ces deux régiments devaient occuper les hauteurs de Rothenbach et le village de Reiselfingen, dans le défilé de Bonndorf. Avec le reste de ses forces, Gyulai avait pour mission de renforcer, près de Lenzkirch, celles de l'archiduc Ferdinand. Couvert par des postes avancés établis à Simonswald, sur le Hohlegraben, à Steig et à Lenzkirch, il prit position, avec la partie principale de son corps, en arrière de Steig, de manière à faire efficacement surveiller le chemin du lac Titti à Bonndorf par Lenzkirch,

---

(1) Nauendorf à Kray, 28 avril, 4 h. 30 soir (*K. K. Archiv*, IV, 175). Dans la nuit, O'Donel se replia avec ses troupes disponibles jusqu'à Lauchringen, ne laissant à Thiengen et Gurtweil que de faibles postes de cavalerie (Nauendorf à Kray, *K. K. Archiv*, IV, 176 ; Nauendorf au prince de Lorraine, *K. K. Archiv*, IV, 187 1/2).

(2) D'après l'*Œster. Militär. Zeitsch.* (*loc. cit.*, p. 265), les Autrichiens n'auraient, au contraire, perdu aucune bouche à feu ; mais la perte des deux canons est confirmée par l'archiduc Ferdinand (*Journal de l'archiduc Ferdinand*, 28 avril). Voir aussi *K. K. Archiv*, IV, 165 1/4.

(3) Nauendorf à Kray (*K. K. Archiv*, IV, 175).

(4) *Bulletin* historique de la division Delmas.

route qu'il devait utiliser, en cas de retraite, pour rallier, le plus promptement possible, le gros de l'armée (1).

La 2e division du corps de réserve (Leclerc) se porta d'Enkendorf et de Wehr au Nord de Lauffenbourg sans incident.

La 3e division (Richepance) marcha de Mambach, Zell et Schönau, en remontant la vallée de la Wiese, par Geschwend sur Saint-Blaise (2) avec un détachement par Todtmoos et Ibach. Sa tête de colonne atteignit Saint-Blaise assez tard et au prix de grandes fatigues et s'y heurta à un détachement autrichien comprenant de la cavalerie et de l'infanterie (3) et appuyé par deux pièces de canon. Ces troupes ennemies furent refoulées jusqu'à Haüsern (4) en abandonnant 28 prisonniers (5).

---

(1) Kray à Gyulai, Donaueschingen, 28 avril, 10 heures soir (*K. K. Archiv*, IV, 171); Gyulai à Kray, Steig, 28 avril (*K. K. Archiv*, IV, 158); *Journal* de Gyulai, 28 avril (*K. K. Archiv*, V, 112).

(2) Le *Bulletin* historique de l'Armée dit que la division Richepance passa par Todtmoos et Ibach. Mais ce document n'a été rédigé que le 1er vendémiaire an IX. Au contraire, une lettre de Richepance à Moreau, du 9 floréal, indique nettement que le gros de la division passa par Geschwend. Un détachement seul prit par Todtmoos et Ibach, itinéraire plus court, mais détestable (Richepance à Moreau, Zell, 7 floréal).

(3) Le *Bulletin* historique dit qu'il y avait là 4 bataillons et 4 escadrons, mais ce chiffre est certainement exagéré; aucun document autrichien ne signale pareille force dans cette direction (*Œster. Militär. Zeitsch.* : 7 compagnies et 1 escadron; *Journal de l'archiduc Ferdinand* : 5 compagnies et 2 escadrons; lettre de Nauendorf à Kray (IV, 135) : 4 compagnies et un demi-escadron).

(4) *Journal de l'archiduc Ferdinand* (journée du 28).

(5) Richepance à Moreau, Saint-Blaise, 8 floréal. D'après le *Bulletin* n° 1 de l'armée du Rhin, le nombre des prisonniers s'élevait à 150. Les deux faits ne sont pas inconciliables : 28 pouvait être le chiffre réel au moment où Richepance écrivait à Moreau; il a pu atteindre 150 dans la soirée, après la rentrée des détachements de poursuite.

20

La division s'établit à Saint-Blaise et sur les hauteurs entre l'Alb et la Schwarza.

Richepance ne reçut d'ailleurs dans la journée aucune nouvelle de Saint-Cyr; il ne doutait plus que le corps du Centre se fût engagé dans le Val-d'Enfer, dans la direction de Löffingen. Par contre une patrouille du 4e régiment de hussards, de la division Delmas, arriva dans la soirée au couvent de Saint-Blaise et fit penser à Richepance que cette division était arrivée sur l'Alb, ce qui lui permettrait à lui-même de se porter le lendemain sur le Schwarzabach, sans se compromettre (1). Dans la soirée, il reçut du général Dessolle des ordres lui recommandant d'envoyer des détachements sur sa gauche pour se relier à Saint-Cyr. Moreau était si impatient d'avoir des nouvelles de ce dernier et du mouvement de la 3e division sur Saint-Blaise qu'il avait envoyé à Richepance l'adjudant général Rapatel, avec mission de le renseigner promptement sur ce double objet.

La division de cavalerie d'Hautpoul se porta de Müllheim et de Neuenbourg à Istein, Kirchen, Märkt, Binzen, son quartier général à Eimeldingen.

Le grand quartier général de l'armée fut transféré dans la journée du 8 floréal de Bâle à Rheinfelden. Moreau comptait que les corps du Centre et de réserve arriveraient sur la Wutach le 10, mais ne pourraient « être rassemblés pour un grand effet avant le 11 (2) ». Cette dernière date serait celle du passage du Rhin par le corps de Lecourbe. Toutefois, dans le cas où l'ennemi masserait ses forces sur sa droite, Moreau se proposait d'envoyer à son aile droite l'ordre d'agir immédiatement.

En réalité, il constatait que les Autrichiens cédaient

---

(1) Richepance à Moreau, Saint-Blaise, 8 floréal.
(2) Moreau à Lecourbe, Säckingen, 8 floréal.

le terrain sur toute la ligne, et paraissaient ne vouloir accepter la lutte qu'au débouché des montagnes (1), mais il n'était nullement renseigné sur leur zone de rassemblement général (2).

Le corps de réserve de l'armée du Rhin s'était heurté, sur tout son front, aux troupes de la division Nauendorf. Celui-ci avait été obligé d'engager, dans la journée, toutes ses troupes, et il n'avait plus rien à opposer aux Français, s'ils continuaient leur mouvement en avant. Maîtres de la ligne de l'Alb, ceux-ci pouvaient se porter de Saint-Blaise sur Stühlingen par Bettmaringen et les hauteurs avoisinantes. Pour parer à cette éventualité, Nauendorf se retira sur Neunkirch et Beringen. Il prit position sur les hauteurs à l'Ouest de Schaffhouse, dans l'intention de défendre le plus longtemps possible à l'ennemi l'accès de cette région, et aussi de couvrir Schaffhouse, dont la possession était si importante pour les Autrichiens (3).

L'archiduc Ferdinand était chargé de faire surveiller par sa gauche (brigade O'Donel) le débouché Est de Thiengen, et de retarder, autant que possible, la marche en avant de l'ennemi. De sa personne, il ne devait évacuer sa position de Bonndorf qu'à la dernière extrémité, franchir la Wutach à Aselfingen (4) et de là se replier sur Zollhaus (5), où Kray avait envoyé deux régiments d'infanterie (Archiduc-Charles et Archiduc-Ferdinand) et deux régiments de cavalerie (2e uhlans et cuirassiers

---

(1) Rapport du chef d'escadron Plauzonne (Dessolle à Richepance, Säckingen, 8 floréal).

(2) Dessolle à Saint-Cyr et à Lecourbe, Säckingen, 8 floréal.

(3) Nauendorf à Kray, Stühlingen, 28 avril, 4 h. 30 soir (*K. K. Archiv*, IV, 175); à Joseph de Lorraine (*Ibid.*, IV, 161 1/2); à l'archiduc Ferdinand (*Ibid.*, IV, 167 1/4).

(4) Nauendorf à l'archiduc Ferdinand, 28 avril (*K. K. Archiv*, IV, 166 1/4).

(5) Zollhaus, 2 kilomètres à l'Est de Blumberg.

Zeschwitz), sous les ordres du F. M. L. Lindenau. Celui-ci avait d'ailleurs pour mission de se mettre en liaison avec Nauendorf et d'appuyer au besoin ses mouvements (1).

Kray ne comprenait toujours pas les intentions de son adversaire. Dans son esprit, Moreau avait dû rappeler à lui les forces opposées à Kienmayer et à Gyulai, dans le but de les faire coopérer aux opérations ultérieures projetées dans la vallée du Rhin, en amont de Bâle (2). Ralliant le corps français qui, de Bâle, s'était avancé, parallèlement au Rhin et sur la rive droite, au delà de la ligne de l'Alb, ces troupes pouvaient aussi être destinées, pensait-il, à menacer sérieusement l'aile gauche de l'armée autrichienne et peut-être même à la séparer du prince de Reuss (3).

L'activité des troupes françaises stationnées en Suisse — signalée d'une façon unanime par tous les rapports —

---

(1) Kray à Nauendorf, Donaueschingen, 28 avril, 10 heures soir K. K. Archiv, IV, 170).

Le général O'Donel reçut l'ordre de prendre position avec ses troupes disponibles à Lauchringen ; 3 compagnies Erbach et 2 escadrons Kinsky formant réserve à Erzingen ; des petits postes de cavalerie devaient surveiller Thiengen et la direction de Waldshut. Si l'ennemi débouchait de Thiegen, O'Donnel devait se replier sur les hauteurs de Neunkirch et là mettre tout en œuvre pour retarder le plus longtemps possible les progrès de l'ennemi (Nauendorf à Kray, Stühlingen, 29 avril, 3 h. 30 matin, K. K. Archiv, IV, 176).

(2) Kray à Nauendorf, Donaueschingen, 28 avril, 10 heures soir (K. K. Archiv, IV, 170).

(3) Kray à Kienmayer, Ibid. (K. K. Archiv, IV, 172).

Nauendorf estimait que l'attaque principale n'avait pas encore eu lieu et qu'elle ne se produirait que plus tard (Nauendorf à Kray, Stühlingen, 28 avril, 4 h. 30 soir. K. K. Archiv, IV, 175). Sztaray faisait connaître que l'ennemi ne poursuivait nulle part ses avantages et que les mouvements de la gauche française semblaient être une diversion pour cacher la marche vers la Suisse et l'Italie (Sztaray à Kray, Gernsbach, 28 avril, K. K. Archiv, IV, 163).

ne laissait pas non plus que d'inquiéter le général en chef de l'armée autrichienne d'Allemagne, à en juger par l'insistance avec laquelle il recommandait au prince Joseph de Lorraine de surveiller très attentivement le cours du Rhin et surtout la région de Petershausen (1). En prévision d'une attaque possible du côté de la Suisse, le prince Joseph de Lorraine avait, d'ailleurs, réparti la surveillance du Rhin, de Peterhausen à Schaffhouse, en trois secteurs. Sur le lac de Constance, entre Staad et Allensbach : 1 bataillon Clerfayt et 1 escadron de dragons Archiduc-Ferdinand, avec une réserve, à Radolfzell, de 8 compagnies Kerpen et 1 escadron de dragons Archiduc-Ferdinand ; entre Horn et Stein, 4 compagnies Kerpen et 1 escadron des hussards esclavons ; de Stein à Schaffhouse, 1 bataillon du régiment d'infanterie Peterwardein et 1 escadron de dragons Coburg, avec 1 escadron de hussards esclavons, en réserve à Rielasingen. Les troupes disponibles (2 bataillons Schröder, 5 escadrons Coburg et 4 escadrons Archiduc-Ferdinand) étaient concentrées entre Singen et Schaffhouse, prêtes à se porter sur Schaffhouse ou sur Peterhausen. Le détachement de Beringen devait, dès qu'il ne serait plus utile à Nauendorf, rallier Singen ou tout au moins Schaffhouse. .

L'artillerie, dont pouvait disposer le prince de Lorraine, se composait seulement de deux pièces de 6 et d'une batterie de 12 (2).

En outre, en cas d'attaque, Nauendorf devait, au besoin, lui faire passer quelques renforts, à condition de les remplacer par des troupes prélevées sur le détachement Lindenau, à Zollhaus (3).

---

(1) Kray à Nauendorf, Donaueschingen, 27 avril (*K. K. Archiv*, IV, 151 ; et 28 avril, 10 heures soir, *Ibid.*, IV, 170).

(2) Le prince Joseph de Lorraine à Kray, Singen, 28 avril (*K. K. Archiv*, IV, 160).

(3) Kray à Nauendorf, Donaueschingen, 28 avril, 10 heures soir (*Ibid.*, IV, 170).

§ 2. — Journée du 9 floréal.

L'aile gauche exécuta le 9 floréal les mouvements ci-après : la 1re division se porta de Schlestadt et de Gué-mar au Sud de Neuf-Brisach ; la 2e de Marckolsheim à Biesheim ; la 3e de Benfeld entre Colmar et Neuf-Brisach. Le quartier général de l'aile gauche s'établit dans cette dernière localité.

Moreau fut extrêmement satisfait de la diligence qu'a-vait apportée Sainte-Suzanne dans l'exécution de ses opérations. « Si vous pouviez, lui écrivait-il le 9 floréal, gagner une journée sur votre marche à Löffingen, ce serait un avantage inappréciable pour le mouvement que le général en chef projette sur la Wutach, il vous engage à faire l'impossible pour cela ; chaque heure que vous gagnerez nous sera d'une utilité majeure (1). » Moreau entrevoyait en effet la perspective de faire parti-ciper toute l'armée à la bataille générale que Kray se pro-posait peut-être de livrer sur cette rivière.

Du côté des Autrichiens, Sztaray fit occuper Bühl et Lichtenau par les hussards et les chasseurs, sous les ordres du général Walthör ; il s'établit lui-même, avec le gros de ses forces, dans la région avoisinante de la Murg, et détacha 1 bataillon Wenkheim à Bruchsal comme réserve, pour parer à toute éventualité. Le quar-tier général s'installa à Durlach (2). Kienmayer fit con-naître que l'armée française avait évacué Fribourg et tout le pays environnant (3). Comme la direction de Lahr n'était plus dangereuse, il dirigea sur Villingen, par la vallée de la Kinzig, les cinq bataillons d'infanterie légère et le régiment de dragons Latour stationnés à Biebe-

---

(1) Dessolle à Sainte-Suzanne, Säckingen, 9 floréal.

(2) Sztaray à Kray, Pforzheim, 29 avril (*K. K. Archiv*, IV, nt 182).

(3) Kienmayer à Kray, Bieberach, 29 avril (*Ibid.*, IV, 198).

rach (1). Le général Merveldt reçut l'ordre de se porter dans la vallée du Rhin, de rétablir le contact avec Gyulai et de s'arrêter à Waldkirch (2).

Au corps du Centre le mouvement sur Saint-Blaise se poursuivit. La 2ᵉ division (Baraguey d'Hilliers) marcha de Wieden, par Utzenfeld et Präg, sur Saint-Blaise où elle fit sa jonction vers 9 heures du matin avec la division Richepance du corps de réserve. Elle se porta ensuite sur Seebruck. La 1ʳᵉ (Ney), partant de Neuhof, suivit ce mouvement, après avoir détaché sur Staufen un escadron du 8ᵉ ,régiment [de chasseurs et quatre compagnies de la 103ᵉ. destinées à protéger les équipages ; elle vint occuper Bernau. Elle précédait elle-même la réserve de cavalerie Sahuc, qui stationna également à Bernau. La 3ᵉ division, partie de Fribourg le 8 floréal à 10 heures du soir, se porta sur Horben par Güntersthal ; sa brigade d'arrière-garde (Desbrulys) eut un léger engagement avec des bandes de paysans armés et des hussards autrichiens qui avaient occupé dans la matinée Staufen et Saint-Trudpert, après le départ des troupes françaises de ces deux localités, mais qui les abandonnèrent promptement (3). Saint-Cyr n'avait pu emmener que trois pièces de 4 avec leurs coffrets seulement, aussi Dessolle donna-t-il l'ordre à Richepance de laisser momentanément la plus grande partie de son artillerie à la disposition du corps du Centre.

Gyulai, laissant des détachements à Vohrenbach, à Furtwangen et aussi dans la vallée de Simonswald (4),

---

(1) Kienmayer à Kray, Bieberach, 29 avril (*K. K. Archiv*, 29 avril, IV, 197). Ces troupes devaient arriver le 30 à Villingen (Kienmayer à Kray, Bieberach, 30 avril, *K. K. Archiv*, IV, 208).

(2) Kienmayer à Kray, Bieberach, 29 avril (*K. K. Archiv*, IV. 197).

(3) Saint-Cyr à Moreau, Saint-Blaise, 9 floréal ; Gouvion-Saint-Cyr, *loc. cit.*, p. 132.

(4) Gyulai à Kray, Ober-Steig, 29 avril (*K. K. Archiv*, IV, 181).

opéra son mouvement de retraite sur Neustadt (1), ainsi
qu'il en avait reçu l'ordre, et poussa une partie de ses
forces vers Lenzkirch (2). Pendant ce temps, les troupes
légères, lancées à la poursuite des Français dans la vallée du Rhin, leur faisaient près de 200 prisonniers, leur
enlevaient même un canon et une voiture de munitions
toute attelée, et poussaient jusque vers Staufen. Au cours
de cette poursuite, le général Sabatier, de la division
Baraguey d'Hilliers, fut fait prisonnier, après avoir été
blessé de plusieurs coups de sabre en se défendant. Ses
chevaux et ses bagages furent pris (3). En transmettant
ces renseignements au F. L. M. Kray. Gyulai lui fit aussi
connaître que les troupes du général Saint-Cyr qui lui
avaient été opposées vers Fribourg, avaient de nouveau
fait leur jonction, et qu'une attaque était à prévoir pour
la journée du lendemain ou du surlendemain (4).

L'adjudant général Rapatel était revenu dans la journée du 9 floréal au grand quartier général à Säckingen,
muni de renseignements précis sur la situation de Saint-
Cyr et de Richepance. Après en avoir pris connaissance,
Moreau chargea Dessolle d'envoyer à Saint-Cyr des instructions pour ses opérations ultérieures. Il devait se
mettre en marche immédiatement, avec les troupes arrivées à Saint-Blaise, « pour se porter à la gauche du corps
de réserve de l'armée », dont l'itinéraire lui était spécifié
par Waldshut et Thiengen sur la Wutach. Il viendrait
« appuyer sa droite à la gauche de la réserve ». Ce mou-

---

(1) Gyulai à Kray, Ober-Steig, 29 avril (*K. K. Archiv*, IV, 180).
(2) Gyulai à Kray, Neustadt, 29 avril (*Ibid.*, IV, 195).
(3) Gyulai à Kray, Neustadt, 29 avril (*K. K. Archiv*, IV, 205); Kray au
Conseil aulique, Donaueschingen, 30 avril (*K. K. Archiv*, IV, 209 1/2
et 240); Kray à Nauendorf, Donaueschingen, 30 avril (*K. K. Archiv*,
IV, 211).
(4) Gyulai à Kray, Neustadt, 29 avril, 7 heures soir (*K. K. Archiv*,
IV, 205).

vement serait couvert par une flanc-garde établie à Seebruck et observant les directions de Lenzkirch, Löffingen
et Bonndorf. Dessolle faisait remarquer à Saint-Cyr qu'il
était impossible de préciser le point où s'opérerait la
liaison entre les deux corps et lui indiquait, à titre d'hypothèse, comme premier objectif Berau, d'où il pouvait
se diriger sur Thiengen, par la route qui suit la rive
gauche de la Schwarza. L'essentiel, ajoutait Dessolle, est
d'exécuter la marche avec la plus grande célérité possible (1).

Moreau, dans une lettre d'envoi de ces instructions,
insistait sur ce point : « Le retard de vingt-quatre heures
que nous éprouvons nous donnera de plus contre nous
un corps venant des Grisons. Notre supériorité peut
seule nous assurer des succès ; ainsi nous n'avons pas un
instant à perdre. » Et il concluait par cette réflexion
qui dénotait une grande connaissance des procédés de
guerre de l'armée adverse : « J'avais bien prévu que
l'ennemi n'aurait qu'un faible corps à Saint-Blaise. L'incertitude où devait le jeter notre mouvement ne lui permettait guère d'être en force nulle part (2). »

Le Corps de réserve continuait le 9 floréal à progresser
le long du Rhin.

La 1re division (Delmas) se porta d'Albruck sur
Waldshut ; son avant-garde, après un léger engagement à l'Est de ce bourg, poussa jusqu'au confluent de la
Schlucht et de la Wutach et s'empara du pont sur la première de ces rivières, à l'Est de Waldshut. Son quartier
général s'établit à Dogern. La 2e (Leclerc) cantonna en
seconde ligne, à l'Est et à l'Ouest d'Albruck où s'installa
son quartier général.

A la 3e, une reconnaissance fut envoyée de bonne

(1) Dessolle à Saint-Cyr, Säckingen, 9 floréal.
(2) Moreau à Saint-Cyr, Waldshut, 9 floréal.

heure de Saint-Blaise sur Seebruck. Elle se heurta au détachement chargé de la défense de ce point (1 compagnie Benjowsky, 1 peloton de hussards et 2 pièces de 3); celui-ci réussit, malgré son infériorité numérique, à se replier jusqu'à Rothaus, où il fut recueilli par un escadron des hussards Archiduc-Ferdinand et put gagner Bonndorf sans être trop vivement poursuivi (1).

Le général Richepance faisait prendre les armes à sa division pour la porter tout entière sur Seebruck quand apparut la tête de colonne de la division Baraguey d'Hilliers du corps du Centre. Il apprit qu'elle avait l'ordre de marcher sur Seebruck et maintint en conséquence ses troupes aux bivouacs de la nuit précédente, « afin de pouvoir, écrivait-il à Moreau, me porter plus promptement sur le point où vous me donnerez l'ordre de me rendre (2) ».

L'arrivée de Saint-Cyr à Saint-Blaise ne nécessitant plus la présence en ce point de la division Richepance, Dessolle prescrivit à celle-ci de se rendre dans le laps de temps le plus court possible à Waldshut, en n'emmenant toutefois avec elle que deux ou trois bouches à feu et en laissant le reste au corps du Centre qui en était privé. Cette artillerie devait être remplacée à Waldshut en partie par la division Leclerc, en partie par celle de Saint-Cyr, qui suivait la route des villes forestières. Toutefois, ces instructions étant parvenus assez tard à Richepance, il ne put atteindre Waldshut dans la journée même et s'arrêta au Sud de Waldkirch (3).

La division de cavalerie d'Hautpoul, marchant toujours en arrière des divisions d'infanterie, se porta aux environs de Lörrach où s'établit son quartier général.

En prévision d'un combat qui pouvait avoir lieu sur

---

(1) *Journal de l'archiduc Ferdinand* (journée du 29 avril).
(2) Richepance à Moreau, Saint-Blaise, 9 floréal.
(3) Dessolle à Richepance, Säckingen, 9 floréal.

la Wutach, le parc d'artillerie du corps de réserve et la
compagnie d'artillerie légère de la division d'Hautpoul
reçurent de Dessolle l'ordre de partir dans la nuit du 9
au 10 floréal, de façon à arriver à Waldshut le 10 au
soir, au contact de la division Delmas. La colonne devait
exécuter cette marche « avec célérité » et ne s'arrêter
que trois heures de 6 en 6 lieues pour rafraîchir (1) ». Il
était prescrit au général d'Hautpoul de suivre ce mouvement le 10 au matin pour s'établir le même jour entre
Säckingen et Lauffenbourg et atteindre Waldshut le 11, à
4 heures de l'après-midi au plus tard (2).

Le grand quartier général fut transféré de Rheinfelden à Säckingen.

Moreau comptait avoir réuni l'armée sur la Wutach le
10 floréal et attaquer l'ennemi le 11, tandis que le corps
de Lecourbe effectuerait le passage du Rhin en aval de
Constance et ferait tomber la ligne de défense des Autrichiens en la prenant à revers.

De son côté, l'archiduc Ferdinand, ignorant la force
des colonnes françaises en mouvement dans les massifs
boisés de la Forêt-Noire, résolut d'attendre, dans la
plaine de Bonndorf, que l'on vînt l'attaquer (3). Dans
l'après-midi, une reconnaissance (4 compagnies et 1 escadron) fut envoyée de Bonndorf et atteignit Dresselbach ;
elle rendit compte à son retour que « deux divisions
françaises se trouvaient à Saint-Blaise », et que Seebrück
était fortement occupé (4) ».

Nauendorf manifestait quelque inquiétude à la pensée
que les troupes françaises victorieuses pouvaient pour-

___

(1) Dessolle au commandant de l'artillerie du corps de réserve, Rheinfelden, 9 floréal.
(2) Dessolle à d'Hautpoul, Säckingen, 9 floréal.
(3) Kray au Conseil aulique, Donaueschingen, 29 avril (*K. K. Archiv*,
IV, 181 1/2 ; *K. K. Archiv, H. K. R.*, IV. 33).
(4) *Journal de marche de l'archiduc Ferdinand* (29 avril).

suivre, dans la journée du 9 floréal, leur mouvement
vers l'Est, au delà de Thiengen ; d'un autre côté, les renseignements, transmis par l'archiduc Ferdinand, laissaient entendre que les Français, maîtres de Saint-Blaise
et de Hochenschwand, avaient l'intention de se porter
sur Stühlingen par Bettmaringen et Weizen, et sur
Grimmeltshofen par Schwaningen. Si les Français pre-
naient pied sur la ligne de la Wutach, en amont de
Stühlingen, les communications entre Nauendorf et Lindenau seraient interrompues, et il ne serait possible de
les rétablir que plus en arrière, par Schaffhouse ; l'archiduc Ferdinand serait obligé lui-même de se replier sur
Zollhaus. Si, au contraire, l'ennemi débouchait en forces
du côté de Thiengen, il n'aurait en face de lui que les
faibles troupes dont disposait Nauendorf, fatiguées du
combat de la veille, réduites encore par suite des pertes
subies, incapables, par conséquent, d'offrir une résistance sérieuse. Lindenau, trop éloigné, ne pouvait, dans
ce cas, seconder efficacement Nauendorf (1). « Avant
que je n'aie le temps de le prévenir et qu'il ne se mette
en marche, écrivait Nauendorf à Kray, les Français, s'ils
sont en nombre, seront à Schaffhouse ! (2) »

Pénétré de l'idée que les Français se porteraient par
la vallée de la Rench sur les hauteurs du Kniebis et de
Freudenstadt, et par la vallée de la Kinzig et le Val-
d'Enfer sur celles de Hornberg et de Neustadt, Kray
fut extrêmement surpris et troublé, dit-on (3), d'ap-

---

(1) Nauendorf à Kray, Stühlingen, 29 avril, 3 h. 30 matin (*K. K.
Archiv*, IV, 176); à Joseph de Lorraine, 29 avril, 5 heures matin (*Ibid.*,
IV, 187 1/2).

(2) Nauendorf à Kray, Stühlingen, 29 avril, 3 h. 30 matin (*K. K.
Archiv*, IV, 176).

(3) « Quoique militaire intrépide et homme de ressources, il eut toutes
les peines du monde à ne pas laisser apercevoir son trouble aux personnes qui l'observaient. Il ne réussit point à inspirer la confiance ; la
terreur s'était répandue, et son premier effet fut un désordre extrême

prendre que les colonnes ennemies de Kehl et de Fribourg renonçaient aux avantages déjà obtenus et se repliaient dans la direction de Bâle (1). Persuadé que le sort de l'armée, concentrée autour de Donaueschingen, dépendait de la possession de la ligne de la Wutach, il prescrivit à Nauendorf de mettre tout en œuvre pour arrêter le plus longtemps possible, du côté de Thiengen, la marche en avant des Français. Il comptait, pendant ce temps, se jeter avec le gros de l'armée et les troupes de l'archiduc Ferdinand sur le flanc gauche des colonnes françaises (2); de plus, pour favoriser ce mouvement, le corps d'occupation du Vorarlberg devait lui-même pénétrer en Suisse et occuper certains points importants indiqués au prince de Reuss (3).

Dans cette intention, Kray fit diriger de Zolhaus sur Bonndorf, 1 bataillon Archiduc-Ferdinand et 4 escadrons du 2ᵉ uhlans; et sur Bettmaringen, 1 bataillon Archiduc-Charles et 2 escadrons de uhlans au soutien du lieutenant-colonel Nordmann qui s'était établi en ce point, n'ayant trouvé, à proximité de Birkendorf, aucune

---

dans les administrations, qui pensèrent plutôt à se sauver qu'à assurer les distributions. »

(Registre de renseignements secrets de l'adjudant général Claparède, cité par le colonel Carrion-Nisas, *Campagne des Français en Allemagne*, p. 140). Claparède ne donne point la source de ces renseignements sur l'attitude de Kray. Un rapport de Kray au Conseil aulique du 29 avril (*K. K. Archiv*, IV, 184 1/2) permet de penser que Claparède a au moins exagéré.

(1) Rapport sur les événements du 25 au 29 avril (Kray au Conseil aulique, Donaueschingen, 29 avril. *K. K. Archiv*, IV, 184 1/2 et *K. K. Archiv, H. K. R.*, IV, 33).

(2) Kray à Nauendorf, Donaueschingen, 29 avril (*K. K. Archiv*, IV, 192); à Lindenau, 29 avril (*Ibid.*, IV, 200).

(3) *Œster. Militär. Zeitsch.*, *loc. cit.*, p. 266 : « Le prince de Reuss avait été chargé de mener à bien ce projet, et on lui avait donné l'assurance que, s'il avançait jusqu'à Saint-Gall, il serait soutenu par le prince Joseph de Lorraine, établi entre Petershausen et Schaffhouse. »

position favorable (1). Pour permettre à Nauendorf de se
maintenir à Lauchringen ou dans la région Stühlingen-
Neunkirch, il mit à sa disposition le F. M. L. Lindenau
et les troupes de celui-ci, non encore employées (4 bataillons, 2 escadrons de uhlans, le régiment de cuirassiers Zeschwitz) (2). Les deux escadrons de uhlans
s'avancèrent jusqu'à Ofteringen et détachèrent un peloton à Horheim avec mission d'établir la liaison entre le
général O'Donel, à Lauchringen, et le lieutenant-colonel
Nordmann, à Bettmaringen (3).

Kray prescrivit, en outre, aux troupes concentrées à
Villingen, de se porter, sans perdre de temps, sur Donaueschingen et de s'installer à Hüfingen (4). En rendant compte au Conseil aulique des événements survenus
depuis le 25 avril, il fit connaître les dernières dispositions qu'il avait dû prendre, en réponse aux mouvements
des Français : « J'ai prescrit, écrivait-il au général
Gyulai qui, pour le moment, n'est plus menacé sur son
front, de se porter, avec une partie de ses forces, par
Lenzkirch, sur le flanc gauche de l'ennemi dans son
débouché vers Bonndorf. Gyulai et Kienmayer surveillent
de nouveau les têtes de pont de Brisach et de Kehl, et
le F. Z. M. Sztaray a l'ordre de s'avancer jusqu'à Kehl.

« Grâce à ces précautions et au reste des troupes de
l'armée, rassemblées ici, à Donaueschingen, je puis
attendre tranquillement que la colonne de Bâle manifeste

---

(1) Kray à Nauendorf, Donaueschingen, 29 avril (*K. K. Archiv*, IV,
192); *Journal de l'archiduc Ferdinand* (29 avril).

(2) Kray à Nauendorf, Donaueschingen, 29 avril (*K. K. Archiv*, IV,
192); à Lindenau, Donaueschingen, 29 avril (*Ibid.*, IV, 200).

(3) *Journal de l'archiduc Ferdinand* (29 avril).

(4) Kray à Charles de Lorraine, Donaueschingen, 29 avril (*K. K.
Archiv*, IV, 193); Kray à Lindenau, Donaueschingen, 29 avril (*Ibid.*,
IV, 200).

clairement ses intentions, et m'opposer énergiquement à toute nouvelle tentative de l'ennemi (1). »

§ 3. — JOURNÉE DU 10 FLORÉAL.

L'aile gauche, sous les ordres de Sainte-Suzanne, repassa sur la rive droite du Rhin. A la pointe du jour, la 2ᵉ division (Legrand) partit de Biesheim, franchit le fleuve à Vieux-Brisach et se dirigea sur Fribourg. Un détachement du 6ᵉ régiment de chasseurs qui éclairait la tête de colonne eut, à 2 kilomètres environ de cette ville, un engagement avec 200 hussards autrichiens et un grand nombre de paysans armés qui étaient redescendus des montagnes immédiatement après le passage du corps de Saint-Cyr. Les chasseurs furent ramenés sur l'infanterie de l'avant-garde qui refoula à son tour l'ennemi et l'obligea à se replier sur Waldkirch, en abandonnant un certain nombre de prisonniers. D'après leur interrogatoire, Waldkirch était occupé par le régiment de Ferdinand-hussards, un détachement de uhlans, cinq compagnies d'infanterie et un grand nombre de paysans. La brigade Drouet vint s'établir à l'Est de Fribourg et envoya des reconnaissances dans le Val-d'Enfer ; la brigade Rouyer au Nord de la ville, sur la route de Villingen.

La 1ʳᵉ division (Souham) suivit le mouvement de la 2ᵉ et stationna à l'Est de Saint-Georges ; la division de réserve (Colaud) plus en arrière entre Wolfenweiler et Biengen (2).

Sainte-Suzanne se proposait de se porter le lendemain sur Neustadt et de là sur Löffingen, d'après les instruc-

---

(1) Rapport sur les événements du 25 au 29 avril (Kray au Conseil aulique, Donaueschingen, 29 avril *K. K. Archiv*, IV, 184 1/2 et *K. K. Archiv, H. K. R*, IV, 33).

(2) *Bulletin* historique du 1ᵉʳ au 30 floréal.

tions qu'il avait reçues ; mais écrivait-il à Moreau,
« d'après tous les rapports, la vallée étant obstruée en
différents endroits, il est très possible que je rencontre
des obstacles très difficiles à vaincre et, dans ce cas, je
compte faire un mouvement par ma droite pour arriver
au point désigné. Dans tous les cas, je ferai tous mes
efforts pour remplir vos intentions (1) ».

Le général Saint-Cyr reçut à 8 heures du matin les
instructions de Moreau, en date du 9 floréal, qui lui pres-
crivaient de se mettre en marche sans retard par Bernau
et la vallée de la Schwarza, « pour se porter à la gauche
du corps de réserve », en se couvrant par une flanc-
garde établie à Seebrück. Faisant allusion sans doute aux
recommandations du général en chef de ne pas perdre
un instant et croyant peut-être y discerner un reproche
indirect, Saint-Cyr répondit qu'il avait marché avec toute
la rapidité possible ; qu'il ne fallait point « calculer les
marches dans les montagnes et les mesurer sur la carte
comme dans un pays de plaine où presque toutes les
communications sont larges et permettent de marcher
sur un front plus étendu ». Ses troupes, ajoutait-il
n'avaient pas eu un jour de repos depuis leur débouché
de Brisach. Il faisait aussi remarquer à Moreau qu'il n'y
avait point de route sur la rive gauche de la Schwarza,
dont le cours était extrêmement encaissé et qu'il n'existait « de communication praticable qu'à une fort grande
distance d'elle (2) ».

Au lieu de se conformer le mieux possible aux instructions qu'il avait reçues, en dirigeant aussitôt sur
Thiengen les divisions Ney et Baraguey d'Hilliers, il crut
devoir attendre l'arrivée de la division Tharreau à
Saint-Blaise. Il se contenta d'envoyer à Bernau une

---

(1) Sainte-Suzanne à Moreau, Neuf-Brisach, 10 floréal.
(2) Saint-Cyr à Moreau, Saint-Blaise, 10 floréal.

brigade d'infanterie et un régiment de troupes légères de la division Baraguey d'Hilliers, avec ordre de pousser des patrouilles vers Thiengen ; il dirigea le reste de cette division sur Rothhaus et Grafenhausen d'où un détachement tiendrait une position intermédiaire pour effectuer la liaison avec la brigade de Bernau (1). Il fit prendre d'autre part à la division Ney les dispositions suivantes :

La brigade Bonnet (76e demi-brigade, 3 escadrons du 8e chasseurs, 2 pièces de 4) partit à 3 heures du matin de Bernau et pasant par Saint-Blaise, se plaça entre Schluchsee et Dresselbach. Le 1er bataillon de la 76e fut posté à l'Ouest de Dresselbach, observant le débouché de Neustadt et la route de Bonndorf ; le 2e gardant un chemin qui suit le vallon dè Fischbach ; le 3e à Schluchsee. Des patrouilles furent envoyées jusqu'à Lenzkirch.

La brigade Joba qui avait bivouaqué sur les hauteurs à l'Est de Bernau, suivit la brigade Bonnet sur Saint-Blaise et s'y reposa jusqu'à 11 heures et demie. Elle se porta ensuite sur Dresselbach, d'où ses éclaireurs refoulèrent jusqu'à Lenzkirch quelques postes autrichiens.

Enfin, la brigade Bonamy, se porta de Bernau à Seebrück par le même itinéraire que les deux précédentes et s'y plaça en seconde ligne (2).

La 3e division (Tharreau), venant de Horben, arriva le 10 floréal à Saint-Blaise, et s'y établit, prête à appuyer soit la division Ney sur Seebrück, soit la division Baraguey d'Hilliers sur Rothhaus et Grafenhausen (3).

Bien que l'ensemble de ces mesures ne répondît pas aux instructions de la veille, Moreau ne récrimina point et même s'en déclara satisfait. « La position que vous

---

(1) Saint-Cyr à Moreau, Saint-Blaise, 10 floréal.
(2) *Bulletin* historique du 1er au 30 floréal.
(3) *Ibid.*

avez prise, écrivait Dessolle, entre parfaitement dans le plan des opérations, puisque vous vous trouvez en mesure de vous porter demain à Stühlingen et y passer la Wutach (1) ». Tel était en effet le mouvement que Saint-Cyr devait exécuter le 11 floréal, en se portant à la gauche du corps de réserve qui se dirigerait sur Neunkirch et en établissant une flanc-garde vers Birkendorf pour couvrir sa gauche contre une attaque éventuelle de l'ennemi débouchant de Bonndorf.

Le corps de réserve, obligé d'attendre l'arrivée du corps du centre ne fit, dans la journée du 10, que des mouvements de peu d'amplitude pour atteindre la Wutach.

La 1re division (Delmas), se rendit de Waldshut à Thiengen dont sa tête de colonne s'empara après un léger engagement. Les avant-postes autrichiens, sous les ordres du général Rosenberg, furent chassés de Thiengen; une batterie autrichienne, en position sur les hauteurs avoisinantes, engagea un court duel avec l'artillerie adverse. Le général Rosenberg, menacé d'être tourné par les troupes françaises, qui s'étaient jetées, nombreuses, dans les bois, se replia en arrière de la Wutach; les Français prirent pied sur la chaussée de Neunkirch (2).

La 2e division (Leclerc), venant d'Albrück, serra sur la précédente, l'une de ses brigades passant sur la rive gauche de la Schlucht, pour lui servir éventuellement de soutien.

La 3e (Richepance) se porta de Waldkirch à Waldshut.

La division de cavalerie d'Hautpoul suivit, à partir de Lorrach, la route des villes forestières et cantonna à

---

(1) Dessolle à Saint-Cyr, Waldshut, 10 floréal.
(2) Nauendorf à Kray, Neunkirch, 30 avril, 9 h. 30 soir (*K. K. Archiv*, IV, 239).

Lüttingen, Klein-Lauffenburg, Murg et dans les localités situées immédiatement au Nord.

Le parc d'artillerie atteignit dans la soirée Waldshut où s'établit également le grand quartier général (1).

Les renseignements sur l'ennemi que reçut Moreau dans la journée étaient rassurants : la Wutach n'était tenue que par quelques bataillons et escadrons, et tout faisait prévoir qu'on ne rencontrerait quelque résistance qu'à Stühlingen. De son côté, Saint-Cyr apprenait qu'il n'y avait à Bonndorf que quatre bataillons et quelques compagnies d'infanterie, un régiment de chevau-légers et huit bouches à feu sous les ordres de l'archiduc Ferdinand ; forces insuffisantes pour l'empêcher de coopérer à l'attaque de la ligne de la Wutach. Dès lors, celle-ci paraissait devoir se produire le lendemain dans des conditions favorables et se combiner très heureusement avec le passage du Rhin par Lecourbe, entre Diesenhofen et Stein (2).

Ordre fut donné en conséquence, dans la soirée du 10 floréal : au général Delmas de se mettre en marche le lendemain à 7 heures du matin, de franchir la Wutach vers Lauchringen et de se porter sur Neunkirch « prolongeant sa droite vers Schaffhouse » ; au général Leclerc de suivre le mouvement de la 1re division, de venir ensuite se déployer à sa gauche et de se relier au corps de Saint-Cyr, débouchant de Stühlingen ; au généraux Richepance et d'Hautpoul de se placer en réserve sur la rive gauche de la Wutach (3). Lecourbe, qui déjà s'impatientait (4), fut prévenu de toutes ces dispositions par les soins du chef d'état-major général qui lui fit connaître en outre que l'intention du général en chef était qu'il

---

(1) *Bulletin* historique du 1er au 30 floréal.
(2) Renseignements d'émissaires.
(3) Dessolle à Delmas, à Leclerc, à Richepance, Waldshut, 10 floréal.
(4) Dessolle à Lecourbe, Säckingen, 10 floréal.

effectuât le passage du Rhin le 11 floréal « de très bonne heure, pour dégager les passages de la Wutach (1) ». Dessolle ajoutait : « J'ai plus enragé que vous sur le retard du mouvement du Centre ; il est réuni à Saint-Blaise et se porte sur la basse Wutach ; vous entendrez notre attaque de demain et tâcherez de vous lier avec nous le plus vite possible. » Moreau et Lecourbe pensaient d'ailleurs que Kray s'était concentré à Stockach et que, par suite, l'ennemi n'opposerait pas grande résistance, ni sur le Rhin, ni sur la Wutach (2).

Dessolle écrivit également le 10 à Berthier pour le prier de relever le plus rapidement possible les troupes de Moncey qui occupaient le Valais. Cette mesure présentait à son avis deux avantages : d'une part, après un succès de l'armée du Rhin à Stockach, Lecourbe se porterait sur Feldkirch et ce mouvement pourrait être combiné avec une attaque de Moncey, disposant de ses onze bataillons sur Mayenfeld, attaque « qui couperait une partie du corps de l'ennemi dans le Haut-Rheinthal et le forcerait d'évacuer Feldkirch et ses retranchements » ; d'autre part, la relève devenait nécessaire pour ne pas entremêler les troupes de l'armée du Rhin avec celles de l'armée de réserve (3).

Sur ces entrefaites, Sztaray avait repris, dans la vallée du Rhin moyen, les positions qu'il occupait avant le début des hostilités, à cheval sur la route de Fribourg à Heidelberg (4); il était en liaison, au Sud de la Murg, avec Kienmayer (5). Celui-ci avait pour mission de surveiller la direction de Kehl ; maintenant le gros de ses

---

(1) Dessolle à Lecourbe, Säckingen, 10 floréal.
(2) *Ibid.*
(3) Dessolle à Berthier, Säckingen, 10 floréal.
(4) Sztaray à Kray, Durlach, 30 avril (*K. K. Archiv*, IV, 229).
(5) Kray au Conseil aulique, Donaueschingen, 30 avril (*K. K. Archiv*, IV, 209 1/2). Voir aussi (*K. K. Archiv, H. K. R.*, IV. 34).

forces à Offenburg, il avait ordre de détacher vers
Fribourg un poste permanent qui enverrait des
patrouilles jusqu'à Fribourg et Vieux-Brisach, et tiendrait
constamment Kienmayer au courant des mouvements
opérés par l'ennemi de ce côté. Si l'occasion se présentait,
Kienmayer ne devait pas hésiter à faire, de concert
avec Sztaray, une démonstration sur Kehl, ou tout au
moins à inquiéter l'aile gauche de l'armée française (1).

Gyulai avait réparti le gros de ses forces entre
Neustadt et Lenzkirch, couvert par des avant-postes du
côté du Val-d'Enfer ; si l'archiduc Ferdinand prenait
l'offensive, il devait appuyer son mouvement avec la
plus grande partie de ses troupes. Le général Bolza
était établi, en réserve, à Rothenbach, avec 4 escadrons des cuirassiers Nassau. Un détachement de
2 bataillons (Lacy) et de 2 escadrons (cuirassiers Nassau),
à Reiselfingen, couvrait le flanc droit de l'archiduc
Ferdinand du côté de Bonndorf. Dans la vallée du Rhin,
les détachements de poursuite s'étaient avancés au delà
de Müllheim et, par le Münsterthal, jusque dans la
vallée de la Wiese, harcelant l'arrière-garde des
colonnes françaises du corps Saint-Cyr, pendant l'exécution des mouvements que les Autrichiens considéraient
comme une marche en retraite (2).

L'archiduc Ferdinand avait reçu de Nauendorf l'ordre
de faire reconnaître les positions des Français (3) : une
reconnaissance, envoyée, dans la matinée, dans la direction du Schluchsee, rapporta que Seebrück était tou-

---

(1) Kray à Kienmayer, Donaueschingen, 30 avril (*K. K. Archiv*,
IV, 238).

(2) Kray au Conseil aulique, Donaueschingen, 30 avril (*K. K. Archiv*,
IV, 209 1/2). Voir aussi Kray à l'archiduc Ferdinand, Donaueschingen, 30 avril (*K. K. Archiv*, IV, 218) et *Journal de l'archiduc Ferdinand*
(30 avril).

(3) Nauendorf à Kray, Neunkirch, 30 avril (*K. K. Archiv*, IV, 231).

jours fortement occupé et que quelques mouvements de retraite de la gauche française étaient signalés dans la vallée de la Wiese (1).

Kray prescrivit à l'archiduc Ferdinand de se tenir prêt à appuyer, le lendemain, une reconnaissance offensive que devait exécuter Nauendorf. Le commandant en chef de l'armée autrichienne attachait une importance considérable aux opérations du côté de Seebrück ; car si la gauche française subissait un échec dans cette région, l'aile droite, en mouvement dans la direction de Waldshut, serait obligée de s'arrêter. Aussi, pour parer aux menaces de la gauche ennemie, dirigea-t-il Baillet avec 4 bataillons (2 Gemmingen, 1 Beaulieu, 1 de Ligne) et 2 batteries sur Löffingen, avec ordre de soutenir soit Gyulai soit l'archiduc Ferdinand ; Baillet devait en outre se porter, le cas échéant, sur Bonndorf avec toute sa division et, à cet effet, il était autorisé à utiliser les 2 régiments de cuirassiers stationnés près de Zollhaus et le régiment de cuirassiers Nassau, établi à proximité de Neustadt (2).

Nauendorf, prévoyant qu'une attaque générale des Français se produirait sur tout le front dans la journée du 11 floréal (1er mai), appela à lui la division Lindenau ; il fit renforcer, par 2 bataillons et le régiment de cuirassiers Zeschwitz, sa première ligne constituée seulement par 13 compagnies d'infanterie. 2 bataillons et 2 escadrons de uhlans furent laissés en réserve en arrière de Stühlingen, gardant la ligne de retraite sur Zollhaus par Grimmelshofen. Un bataillon Benjowsky, qui occupait précédemment la chaussée d'Eglisau, fut

---

(1) Voir p. 325, note 2.
(2) Kray à l'archiduc Ferdinand, Donaueschingen, 30 avril (*K. K. Arch.*, IV, 218) ; à Baillet, Donaueschingen, 30 avril (*Ibid.*, IV, 226). Baillet, parti à midi, arriva à Löffingen le 30, à 4 heures du soir. Voir aussi *Journal de l'archiduc Ferdinand* (30 avril).

détaché sur les hauteurs de Beringen, en remplacement
des 4 compagnies Carl Schröder (1), rappelées par le
prince Joseph de Lorraine (2).

Nauendorf n'ignorait pas que si les Français, s'enga-
geant dans le défilé de Stühlingen, remontaient le cours
de la Wutach pour suivre ensuite la route de Zollhaus,
ils pouvaient prendre à revers la position de Bonndorf
ou lui couper personnellement sa ligne de retraite, en se
portant sur Schleitheim et Beringen, surtout s'il s'attar-
dait à résister à Erzingen. Pour parer à cette éventualité,
Nauendorf comptait — s'il devait se replier au delà de
Schaffhouse — prendre position à Herblingen, et là
opposer à son adversaire une résistance plus sérieuse,
de concert avec une partie des troupes disponibles du
prince Joseph de Lorraine (3).

Kray tenait absolument à tâter l'ennemi pour l'amener
à montrer ses forces et l'obliger à dévoiler ses intentions (4). Malgré les objections de Nauendorf, il lui
prescrivit d'opérer, dans la journée du lendemain, une
reconnaissance offensive sur tout le front de la position occupée par les Français, entre Saint-Blaise et
Waldshut ; si la santé altérée de Nauendorf ne lui permettait pas de diriger lui-même l'opération, Lindenau
devait prendre le commandement (5). Simulant une

(1) Nauendorf à Kray, Neunkirch, 30 avril, 9 h. 30 soir (*K. K.
Archiv*, IV, 239).

(2) Le prince Joseph de Lorraine avait reçu ordre, le 29, de faire
rentrer les compagnies détachées à Beringen (Nauendorf à Joseph de
Lorraine, Stühlingen, 29 avril, 5 heures matin, *K. K. Archiv*, IV,
187 1/2).

(3) Nauendorf à Kray, Neunkirch, 30 avril, 9 h. 30 soir (*K. K.
Archiv*, IV, 239) ; Nauendorf à Joseph de Lorraine, 30 avril, 9 h. 30 soir
(*Ibid.*, IV, 225 1/2).

(4) Kray au Conseil aulique, Donaueschingen, 30 avril (*K. K.
Archiv*, IV, 209 1/2 ou 240) et *Ibid.*, *H. K. R.*, IV, 34).

(5) Kray à Nauendorf, Donaueschingen, 30 avril (*K. K. Archiv*, IV,
211 et IV, *ad* 239).

attaque générale, Kray espérait aussi réussir à discerner si l'aile gauche française, qui avait repassé le Rhin à Kehl, ne se disposait point à franchir de nouveau le Rhin à Brisach pour appuyer par le Val-d'Enfer le mouvement des forces concentrées à Saint-Blaise, et si les colonnes repliées de Fribourg vers Bâle, n'étaient point dans l'intention de reprendre l'offensive par la vallée de la Wiese (1). Le moment lui paraissait d'autant plus favorable pour exécuter cette opération que les Français n'avaient pas encore eu le temps de recevoir de nouveaux renforts. Dans ces conditions, un échec de leur gauche, du côté de Seebrück, les empêchait de se porter de Neustadt sur Stühlingen et, par suite, permettait aux forces autrichiennes, chargées de couvrir Stühlingen du côté de l'Ouest, d'éviter d'être coupées du gros de l'armée (2).

Pour l'exécution de ce projet, Nauendorf, renforcé par les troupes de la division Lindenau, devait faire occuper solidement la ligne Lauchringen, Stühlingen, Bettmaringen, qui, par la nature même du terrain, se prêtait à une défensive facile. Avec toutes ses forces disponibles, il devait ensuite attaquer vigoureusement l'ennemi de front, soutenu dans son mouvement par l'archiduc Ferdinand et Gyulai, qui avaient ordre de se jeter sur le flanc gauche des Français cherchant à déboucher de Saint-Blaise. Au cas où ceux-ci auraient eu le temps de renforcer sérieusement leur aile gauche, Kray était prêt, avec tout le reste de l'armée, à assaillir le flanc gauche des Français, tandis que Nauendorf se jetterait sur leur flanc droit, de manière à dégager l'archiduc Ferdinand (3).

---

(1) Kray au Conseil aulique, Donaueschingen, 30 avril (*K. K. Archiv*, IV, 209 1/2 ou 240); *Ibid.* (*H. K. R,*, IV, 34).

(2) Kray à Nauendorf, Donaueschingen, 30 avril (*K. K. Archiv*, IV, *ad* 139).

(3) Kray à Nauendorf, Donaueschingen, 30 avril (*Ibid.*).

Par suite de ces mouvements, le centre autrichien allait donc avoir à supporter, entre Neunkirch et Neustadt, tout le poids de l'effort de Moreau, tandis que les 25,000 hommes du prince de Reuss demeuraient inutilisés dans les montagnes du Vorarlberg et que les corps Sztaray et Kienmayer, représentant ensemble un total de près de 30,000 hommes, restaient en observation devant des points sans importance (1).

---

(1) L'effectif de l'armée autrichienne d'Allemagne, à la fin d'avril, était le suivant :

	Hommes.	Chevaux.
Infanterie........................	86,391	»
Grenadiers.......................	6,255	»
Cavalerie........................	33,653	31,703
Garnisons.......................	33,302	744
En plus, *extra-Corps :*		
Staabs Infanterie Régiment........	5,087	»
Staabs Dragoner Division..........	402	404
Pionnier Corps...................	1,043	»
Pontonniers......................	131	»
Mineurs.........................	323	»
Sapeurs.........................	225	»
1er régiment d'artillerie..........	1,817	»
2e —	1,101	»
3e —	940	»
Bataillon de Fusiliers d'artillerie..	1,550	»
Détachement du corps de Bombardiers.......................	369	»
Feldzugamts détachement.........	291	»
Train des équipages..............	13,319	19,999
Pack Reserve....................	713	685
K. K. Würtzburger Staabs Dragoner.	409	408
TOTAL..........	187,330	53,943

(*K. K. Archiv, Deutschland, 1800,* V, 262.)

CHAPITRE VIII

Opérations de l'aile droite française
du 5 au 10 floréal.

§ 1. — Mouvements des Français : Mesures préparatoires pour le passage du Rhin à Schaffouse. — Détermination du point de passage. — Mouvement de l'aile droite les 8 et 9 floréal. — Instructions de Lecourbe à ses divisionnaires.

§ 2. — Mouvements des Autrichiens : Renseignements reçus de Suisse. — Dispositions prises par le prince de Lorraine. — Leurs défectuosités.

§ 1. — Mouvements des Français.

Tandis que l'aile gauche, les corps du Centre et de Réserve de l'armée du Rhin débouchaient de Kehl, de Brisach et de Bâle, l'aile droite, au contraire, restait immobile dans ses cantonnements pour ne pas donner l'éveil à l'ennemi (1) dans la région comprise entre Eglisau, Schaffouse et Stein, où Lecourbe devait effectuer le passage du Rhin au moment où le reste de l'armée déboucherait sur la Wutach.

Dans le même but, un certain nombre de mesures furent prises à partir du 5 floréal (25 avril). Le général Vandamme, dont la division (2ᵉ de l'aile droite) était stationnée dans la zone Steckborn, Frauenfeld, Wyl, Rorschach, Saint-Gall, avec son quartier général dans cette dernière localité, interrompit toute communication entre les deux rives du Rhin et celles du lac de Constance, et fit doubler, tripler même sur certains points tous ses postes (2). Toutes les barques, sans exception, furent saisies, conduites à Constance par les soins du

(1) Lecourbe à Vandamme, Zürich, 29 germinal (19 avril).
(2) *Ibid.*

capitaine Dellard de la 36ᵉ demi-brigade, et gardées
jour et nuit (1).

D'autre part, conformément aux instructions du
général en chef, des démonstrations furent exécutées
sur le haut Rhin, entre Coire et Rheineck, pour y retenir
les forces autrichiennes qui s'y trouvaient. Le général
de brigade Jardon alla s'établir à Mels et fit rassembler ostensiblement à Atzmoos et Zollbrück des bois,
madriers et poutrelles, de façon à faire croire à l'ennemi
que le projet de l'aile droite de l'armée était de franchir
le Rhin de ce côté. Le général de brigade Laval, avec
quelques fractions d'infanterie, vint occuper Rheineck
et fit réunir à Rorschach une vingtaine de bateaux por-
tatifs et quelques agrès (2).

Pendant ce temps, Lecourbe s'occupait avec activité
des préparatifs réels du passage du fleuve. La troisième
brigade de la division Vandamme se rapprochait du lac
à Steckborn et Constance; son chef, le général Molitor,
s'installait dans cette dernière localité. L'équipage de
ponts, sous les ordres du chef de brigade Dedon, composé de 16 bateaux, 2 nacelles, 20 bateaux de pays renforcés, 12 petits pontons, fut complété en attelages (3)
et matériel, chargé, et se tint prêt à partir au premier
avis de Kloten, près de Zürich. Une quantité de bois
considérable fut rassemblée à Eschenz et dans les villages voisins, de façon à réparer très promptement le
pont de Stein que les Autrichiens avaient détruit, mais
dont les piles subsistaient encore (4).

A la suite d'une reconnaissance faite par Molitor,
Lecourbe adopta définitivement, pour le passage du

(1) *Mémoires militaires du général Dellard*, p. 142.
(2) Chef de brigade Dedon, *Relation du passage du Rhin*, p. 151.
(3) 600 chevaux avaient été requis dans différents cantons;
200 fournis par le parc d'artillerie furent réservés pour conduire
les bateaux de transport destinés au passage de l'avant-garde.
(4) Dedon, *loc. cit.*, p. 152.

Rhin, un point situé entre Rheichlingen et Wagenhausen, à peu près en face du hameau d'Hemmishofen.
« Le point d'embarquement, mandait Molitor, touche à
la route de Stein à Schaffouse; celui de débarquement
touche à la même route sur la rive opposée. Le fleuve
est très étroit et l'on y peut débarquer et embarquer
sans nulle difficulté. Le terrain occupé par l'ennemi,
en face du lieu de passage, étant très escarpé, il ne peut
opposer ni artillerie, ni cavalerie : son infanterie ne
pourra jamais y tenir contre l'artillerie qui protégerait
notre passage et à laquelle le terrain, de ces côtés, offre
une excellente position. Enfin, ce point de passage présente tous les avantages que l'on peut désirer pour une
opération de cette nature (1). »

Vers le 4 floréal (24 avril), l'ennemi commença à
avoir l'éveil. Soit que les démonstrations trop bruyantes
des généraux Jardon et Laval sur le haut Rhin, soit que
les reconnaissances de Molitor lui eussent indiqué des
intentions prochaines, il doubla ses postes sur la rive
droite du fleuve, manifesta une certaine inquiétude et
porta une plus grande attention sur la partie du cours
comprise entre Stein et Rheichlingen (2).

En rendant compte de ces faits à Vandamme, le
4 floréal, Molitor lui exposa que le rassemblement des
barques ne pouvait être opéré à Constance, ainsi qu'il
venait de s'en assurer par lui-même. Il serait impossible, à son avis, d'en remonter une seule, même de
nuit, à Constance, sans essuyer le feu de l'ennemi, tant
le fleuve est étroit entre cette ville et Gottlieben; il proposait donc de réunir à Ermatingen toutes les embarcations qui se trouvaient sur la rive Sud du lac, entre ce
dernier village et Eschenz (3).

---

(1) Rapport de Molitor, Frauenfeld, 2 floréal (22 avril).
(2) Molitor à Vandamme, Constance, 4 floréal.
(3) *Ibid.*

Le 5 floréal (25 avril), Vandamme reçut des instructions de Lecourbe en vue du passage du Rhin. Les troupes de la division, pourvues de vivres pour quatre jours, seraient placées le 7 floréal de façon à se porter en deux jours, les 8 et 9, sur Stammheim; le mouvement devait être exécuté dans le plus grand silence et avec un secret absolu; elles camperaient le 9 au Nord de cette localité « de manière cependant à ce que les feux ne puissent être aperçus de la rive droite ». Il était recommandé à Vandamme d'éviter de suivre la route du lac et de maintenir tous les postes, tels qu'ils étaient établis le long du Rhin depuis Rorschach, en en réduisant seulement l'effectif à 2 ou 3 hommes. Il ne pourrait se dispenser sans doute de laisser quelques fractions — le moins possible — à Rorschach et Constance, mais il leur prescrirait « d'être toutes de service et de patrouille, surtout les 9 et 10 ». Il ferait prendre à Frauenfeld le 9 au matin, par 80 chevaux de trait, quatre pièces de 12 et de 8, qui seraient mises à la disposition du général commandant l'artillerie de l'aile droite, ainsi que la compagnie d'artillerie légère de la division. Tous les sapeurs, sauf 50 environ laissés au général Jardon à Rheineck, seraient réunis à Stammheim et envoyés le 9 au soir à Ezwylen ou Rheichlingen, en qualité d'auxiliaires des pontonniers. Si des éléments de la division étaient trop éloignés pour faire en deux marches le trajet de leur cantonnement à Stammheim, ils pourraient arriver le 10 au matin seulement à Rheichlingen, mais Lecourbe recommandait de ne commencer les mouvements à la droite, vers Rorschach, que le 8 et le 9 floréal (1).

Les propositions de Molitor au sujet du rassemblement des barques ayant été approuvées, cet officier général fit exécuter l'opération dans la nuit du 6 au

(1) Lecourbe à Vandamme, Zürich, 5 floréal.

7 floréal (26-27 avril) et dans celle du 7 au 8; toutes celles qui se trouvaient sur la rive Sud du lac entre Triboldingen et Mammern furent conduites à Ermatingen.

Molitor avait pensé tout d'abord que ce n'était là qu'une diversion destinée à tromper l'ennemi sur le véritable point de passage (1). Une lettre de Vandamme, du 5 floréal, le détrompa. Molitor lui répondit le 6 que si l'on se décidait, ainsi que tout paraissait l'indiquer, à franchir le fleuve au-dessous de Stein, il ne fallait pas compter sur les bateaux réunis à Ermatingen, en raison des difficultés qui se présenteraient pour les faire passer devant Stein, sous le feu des Autrichiens. Il ajoutait que, si ses prévisions étaient fondées, il lui eût semblé préférable de ne point rassembler d'embarcations dans le voisinage de Stein, « afin de ne pas accroître la méfiance que l'ennemi avait déjà conçue sur ce point » (2).

De fait, l'opération ne put être dissimulée aux Autrichiens qui battirent la générale et se tinrent sous les armes toute la nuit du 6 au 7 floréal (3). Néanmoins Molitor parvint à réunir à Ermatingen 90 barques, dont 3 grandes, pouvant contenir 200 hommes, 7 de dimensions un peu plus faibles, 52 moyennes et 28 canots (4). Il mandait à Lecourbe, le 8, que rien de ses

---

(1) Molitor à Vandamme, Constance, 6 floréal (26 avril).

(2) *Ibid.*

(3) Le 26 avril, on apprend, au quartier général autrichien, que les troupes françaises de Suisse se concentrent; qu'une partie s'est dirigée le 25 vers Bâle, et qu'une attaque est à craindre à bref délai de ce côté comme de celui d'Ellikon. (Nauendorf à Kray, Stühlingen, 26 avril, 3 h. 1/2 du soir, K. K. Arch., IV, 121.) Le 27, Nauendorf transmet un renseignement, reçu la veille de Constance, signalant la concentration des Français du côté de cette ville, et laissant prévoir une attaque prochaine du côté de Petershausen. (Nauendorf à Kray, Stühlingen, 27 avril, 10 h. 1/2 du matin, K. K. Arch., IV, 135.)

(4) Molitor à Vandamme, Constance, 7 floréal.

projets ne paraissait, jusqu'à présent, avoir transpiré
chez les Autrichiens, bien que certains habitants de Constance, dont la population était toute dévouée à l'Empereur, eussent tenté, à plusieurs reprises, de passer à
l'ennemi pour l'instruire des mouvements des troupes
françaises (1). Afin d'éviter toute divulgation à cet égard,
Molitor prévint les magistrats de Constance, qu'à la
première récidive « la ville, aussi bien que les coupables, seraient traités avec toute la rigueur des lois
militaires » (2).

Conformément aux instructions de Lecourbe, toutes
les troupes de l'aile droite de l'armée du Rhin se mirent
en mouvement le 8 floréal (28 avril) et vinrent occuper
le 9 les emplacements suivants :

La 1re division (Vandamme) (3), cantonnée au Sud de la
ligne Rorschach-Stein, se resserra sur la gauche et prit
position dans la matinée au Sud de Stammheim.

La 2e division (Lorge), stationnée entre la Thür, la
Toss et le Rhin, forma son camp, avant midi, à l'Est du
hameau de Gisenhard, de part et d'autre de la route
d'Andelfingen à Stein. Elle détacha à Paradies (4) deux
bataillons de la 10e légère, chargés d'y tenter le passage
du Rhin.

La 3e division (Montrichard) établie le long du fleuve,
depuis l'embouchure de la Glatt jusqu'aux environs de
Säckingen, se ploya sur sa droite et se porta ensuite
entre Schattingen et Truttikon.

---

(1) Molitor à Lecourbe, Constance, 8 floréal.

(2) Molitor aux magistrats de Constance, 8 floréal. — Le prince
Joseph de Lorraine, dans une lettre en date du 28 avril, fait
aussi allusion aux renseignements fournis par un bourgeois de
Constance (Joseph de Lorraine à Kray, Singen, 28 avril, *K. K. Arch.*,
IV, 160).

(3) L'ordre de bataille de l'aile droite avait subi depuis le
21 avril quelques modifications en ce qui concerne les numéros
des divisions.

(4) Au Sud-Est de Schaffouse.

La division de réserve (Nansouty) venant de Wyl (1) et d'Elgg, se concentra à Waltalingen et Ossingen.

L'équipage de pont se rendit de Kloten à Andelfingen et forma le parc entre cette localité et Ossingen. Le chef de brigade Dedon en détacha 4 barques ordinaires et 8 petits pontons, qui devaient être conduits le lendemain à Schlatt et être employés par la 10e légère à Paradies (2).

Enfin le quartier-général de l'aile droite fut transféré de Zürich à Ossingen (3).

A quelque distance en aval de Stein, les collines qui bordent la rive droite du Rhin sont interrompues par une plaine d'environ deux kilomètres de largeur qui s'étend d'Hemmishofen à Bibern et qui est traversée longitudinalement par la route de Stein à Stockach.

Lecourbe se proposait de déboucher par cette trouée, dont les abords pouvaient, ainsi que l'avait observé Molitor, être battus efficacement par l'artillerie établie sur la rive gauche, dans une excellente position, tandis que le terrain escarpé de la rive droite ne présentait aucun emplacement favorable pour les batteries adverses. Lecourbe et le chef de brigade Dedon ainsi que quelques officiers d'état-major, tous déguisés, se rendirent au bord du Rhin, dans l'après-midi du 9 floréal, afin d'arrêter sur le terrain les dernières dispositions. Le lendemain, Dedon y conduisit les principaux officiers de pontonniers afin de leur faire reconnaître le point de passage et « les détails du lit du fleuve et de ses

---

(1) Au Sud-Est de Frauenfeld.

(2) Dedon, *loc. cit.*, p. 157.

(3) *Bulletin historique* de l'armée du Rhin du 1er au 30 floréal. — Le prince Joseph de Lorraine signale, le 28 (8 floréal), la présence de Vandamme à Rorschach et celle de Lecourbe dans la région de Schaffouse (Joseph de Lorraine à Kray, Singen, 28 avril, *K. K. Arch.*, 160).

rivages ». Lecourbe indiqua, pour la construction d'un
pont, la section du fleuve comprise entre Hemmishofen
et Rheichlingen ; Dedon choisit un point situé à peu près
à égale distance de ces deux localités, « afin d'être à la
fois au plus grand éloignement possible des deux flancs
que les hauteurs procuraient contre nous » (1).

Moreau avait recommandé de commencer le passage,
le 11 floréal de très bonne heure, dans le but d'obliger

---

(1) Dedon, *loc. cit.*, p. 159.

« Les abords du Rhin, sur ce point, n'étaient pas toutefois
sans dificultés ; un rideau fort escarpé, et de plus de 50 mètres
(150 pieds) d'élévation, régnait le long de la rive gauche ; cependant l'escarpement de ce rideau n'était pas absolument contigu
au rivage ; à l'endroit marqué par le pont, il laissait entre lui et
le bord de l'eau un terrain peu élevé, d'une centaine de pas de
largeur. C'était sur cette plage, qui s'étendait en pente douce
jusqu'au lit du fleuve, que je me proposais de faire déposer les
bateaux de débarquement avant l'instant de les lancer à l'eau ;
mais il n'était rien moins que facile de les faire arriver jusque-là.
Il n'y avait aucun chemin praticable par lequel les voitures
eussent pu descendre de cette hauteur rapide, surtout dans la
nuit ; on ne pouvait également y arriver de Reichlingen, à cause
d'un ruisseau marécageux qui nous en séparait, et qui ne permettait aucune communication, même pour des piétons, en sorte
que si je n'avais connu de quels efforts les soldats français sont
capables, et si je n'avais compté sur leur zèle, j'aurais éprouvé
un extrême embarras pour trouver les moyens de conduire les
bateaux jusqu'au rivage ; mais j'étais certain de pouvoir les faire
glisser à bras d'homme sur la pente rapide du rideau, après les
avoir fait décharger de dessus les haquets sur la crête de la hauteur. Ce travail une fois fini, celui qui devait suivre pour les
porter près du bord, pour les jeter à l'eau, et pour y embarquer
les troupes, ne pouvait plus éprouver d'obstacle. La rive gauche
était un gravier en pente douce, et l'eau ne devenait profonde que
par degrés ; la rive droite, où le pont devait aboutir, était haute
et escarpée, et le talus en paraissait couvert de gazon ; mais si la
hauteur de la berge exigeait la façon d'une rampe, elle avait son
avantage, qui était de couvrir une partie du pont, et de mettre
parfaitement à l'abri le débarquement des troupes. » (*Ibid.*).

les Autrichiens à céder plus tôt la ligne de la Wutach quand ils se verraient assaillis à revers (1); Lecourbe fixa donc le début de l'opération à 3 heures du matin et donna à ses divisionnaires les instructions à ce sujet.

Deux bataillons de la 1re légère, sous le commandement de Molitor, devaient passer les premiers sur la rive droite, suivis immédiatement par un bataillon de la 10e légère. L'un d'eux s'établirait rapidement à Hemmishofen et dans la gorge du Nord-Est de cette localité, avec des tirailleurs sur les hauteurs de Hohenklingen, pour s'opposer aux renforts ennemis qui pourraient arriver de Stein. Un autre se porterait sur Weiler et Ramsen, où il prendrait position face au Nord. Le troisième, après s'être emparé de Bibern, s'établirait à Weiler d'où il enverrait un détachement vers Obergailingen.

A ces trois bataillons succédaient les 94e et 83e demi-brigades. Dès que Vandamme aurait pu réunir sur la rive opposée la majeure partie de sa division, il devait pousser son aile droite sur l'Aach à Moos et Bohlingen et s'emparer de tous les points de passage de cette rivière à Arlen, Rielasingen, Singen, Hohentwiel. Lecourbe disposerait ainsi d'une excellente tête de pont pour franchir le fleuve et se déployer sur la rive droite.

De son côté, Montrichard, prenant le commandement de la 84e, de la 67e et du bataillon de la 10e légère, se porterait sur Ramsen, Murbach, Randegg, Dörflingen, afin de faciliter le passage à Paradies des deux autres bataillons de la 10e légère qui prendraient aussitôt position sur les hauteurs à l'Est de Schaffouse. Dès que Montrichard disposerait de la presque totalité de sa division, il marcherait sur Randegg, Gottmadingen, Biethingen, poussant son aile gauche sur Herblingen et

---

(1) Dessolle à Lecourbe, Säckingen, 10 floréal.

Schaffouse, tandis que Lorge, avec les deux bataillons de la 10ᵉ légère venant de Paradies, et la 67ᵉ demi-brigade, se dirigerait sur Neunkirch à la rencontre du corps du Centre de l'armée.

Les 36ᵉ et 38ᵉ demi-brigades et la division de réserve devaient rester à Ramsen jusqu'à nouvel ordre. C'est en ce point que les nouvelles devraient parvenir à Lecourbe.

Si les circonstances étaient favorables à une réunion de la cavalerie pour une charge, elle se rassemblerait aux ordres du général Nansouty. Ensuite chaque régiment rentrerait dans sa division respective, ainsi que les compagnies d'artillerie légère (1).

En prévision d'une jonction éventuelle de l'aile droite et du centre dans la journée du 11 floréal ou dans celle du 12, Lecourbe prescrivait les dispositions suivantes : la division Lorge, à gauche, viendra à Büsslingen et Beuern ; la division Montrichard au centre, entre Singen et Ebringen ; la division Vandamme, à droite, entre Moos et Singen, « poussant son infanterie légère le plus possible au Nord de l'Aach » (2).

L'opération du passage du Rhin, très bien préparée, devait être facilitée par les mauvaises dispositions des Autrichiens.

---

(1) Instructions de Lecourbe aux généraux de l'aile droite, Ossingen, 10 floréal. — La composition de la division Vandamme devait être la suivante, après le passage du Rhin :

2 bataillons de la 1ʳᵉ légère, les 36ᵉ, 83ᵉ, 94ᵉ demi-brigades, le 8ᵉ régiment de hussards, la 5ᵉ compagnie du 2ᵉ régiment d'artillerie à cheval, 2 bouches à feu servies par l'artillerie à pied et une compagnie de sapeurs (Le général de brigade, chef de l'état-major de l'aile droite à Vandamme, 10 floréal).

La brigade Jardon passait au corps d'occupation de l'Helvétie.

(2) Le général de brigade, chef de l'état-major de l'aile droite, à Vandamme, Ossingen, 10 floréal.

§ 2. — MOUVEMENTS DES AUTRICHIENS.

Au moment où les hostilités s'engageaient entre les troupes françaises et l'armée autrichienne d'Allemagne (25 avril), la division V. Kollowrath occupait les bords du lac de Constance et la rive droite du Rhin, d'Uberlingen à Schaffouse. Elle était tout entière dispersée en une série de petits postes, échelonnés tout le long de cette ligne, et avait négligé de se garder une position et une réserve centrales. Les bataillons de grenadiers affectés à cette division, étaient cantonnés à Engen et dans la région avoisinante; le quartier général du F. M. L. V. Kollowrath se trouvait à Singen.

A la suite du débouché des Français à Kehl et à Vieux Brisach, lorsque Kray forma, à Donaueschingen, un corps de réserve constitué en grande partie avec les troupes de Kollowrath, investi lui-même du commandement de ce corps, — le prince Joseph de Lorraine fut, à son tour, chargé, avec sa division et celle du F. M. L. Sporck (1), de surveiller le lac de Constance et le cours du Rhin en aval. Il avait, en outre, pour mission de soutenir Nauendorf, si celui-ci était obligé de battre en retraite devant une attaque venue de la direction de l'ouest.

Dès le 6 floréal (26 avril), le prince Joseph de Lorraine signalait une grande activité des troupes françaises de Suisse et laissait prévoir une attaque pro-

---

(1) Le corps Joseph de Lorraine avait la composition suivante : Dragons Arch. Ferdinand (6 escadrons); dragons Coburg (6 escadrons); hussards esclavons (2 escadrons); régiment d'infanterie Carl Schröder (3 bataillons); régiment d'infanterie Kerpen (3 bataillons); régiment Clerfayt (1 bataillon); régiment Peterwardein (1 bataillon) (Kray à Nauendorf, Donaueschingen, 25 avril, *K. K. Arch.*, IV, 104, 106 et 109).

chaine de ce côté (1). Kray lui prescrivit de se
concentrer entre Singen et Schaffouse, « en ne laissant
qu'un léger réseau de surveillance entre Petershausen
et Schaffouse, rien, du côté de l'ennemi, ne laissant
prévoir l'intention d'attaquer ou de forcer le passage
du Rhin entre Stein et Petershausen » (2).

Les renseignements reçus de Suisse le 7 (27 avril)
confirmèrent pourtant de plus en plus la possibilité
d'une attaque prochaine du côté de Petershausen. Le
prince de Lorraine reçut l'ordre de détacher à Böhringen 4 compagnies Carl Schröder, destinées à recueillir, le cas échéant, la gauche de la division Nauendorf. Si les Français tentaient un passage de vive force
du côté de Petershausen, il devait s'y opposer coûte
que coûte et, à cet effet rappeler à lui, en toute hâte,
les troupes disponibles de Schaffouse et de Biesingen
en les faisant, au besoin, remplacer par les compagnies
Schröder détachées à Böhringen. Nauendorf était lui-
même prêt à le soutenir, le cas échéant, avec toutes les
troupes qu'il pourrait, sans inconvénients, prélever sur
sa division (3).

Persuadé que les Français attaqueraient, par Constance, la langue de terre comprise entre le Zeller-see
et l'Uberlinger-see, le prince de Lorraine arrêta, à
la date du 8 floréal (28 avril), les dispositions suivantes (4) :

La surveillance du Rhin, de Petershausen à Schaffouse, fut répartie en 3 secteurs :

---

(1) Nauendorf à Kray, Stühlingen, 26 avril, 3 h. 1/2 du soir
(*K. K. Arch.*, IV, 121).

(2) Kray à Joseph de Lorraine, Donaueschingen, 26 avril (*Ibid.*,
IV, 129).

(3) Nauendorf à Kray, Stühlingen, 27 avril, 10 h. 1/2 du matin
Ibid., IV, 135).

(4) Joseph de Lorraine à Kray, Singen, 28 avril (*Ibid.*, IV, 160).
V. aussi *Œst. milit. Zeitsch.*, *loc. cit.*, p. 266.

1° Sur le lac de Constance, — de Staad à Allensbach, — 1 bataillon Clerfayt et 1 escadron de dragons Arch. Ferdinand, avec, à Radolfzell, une réserve de 8 compagnies Kerpen et 1 escadron de dragons Arch. Ferdinand ;

2° Entre Horn et Stein, 4 compagnies Kerpen et 1 escadron de hussards esclavons ;

3° De Stein à Schaffouse, 1 bataillon Peterwardein et 1 escadron de dragons Coburg, avec, en réserve, à Rielasingen 1. escadron de hussards esclavons (1).

Les troupes disponibles étaient concentrées entre Singen et Schaffouse (2), prêtes à se porter, soit sur cette dernière ville, soit sur Petershausen. En raison de cette énorme dispersion de ses forces, le prince de Lorraine n'avait à sa disposition, à Singen, comme extrême réserve, que trois escadrons, quelques faibles fractions d'infanterie et l'artillerie (3).

Tandis que Kray se préparait à défendre la ligne de la Wutach et à accabler la gauche de l'armée française avec toutes ses forces, concentrées autour de Donaueschingen et agissant de concert avec Gyulai et l'archiduc Ferdinand, le prince Joseph de Lorraine restait immobile sur ses positions, pendant les journées des 9 et 10 floréal. Le 29 avril (9 floréal), il rappela à lui les

---

(1) L'*Œstreichische militär. Zeitschrift*, p. 267, donne comme composition de la garnison du secteur Stein-Schaffouse : 1 bataillon et 2 escadrons, et pour le détachement de Rielasingen (qu'il appelle Reiselfingen), 1 bataillon et 1 escadron.

(2) 2 compagnies et 1 escadron à Ramsen ; 1 bataillon réparti entre Dörflingen et Schaffouse ; 1 bataillon à Randegg ; 5 escadrons, partie à Randegg, partie à Thaingen ; le reste à Singen. (*Œst. milit. Zeitsch.*, loc. cit., p. 267).

(3) A la date du 28 avril, l'artillerie du prince Joseph de Lorraine se composait seulement d'une batterie de 12 et de deux pièces de 6 (Joseph de Lorraine à Kray, Singen, 28 avril, K. K. Arch., IV, 160).

4 compagnies Carl Schröder, détachées à Böhingen (1) ; le 30, il rendit compte qu'il constatait chez les Français, vers Eschenz et Mammern, une activité insolite et l'arrivée de nouvelles troupes, et, en aval de Constance, des mouvements d'artillerie et de pontons. La vigilance des Français semblait avoir redoublé sur toute la ligne du Rhin. Toutefois le Prince reconnaissait qu'il lui était impossible de discerner leurs projets, et s'en tenait, pour ce motif, à ses premières dispositions (2).

Les troupes, sous ses ordres, se composaient, à cette date (30 avril), de 8 bataillons d'infanterie, 14 escadrons de cavalerie et 14 bouches à feu, servies par 232 canonniers et servants ; — au total, 7,951 hommes et 2,345 chevaux (3).

En raison de l'extrême extension du front et de la dissémination des forces adverses, Lecourbe, qui menaçait le cours du Rhin entre Horn et Schaffouse, devait fatalement réussir à trouver un point où il pourrait percer le mince cordon autrichien, avec des forces supérieures, et prendre pied sur la rive droite du Rhin.

---

(1) Nauendorf à Joseph de Lorraine, Stühlingen, 29 avril, 5 heures du matin (*K. K. Arch.*, IV, 187 1/2).

(2) *Œst. milit. Zeitsch.*, loc. cit., p. 267.

(3) *Ibid.*
Le 30 avril, le prince de Lorraine reçut avis que Kray mettait à sa disposition 1 bataillon de nouvelle formation (régiment de Souabe-Fürstemberg), à l'effectif de 974 fusils ; ce bataillon devait arriver le 1er mai à Stockach. Kray laissait le prince de Lorraine libre de l'affecter à la défense de la presqu'île de Petershausen, ou à la surveillance du moulin de Bibern (en face Rheichlingen).

Kray à Joseph de Lorraine, Donaueschingen, 30 avril (*K. K. Arch.*, IV, 217).

CHAPITRE IX

Passage du Rhin par l'aile droite française.

Préparatifs dans la nuit du 10 au 11 floréal. — Molitor passe le Rhin en barque au point du jour, avec une trentaine d'hommes. — A 9 heures du matin, tout le corps de Lecourbe a franchi le fleuve à Rheichlingen. — Passage du général Goullus à Paradies. — Progrès de la division Vandamme. — Reddition du fort d'Hohentwiel. — Mouvement de la division Lorge sur Schaffouse. — Les troupes du prince de Lorraine refluent sur Engen et Stockach. — Emplacement du corps de Lecourbe dans la soirée du 11 floréal.

Le 10 floréal (30 avril), à la tombée de la nuit, l'équipage de ponts de l'aile droite se mit en mouvement du château de Gyrsberg sur Ezwylen, d'où les bateaux de débarquement furent dirigés, à travers champs, vers le Rhin, en passant à l'Est de Rheichlingen, et arrêtés, à 10 heures du soir, sur une colline dominant le fleuve d'une cinquantaine de mètres. Ils y furent déchargés de leurs haquets par les pontonniers, aidés d'un détachement de sapeurs et d'un bataillon de la 37e demi-brigade, le même qui avait déjà fait ce service l'année précédente, au passage de la Limmat, et que, pour ce motif, le chef de brigade Dedon avait tout spécialement demandé pour fournir les auxiliaires nécessaires. De là, les bateaux furent traînés successivement à bras jusqu'au pied de la hauteur, par une pente assez raide, et ensuite portés sur les épaules jusqu'au bord de l'eau. Les pontonniers, les sapeurs et les soldats de la 37e furent groupés en autant de pelotons qu'il y avait de barques, afin de les mettre promptement à l'eau au premier signal, puis ils se couchèrent derrière leurs bateaux respectifs. L'artillerie vint, peu après, prendre position; il était minuit et demi environ. Toutes ces opérations préliminaires s'étaient effectuées dans le plus grand silence. Néanmoins, il est probable « que les postes autrichiens qui bordaient la rive s'aperçurent de quelque chose qui leur causa de l'inquiétude, car ils furent très alertes et firent des rondes fréquentes toute la nuit » (1).

Vers 4 heures du matin, le jour commençait à paraître et les deux bataillons de la 1re légère, qui devaient former l'avant-garde de la division Vandamme, n'étaient pas encore arrivés (2), quand l'ennemi aperçut les barques et ouvrit sur elles une vive fusillade. Les pontonniers et leurs auxiliaires se voyant découverts, lancèrent les bateaux dans le fleuve ; le général Molitor sauta alors dans la première barque, avec trente carabiniers de la 1re légère qui gardaient les pontons. Au milieu du fleuve, la force du courant opposa une vive résistance aux efforts des pontonniers : cela occasionna un léger retard dont les Autrichiens profitèrent pour diriger un violent feu de mousqueterie sur cette barque, blessant plusieurs hommes, aux côtés mêmes du général Molitor. Les batteries françaises entrèrent seulement en action au moment où la petite troupe du général Molitor atteignait la rive droite et chassait à coups de baïonnette les tirailleurs autrichiens (3). Quatre compagnies de la 36e demi-

---

(1) Dedon, *loc. cit.*, p. 163.

(2) « Ce retard provint sans doute, ou de ce que cette infanterie s'égara dans les ténèbres, ou de ce qu'elle fut retardée dans sa marche par l'encombrement que l'équipage de ponts et les trains d'artillerie causaient sur les chemins; la nuit était très obscure, et il faisait une petite pluie qui rendait le terrain très glissant. » (Dedon, *loc. cit.*, p. 163, note 1.)

(3) *Précis des opérations du général Molitor pendant la campagne d'été de 1800* (A. H. G., *Mémoires historiques*, Armée du Rhin, no 79). — V. aussi Lettre du général Molitor à M. Thiers, Paris, 12 avril 1845 (*Ibid., Mémoires historiques*, Armée du Rhin, no 79 *bis*.)

brigade se trouvaient à portée; elles sautèrent à l'eau
« avec une grande bravoure » (1), gagnèrent les bateaux
et furent immédiatement conduites sur la rive droite (2).
La tête de colonne de la 1ʳᵉ légère accourait en même
temps à perte d'haleine, conduite par un officier d'état-
major; elle fut aussitôt embarquée et rapidement jetée
au soutien des quatre compagnies précédentes. En
outre, les 10ᵉ, 83ᵉ, 84ᵉ et 94ᵉ demi-brigades appro-
chaient de Rheichlingen.

La moitié du 1ᵉʳ bataillon de la 1ʳᵉ légère, sous les
ordres du chef d'escadrons Fridolsheim, aide de camp
de Molitor, se porta sur Stein, dont elle s'empara;
l'autre moitié se dirigea sur Paradies pour favoriser le
passage opéré de ce côté par le général Goullus. Le
général Molitor s'avança dans la plaine de Ramsen avec
l'autre bataillon de la 1ʳᵉ légère; les Autrichiens firent
d'abord bonne contenance et s'ébranlèrent même pour
marcher en avant. Les deux infanteries étaient sur le
point de s'aborder, lorsque les Autrichiens se déban-
dèrent malgré l'appui de leur artillerie. La petite
colonne du général Molitor fut alors chargée, à deux
reprises différentes, par trois escadrons de cavalerie autrichienne qui furent pourtant vigoureusement repoussés(3).

Le chef de brigade Dedon s'occupait, pendant ce
temps, de la construction des ponts; tandis que les

(1) *OEst. milit. Zeitsch.*, *loc. cit.*, p. 268.
(2) « Le rivage étant formé par un gravier en pente douce, les
bateaux ne pouvaient être remplis immédiatement au bord de
l'eau, dont la profondeur n'augmentait que par degrés, et il fallait que les hommes qui devaient s'embarquer fissent quelques
pas dans l'eau, pour gagner l'endroit où elle se trouvait avoir
assez de fond; mais, loin d'hésiter, l'empressement était tel que
les soldats marchaient au-devant des bateaux, et s'avançaient
dans le lit du fleuve, beaucoup plus avant que cela n'était nécessaire. » (Dedon, *loc. cit.*, p. 164, note 1.)
(3) *Précis des opérations du général Molitor.*

bateaux continuaient à transporter la 10ᵉ demi-brigade sur la rive droite. Dès qu'il fut terminé, « les troupes s'y précipitèrent, avec une ardeur sans exemple, au point d'en compromettre la sûreté : cavalerie, infanterie, artillerie, tout voulait passer à la fois » (1). Dedon et l'adjudant-commandant Lecamus, qui se trouvaient à l'entrée du pont, eurent une peine infinie à y établir une sorte de police ; malgré tous leurs efforts, ils ne purent empêcher les divers corps de s'y entremêler et de s'y accumuler. A 9 heures du matin, les quatre divisions du corps d'armée avaient franchi le fleuve.

Aussitôt, le chef de brigade Dedon envoya le capitaine de pontonniers Henry, avec un détachement, à Stein, pour y rétablir le pont dont les palées seules subsistaient. Ce travail considérable fut terminé en quatre heures.

Le passage secondaire de Paradies (2), qui servait de diversion à l'opération principale, ne s'était pas effectué avec autant de facilité. Le général Goullus, chargé de diriger l'entreprise, ne disposait en effet que de deux bataillons de la 10ᵉ légère et de quatre pièces de canon, et l'ennemi montra plus d'opiniâtreté qu'à Rheichlingen. L'équipage de douze bateaux qui y était destiné entra sur ses haquets jusque dans la cour du couvent ; il y fut déchargé et lancé à l'eau par une grande porte s'ouvrant sur le fleuve même. Le premier embarquement et les débarquements successifs réussirent assez bien, mais les Autrichiens résistèrent énergiquement à Büsingen et Buchthalen et, malgré plusieurs tentatives, la 10ᵉ légère ne put les en chasser. Elle parvint cependant à se maintenir sur la rive droite, au prix de pertes assez sérieuses

---

(1) Dedon, *loc. cit.*, p. 166.

(2) « Paradies est un couvent de filles situé immédiatement au bord du Rhin, à une demi-lieue au-dessus de Schaffouse, en face et un peu au-dessous du village de Büsingen qui lui est opposé sur la rive droite. On traverse les cours du couvent pour parvenir au rivage. » (Dedon, *loc. cit.*, p. 170, note 1.)

il est vrai, jusqu'à l'arrivée de renforts venant de Rheichlingen (1).

La division Vandamme, après avoir occupé Bibern,
Hemmishofen et un bois situé au Nord-Est de ce dernier
hameau, et repoussé plusieurs charges de cavalerie,
continua à refouler l'ennemi sur Weiler, Ramsen et
Singen, qu'elle enleva vers 2 heures de l'après-midi. Quatre bataillons autrichiens, qui occupaient cette dernière
localité, sous les ordres du général Gavassini, finirent
par battre en retraite, par Steisslingen, sur Stockach où
ils arrivèrent à 8 heures du soir.

Le général Hadik, prévenu du mouvement des Français, s'était porté en toute hâte par Gottmadingen sur
Ramsen, mais il avait trouvé le village déjà occupé par
l'ennemi. Il essaya, faute d'infanterie, d'interdire aux
tirailleurs français, avec le peu de cavalerie dont il disposait, l'accès d'un bois situé entre Ramsen et la
chaussée de Singen; il les fit charger par une partie du
2ᵉ escadron du régiment de dragons Coburg. Accueilli à
vingt pas par une décharge générale, cet escadron réussit
pourtant à faire plus de 50 prisonniers dont 4 officiers,
mais, soumis à un violent feu de l'artillerie française,
il fut anéanti : pas un de ceux qui avaient pris part à
cette charge ne revint. Ce mouvement eut pourtant pour
résultat de retarder d'au moins deux heures les progrès
des Français sur la chaussée de Singen (2).

La droite et le centre de la division Vandamme vinrent border l'Aach de Moos à Rielasingen par Bohlingen; la gauche se porta sur le fort d'Hohentwiel, bien
armé (3), bien approvisionné, construit sur un piton

(1) Dedon, *loc. cit.* p. 170-171.
(2) *Rapport* de Hadik sur les événements survenus depuis le
1ᵉʳ mai, Stockach, 3 mai (*K. K. Arch.*, V, 78 1/2).
(3) 24 canons, 2 couleuvrines, 4 obusiers, 3 mortiers, 19,000 de
poudre (*Rapport* du capitaine Michel, commandant d'artillerie
de la 1ʳᵉ division).

escarpé, et pourvu d'une garnison würtembergeoise très suffisante, sous les ordres du lieutenant-colonel Wolf. Vandamme le [somma incontinent de rendre la place. « Cette sommation n'était d'aucun poids, car Vandamme n'avait point de pièces de siège et la situation topographique du fort défiait tout assaut (1). » Néanmoins, le lieutenant-colonel Wolf répondit qu'il consentait à remettre le lendemain les parties basses de la forteresse aux troupes françaises et qu'il se retirerait, avec sa garnison, dans les parties hautes. Tout acte d'hostilité serait suspendu sur ce point pendant trois jours « pour lui donner le temps d'envoyer un officier au duc son maître et lui demander la permission de remettre aussi la haute forteresse aux troupes de la République ». Il était spécifié en outre qu'au traité de paix à conclure cette forteresse serait toujours conservée à la maison de Würtemberg et que les Français la rendraient dans le même état qu'elle leur avait été remise (2).

La 2ᵉ division (Lorge) franchit le fleuve à la suite de la division Vandamme et dirigea immédiatement sur Schaffouse la 67ᵉ demi-brigade, le 7ᵉ régiment [de hussards et la 5ᵉ compagnie du 2ᵉ régiment d'artillerie à cheval, par la route qui longe le Rhin. Ces troupes se heurtèrent, vers 10 heures, à un détachement autrichien qui occupait les hauteurs au Nord de Gailingen et qui battit en retraite après une résistance d'un quart d'heure. A 11 heures, elles eurent un nouvel engagement, à Dörflingen, avec une compagnie Schröder, un escadron de dragons Coburg et deux bouches à feu, sous les ordres du général Hadik. Celui-ci avait reçu, vers 10 heures, l'ordre, du prince Joseph de Lorraine, de

(1) Œst. milit. Zeitsch., loc. cit., p. 271.

« La position de ce fort le rend presque imprenable, et nous étions loin de songer à l'attaquer de vive force. » (Dedon, loc. cit., p. 171, note 1.)

(2) Bulletin historique de l'armée du Rhin.

prendre le commandement de la droite. A peine arrivé à
Dörflingen, il apprit que les Français étaient maîtres de
Buch, de Gottmadingen et de Randegg. Il se replia, à
travers bois et non sans quelques difficultés, sur
Thaingen, dans l'intention de couvrir la route d'Engen et
de recueillir les quatre compagnies Schröder, qui se trouvaient aux environs de Schaffouse. Apprenant que
l'ennemi atteignait déjà Biehtingen, Hadik dirigea
directement, de Thaingen sur Engen, le colonel prince
de Schwarzburg avec une compagnie et deux pièces de
canon, pour assurer la ligne de retraite (1).

Pendant ce temps, le général Lorge marchait sur
Büsingen et dégageait, à l'Ouest de cette localité, les
deux bataillons de la 10ᵉ légère, qui avaient franchi le
Rhin à Paradies. Laissant à Büsingen un bataillon et
un escadron pour maintenir ses commmunications,
Lorge se porta sur Schaffouse et occupa, vers 2 heures
de l'après-midi, les hauteurs qui dominent cette ville.
Nauendorf, prévenu, essaya de faire reprendre Schaffouse de vive force par le 3ᵉ bataillon Benjowsky (2);
cette attaque, dirigée par le colonel de Stahel, échoua,
les Français ayant fait occuper chaque maison par des
groupes d'hommes qui, embusqués derrière les fenê-
tres, fusillaient à courte distance les assaillants (3). Lorge
chargea alors l'adjudant général Foy de se porter sur
Stühlingen avec le 7ᵉ régiment de hussards, le 1ᵉʳ bataillon de la 10ᵉ légère et deux pièces de canon, dans le double
but d'effectuer la jonction avec le corps de Réserve et
de s'emparer des bagages des troupes autrichiennes qui

---

(1) *Rapport* de Hadik sur les événements survenus depuis le
1ᵉʳ mai 1800, Stockach, 3 mai (*K. K. Arch.*, V, 78 1/2). — V. aussi
OEst. milit. Zeitsch., *loc. cit.*, p. 269.

(2) *Journal de l'archiduc Ferdinand d'Este*, journée du 1ᵉʳ mai
(*K. K. Arch.*).

(3) Nauendorf à Kray, Fuetzen, 1ᵉʳ mai, 8 h. 45 du soir
(*K. K. Arch.*, V, 34).

avaient défendu la ligne de la Wutach. A 5 heures du soir, cette jonction était un fait accompli, entre Neunkirch et Guntmadingen.

Une fois les Français maîtres de Schaffouse, deux des compagnies Karl Schröder, qui occupaient la ville, prirent, à travers le pays, la direction de Schlatt am Randen, au Nord de Thaingen. Les deux autres se replièrent sur Thaingen, où elles rejoignirent le général Hadik. Celui-ci entama alors son mouvement de retraite sur Engen, mais, avant d'arriver à Ebringen — à peine à 1,000 pas de ce village, — il fut assailli par la cavalerie française qui réussit à enlever un canon au bataillon Peterwardein. Hadik essaya de le faire reprendre par une brusque attaque de cavalerie, mais la route était encombrée de voitures de blessés et bordée, à droite et à gauche, de vignes entourées de murs. La charge échoua; les Français purent regagner Biehtingen, conservant leur trophée. Hadik se jeta à travers les vignes et parvint à rallier son infanterie à Barzheim. Il comptait de là se porter sur Hilzingen, lorsqu'il apprit que cette localité était, depuis longtemps, en possession des Français, et que le prince de Schwarzburg, vivement poursuivi par deux escadrons du 7ᵉ hussards, s'était fait enlever un canon, près de Weiterdingen. Au cours de cette attaque, le prince de Schwarzburg perdit plusieurs hommes faits prisonniers, dont un major; il réussit à sauver son deuxième canon, grâce aux dispositions habiles qu'il prit pour parer aux attaques d'une cavalerie très supérieure en nombre.

Des patrouilles, dirigées en toute hâte sur Welschingen, furent reçues à coups de fusil. Harcelé de tous les côtés, Hadik se replia sur Blumenfeld, poursuivi par l'ennemi qui ne dépassa pas Birmingen, et dirigea de là sur Engen de fortes patrouilles de cavalerie, pour permettre à son infanterie, exténuée de fatigue, de prendre un peu de repos.

Prévenu dans la soirée qu'Engen n'était pas occupé par les Français et qu'une partie du régiment Schröder s'y trouvait déjà, Hadik se hâta de gagner cette ville qu'il atteignit à 10 heures du soir avec 14 compagnies et 5 escadrons ralliés en cours de route et appartenant en grande partie au régiment d'infanterie Schröder, au bataillon Peterwardein et aux dragons Coburg. Par ce fait, la ligne de retraite vers Tuttlingen était assurée. Hadik réussit, pendant la nuit, à se mettre en communication avec Klinglin, qui avait reçu, dans la journée, l'ordre de se replier de Zollhaus sur Welschingen; il parvint aussi à rétablir sa liaison avec le prince de Lorraine, au moyen d'un escadron de cavalerie, poussé sur la chaussée de Stockach jusque vers Nenzingen (1).

La 3e division (Montrichard), qui avait franchi le Rhin, partie sur des bateaux, partie sur le pont de Rheichlingen, fut divisée sur la rive droite en deux groupes. La brigade de gauche, sous les ordres de l'adjudant général Schiner, se porta sur Bibern et Dörflingen, au soutien de la division Lorge; la brigade de droite (Daultanne) marcha sur Weiler, Ramsen, Murbach et Randegg.

Enfin la division de réserve (Nansouty) exécuta, sous la direction personnelle de Lecourbe, une reconnaissance sur Steisslingen, en refoulant devant elle environ 120 cavaliers autrichiens, qui se replièrent sur Engen et Stockach (2).

C'est sur ces deux localités qu'avaient reflué toutes les troupes du prince de Lorraine. Tandis que Hadik rassemblait, dans la soirée, à Engen, 14 compagnies et 5 escadrons, le prince Joseph de Lorraine s'éta-

---

(1) *Rapport* de Hadik sur les événements survenus depuis le 1er mai 1800, Stockach, 3 mai (*K. K. Arch.*, V, 78 1/2). — V. aussi *Œst. milit. Zeitsch.*, *loc. cit.*, p. 270.

(2) Lecourbe à Moreau, Ramsen, 12 floréal.

blissait au bivouac, en avant de Stockach, entre Nenzingen et Wahlwies, avec 4 compagnies Schröder, 12 faibles compagnies Kerpen, une partie du bataillon Für-
stenberg, et des détachements des dragons archiduc
Ferdinand et des hussards esclavons. Les avant-postes
étaient établis sur la ligne Orsingen-Steisslingen. A
8 heures du soir, le bataillon Clerfayt n'avait pas encore
atteint Wahlwies (1).

Le prince de Lorraine tint, avec les généraux Spork
et Gavassini, une sorte de conseil de guerre. Il y fut
décidé que, dans le cas d'une nouvelle attaque de l'adversaire, on ne défendrait pas la position de Stockach
et qu'on battrait en retraite par Sallmannsweiler sur
Markdorf, après avoir dirigé sur Pfullendorf l'artillerie
et les trains, sous l'escorte d'un escadron des dragons
archiduc Ferdinand (2).

Les pertes du corps Joseph de Lorraine étaient assez
élevées : 57 tués, 320 blessés, 647 prisonniers, 83 disparus; — au total, 1,107 hommes. Certains corps
avaient été très sérieusement éprouvés; c'est ainsi que
le régiment des dragons Coburg avait perdu 76 hommes
et 97 chevaux, et que le régiment d'infanterie Schröder
comptait, le 1er mai au soir, 802 manquants, dont
38 morts, 238 blessés, 472 prisonniers, 54 disparus. De
plus, le régiment Schröder avait perdu un canon de
6 livres, et le régiment Peterwardein un canon de 3 et
une voiture de munitions avec leurs attelages (3).

Les pertes des Français n'étaient que d'une centaine
d'hommes.

----

(1) Joseph de Lorraine à Kray, au camp devant Stockach,
1er mai, 8 heures du soir (K. K. Arch., V, 42).

(2) K. K. Arch., V, 34 1/2. — V. aussi Œst. milit. Zeitsch., loc.
cit., p. 270.

(3) État des pertes du corps Joseph de Lorraine (K. K. Arch.,
V, ad 78 1/2).

Dans la soirée du 11 floréal, le corps de Lecourbe occupait les emplacements suivants :

Quartier général : Ramsen.

1re division (Vandamme) : Hohentwiel, Singen, Worblingen, Moos.

2e division (Montrichard) (1) : droite à Dietlishofen, centre à Biethingen, gauche à Herblingen ; ses postes avancés sur la ligne Hilzingen, Schlatt am Rand en, Büttenhard.

3e division (Lorge) : Schaffouse, Neunkirch.

Division de réserve (Nansouty) : Rheichlingen (2).

---

(1) Les généraux Lorge et Montrichard, suivis de leurs généraux de brigade et de leurs adjudants généraux, avaient permuté dans le commandement des 2e et 3e divisions à la date du 15 floréal (*Bulletin historique* de l'armée du Rhin du 1er au 30 floréal, Mutations survenues dans l'état-major général et dans ceux des divisions).

(2) *Bulletin historique* de l'armée du Rhin.

CHAPITRE X

Opérations de l'aile gauche, du centre et de la réserve le 11 floréal

(1ᵉʳ MAI).

Marche du corps de Réserve sur la rive gauche de la Wutach. — Mouvement des divisions du corps Saint-Cyr. — Combat de Birkendorf. — Le corps Sainte-Suzanne s'engage dans le Val-d'Enfer. — Sztaray rappelé à Freudenstadt. — Attaque générale projetée par Kray pour le 12 floréal. — Le passage du Rhin, par Lecourbe, décide Kray à renoncer à l'offensive et à se concentrer vers Engen. — Observations de l'archiduc Charles sur les opérations de l'armée autrichiene.

Conformément aux instructions du Général en chef en date du 10 floréal, le corps de Réserve se porta le 11 au matin sur la rive gauche de la Wutach, la 1ʳᵉ division (Delmas), de Thiengen à Neunkirch, où elle eut un léger engagement. O'Donell, attaqué près d'Ober Lauchringen, dut se replier, vigoureusement poussé par les Français, sur Schleitheim où il rejoignit Nauendorf, sans subir cependant des pertes trop considérables (1). La division Delmas établit ses bivouacs à Neunkirch, en liaison, par ses postes avancés, avec la division Lorge du corps de Lecourbe; la 2ᵉ (Leclerc), de Thiengen à Unter-Hallau, à gauche de la précédente, et en communication avec le corps Saint-Cyr; la 3ᵉ (Richepance), de Waldshut à l'Ouest de Neunkirch en seconde ligne; la division de cavalerie d'Hautpoul de Klein-Lauffenburg à Thiengen (2).

---

(1) *Journal de l'archiduc Ferdinand*, journée du 1ᵉʳ mai (*K. K. Arch.*)

(2) Il importe de ne pas confondre trois localités dont les noms ont quelque ressemblance : Thiengen, un peu à l'Est de Waldshut; Thaingen, au Nord-Est de Schaffouse; Thengen, au Sud-Ouest d'Engen.

Saint-Cyr, avec le corps du Centre, avait pour mission de marcher sur Stühlingen et d'effectuer sa jonction avec la gauche du corps de Réserve.

La 3e division (Tharreau) alla, de Saint-Blaise, prendre position entre Grafenhausen et Birkendorf, à la fois pour faire face aux troupes ennemies qui occupaient le camp de Bonndorf et pour opérer la liaison avec le corps de Sainte-Suzanne, dès qu'il déboucherait du Val d'Enfer.

La 2e (Baraguey d'Hilliers) se porta de Rothhaus et de Grafenhausen sur Stühlingen par Birkendorf et Bettmaringen, suivie de la division de cavalerie Sahuc.

La 3e (Ney), formant l'arrière-garde, resta jusqu'à 10 heures du matin environ sur ses positions de Schluchsee, Dresselbach, Seebruck; elle marcha ensuite sur Grafenhausen et Birkendorf, comme les précédentes (1).

La division Baraguey d'Hilliers se heurta, à l'Est de Birkendorf, à un corps ennemi dont la force était évaluée à 8,000 hommes, les uns venant de Thiengen, les autres du camp de Bonndorf. Ces troupes, sous le commandement du lieutenant-colonel Nordmann, occupaient une forte position à Bettmaringen. L'infanterie consistait en détachements des corps francs d'O'Donnell et de Rübenitz, des régiments de Benjowsky, archiduc Ferdinand et archiduc Charles; la cavalerie se composait de hussards des frontières et de Barko, de deux divisions du 2e uhlans, d'une division de chevau-légers et d'un escadron de cuirassiers (2). Bien que Saint-Cyr ne

---

(1) *Bulletin historique* de l'armée du Rhin.

(2) Saint-Cyr à Moreau, Stühlingen, 11 floréal.
Le lieutenant-colonel Nordmann s'était replié de l'Alb, le 28 avril, avec 2 compagnies Benjowsky, 2 compagnies Rubenitz, 1 de chasseurs tyroliens et 2 escadrons de hussards Meszaros. Il reçut comme renforts, le 29, un bataillon Archiduc Charles et 2 escadrons du 2e uhlans, et, le 30, 2 escadrons de cuirassiers (*Journal de l'archiduc Ferdinand*, journées des 28, 29 et 30 avril).

disposât que de quelques pièces de 4 faiblement approvisionnées, que lui avait laissées Richepance à Saint-Blaise, il ordonna à Baraguey d'Hilliers de se porter à l'attaque parce qu'il craignait, en la différant, de voir arriver le reste du corps de l'archiduc Ferdinand qui se trouvait à Bonndorf, à quelques heures de marche seulement de Bettmaringen (1). « Les Autrichiens, confiants dans la force de la position et la bravoure de leur cavalerie, firent d'abord bonne contenance; mais, comme nos troupes gravissaient les hauteurs au pas accéléré et en bon ordre, ils furent bientôt culbutés, mis en déroute, et obligés de fuir dans toutes les directions; quelques-uns furent poursuivis jusqu'à Stühlingen par la division Baraguey d'Hilliers et la cavalerie de Sahuc (2) … »

Un détachement de flanc de la division Baraguey d'Hilliers se heurta au colonel Lippa, établi sur les hauteurs voisines de Wellendingen avec 2 bataillons Lacy et 2 escadrons du 2ᵉ uhlans. Lorsque l'archiduc Ferdinand reçut l'ordre de se replier sur Zollhaus, le colonel Lippa, conservant seulement 3 compagnies Lacy et 1 escadron de uhlans, couvrit le flanc gauche et les derrières de cette brigade. Il atteignit seulement Zollhaus dans la matinée du 2 mai, ayant perdu en tout une douzaine d'hommes (3). Dans la soirée, les divisions Baraguey d'Hilliers et Sahuc occupaient Stühlingen;

---

(1) Gonvion Saint-Cyr, *loc. cit.*, II, p. 134.

(2) *Ibid.* — Le lieutenant-colonel Nordmann se replia sur Grimmeltshofen et atteignit, dans la soirée, Füetzen, où il put rallier Nauendorf, dont les troupes avaient été très éprouvées au cours de cette journée (Nauendorf à Kray, Füetzen, 1ᵉʳ mai, 8 h. 45 du soir, *K. K. Arch.*, V, 34).

(3) *Journal de l'archiduc Ferdinand*, journée du 1ᵉʳ mai. — V. aussi *Rapport* du colonel Lippa sur les événements survenus depuis le 1ᵉʳ mai, au camp près de Thalfingen, 15 mai 1800 (*K. K. Arch.*, V, 82).

Ney se trouvait à Bettmaringen; Tharreau entre Grafenhausen et Birkendorf.

L'aile gauche, sous les ordres de Sainte-Suzanne, entama le 11 sa marche sur Löffingen par le Val d'Enfer et Neustadt.

La 1re division (Souham), qui avait stationné la veille à Saint-Georgen, établit d'abord de grand matin à Zähringen une flanc-garde composée de la 8e demi-brigade et du 1er régiment de chasseurs, avec des postes avancés sur les routes de Waldkirch et d'Emmendingen, directions sur lesquelles l'ennemi était signalé. Ces postes furent attaqués vers 7 heures du matin par 200 uhlans de Merfeld qui furent chargés à leur tour et ramenés par un escadron du 1er chasseurs. Le reste de la division (6e dragons et 6e compagnie du 3e d'artillerie à cheval) se porta sur Ebnet où se dirigea également un bataillon de la 8e demi-brigade.

La 2e division (Legrand), établie au Nord et à l'Est de Fribourg, se porta sur Steig et Ober-Breitnau, au débouché oriental du Val d'Enfer, où la brigade de Drouet, tête de colonne, eut une légère escarmouche avec un détachement ennemi mixte, qui se replia aussitôt et tirailla jusqu'à la nuit avec les avant-postes français; au cours de cet engagement insignifiant, les Autrichiens eurent 1 homme et 2 chevaux blessés (1).

La division de réserve (Colaud), venant de Wolfenweiler et de Thiengen, s'établit entre Fribourg et Saint-Georgen (2).

Tandis que de graves événements allaient se dérouler du côté de la gauche et du centre de l'armée autrichienne, Kienmayer continuait à observer Kehl, prêt à se retirer par la vallée de la Kinzig, si une nouvelle

_____

(1) *Journal de Gyulai*, journée du 1er mai (K. K. *Arch.*, V, 112).

(2) *Bulletin historique* de l'armée du Rhin. — Thiengen dont il s'agit ici est à l'Ouest de Fribourg.

attaque se produisait (1). Il annonçait même son intention de surveiller cette direction assez longtemps pour
permettre à Sztaray d'atteindre la Kinzig (2). En effet,
Kray, commençant à s'inquiéter des progrès faits par
les Français en avant de Saint-Blaise et de Thiengen au
cours des journées précédentes, avait prescrit à Sztaray
de se replier sur Hornberg et Freudenstadt, et de laisser
seulement de faibles postes d'observation dans la vallée
du Rhin moyen, ainsi que vers Elzach, Tryberg et
Vöhrenbach. Dès son arrivée à Hornberg, il devait
diriger en toute hâte le régiment de hussards Blanken-
stein sur Donaueschingen, ou, en cas de retraite de
l'armée, sur Tüttlingen.

Si, par la suite, des circonstances critiques obligeaient
l'armée à battre en retraite, le corps Sztaray devait se
replier en deux colonnes sur Tüttlingen ou, au besoin
même, sur Sigmaringen, l'intention de Kray étant de
concentrer ses forces entre Stockach et Liptingen, si les
événements ultérieurs tournaient entièrement au désavantage des Autrichiens (3).

Comme conséquence de ces mouvements, les subsides
bavarois et les contingents würtembergeois devaient être
dirigés sans tarder sur le Danube et établis dans la région
de Tüttlingen (4). Quant au prince de Hohenlohe, il
devait, en vertu des instructions précédemment reçues,
se rabattre de Heidelberg sur Ulm, et faire tous ses
efforts pour défendre sérieusement cette dernière région.

Dans la journée du 30 avril, Kray avait prescrit à
Nauendorf d'exécuter, le lendemain, une reconnaissance

---

(1) Kienmayer à Kray, Gengenbach, 1er mai (*K. K. Arch.*, V, 14).

(2) Kienmayer à Kray, Gengenbach, 1er mai, 5 heures du soir
(*K. K. Arch.*, V, 16).

(3) Kray à Sztaray, Donaueschingen, 1er mai (*Ibid.*, V, 38).

(4) Kray au commandant du détachement palatin-bavarois,
Donaueschingen, 1er mai (*K. K. Arch.*, V, 5). — V. aussi Kray à
Sztaray, *sic sup.* (*K. K. Arch.*, V, 38).

offensive sur tout le front de la position française. Dans
la pensée du commandant en chef de l'armée autrichienne, cette opération, appuyée par Gyulai et l'archiduc
Ferdinand, devait être très vigoureusement conduite, et
pouvait même, le cas échéant, prendre les proportions
d'une bataille générale.

Nauendorf devait donner les ordres de détail et en
diriger lui-même l'exécution. En raison du retard
apporté dans la transmission des ordres et par suite
aussi de l'indécision dans laquelle les mouvements continuels et compliqués de Moreau laissaient les Autrichiens, incapables de discerner exactement où se produirait l'attaque principale, l'opération ne put être
exécutée en temps voulu (1).

A la suite du départ de Lindenau, appelé par Nauendorf de Zollhaus à Stühlingen, Kray avait fait avancer
Klinglin jusqu'à Zollhaus avec 2 régiments de cuirassiers. Il mit, en outre, à sa disposition les deux régiments
d'infanterie Bender et Stain. Des détachements, comprenant chacun 2 compagnies, 2 escadrons et une pièce de
canon, établis à Achdorf et à Grimmeltshofen, gardaient
les points de passage sur la Wutach, et devaient faire
surveiller par des patrouilles les directions de Bonndorf
et de Stühlingen. D'autre part, la liaison entre Bonndorf
et Zollhaus était établie par 2 escadrons de cuirassiers,
poussés de Döggingen vers Ewatingen. Klingin, établi
à Zollhaus avec le reste de ses troupes, devait soutenir
ces détachements, et assurer, le cas échéant, la ligne de
retraite (2).

Kollowrath reçut l'ordre de diriger en toute hâte sur
Löffingen les 8 bataillons de grenadiers et un bataillon
du régiment Peterwardein. Le F. M. L. Riesch devait

---

(1) Œstr. milit. Zeitsch., loc. cit., p. 272.
(2) Kray à Klinglin, Donaueschingen, 1er mai (K. K. Arch.,
V, 8).

prendre le commandement des troupes rassemblées à Löffingen, et, au préalable, y conduire « d'un temps de trot » (1) les deux régiments de cuirassiers Archiduc François et Anspach, encore disponibles à Donaueschingen (2).

Dans la matinée du 1er mai, Kray se rendit, de sa personne, à Löffingen. D'après les renseignements reçus, de nouveaux renforts arrivaient sans discontinuer aux Français en arrière du Schluchsee, et une division — que l'on croyait à tort être la division Tharreau (3), — ayant franchi le Rhin à Vieux-Brisach, le 30 avril, se préparait à s'engager dans le Val d'Enfer par Fribourg. « Dans ces conditions », écrit Kray à la date du 2 mai, « il m'était impossible de ne pas voir clairement que l'intention de l'ennemi était de se concentrer sur les hauteurs entre Neustadt et Döggingen, et je sentis toute la nécessité d'exécuter une attaque le lendemain » (4).

Les brigades Gyulai et Archiduc Ferdinand (5) — cette dernière renforcée par une partie de la division Baillet — devaient attaquer Seebrück et chercher à

---

(1) Kray à Riesch, Donaueschingen, 1er mai (*K. K. Arch.,* V, 11).

(2) Kray à Kollowrath, Donaueschingen, 1er mai (*K. K. Arch.,* V, 10).

(3) C'était, en réalité, l'avant-garde du corps de Sainte-Suzanne.

(4) Kray au comte Tige, Engen, 2 mai (*K. K. Arch., H. K. R.,* V, 34).

(5) Les troupes dont disposait l'archiduc Ferdinand à cette date étaient les suivantes : 3 compagnies de chasseurs tyroliens, 1 bataillon léger (Rubenitz), 1 bataillon réserve suisse, 3 compagnies Erbach, 1 bataillon Benjowsky, 2 bataillons Lacy, 6 escadrons du 2e uhlans, 7 escadrons des hussards Meszaros, 6 escadrons des cuirassiers Zeschwitz, 2 escadrons des dragons Kinsky; au total; 5 bataillons, 6 compagnies et 21 escadrons. *Rapport* de l'archiduc Ferdinand, sur les combats livrés du 1er au 5 mai 1800 (*K. K. Arch.,* V, 79).

s'en emparer. Nauendorf avait pour mission de se tenir prêt à appuyer ce mouvement. Kray, en adressant ses instructions à cet officier général, lui recommandait « d'assurer avec une attention toute particulière ses communications avec Stühlingen, et d'avoir soin, surtout pendant l'attaque, de se tenir de sa personne à proximité de l'Archiduc Ferdinand » (1). Le gros de l'armée était établi en réserve en avant de Löffingen et vers Döggingen (2).

L'archiduc Ferdinand fit occuper par 2 bataillons Lacy et 2 escadrons de uhlans, sous les ordres du colonel Lippa, les hauteurs boisées au sud de Wellendingen, l'ennemi pouvant les utiliser pour tourner la position de Bonndorf. En outre, ce détachement reliait le lieutenant-colonel Nordmann, en position à Bettmaringen, avec l'archiduc Ferdinand (3).

En prévision de l'attaque projetée, les ordres suivants furent donnés pour la journée du 2 mai :

Le lieutenant-colonel Nordmann devait se porter, avec ses troupes légères, par Grafenhausen et Staufen sur Höchenschwand, de manière à menacer Seebrück par le Sud. Il laisserait à Birkendorf un bataillon Archiduc Charles et 2 escadrons de cuirassiers pour observer les mouvements de l'ennemi vers le Sud et pour assurer les communications avec Stühlingen. En cas de retraite,

---

(1) Kray à Nauendorf, Löffingen, 1er mai (K. K. Arch., V, 33).

(2) Dans l'après-midi du 1er mai, devaient être rassemblées, à Löffingen, les troupes ci-après : 8 bataillons de grenadiers, 5 bataillons d'infanterie, 3 régiments de cavalerie (dragons Latour et 2 régiments de cuirassiers); à Döggingen, se trouvaient 2 régiments de cuirassiers (Kray à Nauendorf, Löffingen, 1er mai, K. K. Arch., V, 33).

(3) Journal de l'archiduc Ferdinand (loc. cit., journée du 1er mai). — V. aussi Rapport du colonel Lippa (sur les événements survenus depuis le 1er mai), au camp près Thalfingen, 15 mai (K. K. Arch., V, 82).

le détachement de Birkendorf devait servir de détachement de repli.

Le colonel Lippa avait ordre de marcher sur Grafenhausen et de là directement, par la chaussée, sur Rothhaus.

La colonne principale (2 bataillons, 3 compagnies et 5 escadrons), sous les ordres directs de l'archiduc Ferdinand, avait pour mission de se porter de Bonndorf, partie sur Rothhaus, partie sur Dresselbach.

Le prince de Lichtenstein, avec 2 bataillons Gemmingen et 2 escadrons de uhlans, devait se diriger de Löffingen sur Rothhaus, de manière à menacer le flanc gauche de l'ennemi.

Quant au général Gyulai, partant de Lenzkirch, il devait marcher directement par Dresselbach sur Seebrück, tandis qu'un détachement, passant par le Krummenhof et la forêt de Saint-Blaise, menacerait de prendre Seebrück à revers (1).

Tandis que Kray donnait ces ordres en prévision d'une offensive générale pour la journée du lendemain, et que les forces principales de l'armée autrichienne se concentraient en arrière des brigades Gyulai et Archiduc Ferdinand, Lecourbe forçait le passage du Rhin et obligeait le prince Joseph de Lorraine à battre en retraite. Les troupes autrichiennes, qui devaient contribuer à l'attaque du lendemain, atteignaient à peine Löffingen et Döggingen, lorsque Kray reçut la nouvelle des graves événements survenus du côté de sa gauche.

Ne voulant point abandonner à son adversaire les approvisionnements considérables, rassemblés près de Stockach et craignant, d'autre part, de perdre ses communications avec le prince de Reuss dans le Vorarlberg, Kray renonça complètement à mettre à exécution ses

---

(1) *Journal de l'archiduc Ferdinand* (journée du 1er mai).

projets pour la journée du 2 mai (12 floréal), et décida de s'établir vers Engen avec le gros de l'armée, pour se porter ensuite de là sur Stockach (1).

Dans ce but, il fit connaître à Nauendorf son intention de concentrer l'armée, le jour même, à Döggingen ; il lui prescrivit, en même temps, de faire occuper par Lindenau et des « forces suffisantes » les hauteurs de Zollhaus, et de chercher, de concert avec Klinglin et le prince Joseph de Lorraine, à couvrir les deux routes de Schaffouse à Engen et à Stockach (2). Klinglin, ralliant toutes ses forces disponibles (6 bataillons d'infanterie, 12 escadrons de cavalerie), devait se porter de Zollhaus par Thengen sur Welschingen, et chercher, dès son arrivée, à se mettre immédiatement en liaison avec Nauendorf et le prince Joseph de Lorraine (3). Nauendorf, de son côté, devait, en cas de retraite, se replier sur Welschingen.

L'archiduc Ferdinand et le lieutenant-colonel Nordmann reçurent l'ordre de se replier sur Zollhaus, à la tombée de la nuit (4).

Quant à Gyulai, laissant en arrière vers Steig, Lenzkirch et Saint-Pierre, quelques faibles postes de cavalerie légère, il devait se replier, à la chute du jour, sur les hauteurs de Döggingen, et former l'arrière-garde de l'armée (5).

Kray rentra à Donaueschingen dans la soirée, après

---

(1) Kray au comte Tige, Engen, 2 mai (K. K. Arch., H. K. R., V, 34). — V. aussi Œst. milit. Zeistch., loc. cit., p. 274.

(2) Kray à Nauendorf, Löffingen, 1er mai (K. K. Arch., V, 19).

(3) Kray à Klinglin, Löffingen, 1er mai (K. K. Arch., V, 21).

(4) Kray à l'archiduc Ferdinand, Löffingen, à midi (K. K. Arch., V, 22). — V. aussi Journal de l'Archiduc Ferdinand (journée du 1er mai).

(5) Kray à Gyulai, Löffingen, 1er mai (K. K. Arch., V, 20). — V. aussi Journal de Gyulai, journée du 1er mai (K. K. Arch., V, 20).

avoir donné des ordres pour l'exécution du mouvement de retraite de l'armée (1).

Les divisions V. Kollowrath, Riesch et Charles de Lorraine, ainsi que la brigade Holstein-Augustenbourg, rattachée provisoirement à la division Baillet, se mirent en mouvement, dans l'après-midi, vers Döggingen, où elles s'établirent au bivouac pour prendre un peu de repos, Kray ne voulant pas leur faire exécuter, d'une seule traite, l'étape de Löffingen à Engen.

Elles devaient lever le camp à 1 heure du matin, et se diriger sur Engen, par l'itinéraire Hüfingen, Pfohren, Geisingen, formant une colonne dont l'ordre de marche était réglé comme suit :

Division de cavalerie Charles de Lorraine, bataillons de grenadiers, division Baillet, régiment de dragons Latour; division Riesch.

La brigade Gyulai, formant arrière-garde de cette colonne, devait rester à Döggingen jusqu'au 2 mai à midi, et faire occuper Donaueschingen aussi longtemps que possible, en raison des importants magasins qui y étaient établis (2).

Les troupes concentrées près de Zollhaus devaient gagner Engen par l'itinéraire Riedöschingen, Leipferdingen, Dorfstetten. La brigade Archiduc Ferdinand, couverte seulement en arrière par ses troupes légères, laissées sur son ancienne position, était destinée à former l'arrière-garde de cette deuxième colonne. Quand cette brigade aurait été ralliée par tous ses détachements, elle se dirigerait sur Engen par la même route, en ayant soin de se faire couvrir, sur son flanc droit, par

---

(1) Les ordres qui suivent sont extraits d'une lettre de Kray à l'archiduc Ferdinand (Kray à l'archiduc Ferdinand, Donaueschingen, 1er mai. *K. K. Arch.*, V, 37 1/4).

(2) *Journal de Gyulai*, journées des 1er et 2 mai (*K. K. Arch.*, V, 112).

une forte flanc-garde, fournie par le 2ᵉ uhlans, les cuirassiers Zeschwitz et, au besoin, les cuirassiers Nassau de la brigade Gyulai. Ce détachement de flanc devait marcher parallèlement à la colonne, en suivant le chemin de Thengen à Welschingen.

Chaque colonne devait être accompagnée de son artillerie et de ses voitures de vivres; quant aux voitures à bagages, elles devaient être dirigées, le soir même, sur Donaueschingen et de là sur Baldingen, pour gagner ultérieurement Engen par un itinéraire spécial.

Kray attachait la plus grande importance à l'exécution de ces mouvements. « Il s'agit surtout d'arriver promptement à Engen », écrivait-il à l'archiduc Ferdinand, « et cela non seulement pour l'avant-garde, mais aussi pour la colonne tout entière. Il faut que celle-ci reste constamment groupée, et que les arrière-gardes donnent, par leur ferme contenance, aux troupes qu'elles sont chargées de couvrir, le temps nécessaire pour arriver tranquillement » (1).

Pendant ce temps, Nauendorf, chassé de Schaffouse et de Stühlingen, craignant non sans raison d'être pris à revers, s'était replié, dans la journée, de Schleitheim sur Grimmeltshofen (2) et de là sur Füetzen, où il s'était arrêté pour donner un peu de repos à son infanterie « à bout de forces ». Il se remit en marche sur Welschingen, le 2 mai, à 4 heures du matin (3).

Ainsi, à la fin de cette journée, l'armée française était tout entière réunie en face de la gauche de l'armée autrichienne, s'appuyant à la Wutach et au lac de Con-

---

(1) Kray à l'archiduc Ferdinand, Donaueschingen, 1ᵉʳ mai (*K. K. Arch.*, V, 37 1/4).

(2) Nauendorf à Lindenau, Füetzen, 1ᵉʳ mai, 8 h. 30 du soir (*K. K. Arch.*, V, 31 1/4).

(3) Nauendorf à Kray, Füetzen, 1ᵉʳ mai, 8 h. 45 du soir (*K. K. Arch.*, V, 34).

stance. Kray, se maintenant à peu près sur une stricte
défensive, avait obéi aux mouvements de Moreau.

« Comment les Autrichiens n'ont-ils pas prévu que
Moreau se porterait sur les points où il pouvait les couper
et les prendre en flanc? Il était trop habile pour attaquer
de front ce qu'il était en son pouvoir de tourner. Le passage de Kehl ne devait pas les occuper un instant; même,
sans cette opération, Moreau pouvait mener à bien ses
projets... ... Et pourtant les Autrichiens ne détachèrent
point leurs regards du corps français qui opérait près
de Kehl, et, lorsque Sainte-Suzanne repassa le Rhin, loin
de pénétrer le but des Français, ils attribuèrent ce mouvement aux revers que venait d'essuyer Masséna en
Italie. Ce doit être un véritable plaisir pour un général
de manœuvrer en face d'un adversaire qui, entièrement
déconcerté, laisse se produire, et fait lui-même tout ce
qu'on attend de lui! (1) »

« Je ne comprends pas les manœuvres de notre armée, »
écrivait quelques jours plus tard l'archiduc Charles.
« L'ennemi n'a cependant pas pu, sans que nous en
soyions aucunement avertis, franchir le Rhin et réunir
si rapidement une armée, que nous n'ayions pu concentrer complètement la nôtre à Stockach avant qu'il y
arrive.

« Franchement, nous n'aurions pas dû détacher tant
de troupes dans la Forêt-Noire ; ces détachements étaient
tout à fait inopportuns !

« Ou nous avions à craindre une attaque de l'ennemi
sur la rive droite du Rhin, par la Forêt-Noire, ou l'ennemi faisait aussi des préparatifs, du côté de Schaffouse,
pour franchir le Rhin. Les renseignements auraient dû
nous éclairer sur ce point. Dans le premier cas, j'aurais

---

(1) Bülow, *Der Feldzug von 1800*, Heinrich Frölich ed., *loc. cit.*,
p. 63 sqq.

concentré l'armée entière à Hüfingen, à l'exception des
dragons Coburg, d'un bataillon Clerfayt et de trois bataillons Kerpen, et, avec ces troupes et les milices locales,
j'aurais occupé le Rhin de Schaffouse à Constance. J'aurais donné l'ordre au commandant de mes avant-postes
de se replier, à l'approche de l'ennemi, sans lui disputer
la Forêt-Noire, et de le laisser déboucher. Je me serais
alors jeté avec toutes mes forces sur l'une de ses colonnes,
de préférence sur celle qui eût été pour moi la plus
dangereuse — c'eût été vraisemblablement celle venant
de Waldshut, — et je l'aurais certainement battue.

« Dans le deuxième cas, j'aurais, à l'approche de la
belle saison, concentré l'armée près de Stockach, et je
n'aurais laissé sur le Rhin que de faibles avant-postes.
Je crois que jamais l'ennemi n'aurait osé passer le Rhin
à Rheichlingen s'il n'avait pas su que notre armée était
si dispersée, sans avoir nulle part de grosses réserves
rassemblées. La manœuvre de l'ennemi était, à mon avis,
très hasardée et pleine de fautes... Si notre armée s'était
jetée sur la colonne qui avait franchi le Rhin à Rheichlingen, en amusant les autres colonnes avec quelques
faibles rideaux de troupes, l'ennemi eût été certainement
battu. Mais encore faut-il, pour réussir des manœuvres
de ce genre, qui seules, à la guerre, sont décisives,
avoir sous la main une armée bien concentrée ! (1) »

---

(1) L'archiduc Charles à l'archiduc Ferdinand, Prague, 16 mai
1800 (*K. K. Arch.*).

PIÈCES JUSTIFICATIVES

PIÈCES JUSTIFICATIVES [1]

Le général en chef Moreau au Consul Bonaparte sur la campagne prochaine.

Au quartier-général, frimaire an VIII (décembre, 1799) [2].

Les projets des ennemis ne peuvent être que de chercher à pénétrer dans l'intérieur de la République, si nous ne parvenons pas à pénétrer chez eux.

Le tenteront-ils par le midi ou par l'est de la France? Je crois inutile de chercher à démontrer qu'ils ne chercheront pas à s'emparer de l'ancienne Provence, cela ne les mènerait à aucun grand résultat. Si, au contraire, ils avaient des succès en Helvétie ou sur le Rhin, ils trouvent par la Bourgogne et la Franche-Comté une frontière entièrement ouverte, ils feront donc leur effort avec leur armée d'Allemagne.

Que doivent-ils craindre de nous? L'invasion en Allemagne, puisqu'elle nous présente également une frontière sans défense. Celle d'Italie les inquiète moins puisqu'ils sont maîtres de toutes les places, qu'elle sera plus lente et qu'elle nous présente à succès égaux moins de chance pour la paix. Je crois plus facile d'aller à Munich qu'à Vérone et je pense que l'Empereur demandera plus tôt la paix quand nous serons maîtres de la Bavière que de la Cisalpine.

Je suppose l'armée d'Italie sur l'Adige, les Autrichiens peuvent encore tenir le Rhin, mais si nous avions pénétré en Allemagne avec quelques succès bien prononcés, je crois que l'armée ennemie d'Italie affaiblie par des détachements en Allemagne donnerait beaucoup de facilité à la nôtre [3] de voir le succès.

D'après ces réflexions je crois inutile d'insister pour qu'on assure par tous les moyens possibles à l'armée du Rhin tant pour tâcher de pénétrer en Allemagne que pour défendre la frontière la plus exposée de la République.

MOREAU.

---

(1) Toutes ces pièces proviennent des Archives historiques du Ministère de la Guerre (Armée du Rhin, 1800).

(2) La date exacte manque.

(3) Un mot illisible.

Mémoire du général en chef Moreau au Consul Bonaparte sur l'armée du Rhin.

Au quartier-général à Paris, le 29 frimaire an VIII (20 décembre, 1799).

Le sort de la République française va être décidé à l'armée du Rhin. L'ennemi est comme nous intéressé à faire la guerre d'invasion sur cette frontière ; tous les moyens du gouvernement doivent donc se réunir sur ce point.

On fait marcher de l'armée du nord six demi-brigades, donnant au plus un total de 10 à 12,000 hommes : mais en même temps on tire de l'armée, pour l'Italie, deux demi-brigades d'élite et complètes fortes d'environ 5,000 hommes. Quinze ou seize cadres incomplets à la vérité mais qu'une incorporation de bataillons auxiliaires aurait portés à 12 ou 13,000 hommes, étaient en marche pour l'armée, mais viennent d'avoir une autre destination. Cependant ils eussent été d'une grande utilité dans une armée aussi étendue, où il faut laisser derrière des garnisons considérables, qui seraient très bien occupées par des troupes à former tandis qu'à présent il faudra y laisser des corps que l'on aurait employés utilement en campagne.

Ces observations n'ont pour but que de démontrer que l'armée du Rhin loin de recevoir d'augmentation, se trouve à peu près au même complet où elle était, et a même perdu de ses meilleurs corps.

Personne n'étant plus à portée de juger de l'importance de l'armée du Rhin que le Consul Bonaparte, je ne ferai aucune demande et je puis l'assurer qu'il doit compter sur mon zèle et mon dévouement pour tirer le meilleur parti possible des forces qui me seront confiées ; elles sont à la vérité considérables, mais la ligne sur laquelle elles doivent opérer est immense et la quantité de grandes forteresses qui s'y trouvent exigent beaucoup de troupes inutiles pour la guerre. MOREAU.

Bonaparte à Moreau, 30 frimaire an VIII (21 décembre 1799). — Imprimée dans la *Correspondance de Napoléon*, t. VI, p. 38.

Lecourbe, lieutenant-général, commandant l'aile droite, au général en chef Moreau.

Au quartier-général à Zurich, le 30 frimaire an VIII (21 décembre 1799).

Malgré les peines que je me donne, mon cher général, je crois qu'il sera impossible de nourrir l'armée en Helvétie pendant l'hiver. Je suis arrivé hier de faire une tournée sur la ligne et je me suis convaincu de l'épuisement total du pays, surtout en fourrages.

Je suis obligé de renvoyer sur les derrières une grande partie de la cavalerie, j'utilise aux transports une partie des chevaux de l'artillerie que j'ai aussi placés sur les derrières par échelons.

Jusqu'à présent nous vivons, mais au jour le jour, et les transports deviennent plus difficiles, par le froid excessif qu'il fait, et la quantité de neiges tombées. Dans la circonstance où nous nous trouvons, la seule mesure à prendre serait de proposer un armistice au prince Charles qui l'accepterait si la proposition partait du Ministre de la guerre, par exemple, il m'a refusé celui que j'avais fait sur le Rhin que parce que, a-t-il dit, il ne voulait point de suspensions d'armes partielles, mais j'ai rempli mon but. Mais, je vous le répète, mon cher général, tant que les consommations en Helvétie excéderont les moyens de transports humainement possibles, nous serons dans une triste alternative.

Si je connaissais vos intentions et celles du gouvernement, j'essaierais de faire quelques propositions, à moins que vous n'ayez l'intention d'agir pendant l'hiver, ce que je ne crois pas praticable.

Une autre mesure bien nécessaire serait de songer sérieusement à compléter nos cadres par les bataillons auxiliaires qui, la plupart, sont mal composés en officiers.

Les ennemis se recrutent considérablement et s'organisent, ils se trouveront, par ce moyen, en état, avant nous, de commencer la campagne. Nous ne prenons aucun moyen pour compléter nos régiments de cavalerie, nos demi-brigades; tous les bataillons auxiliaires qui arrivent ne sont point armés; à quelques exceptions près, peu sont habillés. Je pense qu'il n'y a d'autres moyens pour les utiliser et pour le bien de la République que leur incorporation.

Je vous ai déjà prévenu, mon cher général, que je ne correspondais plus qu'avec vous, cependant, puisque vous ne me répondez pas, je vais instruire le Ministre de la guerre de ce dont je vous ferai part. On enlève beaucoup de généraux, ceux qui viennent à leur place et ceux qui sont à la ci-devant armée du Rhin ne sont pas bien fortunés. Songez bien que nous n'avons pas un sol en caisse.

Je vous préviens aussi que j'ai donné des ordres en votre absence, comme commandant en chef, pour tirer quelques fonds de Mayence, ainsi qu'une contribution que j'ai frappée sur la

Lahn. J'espère que personne ne s'y opposera vu que les troupes de l'aile gauche sont presque au courant.

Prévenez-moi du jour de votre départ de Paris afin que je ne vous écrive pas lorsque vous en seriez parti. Mais ne partez pas sans argent, sans souliers et sans capotes. Il fait ici un froid excessif.

Salut, amitié et attachement.　　　　　　　LECOURBE.

Bonaparte à Berthier, Paris, 30 frimaire an VIII (21 décembre 1799). Imprimée dans la *Correspondance de Napoléon*, t. VI, p. 39.

Le général en chef Moreau au Ministre de la guerre.

Au quartier-général à Zurich, le 8 nivôse an VIII (29 décembre 1799).

Je suis arrivé le 5 à Bâle, mon cher général, et seulement le 7 à Zurich par un temps et des chemins couverts de glace, il n'y a rien de nouveau ici, j'ai envoyé de Bâle un courrier au Bas-Rhin pour savoir s'il y avait quelque chose de nouveau. Je vais établir le quartier-général à Bâle, cette ville est placée assez au centre des opérations et la communication avec Paris est facile.

J'envoie ordre au général Schauenbourg de reprendre ses fonctions d'inspecteur du corps d'Helvétie. Je n'ai eu qu'à me louer de ses talents et de son activité dans ces fonctions pendant que j'ai commandé l'armée du Rhin. J'attends le général Chaumont pour le corps de gauche.

J'aurai attention de désigner à vous seul les lettres qui ne devront pas passer dans vos bureaux.

Le général Masséna emmène presque tous les généraux de division de cette armée, j'attends impatiemment le général Saint-Cyr. Je compte également que vous m'enverrez le général Grenier, il a dû vous écrire de la manière la plus pressante pour venir à cette armée et vous êtes sûrement assez instruit des derniers événements d'Italie pour savoir qu'il ne peut pas désirer d'y continuer ses services et vous savez que les hommes doublent de force quand ils sont placés à leur convenance.

Je vous expédierai demain un courrier pour vous faire part de la situation administrative de l'armée qui n'est nullement brillante.

Salut et amitié.　　　　　　　　　　MOREAU.

Le Consul Bonaparte m'avait promis une armure pour le général Lecourbe, je n'ai pu attendre qu'elle soit achevée pour l'emporter. Je vous prie de me la faire envoyer, les services importants que cet excellent officier a rendus à la République lui donnent tous les droits possibles à ce témoignagne de satisfaction du gouvernement.

Les ordonnances que vous avez dû expédier le jour de mon départ pour assurer les services avant la mise en activité des entreprises ne sont pas encore arrivées.

Le général Moreau au Ministre de la guerre.

12 nivôse an VIII (2 janvier 1800).

Nous étions au bout de nos finances, mon cher général. Sans l'arrivée du général Dessolle en vérité on ne savait plus où donner de la tête : tout manquait. La gelée forçait à avoir recours aux transports par terre, et vous jugez ce que c'est que de porter les vivres à une armée sur une étendue comme celle qu'occupe celle-ci, avec des voitures dans un pays épuisé.

Je n'ai pas encore l'arrêté qui désigne les départements qui doivent verser le montant de leurs recettes dans la caisse de l'armée. Il est cependant très urgent qu'il arrive, sans cela je serai obligé de vous tourmenter continuellement.

Vous n'avez pas un moment à perdre pour envoyer un à-compte de la solde. Il est dû ici sept millions sans compter le corps du Bas-Rhin. On vient encore de m'enlever d'ici la 43ᵉ demi-brigade. Je vous assure qu'il est dangereux de diminuer cette armée. C'est elle qui décidera du sort de la République. Ainsi le gouvernement ne doit rien négliger pour assurer ses succès. Aussi me suis-je borné à faire connaître ses besoins sans la ténacité des sollicitations. Vous êtes convaincu de ces vérités, mon cher général. Votre gloire est attachée à ce que la campagne prochaine soit plus heureuse que la dernière, et c'est où l'ennemi fera son effort et où nous sommes intéressés à faire le nôtre qu'on doit réunir les plus grands moyens. L'armée autrichienne d'Italie envoie à celle du prince Charles 15,000 hommes. Nous envoyons à celle d'Italie 5 ou 6,000 hommes. Les Russes sont encore en Bavière et peuvent revenir, alors nous aurions une infériorité effrayante, et certes l'armée d'Italie ne parviendra pas à nous dégager. Tout cela doit être pris dans la plus haute considération.

On m'annonce qu'on veut m'enlever d'ici le citoyen la Riboisière, directeur du parc d'artillerie; mais je le garderai jusqu'à de nouveaux ordres. Le déplacement des officiers à cette armée est tel qu'elle peut se trouver à cet égard dans le plus grand danger.   MOREAU.

Le général en chef Moreau au général Bonaparte, Premier Consul de la République française.

Zurich, le 12 nivôse an VIII (2 janvier 1800).

Me voilà, mon cher général, à l'armée du Rhin et je l'ai trouvée dans un état bien malheureux, aucun service assuré, un arriéré de solde immense, sans capotes et sans souliers par le froid le plus rigoureux, enfin à la veille de sa désorganisation dans un pays épuisé, et que nous serons forcé d'abandonner si on ne vient promptement à notre secours.

Les nouvelles du Bas-Rhin ne sont guère plus rassurantes, on a levé les ponts du Rhin derrière Kehl et Brisach. Les troupes y sont sans vivres et sans bois, exposées à toutes les intempéries sans pouvoir y être soutenues. Je vais m'y rendre, j'y envoie d'avance mon adjudant général avec des ordres pour toutes les suppositions possibles, surtout celui de rétablir les ponts coûte que coûte. Il y a tant de choses à faire partout qu'il faudrait dix corps; cependant si j'assure un peu les subsistances, Lecourbe me mènera bien cette partie.

Le général Masséna m'enlève d'ici presque tous les généraux et comme vous pensez il ne prend pas les plus mauvais, on m'avait promis Saint-Cyr et Grenier, ils me sont indispensables, car s'y j'étais attaqué demain, je ne saurais comment faire.

Les troupes ici sont bonnes, il n'en est pas de même du Bas-Rhin, on vient encore d'en faire partir le meilleur corps pour Paris. Deux d'élite sont partis pour l'Italie.

Il résulte de tout cela que je pourrai réunir dans toute l'étendue de l'armée à peine 100,000 hommes.

On ne peut abandonner sans troupes l'Helvétie puisqu'il faut s'y garder du côté des frontières de la Lombardie, du Piémont et des Grisons, la grande quantité de places depuis Dusseldorf jusqu'à Besançon exigeront également des garnisons, de sorte que je ne prévois pas pouvoir aborder l'ennemi avec plus de 60,000 hommes.

Le prince Charles a actuellement environ 60,000 Autrichiens. Il lui vient d'Italie on dit 15,000 mais je n'en suppose que 10,000. Les troupes des cercles et les paysans armés seront plus gênants que dangereux. Les Russes restent encore en Bohême, Bavière et Haut-Palatinat; s'ils reviennent il faudra un grand effort pour cette armée.

Il sera impossible d'entrer en campagne aussi promptement que vous le désirez. Rien n'est organisé et la rigueur de la saison rendra les communications impraticables d'ici longtemps.

J'ai demandé un passeport au prince Charles pour votre courrier. Il vient de m'écrire qu'il ferait passer votre dépêche à l'Empereur si je voulais la lui envoyer et qu'il venait de faire demander à Vienne des passeports. Je les attendrai, à moins que par le retour de mon courrier vous ne me donniez d'autres ordres.

Vous m'avez promis une armure pour le général Lecourbe; il la mérite bien par les grands services qu'il a rendus dans la campagne dernière. Je l'ai assuré de la confiance et de l'estime que vous avez pour lui.

Salut et amitié.   MOREAU.

P.-S. — Le général Dessolle arrive et m'apporte un peu d'argent, mais pour vivre il faudra ses secours pour la solde. Les glaces rendent la navigation impossible ce qui rend les transports bien difficiles.

Dans l'organisation de l'ordre judiciaire je vous prie de vous rappeler du frère du général Lecourbe, homme de loi instruit et actuellement employé chez le Ministre de la justice. Je suis persuadé que vous recevrez de lui les meilleurs témoignages et à mérite égal les services de son frère lui donnent des droits à votre souvenir.

Le général Moreau au Ministre de la guerre.

Zurich, le 12 nivôse an VIII (2 janvier 1800).

A mon départ de Paris, le Ministre de la guerre m'avait prévenu que des fonds étaient faits pour assurer les services de l'armée en attendant la mise en activité des entrepreneurs; rien n'est encore arrivé et l'armée est dans un tel état de souffrances que je crains d'être le témoin de sa désorganisation. Toutes les ressources de ce pays et des départements voisins sont épuisées.

Le corps du Bas-Rhin est dans un état aussi déplorable. Il vit actuellement sur les approvisionnements de siège; cela peut faire juger de l'extrémité où il est réduit.

L'arriéré de solde est effrayant; l'habillement est dans un état non moins alarmant; il y a réellement de la cruauté à exposer nos malheureux soldats, à demi-nus, aux rigueurs de la saison.

Les entrepreneurs qui doivent prendre les services au 1er pluviôse n'ont encore envoyé personne à l'armée, et certes il leur faudra plus de quinze jours pour faire les dispositions qu'exige l'assurance des services.

25

Il serait affreux de me voir obligé, pour éviter la désorganisation de l'armée, de la faire rentrer sur le territoire de la République, en abandonnant l'Helvétie qui ne présente plus la moindre ressource, puisque toute la cavalerie et plusieurs corps d'infanterie ont déjà quitté la première ligne ne pouvant pas vivre; les autres manquent journellement et nous nous voyons, par ce seul motif, à la veille de renoncer aux succès qu'on doit se promettre de l'armée du Rhin.

On m'avait également assuré que tous les paiements se feraient à l'avenir à l'armée, que tous les fonds qui lui étaient destinés seraient versés chez le payeur général et que j'en ferais la répartition à raison du besoin de chaque service. Cependant il m'arrive un état d'ordonnance de 240,000 francs qui auraient pu avoir, au moins en partie, une destination plus utile.

Le Ministre de la guerre doit être convaincu que ce n'est qu'à l'armée qu'on peut connaître les plus urgents de ses besoins.

Sur la demande du général Masséna, il vient de partir de l'armée une grande quantité d'officiers généraux; il était convenu qu'on m'enverrait en remplacement les généraux Saint-Cyr et Grenier et il paraît que le gouvernement change d'opinion à cet égard. On m'envoie au contraire des officiers nullement connus des troupes et qui n'ont pas fait la guerre. Je serai même forcé d'en mettre à la disposition du Ministre de la guerre plusieurs qui ne peuvent être employés utilement, de sorte que s'il fallait agir actuellement je ne saurais à qui confier les divisions et les brigades.

On m'avait également assuré que je disposerais seul des commandements dans l'étendue de l'armée, cependant on envoie, des bureaux de la guerre, des officiers généraux pour prendre des commandements dans son arrondissement.

J'avais demandé qu'on m'envoyât de Paris la 96ᵉ demi-brigade et loin de cela j'apprends qu'on vient de faire partir du Bas-Rhin, pour cette ville, la 43ᵉ. Si on ne la remplace pas par quelque corps d'élite, puisqu'en voilà déjà trois qu'on enlève à cette armée, je me trouverai au commencement de la campagne en infériorité. Car actuellement l'ennemi reçoit, non seulement du renfort et des recrues de son intérieur, mais il en tire de considérables de son armée d'Italie et nous faisons l'inverse.

D'après cet exposé, je prie le Ministre de la guerre d'ordonner que les fonds destinés à l'armée soient tous versés dans la caisse du payeur général pour y être répartis entre les différents services d'après leur urgence, de vouloir bien donner des ordres dans ses bureaux pour qu'on n'envoie pas de généraux à des commandements déterminés; leur destination dans l'étendue de l'armée ne devant leur venir que du général en chef,

d'envoyer le plus promptement possible à l'armée les généraux Saint-Cyr et Grenier. Sans les promesses qui me furent faites à cet égard, je n'aurais sûrement pas consenti à prendre une armée dont on faisait partir presque tous les généraux de division qui avaient combattu à la tête des troupes,

de ne m'envoyer d'officiers généraux que d'après la demande que j'en ferai; puisque je suis à la veille de prier le Ministre de la guerre d'en rappeler plusieurs de l'armée, il n'est pas juste que je sois forcé d'employer à l'armée ceux qu'on ne veut pas ailleurs, et qui n'ont servi que dans l'intérieur.

Je ne dois pas dissimuler au Ministre de la guerre combien les envois de fonds sont urgen's; tous les services sont au moment de manquer.

Le général en chef : Moreau.

P.-S. — Le général Dessolle vient d'arriver et m'apporte les lettres de crédit. Ces moyens nous feront aller quelque temps.

Le général en chef au général Bonaparte, Premier Consul de la République française.

Quartier-général de Bâle, le 19 nivôse an VIII (9 janvier 1800).

Mon cher général, nous sommes dans une détresse affreuse : aucun service n'est assuré, votre arrêté sur l'exportation des grains, excellent pour détruire des abus, a été mal interprété, et les départements s'étayant de sa stricte exécution ont cessé leur versement, de sorte que nous sommes à la veille de mourir de faim.

J'ai pris un arrêté qui vous sera communiqué par le Ministre de la guerre et de la police, pour faire entrer en Helvétie les grains nécessaires à l'armée, j'ai pris toutes les précautions nécessaires pour diminuer l'abus.

Vous serez forcé de nourrir la Suisse, cela est indispensable, sans cela le peuple sera réduit au désespoir : et puis il ne faut pas vous dissimuler que la fraude est impossible à empêcher entre deux pays où il n'y a pas de barrière physique et où il y a une telle disproportion de prix entre les denrées prohibées; la différence est d'environ 150 p. 100 pour le prix des grains. Il faut donc se déterminer à un grand sacrifice en faveur de ce peuple.

Mais il faut le faire par une opération que je puis traiter avec le gouvernement et où l'on pourra stipuler des avantages pour l'armée. C'est le seul moyen d'empêcher les opérations des particuliers toujours nuisibles à l'intérêt général et pleines d'abus.

Il est temps de faire un sacrifice pour la solde et l'habillement : tous ceux qui n'ont pas volé sont ici à l'aumône, cela est exact; jugez ce qu'on peut attendre de troupes réduites à une telle extrémité. Nous allons jouer le sort de la République, vous n'avez pas un moment à perdre pour nous donner le plus beau jeu possible.

Pourquoi nous a-t-on tiré de l'aile gauche la meilleure et la plus nombreuse des demi-brigades? tandis qu'il y en avait beaucoup qui ont souffert dans la campagne et qu'un séjour dans l'intérieur aurait bien remis.

On nous a envoyé ici un crédit sur des banquiers de Bâle et ils ne veulent pas payer jusqu'à de nouvelles explications. Il semble que toutes les fatalités me soient réservées. Je sens que je n'aurais dû quitter Paris qu'au même moment que le général Masséna.

Je pars à l'instant pour Strasbourg. Le corps de gauche est au moins aussi mal que la droite, je n'ai personne pour le commander. Le général Saint-Cyr, qui m'était promis d'après les arrangements dont vous avez été témoin avec Masséna, ne vient pas. Pendant ce temps, l'ennemi se renforce, s'organise et se recrute. Je vous prie de ne pas perdre un instant pour nous assurer quelques moyens qui rendent un peu d'énergie à cette armée en général très bonne, mais qui commence à murmurer de l'espèce d'abandon où on la laisse.

Je vous envoie copie d'un décret du Sénat; ils ont aussi fait leur petit changement. J'ai trop à m'occuper de mon affaire pour me mêler des détails de cette opération, aussi ne vous en dirai-je rien, la diplomatie vous en instruira sûrement plus particulièrement. Tout cela se fera tranquillement et ne paraît pas déplaire, car on était bien mécontent, surtout des sommes trop considérables que coûtait le gouvernement.

Je vous donnerai de mes nouvelles de Strasbourg et ensuite je vous enverrai un officier pour vous donner des détails et provoquer quelques changements sur le personnel.

Le général Dessolle écrit très en détail au Ministre de la guerre; parlez-lui pour nous, car je crains qu'il n'ait fait sa paix avec Masséna un peu à nos dépens.

Salut et amitié.

MOREAU.

Le général Dessolle, chef de l'État-major général de l'armée, au Ministre de la guerre.

Bâle, le 21 nivôse an VIII (11 janvier 1800).

Le général en chef vous a déjà indiqué, dans la lettre qu'il vous écrit par le même courrier, l'état de détresse dans lequel se trouvent tous les services de l'armée ; je viens vous en rendre un compte plus détaillé.

L'armée est au moment de manquer pour les subsistances, sans que nous sachions comment y remédier, la voie des achats et celle des réquisitions sont nulles.

Les fonds provenant des lettres de crédit des banquiers de Paris sur Bâle et Strasbourg éprouvent des lenteurs et des difficultés dans leur rentrée, qui les empêchent d'être disponibles jusqu'à une époque qu'on ne saurait déterminer, et même les maisons de Bâle refusent entièrement cette opération, à raison, disent-elles, des conditions onéreuses qu'elle présente. Il en résulte qu'il n'y a pour le moment dans les mains de l'ordonnateur en chef aucun fonds pour les achats.

Les Consuls ont pris un arrêté relatif à l'exportation des grains à l'étranger, que le ministre de la police générale applique même dans sa lettre d'envoi, aux pays occupés par les armées de la République. Cependant, comme il n'avait jamais été formé de magasins à la suite de l'armée et que les convois successifs et journaliers venant de l'intérieur de la France étaient les seules ressources qui l'alimentaient, il a fallu forcer la défense adressée par le Ministre de la police aux barrières des environs de Bâle, Pontarlier et Genève ; à cet effet, le général en chef a pris un arrêté dont j'ai l'honneur de vous adresser copie, il a prévu autant que possible les abus pour les prévenir, je fais sentir au Ministre de la police, en lui adressant copie de cet arrêté, que l'approvisionnement de la Suisse sagement combiné est le seul moyen d'empêcher l'abus de l'exportation, et que toute prohibition antérieure à cet approvisionnement ne fait que l'encourager loin de le détruire. L'arrêté des Consuls et les dispositions du Ministre de la police une fois connus des départements frappés de réquisition pour l'armée d'Helvétie, ils ont cru devoir cesser leur versement ; ils en étaient trop fatigués pour ne pas saisir ce prétexte, de sorte que toutes les réquisitions paraissent avoir cessé en même temps et sur tous les points. Jugez quelles vont être sous peu de jours les dispositions de 70,000 hommes stationnés sur un territoire stérile, difficile dans ses communications et dévoré depuis deux ans par une armée. Vous en sentirez la conséquence, et vous donnerez sans doute des moyens pour prévenir des malheurs certains, si l'on ne se hâtait d'y remédier.

Nous ne pouvons espérer de voir remplir au 1er pluviôse, les différents services par les compagnies que vous en avez chargé ; car nous sommes au 21 nivôse, sans qu'aucun ne soit encore parvenu au commissaire ordonnateur, ni aucun employé rendu auprès de lui.

Le général en chef me charge aussi de vous parler des besoins de la solde, tout le monde souffre et plusieurs murmurent. Les officiers généraux sont sans moyens, et s'il en est parmi eux qui jouissent d'une position plus heureuse, c'est qu'ils l'ont obtenue par des moyens indirects, presque excusés par l'état de détresse de ceux qui les ont constamment repoussés.

Le commissaire ordonnateur vous a déjà fait connaître les besoins de l'armée pour l'habillement de l'équipement. Il me reste à vous dire qu'à cet égard, le général Moreau vient de faire un sacrifice de 50,000 francs pour des capotes et des souliers. Il serait urgent pour la santé du soldat, sous un ciel aussi rigoureux, que chacun fût déjà nanti d'une capote et d'une paire de souliers. Le reste de l'habillement pourrait venir plus tard et n'est pas d'une nécessité aussi urgente.

Je vous adresse par le même courrier les bases de l'incorporation des bataillons auxiliaires dans les demi-brigades de l'armée, convenues entre l'inspecteur général et le général en chef ; vous y verrez que le nombre de bataillons auxiliaires actuellement dans l'armée n'est pas suffisant pour les porter au complet, et que le général en chef vous demande de nouveaux bataillons.

Nos ressources en fusils d'après des notes peut-être inexactes, se portent à environ 14,000. Ces moyens se trouveront consommés par la seule incorporation des conscrits, et si l'on ne fournissait les arsenaux de nouveau, l'armée se trouverait sans remplacement par les pertes qu'elle éprouvera dans le courant de la campagne. Plusieurs ateliers de réparation sont en activité, et le général commandant l'artillerie fait une tournée au retour de laquelle il vous adressera la liste de nos ressources et de nos besoins.

Veuillez vous rappeler, citoyen Ministre, que l'armée du Rhin doit être portée à 150,000 hommes. Comparez toujours les àcomptes qui lui sont adressés à la totalité de ses dépenses, et non pas aux secours qu'on peut envoyer aux autres armées composées d'un nombre d'hommes bien moins considérable.

Bonaparte à Berthier, Paris, 21 nivôse an VIII (11 janvier 1800). Imprimée dans la *Correspondance de Napoléon* t. VI, p. 94.

Bonaparte à Moreau, Paris 26 nivôse an VIII (16 janvier 1800). Imprimée dans la *Correspondance de Napoléon*, t. VI, p. 126.

Le général en chef Moreau au général Bonaparte, Premier Consul de la République française.

Quartier-général de Strasbourg, le 27 nivôse an VIII (17 janvier 1800).

Il est bien temps, mon cher général, de venir à notre secours. Cela est d'autant plus urgent, qu'en forçant un peu de moyens nous pourrions entrer bientôt en campagne et cela est pressant, mais il ne faut pas y penser avant qu'on ait pu donner à la troupe au moins la moitié de ce qui lui est dû pour solde; des capotes plus de la moitié de l'armée en manque, des souliers il n'y en a pas dans les magasins et les soldats sont nu-pieds, des armes la quantité qui manque est très considérable et outre qu'il faut compléter les corps il est nécessaire d'en avoir une quantité en réserve pour les remplacements ou bien, à la suite de chaque affaire nous aurions un manque de monde considérable faute de fusils. Je fais hâter l'incorporation des conscrits, mais la désertion est considérable et il faudra nous envoyer encore quelques bataillons pour le complément des corps. Je ferai une demande à cet égard au Ministre de la guerre.

Je viens de lui écrire pour vous demander une décision en faveur de la 1re et de la 8e demi-brigade de ligne à qui est dû par la République batave cinq mois de solde depuis germinal jusqu'en fructidor et que le gouvernement refuse de payer malgré une décision du Directoire que j'ai fait passer au Ministre de la guerre. Comme cet objet est considérable pour la République batave, puisque cela se monta à environ 7 ou 800,000 livres, ses agents à Paris l'ont esquivé et je crois même qu'ils ont fait d'assez gros sacrifices pour cela, mais je ne crains pas qu'ils réussissent sous le gouvernement actuel; cependant j'ai cru prudent de vous en prévenir, bien certain qu'il suffit de vous faire connaître les besoins des troupes pour que vous y donniez tous vos soins.

Je vous enverrai incessamment à Paris un officier pour vous faire beaucoup de demandes relatives à l'armée. Il est instant d'entrer en campagne, mais cela est impossible sans un sacrifice assez considérable et prompt.

Je n'ose pas me montrer aux troupes tant elles sont mécontentes et dans la misère.

Adieu, mon cher général, j'espère que nous serons heureux ici, nous n'avons à combattre que la misère et la faction autrichienne. Vous en avez là-bas à contenir de toutes les façons et de toutes les couleurs. Je ne doute pas que vous n'y parveniez.

Bucher vient de me prévenir que la cour de Vienne ne se charge plus de l'échange des prisonniers russes parce qu'ils seront en totalité à la charge de l'Angleterre, l'Empereur ne se chargeant que de leur fuite en Italie.

Recevez l'assurance de mon attachement.

MOREAU.

Je vais retourner à Bâle, ma droite est bien, j'attends Saint-Cyr pour organiser la gauche, ceci est un peu du roi Pétaud.

Le général en chef Moreau au général Bonaparte, Premier Consul de la République.

Quartier-général de Strasbourg, le 2 pluviôse an VIII (22 janvier 1800).

Il y a encore du mouvement et du mécontentement parmi les troupes, mon cher général, et cela pour la solde, il est bien instant de faire quelque chose pour elle et bien temps de se préparer à entrer en campagne, il est urgent de prévenir l'ennemi et surtout de profiter des changements que pourrait apporter dans son ordre de bataille l'arrivée des Russes; mais il faut donner quelqu'argent aux soldats et aux officiers qui sont dans la misère et ont l'air de squelettes, des capotes, des souliers et des armes. Comme vous me l'aviez dit les compagnies de fournisseurs sont arrivées ici sans le sou.

Il est urgent de changer les tribunaux militaires, ce sont des chicaneurs presque tous corrompus par le séjour des villes; on me dit que vous aviez donné au général Masséna de grands pouvoirs pour tous les objets; j'irais bien sans pouvoir sur beaucoup de choses; mais les corps administratifs peuvent m'opposer des entraves surtout pour la levée des chevaux et la rentrée des conscrits. La désertion a été effrayante et il faudrait m'envoyer encore quelques bataillons à incorporer. Mon projet est de prononcer la peine de mort contre les déserteurs.

Il y a dans l'administration générale de la guerre un abus que je dois vous faire connaître. Le Ministre de la guerre ne se regarde chargé que des subsistances et de l'équipement de l'armée et tous ses moyens se dirigent là quand on lui parle de solde.

C'est ou le Ministre des finances ou la trésorerie qui en sont chargés. Je suis persuadé que votre nouvelle organisation mettra tous les moyens dans la même main.

Je vous fais mon compliment pour votre lettre au roi d'Angleterre et pour sa réponse; je ne veux pas faire d'autre proclamation à l'armée, nos soldats sont assez intelligents pour voir d'un côté la franchise et le désir sincère d'une paix honorable et de l'autre la mauvaise foi et le projet de nous asservir.

Je viens de découvrir ici de qui sont les lettres qui me concernaient qui ont dû tomber entre les mains de quelques agents du gouvernement, vous m'avez parlé d'une qui venait de Hambourg. Je vous assure qu'elles sont très honorables pour moi; c'est l'ouvrage de M. Wickam et de Pichegru qui désiraient que je ne vienne pas à l'armée du Rhin, ils organisent toutes leurs intrigues à Augsbourg, ils ont beaucoup de correspondants sur nos frontières et particulièrement en Suisse, à Strasbourg et Mayence. Ce dernier est près du commissaire anglais sous le nom du major Peron, Villot y est avec lui. Je vous donne cet avis pour que vous vous teniez sur vos gardes.

A mon arrivée à Bâle je vous enverrai un officier qui vous donnera beaucoup de détails que ne comportent pas les bornes d'une lettre.

Je vous prie d'être bien convaincu de mon attachement.

MOREAU.

J'ai demandé au Ministre de la police la conservation de la gazette de Salzmann à Strasbourg, il me sert bien en Allemagne.

Note pour le Ministre de la guerre, sur les besoins et la situation de l'armée du Rhin, par le général Moreau, commandant en chef cette armée.

4 pluviôse an VIII (24 janvier 1800).

Solde. — La solde est arriérée de plus d'un million, c'est une des causes les plus actives de la désertion, du relâchement de la discipline et des mouvements d'insubordination qui ont lieu à la moindre occasion.

Pour conserver l'armée ensemble et pouvoir entrer en campagne, il est de la plus grande urgence qu'il soit payé de très forts à-comptes sur la solde.

Habillement. — L'habillement de l'année dernière est dû à la majeure partie de l'armée; l'infanterie surtout est presque nue et la plupart sans capotes, à l'exception des troupes arrivées de

la Hollande. Le soldat est sans souliers et il n'en existe pas
10,000 paires disponibles en magasin pour l'armée.

50,000 capotes et 100,000 paires de souliers sont indispensables
pour entrer en campagne; si ce premier article était fourni en
bonne étoffe et bien conditionné, il suppléerait au manque
d'habits jusqu'au printemps.

Armement et fonds pour l'artillerie. — Les arsenaux sont
épuisés en armes. Non seulement il n'en existe pas de remplacement, mais on peut porter à un sixième par corps le déficit
ou le nombre de celles non en bon état.

Les conscrits sont arrivés, la plupart mal armés, un grand
nombre même ne l'était pas.

Les fonds qui étaient annoncés pour l'artillerie ne sont point
encore arrivés; cependant le matériel de cette arme est dans un
état qui exige beaucoup de travaux et de dépenses.

Subsistances et fourrages et fonds pour ces services. — L'agent
de la compagnie Delambre chargé du service des vivres est arrivé
sans fonds ni crédit. Il en est de même de l'agent pour les fourrages.

Pour suppléer à ces compagnies on est réduit à employer pour
leur service les fonds annoncés et pour surcroît de contrariété
la maison Turckeim a prévenu que sur les 900,000 francs arrivés
en traites il ne serait pas possible d'en réaliser, dans le mois,
pour plus de 5 ou 600,000 francs vu la rareté du numéraire à
Strasbourg.

Le général en chef n'a encore reçu aucun avis de l'arrivée des
1,100,000 francs annoncés sur Bâle, soit en traites ou en numéraire. D'un autre côté ces traites envoyées à Strasbourg sur les
départements de la ci-devant Belgique n'ont pu être réalisées.
Ainsi des divers fonds annoncés et qui devaient servir en partie
à acquitter la solde, à peine en pourra-t-on en réaliser assez pour
soutenir, dans le mois, les services des subsistances et fourrages
et en distraire quelque chose pour des capotes et quelques milliers de paires de souliers.

Hôpitaux. — Les hôpitaux sont dans le dernier dénuement;
aucun fonds n'est fait pour ce service dont l'abandon donne lieu
au brigandage le plus ruineux pour la République. On annonce
un entrepreneur, il est bien à désirer qu'il arrive avec des fonds
pour remonter ce service.

Conscrits. — La désertion dans les bataillons de conscrits est
à son comble, les besoins, de tous genres, le défaut d'habillement et armement et un choix généralement mauvais d'officiers
ont été en grande partie les causes de ce désordre, dont l'effet

est de rendre presque nul aujourd'hui ce grand moyen de recrutement. Le gouvernement ne peut prendre de mesures trop promptes et trop sévères pour le renvoi des conscrits de l'armée.

Le général en chef est tellement persuadé de la nécessité de peines graves pour arrêter cette épidémie qu'il se propose d'y appliquer la peine de mort pour effrayer par quelques exemples.

Remontes. — Le gouvernement sera trompé dans le résultat de la mesure adoptée pour les remontes par la loi du 14 vendémiaire. Dans la plupart des départements à peine le recensement des chevaux est achevé, ce qui n'est qu'un préliminaire après lequel reste encore à faire la répartition et réunion des chevaux et toutes ces opérations seront à peine commencées à l'ouverture de la campagne. Un grand nombre de départements ont fait d'ailleurs, pour la fourniture de leur contingent, des abonnements avec des entrepreneurs qui ne présentent à la réception que des chevaux, soit de réforme, soit peu propres au service. Il est à craindre que l'urgence des besoins n'impose la nécessité d'en recevoir beaucoup de cette espèce ce qui rendra presque nul ce mode de remonte quoique très coûteux.

Le général en chef ne peut trop presser le gouvernement d'adopter une mesure quelconque pour prévenir cet abus et hâter la fourniture des remontes.   MOREAU.

Le général en chef, au général Bonaparte, Premier Consul de la République.

Quartier-général de (1)...., le 9 pluviôse an VIII (29 janvier 1800).

Je n'ai rien à ajouter, mon cher général, à la lettre que j'ai écrite aujourd'hui au général Clarke. L'adjudant général Berthier vous donnera quelques détails particuliers sur l'armée et vous fera connaître nos pressants besoins; mais j'espère dans une quinzaine vous rendre un bon compte de notre moral avec les secours que vous nous envoyez; mais il était temps.

Leclerc est arrivé et nous a porté quelqu'argent, mais il nous en faut beaucoup.

L'ennemi a cru que je voulais passer le Rhin du côté de Strasbourg et a fait quelques rassemblements du côté de Rastadt.

J'envoie un adjudant général du côté de Mayence, je crois que les Russes agiront de ce côté; cette place doit en employer beaucoup. Je vous renverrai cet officier à son retour, les détails qu'il vous donnera sur notre position seront intéressants.

Recevez mon compliment sur la manière vigoureuse dont vous

_____

(1) Manque.

menez votre affaire ; je ferai ici de mon mieux pour vous seconder ;
soyez persuadé de mon attachement.

MOREAU.

P.-S. — Notre armée doit vous effrayer quand vous réfléchirez
qu'il nous est dû environ 15 millions d'arriéré de solde, qu'elle
se monte par mois à environ 3 millions, le service des subsistances des hôpitaux, transports, artillerie, équipages, génie,
dépenses extraordinaires, etc., à 7 ou 8 millions au moins. Cela
est effrayant ; mais nous ne demandons que de quoi aller chercher chez nos ennemis ce que vous ne pouvez pas nous donner.

*Notes adressées au Ministre de la guerre par le chef de
l'État-major général de l'armée du Rhin.*

Quartier-général de Bâle, le 17 pluviôse an VIII (6 février 1800).

On approche du moment où la campagne va s'ouvrir ; le choix
du théâtre de la guerre appartiendra au premier qui aura pu
réunir son armée. C'est une chance trop avantageuse pour vouloir
la laisser à l'ennemi.

Pour réunir l'armée et la mettre en mouvement il faut des fonds
indépendants de ceux affectés au service courant. On a écrit déjà
plusieurs fois à cet égard ; on en fait aujourd'hui l'objet d'une
note particulière.

Le soldat est nu ; il est sans habits, sans vestes, sans culottes et
sans souliers ; il n'y a pas deux corps peut-être dans cette nombreuse armée qui puissent démentir cette assertion. Pour la vêtir
promptement, il faut au moins 100,000 paires de souliers et
50,000 capotes. On préfère les capotes aux habits comme moyen
d'habillement plus prompt et moins dispendieux.

Si l'armée se mettait en mouvement sans être vêtue, le soldat
ne pourrait fournir à des marches forcées, à des bivouacs continuels, et il serait à craindre que des maladies ne vinssent bientôt
l'affaiblir. Le soldat paraît épuisé ; il n'a point cet air de santé qu'on
devrait remarquer après le repos d'un quartier d'hiver. Les hôpitaux sont déjà trop habités : on a craint un instant des épidé-
mies, cela peut être attribué à la misère, au grand nombre de
jeunes recrues non encore aguerries et à un ordinaire peu réglé
dans lequel il n'entre jamais de légumes, puisque le soldat sans
solde n'a point les moyens d'en acheter.

Il faut donner deux mois de solde. Cette somme reçue en masse
outre l'aisance et le contentement qu'elle donnera au soldat, outre
la subordination et la discipline sévère qu'elle mettra en droit
d'exiger, outre l'état de découragement dont elle sortira l'officier,

outre la foule des abus nés d'une extrême misère qu'elle détruira, fournira dans les corps bien administrés à mille objets instants de dépenses intérieures, à mille besoins de détails imprévus.

État de Dépenses.

	POUR MONTER LE SERVICE	POUR L'APPRO-VISIONNEMENT D'UN MOIS.
Vivres pain..........................	90,000	1,740,937
Liquides et sel.......................	»	519,200
Fourrages............................	60,000	600,000
Vivres viande........................	»	525,000
Hôpitaux.............................	»	550,000
Transports auxiliaires................	»	24,000
Equipages à la suite des corps........	»	20,000
Equipages d'artillerie................	»	324,000
Habillement	»	640,000
Postes...............................	80,000	20,000
Fonds à la disposition de l'ordonnateur en chef pour paiement de gratifications de campagne, pertes d'effets, remboursement de chevaux de prises, dépenses imprévues et extraordinaires et fonds à la disposition du Général en Chef....	»	400,000
	230,000	5,363,137
Solde................................		6,400,000
		11,763,137
		230,000
TOTAL.........		11,993,137

Il faut un mois d'approvisionnements dans les magasins de l'armée en farines, avoines et eau-de-vie. Les premières marches de l'armée pour se porter en avant seront dans un pays stérile et dévoré par l'ennemi ; il lui faut 12 jours de route avant d'avoir pu se porter sur un pays en état de lui fournir des ressources. Le temps de se réunir, les obstacles que doit opposer naturellement l'ennemi, formeront le surplus des 30 jours demandés en approvisionnements. Joignez à cela l'intérêt politique de ne faire que faiblement sentir le fléau de la guerre sur les pays qui touchent nos frontières, celles de la Suisse surtout, où l'esprit est déjà exaspéré par les maux qu'on y attribue au séjour des Français sur le territoire helvétique ; en nourrissant le soldat exactement on préviendra les actes d'indiscipline et les excès de maraude et de pillage. Si l'armée était lancée en ce moment, pénétrée du sentiment profond de sa misère, il n'est pas d'excès et d'horreurs auxquels on ne doive s'attendre.

Il faut 30,000 fusils dans les arsenaux tant pour distribuer à l'instant que pour réparer les pertes des premiers combats. Les conscrits sont arrivés sans être armés, avec des fusils hors de service. Les anciens corps ont éprouvé pendant la dernière campagne des pertes qu'on n'a pu encore réparer.

Il faut des moyens pour les ambulances de l'armée, elles sont entièrement dépourvues. Linges de pansement, caisses d'instruments, moyens de transport, tout manque.

La force de l'armée étant présumée de 160,000 combattants, à quoi ajoutant le cinquième pour les parties pressantes, 200,000 hommes à nourrir, elle nécessite les dépenses ci-dessus.

Le général en chef au général Bonaparte, Premier Consul de la République française.

Quartier-général de Bâle, le 18 pluviôse an VIII (7 février 1800).

Votre aide-de-camp, le capitaine Duroc, m'a remis, citoyen Consul, votre lettre du 11 pluviôse.

Depuis que je suis à l'armée, nous avons reçu les *onze cent mille francs*, en lettre de change sur Bâle et Strasbourg.

Les *six cent mille francs* sur Strasbourg sont également en recouvrement par les soins du citoyen Turckeim.

Hier est arrivé le dernier transport des cinq cent mille francs dont le général a apporté une partie.

Indépendamment de cela j'ai obtenu du duché de Berg cent mille francs; le montant de nos recettes est donc de deux millions trois cent mille francs. Nous nous traînons avec ces fonds depuis le 1er nivôse et à l'aide de quelques restes de réquisitions que les départements devaient fournir.

Sur les fonds j'ai donné pour l'habillement......	114,000
Pour la viande.............................	350,000
Pain et autres fournitures extraordinaires tant aux agents de la compagnie Durieux qu'aux administrateurs des subsistances............	850,000
Fourrages.................................	300,000
Hôpitaux, artillerie, grain, postes, équipages des vivres, transports, militaires et autres dépenses extraordinaires..........................	200,000
	1,814,000

Il nous reste encore environ 500,000 francs que nous mènerons jusqu'à la fin du mois.

Avec les fonds que vous nous annoncez, je ferai payer un mois de solde sur-le-champ, et je vais faire commencer nos approvisionnements d'entrée en campagne. Il est impossible de commencer des opérations sur un pays assez stérile, et totalement épuisé sans avoir derrière nous un mois d'approvisionnement puisqu'il faudra y combattre au moins une vingtaine de jours, car nous ne pouvons espérer de ressources du pays qu'après avoir dépassé Ulm.

Si vous continuez à nous envoyer quelques moyens, j'espère que cette avance d'approvisionnements sera bien avancée dans trois semaines; nous aurons également obtenu des souliers, des capotes et des habits; je donnerai encore un mois de solde et alors nous irons chercher le reste de l'arriéré à coups de fusils.

Je vous envoie ci-joint un mémoire que le chef d'état-major envoie au Ministre de la guerre, contenant bien strictement ce qui nous est indispensable pour commencer; vous verrez que nous ne sommes pas exigeants.

Je donnerai au citoyen Duroc quelques notes sur mes projets. Si nous pouvions entrer les premiers en campagne je crois que le succès est assuré, mais si nous cherchions à le faire dans l'état de misère et de détresse où se trouve l'armée, il en résulterait évidemment les plus grands malheurs.

La patience du soldat a été admirable jusqu'à présent, mais il était à craindre qu'il ne se lassât; vos secours arriveront à temps et j'espère que nous vous donnerons les moyens de négocier la paix avec succès.

Il paraît décidé que les Russes s'en vont; on attribue ce changement à la demande formelle qu'avait faite Paul Ier de faire destituer et juger par des conseils de guerre les généraux autrichiens qui commandaient en Helvétie; ce sera 30,000 hommes de moins à combattre. Je n'ai encore rien d'officiel là-dessus; les premiers rapports m'en sont venus il y a quatre jours aujourd'hui, j'en ai qui les confirment avec quelques détails.

Vous m'avez autorisé par votre arrêté du 26 nivôse à faire entrer en Helvétie environ 36,000 quintaux de grains par mois pour la subsistance de l'armée. Mais si vous ne venez au secours de l'Helvétie, ce peuple malheureux va éprouver la disette la plus affreuse. Le Ministre de la guerre m'avait autorisé à entrer en négociations avec le gouvernement helvétique pour lui permettre d'extraire également de l'intérieur de la République des quantités suffisantes à l'approvisionnement du pays, moyennant quelques avantages que cela pourrait procurer à l'armée et j'avais écrit en conséquence à la commission pour cette négociation, mais les dispositions prohibitives de votre arrêté du 26 ne me permettent pas d'achever cette négociation qui pourra nous procurer, ou en nature ou en argent, environ le sixième des valeurs dont vous permettrez l'entrée, de sorte que si vous m'autorisez à traiter avec le gouvernement helvétique de l'entrée de 300,000 quintaux, il pourra y en avoir 50,000 pour l'armée.

Il est affreux d'exercer un tel monopole sur un peuple que nous avons ruiné; mais nos besoins le légitiment un peu. J'écris à ce sujet au Ministre de l'intérieur qui en fera sûrement l'objet d'un rapport pour vous. Une autre raison qui doit vous déterminer à approvisionner l'Helvétie, c'est que le grand avantage que donne la différence du prix de France à celui de ce pays rend la fraude très avantageuse et très facile à faire.

Le prince Charles m'a répondu relativement aux généraux Pérignon, Grouchy et Colli qu'ils n'étaient pas dans l'arrondissement de son armée, ni ses prisonniers, mais qu'il allait faire passer ma demande à son gouvernement.

Le citoyen Bauher me prévient que la commission autrichienne des échanges prétend que M. Mack n'est pas prisonnier autrichien, mais napolitain. Le Ministre de la guerre vous rendra sûrement compte de ces mauvaises chicanes diplomatiques.

Il me reste à vous prier, citoyen Consul, de faire tous vos efforts pour nous mettre en état d'entrer le plus promptement possible en campagne; si nous pouvons y être les premiers, je regarde nos succès comme certains.

Recevez..., etc.   MOREAU.

Bonaparte à Moreau, Paris, 22 pluviôse an VIII (11 février 1800). Imprimée dans la *Correspondance de Napoléon*, t. VI, p. 159.

Bonaparte à Moreau, Paris, 26 pluviôse an VIII (15 février 1800). Imprimée dans la *Correspondance de Napoléon*, t. VI, p. 168.

Le général en chef Moreau au général Bonaparte, Premier Consul de la République.

Quartier-général de (1)...., le 27 pluviôse an VIII (16 février 1800).

J'ai nommé le général Sainte-Suzanne mon lieutenant pour Mayence et la 26ᵉ division, mon cher général. Comme Mayence

_____

(1) Manque.

est loin de moi et qu'il faut sa garnison j'ai pris le parti de la confier avec de grands pouvoirs à un excellent officier qui lui fera jouer un très beau rôle que les Russes viennent ou ne viennent pas, ce qui est encore incertain ; les nouvelles d'aujourd'hui de l'Allemagne parlent de leur retour ; tout cela marche comme l'esprit de Paul Ier.

Si Souvorow vient et que le prince Charles reste, cela n'est pas dangereux : ils se détestent, se seconderont mal, et se feront probablement battre les uns après les autres. Mais si, comme on l'assure, le prince Charles est rappelé et qu'il soit remplacé par Kray, commandant les Autrichiens sous les ordres supérieurs de Souvorow, alors il faudra batailler sévèrement ; mais, avec les services qui nous arrivent, j'espère équiper l'armée et remonter son moral assez vigoureusement pour obtenir des succès. Je ne crains que l'armée d'Italie qui, si elle n'est pas contenue dans ce pays par la nôtre, viendra derrière nous par la vallée du Rhône ou le Gothard quand nous aurons débouché en Allemagne, et, pour éviter cela, il faut ou que le général Masséna débouche vigoureusement par l'Apennin si l'ennemi se dégarnit en Italie pour nous inquiéter, ou renforce considérablement sa gauche s'il ne peut prendre l'offensive.

Le nouveau gouvernement helvétique se conduit assez mal avec nous, nous les avons assez maltraités pour qu'ils ne nous aiment pas ; mais ils pourraient se dispenser de montrer une mauvaise volonté aussi prononcée. On a mille peines à en rien obtenir pour l'armée, quelques-uns même de leurs agents joignent l'insolence aux refus. J'ai commencé à m'en plaindre modérément. Si cela continue, je vous en rendrai un compte officiel. Malgré cela, il est instant de m'autoriser à leur donner du grain, la disette pourrait y amener des insurrections, surtout au commencement de la campagne quand je laisserai peu de monde en Helvétie, et puis nous en tirerons un grand parti pour les subsistances de l'armée.

Duroc couvre l'Helvétie, je compte le trouver à Bâle à mon retour. L'ennemi est tranquille dans ses cantonnements. S'il faisait quelques mouvements importants, je vous en instruirais.

L'ennemi fait comme nous, il s'équipe et se recrute. Si les Russes viennent, nous aurons une infériorité assez considérable, elle sera remplacée par le défaut d'ensemble et l'appui de Mayence. S'ils ne viennent pas, nous aurons quelque supériorité en infanterie et une assez grande infériorité en cavalerie. Après le paquet de Mayence, ce qu'il faudra laisser en Helvétie et quelques garnisons indispensables, je présume pouvoir entrer en campagne avec une centaine de bataillons à 700 hommes chaque et environ 10 à 12,000 chevaux bien équipés que la rentrée du 40ᵉ à cheval pourra entretenir à la même force. Je ne présume pas pouvoir réunir plus de 120 bouches à feu dont moitié artillerie légère; tout cela est brillant, mais l'ennemi pourra nous en opposer autant. Mais la bonne manière dont vous avez mené votre guerre des Chouans nous donnera quelques forces disponibles pour remplacer les pertes.

Adieu, mon cher général, recevez mes sincères félicitations sur la confiance que fait renaître votre bon gouvernement et l'assurance de mon attachement.

Salut et amitié.   MOREAU.

J'écris à Berthier pour faire diminuer la solde des guides encore conservée à 33 francs par jour. C'est actuellement un abus; cela était bon dans le temps qu'il y en avait vingt-cinq par armée, obligés de soigner plusieurs chevaux pour les guides du pays qu'ils étaient chargés de procurer; leurs fonctions ayant changé, je crois important de les ramener à un régime moins dispendieux; ils seraient très bien payés à 15 ou 20 francs par jour.   MOREAU.

L'ordonnateur en chef m'assure à l'instant que rien n'a encore été versé dans les magasins de l'armée depuis que j'y suis; mais il a comme moi beaucoup d'annonces d'objets en route.

Bonaparte à Moreau, Paris, 27 pluviôse an VIII (16 février 1800). Imprimée dans la *Correspondance de Napoléon*, t. VI, p. 171.

Note sur la campagne prochaine

18 février 1800.

Il faudrait trois corps d'armée. — Armée du Rhin, d'Italie et de réserve.

L'armée du Rhin...............	120,000 hommes
— d'Italie.................	50,000 —
— de réserve.............	60,000 —
	230,000 hommes
Note à Paris...................	4,000 hommes
— en Hollande..............	12,000 —
— Ouest....................	20,000 —
Reste de l'intérieur...........	30,000 —
	66,000 hommes
	230,000 —
	296,000 hommes

L'armée du Rhin devrait commencer son mouvement dans le courant de mars, le général qui la commande devrait réunir toutes ses troupes, depuis Neuf-Brisach jusqu'à Schaffouse. L'on suppose qu'il pourra réunir sur cette ligne : infanterie, artillerie et cavalerie, 120,000 hommes.

Il se porterait avec toutes ses forces sur Stockach et de là sur Ulm et dans la Bavière. Pendant cette opération il est difficile de prévoir les mouvements de l'ennemi; ils dépendent absolument de ses quartiers d'hiver et du degré d'éveil qu'il aura. On les suppose en mesure et attendant le premier mouvement de l'offensive pour la saisir lui-même. Alors il arrivera qu'il la prendra sur sa droite, marchera à la rencontre des Français, ce qui donnera lieu à une bataille importante, ou il concentrera ses forces sur Ulm pour laisser engager les Français, et lorsqu'il jugera que l'armée française est suffisamment engagée, fera marcher par Feldkirch une grande partie de l'armée pour envahir la Suisse. Et comme dans ce mouvement militaire sa ligne d'opérations pourra être sur Innsbruck et que dès lors elle ne se trouverait pas interceptée par le mouvement du gros de l'armée française en Bavière, il s'ensuit que ce mouvement par Feldkirch serait indépendant des succès des Français, que la Suisse serait envahie, la ligne de l'armée française interceptée et les frontières de la République menacées, mouvement tellement pressant qu'il rappellerait l'armée de Bavière, rendrait les succès inutiles et la moindre défaite excessivement périlleuse. Le général français doit donc se conduire selon les circonstances et les événements. Si avant de commencer le mouvement les ennemis ont une ou plusieurs divisions à Feldkirch, le général français devra faire menacer d'attaquer ce point et y laisser en opposition un pareil nombre de troupes. Et comme un grand avantage de l'offensive est de se trouver maître de son point d'attaque et dès lors de se porter avec le plus de force possible sur le véritable point d'attaque, le général français devra affaiblir le plus qu'il pourra les divisions d'observation à l'instant où il s'agirait de donner un coup de force à la droite de l'ennemi que l'on supposerait tenir à Stockach ou plus près du Rhin.

Mais si l'ennemi ne tient pas à Stockach et qu'il paraisse décider à céder la partie de la Souabe jusqu'à Ulm, il est alors indispensable : 1° de laisser dans la Suisse un détachement proportionné à celui de l'ennemi à Feldkirch; 2° faire un détachement dans un moment favorable pour menacer l'ennemi de se porter sur les derrières de Feldkirch et l'obliger à se porter plusieurs jours en arrière de cette position, de manière que, lorsque

le corps de l'armée est arrivé à Ulm, le détachement qui aurait
aidé la division de Suisse à débusquer l'ennemi de Feldkirch se
trouve avoir joint l'armée et en échelon pour lui servir de réserve ;
l'ennemi tiendra indubitablement à Ulm. Si l'avantage était décisif pour nous, alors l'ennemi serait obligé de rappeler à marche
forcée et par le Tyrol la division qu'il aurait laissée à Feldkirch,
et alors le général français pourra également se faire joindre
par une partie du corps qu'il aurait laissé en Suisse.

Arrivé en Bavière, conclure un armistice, se faire livrer
Ingolstadt et Kufstein, se faire donner de suite 6,000,000 pour
solder son armée et enfin une plus grosse somme payable
successivement et les denrées nécessaires pour nourrir l'armée.
Dès le moment que l'armée se serait rafraîchie en Bavière, que
l'armistice aurait pris de la consistance par un peu d'habitude,
par une bonne discipline et par une crainte d'un plus grand mal,
on se trouverait à même de conclure les préliminaires de la paix,
ou il faudrait se préparer à entrer dans les états héréditaires de
l'Autriche, ce qui forme une nouvelle marche d'opérations à
suivre, inutile à prévoir présentement et qui dépend de celles qui
auront eu lieu. Cependant il faudrait qu'au commencement
d'avril au moins 40,000 hommes de l'armée de réserve fussent
prêts à marcher et rendus dans le courant d'avril en Suisse.
Cette réserve joindrait le gros détachement qui aurait été laissé
par l'armée du Rhin et se présenterait par Bellinzona droit à
Milan dans le courant de mai.

*Notes adressées au Ministre de la guerre par le général
chef d'État-major général de l'armée du Rhin.*

25 février 1800.

Le général en chef vient de prononcer définitivement sur l'organisation de l'armée. Il en avait ajourné l'exécution jusqu'à
l'arrivée du général Saint-Cyr. Maintenant que ce général
annonce qu'il sera sous peu de temps à Strasbourg, les troupes
dont la destination change dans la nouvelle organisation, vont
êtres mises en mouvement. Cependant le général en chef a calculé le placement des corps de manière : 1° à ce que ce mouvement soit peu sensible et n'éveille pas l'attention de l'ennemi ; 2° de
manière à pouvoir être réunis et mis en marche au premier ordre.

Le corps de droite commandé par le général Lecourbe sera de
28,000 hommes d'infanterie environ et de 2,000 et quelques
chevaux. Dans ce corps est compris le détachement qui devrait
rester en Suisse, s'il marche en avant.

Le centre, sous les ordres directs du général en chef, sera de 23,000 hommes d'infanterie et de 7,000 chevaux, y compris la réserve de cavalerie forte de 3,000 chevaux environ.

L'aile gauche, commandée par le général Saint-Cyr, sera de 20,000 hommes d'infanterie et 4,000 chevaux environ.

Le corps du Bas-Rhin, commandé par le général Sainte-Suzanne, sera de 14,000 hommes d'infanterie et environ 2,000 chevaux.

Le général en chef ordonne au commandant d'artillerie d'attacher 40 pièces de canon à chacun des trois premiers corps et 20 pièces à peu près au corps du Bas-Rhin.

Dès que cette organisation sera mise à exécution, les états de situation feront connaître la force positive et le numéro des corps, ainsi que la répartition des officiers généraux.

Les bataillons auxiliaires subissent dans ce moment leur incorporation ou sont en marche pour rejoindre les corps dans lesquels ils seront incorporés en date du 29 pluviôse. J'ai envoyé au Ministre de la guerre le tableau d'incorporation; le résultat de cette incorporation sera d'égaliser les corps pour la force, ce qui rend les mouvements intérieurs de l'armée faciles et précis. Tous les corps d'infanterie seront tous à peu près portés au complet de 2,300 à 2,400. La rentrée des déserteurs par un dépôt général pour arriver à l'armée, permettra de soutenir les corps pendant quelque temps à l'égalité de ce complet; en date du 27 pluviôse, j'ai rendu compte de l'organisation de ce dépôt général à Phalsbourg.

J'adresse au Ministre un relevé général de l'approvisionnement des places qui sont dans l'arrondissement de l'armée en distinguant par articles l'excédent et le manque au complet. Il y verra que l'existant des poudres et des plombs n'offre pas la moitié de l'approvisionnement jugé nécessaire. Les fusils sont un article encore très en-dessous du complet ainsi que les cordages pour les pontons, et les moyens d'approvisionnement pour les hôpitaux.

Je ferai tenir incessamment au Ministre de la guerre un état particulier, place par place, semblable à l'état général que je lui adresse maintenant.

Les 19,000 fusils annoncés par le Ministre de la guerre ne sont point encore arrivés; il serait peut-être nécessaire que la marche de ces fusils fût particulièrement surveillée, puisque la désorganisation des transports militaires de l'intérieur peut arrêter les convois. J'observe au Ministre de la guerre que sur les 19,000 fusils, on ne devrait point compter ceux qui existaient déjà dans l'arrondissement de l'armée et qui cependant y sont

compris en partie. Il a été envoyé des baïonnettes dont la plus
grande partie ne pourra servir. Il est urgent que le Ministre de
la guerre s'occupe essentiellement de l'armement de l'infanterie
qui est en mauvais état dans cette armée.

Les équipages d'artillerie ont environ 7,000 chevaux en état de
servir. Le général d'artillerie croit qu'il serait nécessaire de les
porter à 9,000 chevaux, pour suffire au service du nombre de
pièces que l'on doit mettre en campagne, surtout si la ligne d'opération de l'armée acquérait une certaine étendue par des succès.
On ne doit point prendre pour exemple les campagnes précédentes où l'on a marché avec moins de moyens; mais alors on
abordait un pays neuf; aujourd'hui que l'invasion des Français et
le séjour prolongé des armées autrichiennes ont dévoré ces provinces, on n'y trouverait pas le huitième des ressources qu'on dût
y trouver alors. En date du 27 pluviôse, il a été envoyé au
Ministre de la guerre un arrêté du général en chef qui renvoie
les compagnies Latourette et Delambre comme n'ayant rempli
aucune des conditions du marché passé avec le Ministre, et les
remplace par deux régies dont les chefs sont les citoyens Reubet
pour les vivres et Dumas pour les fourrages.

En date du 30 pluviôse, il a été envoyé un état de répartition des fonds remis aux mains des nouveaux régisseurs, là-
dessus le service a commencé du 1er ventôse à compte de la
régie nouvelle.

Les rapports de l'armée pour les subsistances sont jusqu'ici
très satisfaisants; je n'ai pas encore de nouvelles des divisions
militaires. Celui des fourrages est plus lent à s'établir avec
régularité, la difficulté des transports et les consommations
excessives qui ont eu lieu en Suisse, en sont les principales
causes. Cependant l'activité et les talents du citoyen Dumas sont
connus et l'on doit espérer que sous peu le service sera aussi
régulier que celui des subsistances.

Le paiement d'un mois de solde a été mis à l'ordre de l'armée
dont une décade courante et deux de l'arriéré. Le général en
chef a pris un arrêté pour que les présents sous les armes pussent
seuls recevoir leur solde; et à cet effet il a été passé une revue
par un commissaire des guerres et un officier général sur
laquelle seront établies les feuilles de prêt. On a pu calculer
d'abord les fonds que ce mois de solde consommerait mais on
espère qu'il restera en caisse 700,000 francs disponibles.

Il paraît que la levée du 40e va très lentement. Sur les
8,311 chevaux devant être fournis à Vesoul par les départements
il n'en était rentré, le 15 pluviôse, que 394 dont 334 sont déjà

distribués aux corps; et Lunéville n'en avait reçu à la même époque que 543 dont 413 sont distribués.

Les chevaux non encore distribués ont du être mis à l'infirmerie pour être traités.

Il paraît que l'organisation du travail pour les prisonniers de guerre avait été précédemment négligée à cette armée. Je m'occupe de rétablir l'ordre dans une partie aussi essentielle. Sur la proposition du citoyen Bacher, le général en chef a choisi Landau pour servir de dépôt et recevoir les prisonniers autrichiens à échanger, ainsi que les prisonniers français rentrant par échange qui, de là, devront être envoyés sans délai à leurs corps. J'ai envoyé un adjudant général pour se concerter avec le citoyen Bacher et établir ce dépôt. J'ai requis l'ordonnateur d'y former un magasin d'effets suffisant pour fournir des secours aux premiers besoins de ces prisonniers. En date du 23 pluviôse, j'ai prévenu le Ministre de la guerre que, sur la demande du citoyen Bacher, le général en chef a donné ordre aux généraux commandant les 3e et 4e divisions de faire filer à peu près 10,000 prisonniers autrichiens sur Landau en échange de pareil nombre de français qui doit rentrer.

Il s'est fait quelques distributions de souliers; mais sur des achats ordonnés par le général en chef. Les effets annoncés par le Ministre de la guerre ne sont pas encore arrivés. Ils ne peuvent tarder d'être rendus à leur destination d'après les précautions qu'il a prises.

L'ennemi reçoit des recrues; mais d'ailleurs il n'y a que des mouvements peu importants sur sa ligne. On assure que son projet est d'avoir une forte armée en Italie, divisée en deux corps, l'un chargé de pénétrer dans la rivière de Gênes et l'autre d'être en observation sur Milan et les débouchés des Grisons; il suppose sans doute que c'est par là que nous voulons pénétrer encore une fois en Italie.

Le général en chef a plusieurs fois demandé l'autorisation pour une exportation de grains suffisante à l'approvisionnement de l'Helvétie. Cet objet est resté sans réponse. Cependant il est urgent d'apporter des secours à cette République, la disette commence à s'y faire violemment sentir. L'on voit arriver des petits cantons des colonies d'enfants conduits par leurs parents infortunés, forcés d'abandonner leurs toits et leurs champs ravagés; ils les confient à la pitié charitable de leurs compatriotes que les malheurs de la guerre ont pu respecter.

On les répartit dans les cantons de Berne, Soleure, Zurich, Fribourg et Bâle. Ce spectacle déchirant pour l'étranger peut produire le désespoir chez les Suisses. Cependant combien est-il intéressant de maintenir cet État dans la tranquillité ou au moins dans l'indifférence au succès de l'une ou l'autre puissance belligérante. La Suisse est sur le flanc des opérations de l'armée du Rhin et de l'armée d'Italie; c'est par elle que ces deux armées peuvent s'avancer en front de bandière et communiquer plus rapidement que les armées ennemies qui leur sont opposées.

La neutralité est passionnément désirée des Suisses, il en résulte qu'à cet égard tout leur donne espérance et qu'une faible probabilité équivaut pour eux à une certitude. Ce désir effervescent est contraire à la tranquillité qu'on doit maintenir parce qu'il tient les têtes en activité; c'est sous ce point de vue que le gouvernement actuel est répréhensible parce qu'il partage l'opinion général et que loin de le dissimuler il l'avoue à chaque instant. Le général en chef qui a senti cet inconvénient leur insinue dans sa proclamation en date du 20 nivôse l'impossibilité de cette neutralité par eux tant désirée. Sans doute que l'ambassadeur de la République française agira dans le même sens et calmera des têtes vraiment passionnées de cette opinion.

DESSOLLE.

Le général en chef Moreau, au Premier Consul de la République.

Au quartier-général de Bâle, le 7 ventôse an VIII (26 février 1800).

On paie actuellement un mois de solde à toute l'armée, citoyen Consul. Les envois d'habillement commencent à arriver, les fusils et les chevaux d'artillerie sont ce qui nous manque le plus.

Notre nouveau système administratif commence à s'organiser. J'espère avoir sous peu à vous rendre des comptes avantageux sur cet objet important.

Je pars demain pour Mayence; à mon retour, je vous enverrai l'adjudant-général Lahorie avec mes idées sur l'invasion à faire en Allemagne. J'ai bonne opinion du succès.

Je divise l'armée en trois corps. Le général Lecourbe aura la droite, je me réserve provisoirement le centre, je donne la gauche au général Saint-Cyr. Je considère le corps du général Sainte-Suzanne comme un détachement dont je compte tirer le plus grand parti en Franconie, peut-être même en Souabe. Je serai obligé de laisser beaucoup de monde en Helvétie. Le corps ennemi des Grisons et celui que l'ennemi a aux environs du Tessin m'y obligent, et puis le pays ne nous est rien moins que dévoué.

Les Russes continuent leur marche rétrograde; le corps de Condé paraît rester. Les Autrichiens auront à ce qu'il paraît 50,000 hommes d'infanterie et 25,000 chevaux de troupes autrichiennes et environ 35 ou 40,000 Bavarois, Émigrés, Suisses, Français et troupes d'Empire. Je ne compte pas les milices, je ne leur donnerai pas le temps de s'organiser. J'aurai environ 100,000 hommes de bonnes troupes bien disponibles dont 12 à 13,000 chevaux. Les dépôts sont ici très nombreux vu la grande quantité d'estropiés et vieux soldats que le défaut de paiement de retraite y ont fait rester; on paie et on nourrit ici près d'un tiers de gens qui ne combattent pas; ils ne sont cependant pas sans utilité, vu le grand nombre de places et postes militaires.

Il paraît décidé que le prince Charles quitte l'armée et qu'il sera remplacé par le général Kray; mes rapports d'aujourd'hui m'annoncent son arrivée au quartier-général.

Les propositions de M. Albini annoncent le peu de confiance qu'il a dans la coalition. Je ne pense pas qu'il faille aller très vite dans cette négociation, je crois qu'une note diplomatique que l'armée du Rhin pourra donner dans trois semaines ne nuira pas à son succès.

Je vais écrire à Bacher de faire en sorte de venir me voir à Mayence. Je vous expédierai un courrier de cette ville si j'y apprends quelque chose d'intéressant.

M. de Lehrbach, le faiseur de l'Impératrice et de M. Thugut et par conséquent de l'Angleterre, vient à l'armée comme commissaire impérial. Il est très mal avec l'archiduc qui n'aime pas les commissaires près des armées.

Recevez l'assurance de mon attachement.

MOREAU.

J'avais demandé une autorisation de faire entrer des grains en Helvétie. Cette mesure est urgente, la plus affreuse disette menace le pays et puis nous pouvons en tirer un grand parti pour l'armée.

Le général en chef Moreau au Ministre de la guerre.

Au quartier-général de Bâle, le 8 ventôse an VIII (27 février 1800).

J'ai reçu, citoyen Ministre, votre lettre du 4 ventôse. Soyez bien certain que nous ne négligerons rien pour obtenir dans notre nouvelle administration la plus grande économie. Je vous envoie ci-joint le premier rapport que m'adresse le munitionnaire général. J'espère avec les fonds que vous m'annoncez et ceux que vient d'apporter le citoyen Liauté faire face aux pre-

mières dépenses du courant et commencer l'approvisionnement d'un mois dont nous avons besoin pour l'entrée en
campagne.

Il est indispensable que les divisions de l'arrondissement de
l'armée soient administrées comme elle au moins tant qu'elle
sera sur le territoire de la République. Il faut que le fort aide au
faible, la première ligne est épuisée et si vous établissez à notre
seconde ligne une administration différente de la nôtre, il est
évident qu'il y aura conflit d'achats et de transports qui nous
exposeraient à manquer totalement.

Le chef de l'État-major général vous envoie un rapport bien
détaillé de la position de l'armée.

Je pourrai entrer en campagne avec environ 80,000 hommes;
il en faudra laisser en Helvétie et dans quelques postes sur les
derrières au moins dans les premiers moments, tels que Kehl,
Brisach et Landau au moins 10,000 hommes. Le général Sainte-
Suzanne aura à Mayence environ 18,000 hommes qui auront un
beau rôle à jouer.

L'armée ennemie est forte d'environ 70,000 Autrichiens. Les
émigrés de Condé, les Suisses, ceux à la solde d'Angleterre, les
Bavarois et autres troupes régulières de l'Empire donneront
environ 35,000 hommes. Les levées de milice seront gênantes
pour les premières marches, mais le moindre succès les disperse.
Vous voyez que nos forces sont à peu près égales, notre supériorité en infanterie compense celle de l'ennemi en cavalerie,
elle est du double de la nôtre. Il serait surtout essentiel que nous
eussions égalité d'artillerie, ce dont je doute vu la lenteur avec
laquelle on fournit le 40e à cheval, il nous faudrait 9,000 chevaux
complets et nous en avons au plus 7,000.

On paie actuellement un mois de solde. J'ai fait faire des revues
pour ne payer que les présents, ce qui nous fera une économie
de 4 ou 500,000 francs.

Il y a quelques jours qu'un bataillon de la 84e demi-brigade,
corps très distingué, s'est insurgé à Zurich. Le général Lecourbe
s'y est rendu, a sabré deux ou trois hommes, en a livré trois aux
tribunaux militaires et tout est rentré dans l'ordre; les officiers
et sous-officiers se sont bien conduits. Je suis persuadé que les
moyens que vous avez pris pour assurer nos services et la solde
feront cesser les mouvements qui n'ont pas été jusqu'à présent
très dangereux, mais pourraient le devenir.

Il paraît décidé que le prince Charles quitte le commandement
de l'armée du Rhin et sera remplacé par le général Kray.

D'après les envois que vous nous annoncez, ce sont les fusils, les chevaux d'artillerie et l'équipement de la cavalerie qui sont le plus en retard.

J'avais ordonné avant l'envoi des 150,000 francs qu'il serait payé avec la solde un mois de masse d'entretien à chaque corps; ainsi vos intentions étaient remplies.

Salut et amitié.   MOREAU.

Armée du Rhin, sa force et sa position (1).

Ventôse an VIII (mars 1800).

L'armée du Rhin est composée de :

100,447 hommes d'infanterie,
13,752   —   de cavalerie,
6,200   —   d'artillerie.

Sa droite s'appuie au lac de Genève, sa gauche à Mayence, son centre à Bâle, elle y a quelques troupes cantonnées sur la rive droite du Rhin qui poussent leurs reconnaissances au delà de Lœvach; elle occupe la rive gauche du Rhin depuis Mayence jusqu'à sa source, puis le cours du Rhône jusqu'à sa sortie du lac de Genève.

Outre le Valais et l'Helvétie, son arrondissement renferme encore les départements des ci-devant provinces de Franche-Comté, Lorraine et Alsace et les pays réunis de la rive gauche du Rhin.

L'aile droite occupe toute l'Helvétie et le Valais et est composée de 61,041 hommes d'infanterie et 4,873 de cavalerie.

L'aile gauche occupe la rive gauche du Rhin depuis Bâle jusqu'à Mayence, est composée de 26,803 hommes d'infanterie et 2,201 de cavalerie.

Un corps composé de 12,603 hommes d'infanterie et 395 de cavalerie est chargé de la défense de la tête du pont de Cassel et de la défense de Mayence.

Le reste de la cavalerie, au nombre de 6,675, est cantonné dans les départements de l'arrondissement de l'armée.

ARTILLERIE.

Personnel. — Le personnel de l'artillerie de l'armée est composé de 5,670 hommes d'artillerie à pied non compris les bataillons d'école qui se trouvent dans les places de Mayence, Stras-

_____

(1) Mémoire sans signature.

bourg et Besançon ; de 1,571 canonniers à cheval dont 1,100 montés
et de 737 pontonniers.

Le général de division Eblé commande en chef l'artillerie et a
sous ses ordres les généraux Sorbier, d'Uturbie et Lemaire, le
citoyen Lariboisière est directeur du parc.

Le nombre des officiers supérieurs n'est pas suffisant, plusieurs sont hors d'état de faire la campagne par leur inactivité ou
leurs infirmités. L'artillerie à cheval est disciplinée et en bon
état, l'artillerie à pied manque d'officiers capables pour commander les compagnies, elle est mal tenue, sans discipline et a
le plus grand besoin d'une prompte et bonne organisation.

Matériel. — L'organisation de l'artillerie devant se faire
d'après l'organisation générale de l'armée, on attend ce travail
pour l'effectuer.

On pourra faire marcher en campagne 150 bouches à feu avec
un double approvisionnement.

Il y a actuellement tant dans les parcs que sur la ligne :

    453 bouches à feu.

2,512 caissons ou voitures.

    742 bateaux d'artillerie, ou de commerce, ou nacelles.

En général l'artillerie a besoin de grandes réparations, ses
approvisionnements dans tous les genres ne sont pas complets,
elle manque d'armes, de plomb et de papier.

La droite de l'armée est beaucoup mieux approvisionnée que
la gauche, la rareté des fourrages rend les convois difficiles.

Train d'artillerie. — L'équipage d'artillerie est composé de
4,200 charretiers ou employés et de 6,500 chevaux.

On espérait que la levée du 30e à cheval dans les départements
de la ci-devant Franche-Comté en fournirait une certaine quantité, jusqu'à présent on n'en a eu qu'une trentaine.

Les charretiers et employés d'artillerie sont beaucoup plus
arriérés de leur solde que le reste de l'armée.

Armement de l'armée. — L'armement actuel de l'armée est en
assez bon état, mais l'artillerie manque de fusils et surtout de
baïonnettes pour pourvoir aux remplacements.

Le ministre de la Guerre a annoncé l'envoi de plusieurs milliers de fusils, mais, d'après son annonce, les armes doivent être
prises dans les magasins de Besançon et autres places situées
dans l'arrondissement de l'armée, ce qui n'augmente pas les
ressources de l'artillerie.

Outre les cartouches que chaque soldat porte dans sa giberne,
il y aura à la suite de l'armée 300 caissons qui pourront en
porter environ cinq millions.

Habillement. — L'habillement de l'armée est en très mauvais état, il y a des demi-brigades dont les hommes sont entièrement nus. Le général en chef a ordonné la fabrication d'une grande quantité de capotes ; on rassemble aussi le plus de souliers qu'il est possible pour faire une distribution générale de ces deux objets avant d'entrer en campagne ; par ce moyen les hommes seront couverts.

Les corps sont très arriérés des sommes qui leur sont allouées pour frais d'entretien. Plusieurs ont à leur dépôt les draps, cuirs ou matières premières, mais ils manquent de fonds pour confectionner et faire arriver.

Il se trouve à Metz une quantité considérable d'effets d'habillement que l'on ne fait pas arriver à l'armée faute de fonds pour les transports.

Subsistances. — L'aile gauche de l'armée ou la ci-devant armée du Rhin n'a jamais manqué de subsistances, le service se fait beaucoup moins régulièrement à l'aile droite ou en Helvétie ; l'armée souvent n'a que la demi-ration, souvent point du tout.

Dans la majeure partie de la Suisse le soldat et l'officier sont nourris par l'habitant ; dans d'autres parties, par exemple dans le Rheinthal, qui est entièrement dévasté, les troupes sont mal. Il se trouve enfin des positions où les troupes qui les occupent n'ont d'autre subsistance que les rations que la République leur accorde, qu'ils ne reçoivent qu'en partie et souvent point du tout.

Solde. — L'arriéré de solde dû à l'armée est très considérable et plus pour les corps de l'aile droite que pour ceux qui composent l'aile gauche ; en général le mois de fructidor an VII est dû à l'armée, elle a reçu quelques à-comptes pour le mois de vendémiaire an VIII, tout le reste est dû.

Les masses d'entretiens sont très arriérées.

L'artillerie et tous les services demandent des fonds.

On passe actuellement dans l'armée des revues de présence pour la distribution des fonds nouvellement arrivés et on paiera en partie l'arriéré et en partie le courant.

Hôpitaux. — On compte tout au plus 10,000 hommes dans les hôpitaux de l'armée et de son arrondissement, il meurt très peu de malades. On a perdu beaucoup de blessés ; les amputations n'ont pas réussi. Jusqu'à présent les hôpitaux ont manqué de tout ce qui était nécessaire. Le service est assuré dans ce moment pour quelque temps. On s'occupe à faire les préparatifs nécessaires pour les ambulances de l'armée. Les caisses d'instruments envoyés de Paris sont détestables. On en fait fabriquer à Strasbourg la quantité suffisante.

Il y a 1,600 chevaux de transport pour le service des ambulances.

Il y aura par division active de l'armée un caisson Wurst d'ambulance destiné à porter tout ce qui est nécessaire aux premiers pansements. Quelques chirurgiens monteront dessus le couvert. Il y aura un infirmier sur chaque cheval.

Bonaparte à Berthier, Paris, 10 ventôse an VIII (1er mars 1800). Imprimée dans la *Correspondance de Napoléon*, t. VI, p. 196.

Bonaparte à Moreau, Paris, 10 ventôse an VIII (1er mars 1800). Imprimée dans la *Correspondance de Napoléon*, t. VI, p. 198.

Le général Moreau au Premier Consul.

Au quartier-général à Strasbourg, 10 ventôse an VIII (1er mars 1800).

L'adjudant général Mangin, citoyen Consul, m'a remis hier, comme je montais en voiture pour me rendre ici, votre lettre du 4 ventôse, où vous m'annoncez l'envoi de 2,000,000 de francs pour la solde et de 400,000 francs pour les services; à mon retour à Bâle, je vous rendrai compte de leur arrivée et de l'emploi.

Le lieutenant-général Saint-Cyr est ici, je vais voir le général Sainte-Suzanne à Mayence. Je sens la nécessité d'entrer promptement en campagne et je ne négligerai rien pour commencer le plus promptement possible. La saison est encore très dure et les chemins affreux. Il vient de tomber beaucoup de neige dans la Suisse et les montagnes Noires, il y en a moins dans le Bas-Rhin, mais le froid et très vif.

Je ne dois pas vous laisser ignorer mon idée que j'ai sur les projets de nos ennemis. La retraite des Russes les déconcerte, l'Empire respire et quelques princes commencent à parler haut; je suis persuadé que l'empereur n'est pas éloigné d'accéder à des propositions de paix, mais je crois qu'auparavant il veut faire un effort pour emporter Gênes, ce qui le rend entièrement maître de l'Italie, et c'est, je crois, le but unique qu'il se propose. L'offensive au travers des Alpes ne le mène à rien, il ne peut pas non plus espérer de grands succès sur le Rhin, sans une grande supériorité de forces à cause des places qui bordent cette frontière et à peine pourra-t-il réunir une armée égale à la nôtre avec toutes ses troupes d'Empire.

Il a fait passer d'ici quelques troupes en Italie où à la vérité son armée était très affaiblie. Mais, je le répète, je crois qu'il veut emporter Gênes et vous faire, après cela, les conditions que vous voudrez pour l'Allemagne, pourvu que vous le laissiez s'arrondir en Italie.

Si le général Masséna a réorganisé son armée avec un peu d'adresse et beaucoup de vigueur, il peut sauver cette place et le moindre succès en Allemagne vous être le maître des négociations.

Comptez, citoyen Consul, sur tous mes efforts, avec les secours que vous nous envoyez, j'espère remonter le moral de l'armée un peu ébranlé par les privations. Nous avons ici très peu d'infanterie légère, deux demi-brigades assez complètes, la 1re et la 16e, deux désorganisées, la 14e, par les pertes qu'elle a faites, et la 12e par le départ de ce qui appartenait à l'armée d'Égypte. Quand la guerre de la Vendée sera finie, je vous prierai de m'envoyer la 24e légère et la 6e de la même arme, car je présume que la paix intérieure vous donnera des forces disponibles pour l'armée.

Il vient de paraître en Allemagne une caricature sur Paul Ier; il est représenté chamarré de cordons, ayant dans une main un papier sur lequel est écrit « Ordre », dans l'autre main « Contre-Ordre » et sur le front « Désordre ».

Le rapport d'aujourd'hui annonce que le prince Charles reste et que le général Kray servira sous ses ordres.

Le général Dessolle au Ministre de la guerre.

Bâle, le 12 ventôse an VIII (3 mars 1800).

Le général en chef me charge de vous accuser réception de votre lettre du 6 ventôse relative au taux des achats des nouvelles régies. Vous verrez par un rapport du citoyen Reubelt que vous a adressé le général en chef, et dont je vous envoie une copie, que déjà les circonstances ont permis de remplir les intentions des Consuls; il paraît, d'après le compte-rendu, qu'il y a eu sur les achats une diminution de 1 fr. 915 par quintal; sur les transports de Strasbourg à Bâle une diminution de 1 fr. 58 également par quintal. Il est à espérer qu'une administration sage ramènera la confiance, et produira par la suite des marchés plus satisfaisants.

L'administration des fourrages n'a pu rendre compte encore des achats; comme on ne peut les faire que sur les lieux de consommation, le citoyen Dumas n'a pu que répartir l'argent qu'il avait reçu sur les points essentiels, en prescrivant de pourvoir au service, à raison des fonds qu'il envoyait. Je vous rendrai compte aussitôt qu'il me sera parvenu des renseignements sur cet objet; mais, ce qui est certain, c'est que partout le service des subsistances est assuré jusqu'au 30 et que celui des four- rages va être partout relevé.

Le général en chef s'occupe aussi des hôpitaux, partie plus importante aux succès d'une armée qu'on ne le pense communé- ment; un convoi de 10,000 paires de souliers est arrivé à Bâle conduit par l'adjoint Lemaire. L'ordonnateur m'annonce qu'une partie des effets qui se trouvaient à Metz ont été mis en mouve- ment sur l'armée; nous n'aurons donc plus à désirer que les armes, objet essentiel et très urgent.

L'ennemi paraît faire quelques mouvements sur notre droite vers le lac de Constance. Des canonnières qu'on raccommode et qu'on arme pour jeter sur le lac ont pu lui donner des alarmes.

Je vous adresse l'état des corps et des cantonnements de l'ennemi, aussi exact que j'ai pu me le procurer. Cependant je serais en doute s'il n'existe pas encore d'autres corps, vieilles troupes. Quelques-uns de nouvelle levée entièrement organisés ont été, dit-on, portés sur la ligne, mais ce n'est pas encore bien sûr. Il paraîtrait qu'une partie de ces levées sera incorporée dans de vieux cadres presque détruits et qu'on fera ainsi repa- raître avec leur ancien nom.

J'apprends aussi que l'ennemi forme de grands magasins sur le lac Majeur. Cela ne peut être que pour manœuvrer facilement sur le mont Gothard et la Suisse avec le corps d'observation, dont je vous ai déjà parlé dans mes dernières notes, qui, placé à Milan ou environs, serait destiné à couvrir le corps chargé de pénétrer dans la rivière de Gênes, marcher sur nous si nous cherchions à tomber sur l'Italie par les débouchés de la Suisse, ou même pénétrer en Suisse et se joindre à un corps stationné dans les Grisons si nous faisions invasion en Allemagne.

En considérant sur toute la ligne les avantages de l'offensive pour l'ennemi, je croirais que c'est sur ce dernier lambeau de l'Italie que nous tenons encore, qu'il cherchera à porter ses premiers coups. Je pense que Gênes sera le principal objet de son attention.

Je vous fais passer une instruction et une organisation du dépôt de Landau pour les prisonniers de guerre.

Les Autrichiens ont établi un télégraphe portatif dans leur armée dont ils ont organisé le service. Il ne serait pas indifférent de prier quelques hommes instruits de s'occuper d'un pareil objet pour nos armées, en simplifiant le matériel et la méthode des télégraphes stables déjà établis. J'ai vu chez le citoyen Bréguet, horloger à Paris, un télégraphe très simple et bien conçu; étant un des auteurs de cette découverte, il pourrait peut-être être consulté avec succès sur cet objet.

Je compte établir le service, à compter du premier ventôse, de manière à vous envoyer à la fin de chaque décade : l'état de situation de l'armée et de son état-major,

l'état des chevaux de remonte rentrés au dépôt de levée et la distribution dans les corps et équipages de l'armée,

le tableau des mouvements des conscrits, dans le dépôt de Phalsbourg,

le tableau des mouvements des prisonniers de guerre dans le dépôt de Landau,

· l'état des cantonnements et forces de l'ennemi, d'après les rapports recueillis,

l'état de la caisse de l'armée,

le tableau des sommes réparties dans le courant de la décade. Ces états de situation ne pourront être au courant qu'à la distance d'une décade. Le temps de recevoir les états particuliers sur une aussi vaste étendue et d'en former un état général, demande, pour l'envoi, un délai de huit à neuf jours.

J'ajouterai aussi le mouvement des magasins d'habillement, c'est-à-dire la note des objets entrés et leur emploi.

Signé : DESSOLLE.

Le général en chef Moreau, au Premier Consul.

Au quartier-général de Strasbourg, 17 ventôse an VIII (8 mars 1800).

J'étais à Mayence, citoyen Consul, lorsque la lettre du Ministre de la guerre du 11 ventôse m'est parvenue, seulement le 15 environ midi, je suis parti sur-le-champ pour me rendre au quartier-général afin de faire exécuter promptement les dispositions qu'elle contient; en route, j'ai rencontré le citoyen Le Marois qui m'a remis votre dépêche du 10.

Je suis arrivé depuis quelques heures et cette diligence était nécessaire pour hâter l'organisation que vous désirez. Ne prévoyant pas que vous viendriez prendre le commandement de l'armée, je l'avais placée autrement que me le prescrit le Ministre de la guerre, mais on va mettre la plus grande célérité à la rassembler aux points qu'il indique et, en vous la remettant, j'aurai l'avantage de vous laisser une armée pleine de bonne volonté et qui, dirigée par vous, ne peut manquer d'obtenir les succès les plus brillants.

27

Le général Dessole part demain pour Paris avec les détails
de l'organisation, il vous fera connaître mes projets d'entrée en
campagne.

Nous avons ici plus de dix généraux de division, le général
Dessolle vous en remettra l'état, veuillez me renvoyer par un
courrier extraordinaire les noms de ceux que vous voulez
employer.

Recevez mon compliment sur la promptitude avec laquelle
vous avez fini la guerre des Chouans, mais je pense comme vous
qu'il ne faut pas trop dégarnir ce pays.

Salut et amitié.   MOREAU.

Bonaparte à Moreau, Paris, 21 ventôse an VIII (12 mars 1800).
Imprimée dans la *Correspondance de Napoléon*, t. VI, p. 227.

*Le général en chef Moreau, au Premier Consul de la Répu-
blique française.*

Au quartier-général de Bâle, le 21 ventôse an VIII (12 mars 1800).

Le mouvement que vous avez ordonné, citoyen Consul, s'exécute et sera, j'espère, fini au 1er germinal comme vous le désirez.
Je hâte tout pour qu'à cette époque vous puissiez commencer
vos opérations et cela est d'autant plus nécessaire que l'armée
aussi resserrée que vous l'avez ordonné dévorera en peu d'instants les subsistances qu'on ne peut rassembler en Helvétie qu'à
très grands frais; une autre considération pour ne pas rester
longtemps dans la position que vous avez prescrite à l'armée,
c'est que tout le Bas-Rhin se trouve découvert et qu'il est à
craindre que l'ennemi n'y fasse quelqu'entreprise qui, si elle ne
peut être combattue en forçant vivement sa droite, forcera à des
détachements pour empêcher le ravage du Palatinat et d'une
partie du Bas-Rhin et faire cesser les inquiétudes qu'on pourrait
avoir sur Mayence et Cassel où, cependant, j'ai pris sur moi de
laisser quelques troupes, les dépôts ne me paraissant pas suffisants pour ôter toute crainte sur des places de cette importance.
Le général Dessole vous donnera à cet égard les renseignements
les plus détaillés.

On nous a envoyé pour la solde et les services des fonds assez
considérables, mais en lettres de crédit et traites qu'on ne peut
réaliser ici, ce qui nous met dans un grand embarras; il en est
venu pour environ six millions et les places de Strasbourg et de
Bâle en sont tellement encombrées que le change perd considérablement et qu'il existe en caisse en ce moment de quoi payer
un demi-mois de solde qu'on ne peut réaliser ni escompter.

Presque tous les négociants de ce pays ont leurs fonds à Francfort; les Autrichiens placés sur la Nida empêchent l'argent d'entrer en France; mon projet en allant à Mayence était d'ouvrir cette communication, mais c'était une opération de quelques jours et votre ordre m'y étant parvenu, j'ai été forcé de renoncer à ce mouvement pour exécuter celui que vous m'avez prescrit.

Les Suisses me font journellement les demandes les plus pressantes et les mieux fondées pour l'entrée dans leur pays d'une quantité suffisante de grains à leur subsistance; la disette est telle que l'instant du désespoir n'est pas éloigné dans certains cantons. Je vous ai déjà adressé plusieurs lettres à cet égard ainsi qu'aux Ministres de la guerre et de l'intérieur; il est urgent de prononcer sur cette question.

L'ennemi a fait quelques fortes reconnaissances vers le Bas-Rhin et du côté de Säckingen, mais jusqu'à présent cela s'est borné à regarder. Ils ont resserré leurs cantonnements, notre mouvement leur sera bien connu dans quelques jours et sûrement alors ils se rassembleront entre Stockach et Stühlingen.

Le dégel est prononcé depuis hier : il y avait beaucoup de neige; il fait actuellement de la pluie, ce qui rendra les chemins très mauvais pour quelques jours.

En résumant cette longue lettre, citoyen Consul, je crois important d'arrêter le rassemblement si vous ne pouvez être prêt à agir très peu de jours après qu'il sera opéré, d'envoyer les premiers fonds à l'armée en numéraire et non en traites, et d'accorder à l'Helvétie l'entrée d'une quantité de grains nécessaire à sa subsistance. Ceci est de la plus grande urgence.

Vous pouvez compter sur tous mes efforts pour rassembler tous les moyens qui vous seront nécessaires, mais je ne dois pas vous dissimuler que tout ce qui était nécessaire et annoncé est loin d'être arrivé.

Dès que j'aurai un rapport bien exact sur l'arrivée des petites armes, je vous en rendrai un compte très détaillé.

Recevez l'assurance de mon dévouement.

MOREAU.

Bonaparte à Moreau, Paris, 24 ventôse an VIII (15 mars 1809). Imprimée dans la *Correspondance de Napoléon*, t. VI, p. 239.

Le général en chef au Premier Consul de la République.

Au quartier-général à Bâle, le 24 ventôse an VIII (15 mars 1800).

J'ai reçu, citoyen Consul, votre lettre du 21 ventôse : le général Dessolle doit être arrivé à Paris le 22; je désire qu'il vous fasse

changer d'opinion sur le rassemblement de l'armée que vous
m'avez fait prescrire par le Ministre de la guerre. Si en me
l'envoyant vous ne m'aviez pas prévenu que vous veniez à l'armée,
j'en aurais suspendu l'exécution jusqu'à ce que vous eussiez eu
connaissance de mon projet d'invasion en Allemagne.

Il est impossible de juger notre position d'Italie avec plus
d'exactitude que vous ne l'avez fait. Je regarde le succès définitif
comme assuré. Avec votre réserve un revers peut être réparé
avant que l'ennemi ait eu le temps d'en profiter.

Je ne puis pas vous donner des détails exacts sur les forces
de l'ennemi en Italie, mais je suis sûr qu'il est loin d'être au
maximum que vous lui supposez nécessaire pour faire face à tout ;
mais comme il n'y a que six à sept marches de Bellinzona à
Gênes, s'il a commencé ses opérations à présent que le Gothard
est encore impraticable pour quelque temps, il aura pu tirer une
partie des troupes qui gardent la tête des lacs pour soutenir son
attaque de la Ligurie ; mais avec 40,000 hommes dirigés avec
assurance, il n'y a pas de danger pour Gênes.

Si l'on perd cette place, avec votre réserve et ce que le général
Masséna réunirait alors sur les Hautes-Alpes, on peut tout réparer,
puisque nos derrières seraient assurés et qu'après avoir fini avec
le prince Charles nous pourrions encore faire un bon détachement pour vous seconder.

Je suis fâché de n'être pas de votre avis sur la guerre d'Allemagne. Ce théâtre-ci diffère entièrement de l'Italie : pays extrêmement resserré, où l'on peut et où l'on doit être toujours très
rassemblé ; les diversions ne pouvant jamais y avoir qu'un effet
de vingt-quatre heures. Veuillez considérer au contraire notre
ligne d'opérations depuis Constance jusqu'à Mayence.

Je considère que nos forces sont à celles de l'ennemi dans la
proportion de 100,000 hommes à 80,000 hommes : supériorité peu
avantageuse, si nous ne le forçons pas à des détachements qui
finiraient par nous donner un grand avantage sur le corps
que nous voudrions aborder, quand même nos détachements
seraient égaux en nombre. La démonstration sera peut-être plus
précise.

Mon détachement de Mayence de 20,000 hommes sur les derrières de l'ennemi le force à lui opposer un corps égal et probablement supérieur, puisqu'il menace ses magasins et lui ferme
une partie de ses communications de l'Allemagne à la suite d'un
revers.

En débouchant par Kehl et Brisach, j'oblige l'ennemi à se jeter
en forces au moins égales dans les vallées de la Kinzig et d'Enfer.

Je présume encore les corps qui seront en opposition de 20,000 hommes chacun.

Le gros de l'ennemi se trouve donc réduit au débouché de la Wutach et de Schaffausen à 40,000 hommes, et je l'aborde avec 60,000 hommes, proportion sans contredit plus avantageuse que celle de 100,000 hommes à 80,000 hommes; un troisième détachement de 20,000 hommes nous mettrait en force double.

Le débouché en Helvétie a encore le désavantage de forcer à laisser des garnisons à Mayence et à Cassel, à Landau, Kehl et Vieux-Brisach qui ne se trouvent plus couverts par le mouvement. D'ailleurs débouchant trop amoncelés par deux ou trois gorges très resserrées, vous conviendrez qu'on ne pourrait y rendre bien mobile une force aussi considérable. L'ennemi parfaitement placé s'apercevrait peu de son infériorité.

Je ne vous parle pas de l'avantage des subsistances, votre rassemblement en Helvétie va les épuiser complètement et je doute que nous ayons sur ce point seul assez de transports et de moyens réunis pour faire vivre 100,000 hommes par le débouché de Frickthal; au lieu que de l'autre manière vous tirerez de Strasbourg et de Brisach même pour faire subsister toute l'armée dès que la vallée de la Kinzig et le val d'Enfer seront libres.

En débouchant par Mayence on a encore l'avantage de détruire tous ces rassemblements de milice qui se forment dans la Franconie et le cercle du Haut-Rhin, de retirer sur-le-champ de fortes contributions; d'avoir un corps dont la subsistance ne coûterait rien à la République et de dégager les fonds numéraires de presque toutes les places de commerce de nos frontières et de l'Helvétie qui sont à Francfort, nos ennemis ne les laissant point passer et sans eux, il est impossible de réaliser les traites dont nous sommes inondés. Je ne voulais pas non plus de rassemblements d'armée avant d'agir. Chacun serait parti de son cantonnement et eût marché isolément jusqu'au point où j'étais sûr de trouver l'ennemi que l'on eût attaqué le lendemain de l'arrivée de l'armée.

Je trouvais en cela l'avantage de le tromper sur le vrai point de l'attaque et de ne pas consommer des faibles moyens de subsistances que nous rassemblons avec beaucoup de peine.

Je sens tout l'avantage d'ouvrir la campagne avant l'ennemi; mais je ne vous dissimule pas que la subsistance de nos chevaux m'inquiète beaucoup en commençant de trop bonne heure, nous ne pouvons compter que sur de l'avoine.

Le pays où nous sommes et celui où doit aller l'armée sont épuisés par la nombreuse cavalerie autrichienne, et la saison a été trop rigoureuse pour qu'à présent on puisse compter sur le vert.

L'armée n'a reçu encore qu'un mois de solde ; nous avons en caisse un million de traites que l'on ne peut réaliser. Si celui que vous m'annoncez ne vient pas en numéraire on ne pourra payer d'ici à longtemps, et cependant cela est indispensable avant de faire combattre le soldat.

Les effets d'habillement qui sont de la plus grande urgence commencent seulement à arriver ; avant que les troupes les aient fait prendre dans les magasins et les aient distribués il se passera plusieurs jours. Les fusils et autres petites armes ne sont pas encore arrivées ; et quoiqu'on hâte autant que possible toutes les autres dispositions, je doute qu'elles soient exactement terminées pour le premier germinal ; et le rassemblement de l'armée qui se fait sur un seul point épuisera nos subsistances ; et indiquant à l'ennemi notre projet, il pourra se préparer à son aise à recevoir nos efforts.

Je reviens à la suite des opérations de la campagne : vos dispositions sembleraient annoncer le projet de faire descendre un corps en Italie par le Gothard. Je fais faire pour cet objet la plus grande quantité de traîneaux possible.

Je ne me dissimule pas l'importance de rentrer en Italie pour faciliter, même pour rendre possibles les négociations avec la maison d'Autriche ; mais il faut se garder de le faire autrement qu'à coup sûr et ne pas gâter nos affaires d'Allemagne.

Il faut commencer par bien battre le prince Charles de manière à se donner sur son armée une supériorité de plus du double, laquelle je suppose devoir être après deux ou trois actions décisives dans la proportion de 80,000 à 40,000 hommes ; et ayant dépassé le Lech alors un détachement de 30,000 hommes doit assurer la conquête de l'Italie quel qu'ait été le succès du général Masséna.

S'il n'a pas pu se maintenir à Gênes, réuni sur les Hautes-Alpes avec votre réserve vous descendrez en Italie par le mont Cenis et la vallée du Rhône avec au moins 50,000 hommes. Ce mouvement ne sera prêt que vers floréal, j'espère qu'alors nous serons au Lech dans la position que je viens de supposer à l'instant, et un détachement de 30,000 hommes avec son train peut descendre en Italie par le Vorarlberg, ou par la grande chaussée du Tyrol, Fussen, Innsbruck, Trente, etc.

Il ne faut pas se dissimuler qu'on ne doit penser à faire descendre par le Gothard et les Grisons que les détachements de diversion. Il faut au moins une chaussée pour être assuré de tous ses moyens.

Si le général Masséna se maintient à Gênes avec avantage, ce qui est présumable, l'opération devient alors plus brillante. La plus grande partie de votre réserve suivant l'armée du Rhin, qui après des succès pourrait la porter à 50,000 hommes, fera elle-même le mouvement par le Tyrol soutenue par des détachements qui, menaçant de descendre par les Alpes Rhétiennes, mettraient l'ennemi dans la nécessité d'évacuer l'Italie en jetant à la hâte des garnisons dans toutes les places ou d'y être entièrement détruit.

Je crois très essentiel de tenir à Antibes ou à Grenoble un équipage de siège pour prendre au moins quelque place qui pût appuyer nos mouvements d'Italie. Je persiste toujours dans l'opinion qu'Alexandrie est la première à emporter à moins que le siège de Mantoue ne soit possible dans la saison où l'on sera devant cette place.

Voilà, citoyen Consul, mes réflexions sur le début de cette campagne. Je crois dangereux d'aborder l'ennemi sans manœuvrer à l'appui de nos excellentes têtes de pont.

Je pense que le rassemblement de l'armée ne doit pas avoir lieu, mais qu'aussitôt que le matériel sera prêt il faut que le personnel marche sans s'arrêter jusqu'au point que l'on veut attaquer. Je n'ai réussi dans le passage du Rhin qu'en adoptant cette manière.

Pour m'assurer de la force de l'armée ennemie j'avais fait prendre sur différents points les informations les plus précises sur l'organisation, l'emplacement, l'état des corps, les différentes armes, et sur l'état ci-joint vous verrez que je n'ai pas été mal servi. J'ai réuni ceux qui m'ont été fournis de Mayence, de Strasbourg et de l'Helvétie. Le peu de différence qui se trouve entre ces situations doit vous convaincre de leur exactitude.

Il y a plusieurs contingents de l'Empire et particulièrement les Bavarois et les corps de milice qu'on lève actuellement qui n'y sont pas compris parce qu'ils n'ont pas encore joint les divisions de l'armée; mais tout cela ne portera pas l'ennemi à plus de 120,000 hommes dont 30,000 de mauvaises troupes. De sorte que nous avons réellement une superiorité d'infanterie qui ne compense pas à mes yeux la masse de cavalerie ennemie de plus du double de la nôtre.

N'ayant pas assez de troupes dans le Bas-Rhin, il me sera impossible d'employer les moyens de rigueur pour faire rentrer les arriérés qui sont dus à la caisse de Mayence. J'en écrirai au commissaire du gouvernement; il m'avait déjà demandé quelques troupes pour faire rentrer les impositions du département de la Roer. Il me semble que le général Augereau pourrait envoyer dans le pays de Cologne et d'Aix-la-Chapelle quelques compagnies d'infanterie à la disposition de l'officier général qui y commande et qui retourneraient à l'armée du nord aussitôt la rentrée des contributions. Les garnisons de Ehrenbreitstein et de Mayence rempliront ce service dans le reste de la 26° division militaire.

Salut et respect.

MOREAU.

P.-S. — Dans ce moment le directeur général des transports militaires et l'ordonnateur en chef de l'armée m'annoncent que les équipages des transports ne pourront être prêts avant le six germinal.

Cette circonstance me force à reporter à cette époque le rassemblement de l'armée sur les points indiqués dans la lettre au Ministre de la guerre (1).

Le général Lecourbe arrive à l'instant très inquiet de la manière de faire subsister les troupes qu'on rassemble en Helvétie, persuadé comme moi qu'elles y mourront de faim si elles y restent réunies quelques jours, particulièrement la cavalerie.

Je lui ai fait part de mon opinion sur le Gothard, et nous sommes du même avis, on ne peut penser qu'à des diversions par de tels débouchés.

L'officier commandant le génie de son corps d'armée se rend à Paris d'après vos ordres. il part par le courrier de demain et sera rendu le 28.

Bonaparte à Moreau, Paris, 25 ventôse an VIII (10 mars 1800). Imprimée dans la *correspondance de Napoléon*, t. VI, p. 241.

Bonaparte à Moreau, Paris, 28 ventôse an VIII (19 mars 1800). Imprimée dans la *Correspondance de Napoléon*, t. VI, p. 245.

Le général en chef, au Premier Consul.

Au quartier-général à Bâle, 30 ventôse an VIII (21 mars 1800).

J'ai reçu, citoyen Consul, votre lettre du 24. J'ai donné sur-le-champ tous les ordres qu'elle exigeait au général Lecourbe et au commissaire ordonnateur en chef.

Le second demande de l'argent pour l'exécution des approvi-

---

(1) Ce qui suit est de la main de Moreau.

sionnements que vous demandez, je lui en donnerai à mesure qu'il en arrivera à l'armée. Cette dépense extraordinaire montera à 364,000 francs pour les biscuits et à 117,400 francs pour l'avoine.

La réponse du général Lecourbe mérite une attention particulière. Je vais vous en extraire ce qu'elle contient de plus remarquable.

Il pense que les obstacles du Gothard sont tels qu'ils compromettraient les troupes qu'on ferait descendre par là à moins que le corps d'armée ne fût assez considérable pour se suffire à lui-même, et dans ce cas il prévoit de très grandes difficultés pour les transports, les munitions, les chemins quelquefois impraticables et la grande difficulté qu'aurait l'ennemi de disputer le terrain pied à pied. Il cite à l'appui de son opinion les difficultés qu'il a éprouvées pour sauver de la disette une faible division de 5,000 hommes. Le corps de Souvorow a achevé d'épuiser le pays particulièrement en fourrages, et on ne pourra y faire vivre ni cavalerie, ni les chevaux d'artillerie, ni 2 ou 3,000 chevaux de bâts nécessaires à tous les transports.

Il n'a jamais existé de chemins de Brunnen à Altorf. Les communications se font par eau : et il y a peu de barques sur les lacs. Il a été construit l'année passée un sentier de Bauen à Altorf pour passer un cheval, mais avec grande peine; il n'avait jamais passé là que des chèvres.

De Lucerne à Stanz il faut passer par eau; les hommes de pied peuvent passer par terre par Alpnach en faisant un grand détour au pied du mont Pilat.

Il y a des fours à Altorf, à Wasen cela est très difficile; il faudrait y transporter tous les matériaux, ce pays étant dénué d'habitants et de transports. Les chemins et la vallée de la Reuss sont praticables pour hommes et chevaux mais pas pour voitures.

Le général Lecourbe paraîtrait se charger avec répugnance d'une pareille opération, y voyant de très grandes difficultés.

Je puis même vous assurer que ce que je vous transmets de son opinion est très mitigé. Au surplus l'officier de génie du corps à ses ordres qui doit être actuellement arrivé à Paris vous donnera sur le passage des Alpes des détails plus circonstanciés.

Le mouvement ordonné par le Ministre de la guerre s'exécutait; je l'ai arrêté comme je vous en ai rendu compte jusqu'au 6. Votre ordre de l'arrêter jusqu'au 10 est arrivé le lendemain, mais tout cela est venu trop tard. Les troupes en marche du Bas-Rhin, des Vosges et du Jura se sont trouvées amoncelées et dans un désordre qui ne ressemblait pas mal à l'incertitude de l'armée russe en Bohême.

Ce mouvement a été cependant arrêté assez à temps pour ne donner aucune grande inquiétude sur nos subsistances; mais si tout fût arrivé en Suisse seulement quatre jours avant qu'on ne fût prêt à agir il y avait vraiment du danger pour l'armée : la disette et le découragement lui auraient fait plus de mal que le double de troupes autrichiennes qu'elle aurait eu en opposition. Ne me regardant plus comme destiné à commander l'armée, j'ai dû exécuter à la rigueur l'organisation et le placement que me prescrivait le Ministre de la guerre; mais si vous ne m'eussiez pas annoncé votre arrivée et qu'ont ne m'eût pas parlé d'un autre successeur, alors je me serais bien donné de garder de déférer aux ordres du Ministre de la guerre; car je ne vous dissimule pas que je ne ferai jamais marcher à l'ennemi, comme général en chef, qu'une armée que j'aurai organisée moi-même, et que je ferai mouvoir d'après ma méthode de faire la guerre, parce que je crois qu'on n'exécute bien que ses idées. Mais n'étant que le préparateur de ce mouvement, j'ai dû être exact à exécuter ce qui m'était prescrit. Cependant j'ai vu le danger et le mauvais effet moral qu'un tel rassemblement pouvait produire et j'ai cru devoir l'arrêter. J'ai eu le plaisir de voir cette disposition confirmée par vos ordres.

J'ai retardé le départ de ce courrier de vingt-quatre heures espérant voir arriver le général Dessolle, mais les détails de localité que je vous transmets pouvant influer sur votre opinion, je n'ai pas cru devoir en suspendre plus longtemps le départ.

Nos magasins se formaient et nous auraient permis de déboucher vers le 8 germinal : le rassemblement actuel les épuise, et je doute qu'avant quinze jours nous ayons pu réunir assez de subsistances et de moyens de transport pour pouvoir marcher sans danger de manquer dans la montagne et le pays épuisé où il faudra combattre pendant quelques jours.

Ainsi, en se pressant trop, je crois qu'on a retardé l'époque des opérations et qu'on les rendra beaucoup plus pénibles et plus meurtrières en se rassemblant en avant du point qu'on veut attaquer.

Je persiste au surplus dans l'opinion que je vous ai envoyée par le dernier courrier. Quel que soit celui qui commandera l'armée du Rhin, je désire qu'elle lui soit utile.

Nous avons actuellement en caisse près de trois millions pour la solde. On va commencer à payer un second mois. Un agent de change envoyé par le commissariat du commerce m'a promis de négocier notre papier assez promptement pour que nos paiements ne soient pas interrompus.

Les services attendent des fonds, le Ministre de la guerre m'en a annoncé. Le général d'Harville me prévient qu'il vient de recevoir des ordres de diriger sur l'armée de réserve les chevaux de sept ou huit départements que leur taille rendait propres à la cavalerie. Je vous observe qu'il y a à cette armée vingt régiments de cette arme dont plusieurs n'excèdent pas 150 chevaux.

Il m'annonce également qu'il a l'ordre d'envoyer 400 chevaux de trait à Sampigny pour l'armée de réserve.

Le manque de chevaux de trait est tel à l'armée du Rhin qu'on ne peut y faire mouvoir que très difficilement quelques pontons nécessaires aux premières organisations. Le seul équipage de campagne qui est à Metz n'a pu arriver encore à l'armée faute de chevaux, celui qui est dans le canal de Frankenthal court les plus grands dangers parce qu'on n'a encore pu l'en sortir.

Jugez d'après cela de ce qui manque dans les parcs pour le transport des munitions.

Je viens de suspendre la distribution de chevaux aux ambulances quoique de beaucoup au-dessous de leur complet, vu l'état de dénuement des équipages des vivres. Il n'y a ici de transports que pour 40,000 hommes. Je crois que l'armée de réserve destinée à n'être mobile que longtemps après les autres armées (surtout celle du Rhin que vous paraissez destiner à une guerre d'invasion) ne doit avoir son matériel organisé que la dernière.

En résumant les détails de cette lettre :

Je pense :

1º Que le mouvement ordonné a été trop précipité puisque le matériel et les subsistances n'étaient pas prêts. Le rassemblement des troupes sur le point où les magasins devaient se faire les rend beaucoup plus difficiles à former.

2º Le rassemblement de l'armée a de plus l'inconvénient de n'attirer l'attention de l'ennemi que sur le seul point où on veut l'attaquer.

3º Les difficultés d'une opération par le Gothard me semblent suffisamment démontrées par le général Lecourbe.

4º Le gouvernement doit éviter de former son armée de réserve aux dépens du matériel des autres armées qui doivent agir les premières.

Je vous devais, citoyen Consul, ces détails sur la position actuelle de l'armée; je désire qu'ils vous arrivent avant que vous ayez déterminé le plan d'opérations que vous vous proposez d'exécuter.

Salut et respect,   MOREAU.

Mémoire du général Moreau pour être mis sous les yeux du Premier Consul. (Sans date). (1)

Le Premier Consul, dans l'instruction qu'il me donna à mon départ, désirait que l'armée du Rhin s'emparât de la Bavière le plus promptement qu'il serait possible.

L'état de dénuement de l'armée, la rigueur de la saison, le défaut de subsistance, de solde et d'habillement, le délabrement de la cavalerie avaient rendu toute opération impossible pendant l'hiver ; à présent même la rigueur du temps pourra retarder de quelques jours l'entrée de la campagne.

L'armée de la République est forte d'environ 100,000 hommes d'infanterie et 13,000 chevaux.

L'armée ennemie est forte d'environ 95,000 hommes dont 27,000 chevaux, on n'y comprend pas tous les corps d'émigrés, à la solde de l'Angleterre, les milices et troupes de Souabe, Franconie et Bavière ; cela pourra surpasser notre nombre, mais nous devons nous regarder supérieurs en troupes d'infanterie régulières et aguerries.

L'armée de la République est placée sur la rive gauche du Rhin depuis la frontière des Grisons jusqu'à Mayence, avec quatre têtes de pont à Bâle, Brisach, Kehl et Cassel. Il y a de plus un corps de troupes dans la vallée du Rhône et de la Reuss.

L'armée ennemie occupe la rive opposée du Rhin, mais sans tête de pont ; sa gauche aux ordres du général Petrasch s'étend de Coire à Lindau.

Le centre, commandé par le général Nauendorf, est placé de Lindau à la vallée de la Kinzig.

La droite, aux ordres du général Sztaray, s'étend de la Kinzig à la Nida.

La réserve est aux environs de Donaueschingen, quartier général du prince Charles commandant l'armée.

Les meilleures communications pour entrer en Allemagne sont les chaussées de Schaffouse, la vallée de la Wutach, le Val d'Enfer, la Kinzig, les chaussées de Pforzheim, les vallées du Neckar et du Mein.

La nécessité de couvrir la Suisse exige qu'on débouche par les communications qui y aboutissent ; mais pour diminuer les obs-

---

(1) Ce mémoire est sans date mais a été rédigé avant que Moreau ait appris le remplacement de l'archiduc Charles par le F. L. M. Kray, c'est-à-dire avant le 1er germinal.

tacles qui peuvent être difficiles à vaincre dans un pays resserré et coupé de défilés et où se trouvent réunies les plus grandes forces de l'ennemi, il faut, par de fausses démonstrations, l'engager à dégarnir le point où on veut faire l'effort.

Les places de Mayence et de Cassel sont d'un intérêt si majeur pour la République, qu'on ne peut les abandonner à la garde de quelques dépôts. Un revers considérable à notre droite, l'ennemi pourrait y diriger un effort d'une conséquence majeure; d'après cela j'avais cru devoir former la garnison complète de ces places dont je tirais le double avantage de n'avoir nulle inquiétude sur elles quelque événement qui arrive, mais encore de faire agir ce corps sur le flanc droit et les derrières de l'armée ennemie et de mettre à contribution la Franconie, et les cercles du Haut-Rhin.

Le reste de l'armée devait déboucher en trois corps.

Celui de droite, aux ordres du général Lecourbe, doit tenter un passage du Rhin entre Schaffouse et le lac de Constance, soutenu par le centre de l'armée à mes ordres, qui, partant de Bâle et remontant la rive droite du Rhin, débouchera par la vallée de la Wutach.

La gauche, aux ordres du général Saint-Cyr, sortira par le Vieux Brisach et se dirigera par Neustadt et Löffingen pour joindre l'armée qui doit prendre sa position appuyée au lac de Constance entre Stokach, Engen et Furstemberg; un corps de flanqueurs passant par Lörrach et Saint-Blaise doit servir à lier le corps de gauche au centre.

Le mouvement de l'armée doit s'exécuter à partir de ses cantonnements et sans se rassembler, moyen sûr de mettre de l'incertitude dans la défense de l'ennemi.

J'avais calculé que le corps de Mayence me débarrasserait entièrement du corps du général Sztaray.

Une fausse attaque des troupes de Kehl vers la Kinzig doit y attirer quelques troupes de la réserve de Donaueschingen et, avec l'armée forte d'environ 78,000 hommes d'infanterie et 12,000 chevaux, j'aborderai l'armée ennemie qui se trouve entre le lac de Constance et le Danube.

Le mouvement du corps de Saint-Cyr sur le Val d'Enfer est difficile; si le corps du général Sztaray est bien occupé par le corps de Mayence, le débouché de la Kinzig est préférable quoique plus éloigné.

Si l'ennemi se détermine à recevoir le combat il est à présumer qu'il ne pourra résister à notre effort; alors on peut espérer d'envahir la Bavière et faire même un détachement pour seconder l'armée d'Italie ou s'opposer à celui que l'ennemi fera probablement en Helvétie.

S'il ne reçoit pas le combat au débouché des montagnes, ce qui est probable et à craindre, il nous force à le suivre avec l'armée qu'il faudra cependant affaiblir pour garder l'Helvétie.

Il se retirera dans son camp d'Ulm couvert par le Danube et cette place, ou derrière les rivières qui sortent du Tyrol appuyé aux montagnes.

Dans la première supposition le corps du général Sainte-Suzanne placé sur ses derrières rendra l'attaque du camp retranché assez facile. Dans la seconde, il faut le suivre avec rapidité et ensemble pour le forcer à combattre car il ne faut pas se dissimuler que quelques succès bien prononcés sont nécessaires pour assurer l'envahissement de la Bavière.

Voilà mes idées sur le début de la campagne, la suite des opérations tient aux mouvements que feront les armées ennemies tant en Allemagne qu'en Italie.

Je désire que ces idées soient utiles au Premier Consul.

Plan de campagne pour l'armée du Rhin, Paris, 1er germinal an VIII (22 mars 1800). Imprimé dans la *Correspondance de Napoléon*, t. VI, p. 254.

Bonaparte à Moreau, Paris, 1er germinal an VIII (22 mars 1800). Imprimée dans la *Correspondance de Napoléon*, t. VI, p. 257.

Le général en chef au Premier Consul.

Au quartier général à Bâle, le 1er germinal (22 mars 1800).

M. de Kray est arrivé à Donaueschingen, citoyen Consul, et parait définitivement destiné au commandement de l'armée : on me l'avait dit à Mayence, mais n'ayant à cet égard rien de positif, je ne vous en parlai pas. Dès que je saurai le prince Charles parti, je vous en instruirai.

Je croyais que M. Sztaray aurait suivi le mouvement du général Sainte-Suzanne et serait venu se placer devant Kehl, mais il parait vouloir toujours tenir à Rastatt et Heidelburg ; je lui suppose deux motifs : le premier de vouloir se tenir avec l'appui de Philipsbourg sur le flanc gauche de nos attaques, ce que nous ne pouvons empêcher ayant abandonné Mayence qui nous donnait le même avantage sur sa droite. L'autre motif est de continuer à soutenir le corps des Mayençais et à forcer la continuation de la levée des milices des cercles du Rhin et de Franconie.

L'avantage d'être maître d'un de nos flancs, sans le moindre danger, est inappréciable pour l'ennemi, puisqu'il nous force à un gros corps pour le contenir, sans pouvoir nous éloigner pour le combattre ; dans aucun cas même il ne court de danger pouvant toujours se retirer à l'appui du Danube, du Neckar et du Mein.

Le reste de l'armée ennemie se rassemble aux débouchés depuis la tête de la Kinzig jusqu'au lac de Constance. Cette position est bien resserrée et facile à défendre, mais tout cela s'emporte avec de la vigueur.

Indépendamment de l'argent qu'il en coûtera pour assurer quelques approvisionnements pour la première opération, sans lesquels il serait plus qu'imprudent de commencer les hostilités, le rassemblement prématuré et arrêté a produit l'effet détestable de faire circuler dans l'armée des idées de paix et de suspension d'armes qui font le plus mauvais effet.

Pour pourvoir à présent entreprendre quelque chose de raisonnable, il faut remettre les choses à peu près dans l'état où elles étaient et recommencer sur nouveaux frais, quand on aura réuni quelques vivres et surtout des fourrages. Nous avons aussi perdu l'élan d'un premier mouvement, tout cela est à remonter, et pourra se faire facilement ; mais il ne faut pas craindre de reculer le moment des hostilités. Il n'y a nullement à craindre que l'ennemi nous attaque, c'est tout ce qu'il pourrait faire de plus heureux pour nous ; s'il s'enferrait sur le Rhin ou en Suisse il n'en sortirait pas.

J'attends le général Dessolle demain, je vous enverrai un courrier pour vous accuser réception des ordres dont il sera porteur.

Salut et respect.

MOREAU.

Mathieu Faviers, commissaire-ordonnateur en chef, au Ministre de la guerre.

Au quartier général à Bâle, le 2 germinal an VIII (23 mars 1800).

Citoyen Ministre,

Vous avez vu par le dernier rapport que j'ai eu l'honneur de vous adresser sur le service des subsistances qu'il est parfaitement rétabli, que les différentes parties qu'il embrasse ont été assurées pendant le mois dernier et que la plus sévère économie a présidé aux achats et transports des approvisionnements et que les distributions se sont faites régulièrement.

Les fonds que vous avez envoyés et qui ont été mis à la disposition des administrateurs, n'eussent pas suffi pour arriver à cet ordre de choses, si la confiance dont la loyauté d'un gouverne-

ment sage et nécessairement jaloux de remplir ses engagements
n'avait fait renaître le crédit et calmé les inquiétudes, mais ce
serait en étouffer le germe et exposer les services à retomber
dans l'anéantissement que de mettre le moindre retard dans les
paiements, avances et fournitures qui ont pu être faites et qui se
font chaque jour pour le service courant.

Le défaut absolu d'approvisionnements, l'existence des besoins
sur tous les points et l'exiguité des moyens en traçant un cercle
étroit aux opérations ont exigé que les ressources fussent également
distribuées et réparties sur tous les points alors occupés
par l'armée, proportionnellement au nombre des troupes qui s'y
trouvaient stationnées, si ce n'est en Helvétie où les grains ont
été portés avec un peu plus d'abondance, à cause de la difficulté
d'y former des approvisionnements.

A l'égard du service des fourrages, la difficulté de réunir des
foins et l'énormité des fonds qu'il faudrait employer à un approvisionnement, ne laisse guère que l'espoir de l'assurer décadaire-
ment. Il est cependant de toute nécessité d'avoir une certaine
quantité d'avoine à l'avance pour l'entrée en campagne.

La viande exige aussi que les secours de fonds ne soient pas
ralentis d'autant plus que les avances faites par la compagnie
Olry ne lui permettraient pas de soutenir son crédit et d'entretenir le mouvement de ses opérations, si les fonds venaient à lui
manquer.

Enfin le service des liquides, celui des équipages des vivres,
transports auxiliaires et de la poste entrent nécessairement sans
parler des secours qu'on est obligé de donner journellement aux
hôpitaux et aux équipages d'ambulance.

Notre situation actuelle, considérée sous son véritable aspect,
offre en résultat le retour de l'ordre, de la régularité dans le
service, un approvisionnement de grains pour environ un mois
sur plusieurs points, quelques ressources pour les fourrages, des
dispositions pour la viande et un petit approvisionnement d'eau-
de-vie ; telle est notre position. Une vérité de principe qu'on ne
peut pas perdre de vue, c'est que les mouvements de l'armée et
les succès des opérations militaires exigent non seulement que
le service courant soit assuré pour un mois d'avance, mais qu'il
soit fait en outre des dispositions pour l'entrée en campagne, et
que les principaux magasins de la ligne soient approvisionnés
en grains et avoine pour deux mois au moins, en eau-de-vie
pour un mois, qu'enfin des mesures soient prises pour faire
marcher des colonnes de bestiaux à la suite de l'armée.

La nécessité d'un approvisionnement de quelques mois des

principaux magasins que justifie l'expérience, nous fût déjà devenu utile dans le mouvement actuel.

Parvenu à rassembler dans les 26e et 5e divisions un approvisionnement assez considérable, le mouvement des troupes qui vient de s'opérer rend inutiles les moyens de la 25e division et ceux de la 5e insuffisants ; une consommation de 90,000 parties prenantes a absorbé les denrées de cette dernière division et il faut y pourvoir par de nouveaux achats.

La demande que j'ai faite par le général Dessolle, d'une somme de trois millions pour les subsistances et les autres services, devient chaque jour plus instante ; indépendamment de ce que ceux qui ont été mis à ma disposition dans le courant de ventôse sont consommés, les besoins des services ont exigé que les 400,000 francs que vous aviez annoncés au général en chef devoir être apportés par un de vos aides de camp fussent mis en distribution par anticipation, comme fonds existants d'après les ordres que le général en a donnés.

En calculant approximativement les fonds nécessaires pour le service de chaque mois, non pas précisément sur le pied de la dépense effective, mais seulement sur ce qui est jugé indispensable, elle forme un objet d'au moins 4,000,000, sans compter ce qui peut être dû sur les fournitures du mois dernier.

Il faudrait à peu près une pareille somme pour monter le service de campagne, former un approvisionnement de deux mois d'avance en grains et avoines et faire face à tout ce qui est nécessaire aux différents services.

Un aussi grand effort, citoyen Ministre, se concilierait sans doute difficilement avec l'état actuel des finances du gouvernement, mais au moins est-il constant que nos besoins sont pressants, qu'ils ne peuvent être ajournés et que si les trois millions que j'ai demandés ne nous parvenaient pas incessamment, le service croulerait de nouveau, que les subsistances manqueraient et que l'armée se trouverait hors d'état de remplir les hautes destinées qui semblent l'appeler et lui frayer le chemin de la victoire.

Peut-être ne sommes-nous pas éloignés du moment de vivre sur le pays ennemi, d'alléger par conséquent le trésor public des dépenses immenses que nécessite une armée aussi nombreuse et aussi formidable que l'est la nôtre, en attendant que ce vœu s'accomplisse, daignez, citoyen Ministre, la secourir utilement, et la mettre à même de se montrer redoutable à nos ennemis.

Salut et respect,

Pour copie : Mathieu Faviers.

28

Le général Moreau au général Lecourbe.

3 germinal an VIII (24 mars 1800).

Les distributions d'effets se font directement aux corps. L'ordonnateur doit vous envoyer des souliers. De l'eau-de-vie et de l'avoine sont en route.

On dit que Kray veut vous attaquer, tant mieux. Vous rassemblerez votre corps d'armée, vous vous en reviendrez de position en position, disputant le terrain sans combattre jusqu'à la Limmath s'il le faut. Je réunis l'armée sur le Rhin, je débouche par la Kinzig et le val d'Enfer, et je me porte sur le lac de Constance, nous verrons alors ce que cela deviendra.

Il est parti des traites pour Zurich. Demander s'il lui faut de l'argent pour ses dépenses. Détails sur la solde.

M'envoyer Scheuner.

Signé : MOREAU.

Moreau, général en chef, au Premier Consul.

Au quartier-général, à Bâle, le 6 germinal an VIII (27 mars 1800).

J'attends à tout moment l'arrivée du général Dessolle, citoyen Consul, il est de la plus grande importance que l'état d'incertitude où nous sommes cesse promptement. Le peu de vivres et fourrages que j'avais rassemblé se trouve épuisé par le rassemblement de l'armée; s'il faut déboucher demain, nous n'avons que pour vingt-quatre heures de vivres derrière nous, et cependant il faudra combattre dans un pays épuisé.

J'ai retenu ici le citoyen Le Marois, votre aide de camp, jusqu'à demain matin, espérant répondre par lui à ce que m'apportera le général Dessolle.

Le temps est très beau depuis quatre ou cinq jours, l'ennemi menace, dit-on, d'attaquer; j'en serais bien aise, il nous éviterait de grandes difficultés.

J'ai donné au général Lecourbe l'ordre de se replier sur la Limmath avec les 30,000 hommes à ses ordres; s'il est attaqué vers le lac de Constance, je débouche avec le reste de l'armée par la Kinzig et le val d'Enfer, et je me porte avec rapidité à ses ponts, nous verrons comme il s'en tirera. S'il marche par Kehl ou Brisach, je fais le même mouvement par le haut Rhin; je doute qu'il nous donne aussi beau jeu.

Il est probable qu'il va tenter quelque chose du côté du Valais, mais votre réserve, dont la tête sera probablement à Genève, m'ôte toute inquiétude de ce côté.

Vous connaissez notre situation par mes dernières dépêches. Le Marois vous donnera des détails intéressants sur le pays qu'il a parcouru, et même sur l'armée d'après ce que je lui en ai dit.

Le Ministre de la guerre m'a annoncé le général Macdonald comme lieutenant, vous savez qu'il l'avait refusé à mon départ de Paris, et je suis persuadé qu'il ne viendra ici qu'avec répugnance ; je ne sais, au surplus, comment je pourrais l'employer, car j'ai désigné les lieutenants-généraux qui doivent commander les trois seuls corps d'armée qu'on peut former.

Le ministre de la Guerre m'annonce également plusieurs généraux de division, que je ne saurais où placer : vous avez fixé le nombre des divisions à dix et il y avait déjà vingt généraux divisionnaires à l'armée.

Recevez l'assurance de mon attachement.   MOREAU.

Le général en chef au Premier Consul de la République française.

Au quartier-général à Bâle, le 8 germinal an VIII (29 mars 1800).

Le général Dessolle est arrivé ce matin, citoyen Consul ; il m'a remis vos dépêches et m'a fait part de vos intentions. Nous travaillons depuis son arrivée à l'organisation de l'armée et à la disposer au mouvement offensif qu'elle doit faire.

Je profite du passage de l'aide de camp du Ministre de la guerre pour vous donner de mes nouvelles, demain je vous enverrai des détails. En attendant qu'ils vous parviennent, veuillez être bien assuré de l'attachement que je vous ai voué.

Salut et amitié.   MOREAU.

P.-S. — On m'annonce pour lieutenant le général Moncey. J'en ai trois ; c'est tout ce que je puis employer. J'ai présumé que c'est erreur et que c'est à l'armée de réserve qu'on le destinait.

Moreau, général en chef, au Premier Consul.

Au quartier-général de Bâle, le 12 germinal an VIII (2 avril 1800).

L'ennemi se rassemble, citoyen Consul, aux débouchés de Schaffouse et la Wuttach, cela rendra le passage du haut Rhin dangereux, même imprudent ; alors, je déboucherai avec toute l'armée, excepté le corps du général Lecourbe, par Kehl, Brisach et Bâle, et me rendrai à la sortie des Montagnes Noires, pour me porter sur ses derrières. Il sera forcé de quitter sa position pour venir me combattre. Lecourbe passe alors et me joint facilement par la chaussée de Stühlingen et de Schaffouse.

S'il prend l'offensive, Lecourbe, en lui opposant la résistance nécessaire pour retarder sa marche, s'en ira de position en position jusque derrière la Limmath, pendant que je ferai mon mouvement sur ses ponts.

J'ai laissé au corps du général Lecourbe sa dénomination de droite, les noms ne font rien à la chose, et une réserve, à droite, indiquait à l'ennemi qu'on l'emploierait autrement qu'à la faire combattre à son rang de bataille.

Je connais d'autant mieux vos idées, pour la réserve de Dijon, qu'avant de savoir qu'elle dût exister, j'avais le projet, si nous avions des succès décisifs, de faire moi-même, avec une partie de l'armée, la pointe de l'Italie, pour dégager notre armée et à confier au lieutenant général Saint-Cyr la défensive de l'Allemagne, pendant cette incursion que j'estimais devoir être de six semaines au plus. L'armée qui se rassemble à Dijon remplira ce but bien plus facilement et plus sûrement, mais je pense qu'il faudra toujours passer par Landeck, Nauders, Meran, Botzen et Trente.

Le général Lecourbe a envoyé une demi-brigade de renfort dans le Valais; le 3e bataillon de la 9e légère est en marche pour s'y rendre; il assure que le Gothard n'est tenable ni pour nous, ni pour l'ennemi, mais qu'il appartient à celui qui a le Valais; il est gardé, mais on ne peut y envoyer trop de troupes, par la difficulté de les y faire vivre.

Il a fallu laisser deux demi-brigades à Mayence, en attendant l'arrivée de la 66e; je viens même d'ordonner que la 5e et la 17e ne partiraient pour leur destination qu'à son arrivée pour que je puisse en retirer un bataillon de la 65e que j'y avais envoyé pour s'opposer à des démonstrations assez sérieuses que le corps de Sztaray, resté sur le Neckar et le Mein, avait faites contre Cassel et dans le Palatinat. Je me rends à Strasbourg où j'achèverai de régler tous ces objets, mais il faut avoir un moyen de connaître la mauvaise volonté des habitants, pour se figurer combien il faut de troupes pour disperser et garder ces postes.

Les approvisionnements que vous avez ordonnés et ceux de 25 ou 30 jours nécessaires à l'armée pour commencer des opérations exigent de grands fonds; je viens de prendre plus d'un million sur la solde pour assurer le service courant; les détails que le général Dessolle envoie au Ministre de la guerre qui, sûrement, vous en rendra compte, vous en convaincront facilement. Il vous instruira également des demandes du général Eblé pour les chevaux d'artillerie, la lenteur de la levée du 40ᵉ à cheval nous laisse un déficit considérable, et si on ne le remplit très incessamment, nous serons forcés de faire la campagne sans parc et sans équipages de pont.

A mon arrivée à Strasbourg, je vous expédierai un courrier pour vous donner des détails sur la gauche de l'armée ; elle se forme actuellement d'après la nouvelle organisation que j'ai arrêtée ; quelque désir que j'aie de la voir toute rassemblée, cela m'est impossible par la difficulté de faire vivre les chevaux.

Voici l'état des fonds à l'armée :

La caisse a reçu du 1ᵉʳ au 30 ventôse :

En traites	3,841,975 fr.	30
En lettres de crédit.........................	1,500.000	
En numéraire	2,456,630	97
Total en ventôse...........	7,798,606	27

Depuis le 1ᵉʳ jusqu'au 10 germinal :

En traites	1,700,000	
En numéraire..........................	556,521	74
Total.....................	10,055,128 fr.	16
Il a été dépensé sur la solde................	5,105,289	78
Pour les différents services.................	3,966,601	50
Restait en caisse le 10 germinal.............	984,336 fr.	73

Sans y comprendre les dépenses de l'artillerie, génie, courses, gratifications de campagnes, et pertes, dépenses d'état-major et frais extraordinaires et de partie secrète se montant à environ 200,000 francs.

La dépense du service pour quatre décades monte à :

Vivres, liquides, équipages..................	2,000,000 fr.
Fourrages	2,400,000
Viande	1,400,000
Hôpitaux	320,000
Habillement............................	40,000
Transports auxiliaires et équipages militaires.	40,000
Postes.................................	45,000
Total....................	6,245,000 fr.

Ce qui fait un déficit d'environ 2,600,000 francs et fait comprendre quels sont les fonds nécessaires à notre approvisionnement pour l'entrée en campagne.

Salut et respect.   MOREAU.

Le général en chef Moreau, au Premier Consul de la République.

Au quartier-général à Bâle, le 12 germinal an VIII (2 avril 1800).

Le général Dessolle m'a remis, citoyen Consul, votre lettre du 4 germinal (1); il m'a appris que votre projet n'était pas de venir à l'armée du Rhin.

Comme Français, j'aurais désiré vous en remettre le commandement, certain des succès que vous obtiendriez comme général en chef, j'étais également aise de la quitter. J'avais lieu de croire que le gouvernement n'avait plus en moi la confiance que doit inspirer un général en chef. L'instruction du Ministre de la guerre du 11 ventôse, celle donnée au citoyen d'Albe et dont je vous envoie copie, l'envoi d'officiers, les uns venant à l'armée avec l'instruction d'aller dire aux troupes qu'ils étaient venus apporter de l'argent et qu'on allait les payer, d'autres, celle de visiter des avant-postes occupés depuis longtemps par des généraux, qui certes auraient pu en faire un rapport plus exact et plus détaillé qu'un officier particulier qui en parcourt les postes; des ordres pour placer tel ou tel corps dans telle garnison du cantonnement, des changements de destination qu'on adressait directement ou à des généraux ou à des officiers particuliers; et j'étais très étonné d'apprendre que telles divisions ou tels postes cesseraient d'être occupés parce que ceux qui y étaient avaient reçu l'ordre direct de quitter l'armée; une vingtaine d'officiers du génie viennent encore de recevoir l'ordre de se rendre à Dijon; cela m'a enfin déterminé à défendre à qui que ce soit de quitter l'armée sans que son ordre ait été vu à l'État-major pour le remplacement.

J'ai peut-être à me reprocher de ne pas vous avoir fait part de ces détails. J'aurais préféré quitter l'armée à votre arrivée et que vous les ignoriez toujours; mais ayant appris que vous aviez été affecté de quelques-unes de mes lettres et craignant que vous ne les attribuiez à des motifs qui vous fussent personnels ou à des regrets de me voir remplacer, j'ai dû vous faire connaître les causes de mes dégoûts.

Je vous parle avec la même franchise que je vous suis sincèrement attaché. Croyez que personne n'apprécie mieux et ne rend plus de justice à votre manière de gouverner : je vous sais même nécessaire à la tranquillité et au bonheur de la République.

_____

(1) N'existe pas dans la correspondance de Napoléon.

La confiance que vous venez de me témoigner, le désir d'être utile à mon pays, m'imposent l'obligation de vous seconder de tous mes moyens, sans espérer des succès; mais je vous réponds de tous mes efforts.

Je vous prie de regarder cette lettre comme particulière, de ne faire aucun usage des détails qu'elle contient, dont sûrement vous ignoriez la plus grande partie, et de croire que personne ne vous est plus sincèrement attaché que moi.

Le général en chef,   MOREAU.

Le général de division, commandant en chef l'artillerie, au général en chef Moreau.

Au quartier-général à Bâle, le 12 germinal an VIII (2 avril 1800).

J'ai l'honneur de vous rendre compte, général, que les pertes que l'armée a éprouvées et qui augmentent chaque jour, ont réduit les chevaux d'artillerie à 4,967; ce qui me met dans l'impossibilité d'organiser les parcs comme vous me l'avez ordonné avec le double approvisionnement; à peine y aura-t-il des chevaux pour un simple; sans parc de réserve et sans que je puisse enlever l'équipage de pont de pontons préparé à Metz, conformément à vos ordres.

La lenteur avec laquelle se fait la réception des chevaux levés en vertu de la loi du 4 vendémiaire ne laisse pas espérer qu'elle fournisse les 3,000 que le Ministre de la guerre destinait à l'armée du Rhin, et cependant cette quantité devient indispensable pour mon service. Elle est d'autant moins exagérée que la reprise qui est à la veille de se faire pour le compte du gouvernement mettra dans la nécessité de réformer des chevaux qu'on aurait pu encore laisser à celui des entrepreneurs.

J'expose au Ministre de la guerre l'embarras où je me trouve, et les suites fâcheuses qui peuvent en résulter pour l'armée; je lui propose, en attendant qu'il ait pris des mesures pour l'arrivée du nombre de chevaux nécessaires, d'envoyer à l'armée une partie de ceux qui se trouvent dans les directions de Douai, Bruxelles, Maëstricht, Mézières, Metz, etc., etc., et d'assurer le service des directions par des chevaux à loyer ou autrement.

Le Ministre sentira sans doute combien peu de succès on aurait à espérer de l'armée, si elle n'avait à sa suite qu'un simple approvisionnement, sans moyens de le remplacer; mais il en verra bien mieux les inconvénients, si vous les lui faites apercevoir. Veuillez donc, général, les lui peindre et le solliciter

vivement de ne mettre aucun retard à faire fournir les 3,000 chevaux demandés.

Je le préviens qu'ils sont indépendants de 1,500 au moins qu'il
faudrait, si on voulait rendre mobiles les trois équipages de pont
de bateaux qui sont en Helvétie, et pour lesquels il n'y a pas un
seul cheval.

Je l'ai également prévenu de l'impossibilité d'entretenir les
chevaux, s'il n'assure des fonds à cet effet.

Salut.   EBLÉ.

Moreau, général en chef, au Premier Consul.

Quartier-général, Bâle, 14 germinal an VIII (4 avril 1800).

Comme je montais en voiture pour me rendre à Strasbourg,
citoyen Consul, j'ai reçu une dépêche de M. de Lehrbach contenant celle que j'envoie par le courrier au citoyen Talleyrand.

C'est la paix ou la guerre, la première est un événement heureux qui rendra le bonheur à notre Patrie; j'espère que la
seconde, s'il faut en venir là, ne sera pas malheureuse. Mais il nous
faut de l'argent pour nos approvisionnements et une mesure
prompte pour les chevaux d'artillerie; nous en avons 12 ou 1,500
à l'infirmerie particulièrement de la gauche. Il paraît qu'il y a
eu plus que de l'insouciance. Le général Eblé est à Strasbourg; je
m'y rends également et nous tirerons cela au clair. Je crains
d'avoir à découvrir du gaspillage dans quelques officiers d'artillerie.

Je serai à Strasbourg trois ou quatre jours, vous pourrez m'y faire
passer vos ordres jusqu'au 18. Je vous prie de me faire connaître
par le télégraphe si nous devons combattre.

Notes adressées au Ministre de la guerre par le général chef de l'État-major général de l'armée du Rhin.

Bâle, 16 germinal an VIII (6 avril 1800).

Il sera envoyé par le courrier de demain au Ministre de la
guerre un état de la répartition des effets d'habillement à tous les
corps de l'armée. Il verra qu'on a distribué environ 17,708 habits,
15,450 redingotes, 18,641 chapeaux, 40,604 paires de souliers, etc.;
ce secours suffira à rétablir passablement l'habillement de l'armée
aux souliers près, dont la consommation, plus considérable surtout en temps de guerre, demanderait, outre les distributions
actuelles, des magasins à la suite de l'armée pour fournir à des
besoins qui ne cessent jamais de se renouveler.

Il a été adressé au Ministre de la guerre, en date du 12 germinal, un tableau des fonds envoyés par le gouvernement depuis le 1er ventôse jusqu'au 12 germinal, ainsi que le tableau des dépenses par lesquelles ils avaient été consommés. Il aura vu qu'il y avait eu deux mois de solde payés et tous les services contenus pendant un mois et demi avec environ dix millions.

Les résultats des nouvelles régies est d'avoir, avec la moitié des fonds nécessaires, fait un service satisfaisant, celui des fourrages excepté. Celui-ci n'a pu entièrement se relever et cela tient sans doute aux difficultés qu'il présente et à ce qu'il n'est susceptible d'aucun crédit par la nature des denrées qu'il consomme, aux avoines près. Il sera adressé par le courrier au Ministre de la guerre un arrêté de l'ordonnateur approuvé par le général en chef pour venir au secours de ce service avec les motifs qui ont donné lieu à cette mesure.

Le service des vivres viandes a été parfaitement fait par la compagnie Olry jusqu'à ce jour. Celui des hôpitaux sédentaires va encore assez mal; les premiers fonds affectés à cette branche de service ont été consommés entièrement pour remonter les ambulances, dont les moyens étaient nuls et qui devenaient l'article le plus important au moment d'entrer en campagne.

On doit observer au Ministre de la guerre que si presque tous les services de l'armée ont offert des résultats satisfaisants depuis le 1er ventôse jusqu'à cette époque, ils sont tous au moment de manquer maintenant. Le général en chef n'a pu faire qu'une distribution de 750,000 francs pour le mois de germinal pour tous les services, et cette somme est loin d'égaler celle qui eût été nécessaire pour soutenir la forte impulsion qu'avaient reçue ces services dans le mois de ventôse.

On s'en réfère à la lettre du 12 germinal qui demande trois millions au moins; j'observe qu'il faudrait cinq millions tout de suite, tant pour soutenir le service courant que pour former les approvisionnements qui devront nourrir l'armée dans ses premières marches sur le pays ennemi. Si le Ministre ne s'empresse d'envoyer ce secours, l'armée retombera dans la pénurie à laquelle elle avait si heureusement échappé et il lui sera impossible de se mettre en mouvement. On a déjà observé au Ministre dans cette même lettre que le rassemblement de l'armée avait consommé les têtes d'approvisionnements qu'on avait pu se procurer dans le mois de ventôse.

Les fusils que le Ministre de la guerre avait annoncés ne sont point encore arrivés, de sorte que l'armement de l'infanterie est toujours en mauvais état.

Le commandant de l'artillerie craint que la reprise des chevaux par le gouvernement, en livrant beaucoup de ces chevaux à la réforme, ne diminue considérablement le nombre sur lequel on comptait. Il a dû faire part au Ministre de la guerre de son mécontentement sur le peu de ménagement avec lequel on avait fait travailler ces chevaux à la gauche de l'armée, ce qui avait peuplé les infirmeries d'une grande quantité. Il paraît d'ailleurs que la levée du 40e ne procurera pas à cette arme les ressources qu'on attendait.

Le général en chef a fait connaître au Ministre de la guerre l'organisation de l'armée en quatre corps tenant depuis Strasbourg jusqu'au lac de Constance, avec un corps particulier dans le Valais, faisant partie de la droite de l'armée.

Les corps d'armée n'ayant pas cessé d'être en mouvement depuis le 24 ventôse par les différents changements qui se sont opérés, l'on n'a pu obtenir ni rassembler leurs états de situation et dresser l'état de situation général de l'armée; il sera envoyé aussitôt qu'on aura pu recueillir le complet des matériaux nécessaires.

Il y a toujours un mouvement considérable de conscrits dans le dépôt de Phalsbourg.

L'ennemi a suivi le mouvement de l'armée et, abandonnant sa droite, réuni presque toutes ses forces vers son centre; toutes les nouvelles d'Allemagne annoncent la paix. Les rapports de nos espions assurent que les Autrichiens ont cessé la plus grande partie de leurs travaux.

Le général en chef Moreau au Premier Consul.

Quartier général, Bâle (1), 18 germinal an VIII (8 avril 1800).

J'ai reçu, citoyen Consul, votre dépêche télégraphique qui m'annonce les dispositions hostiles de l'ennemi et l'ordre d'entrer en campagne le plus tôt possible. Un prompt secours pour les subsistances nous est nécessaire. Je viens de prendre sur les

---

(1) L'indication Bâle semble erronée, car dans le cours de la lettre, Moreau dit : « Je me rends cette nuit à Bâle... A mon arrivée à Bâle et Zurich, je vous donnerai de mes nouvelles... »

Le 21 germinal, il écrit au Premier Consul : « Je suis arrivé à Bâle... je vais à Zurich... »

Il faut lire sans doute : « Strasbourg », d'après la lettre de Moreau au premier consul du 14 germinal, page 432.

magasins de siège, pour soutenir le service des fourrages extrêmement difficile et pour commencer un approvisionnement de
quelques jours indispensable pour combattre dans un pays épuisé.

Il nous manque beaucoup de chevaux d'artillerie, il y en a
près de 1,500 aux infirmeries et les rentrées du 40e à cheval sont
très lentes.

L'armée est placée entre le lac de Constance et Strasbourg ; celle
de l'ennemi est concentrée entre Villingen et le lac de Constance ;
le corps de Sztaray est toujours le long du Rhin.

Le corps du général Sainte-Suzanne débouchera par Kehl, fera
une démonstration sur la vallée de la Kinzig pour y attirer
l'ennemi et contiendra le corps de Sztaray en se plaçant sur la
Kenchen ou l'Acher pour couvrir la tête de pont de Kehl, qu'on
n'a encore pu parvenir à mettre à l'abri d'un coup de main,
quoique nous l'occupions depuis trois ans. Depuis que je suis à
l'armée la terre a presque toujours été gelée et les travaux par
conséquent impossibles ; cela me fait perdre pour agir réellement presque tout ce corps obligé de garder Ehrenbreitstein,
Mayence, Landau et Kehl, ce qui le réduit à peu de chose. J'espère
cependant lui faire occuper un corps ennemi égal à lui.

Le reste de l'armée débouchera en entier par les villes forestières. Je doute que le mouvement puisse se faire avant le
30 germinal. Cependant croyez que je suis aussi pressé que vous
d'agir.

L'ennemi se renforce tous les jours : il paraît certain que le
corps de Condé arrive ; les Bavarois viennent également, ce qui
donne à l'ennemi une espèce de supériorité de nombre d'autant
que nous sommes obligés de perdre encore beaucoup de troupes
sur les frontières de l'Italie et des Grisons. Aussi serait-il bien à
désirer que les premières divisions de la réserve qui peuvent être
destinées à entrer en Helvétie s'y portent rapidement pour nous
donner le plus de troupes disponibles pour l'exécution d'un
mouvement dont je ne me dissimule pas toutes les difficultés. La
position de l'ennemi est bonne ; il nous attend à la tête des défilés
difficiles à forcer et il ne faut pas espérer de lui donner le change
sur notre attaque. Le mouvement de l'armée ne lui laisse à cet
égard aucun doute.

Si l'armée de réserve fût arrivée en Suisse et qu'elle eût rendu
le corps du général Lecourbe disponible, le succès aurait été plus
certain en débouchant par la Kinzig, par Waldkirch et Elzach ;
mais un mouvement qui rend 30,000 hommes inutiles ne peut
s'exécuter ; nous suppléerons par de la vigueur au désavantage
de la position.

J'ai attendu à vous écrire jusqu'à ce moment, espérant avoir quelques nouvelles de l'ennemi; mais il ne fait aucun mouvement intéressant. Je me rends cette nuit à Bâle et de là à Zurich, où je donnerai au général Lecourbe ses dernières instructions; je serai de retour ici le 26 ou le 27 et je ferai commencer le mouvement, à moins d'obstacles insurmontables.

On m'avait annoncé le projet de l'ennemi de tenter avec 30,000 hommes un passage du Rhin vers Mannheim pour inquiéter Landau et Mayence et attirer nos troupes de ce côté : les garnisons sont assez fortes pour ôter toute inquiétude sur cet objet; et alors ce détachement nous est avantageux, en ce que nous avons moins de monde à combattre au point d'attaque.

A mon arrivée à Bâle et Zurich, je vous donnerai de mes nouvelles, même plus tôt si j'ai quelque chose d'important à vous apprendre : j'en attends des vôtres avec impatience, persuadé qu'elles m'annonceront quelques secours importants.

P.-S. — Le général Eblé commandant l'artillerie me prévient que le citoyen Fantin, capitaine d'artillerie, a reçu l'ordre de partir pour l'armée de réserve; cet officier étant chargé de la réception des fers coulés et chargé en outre de suivre et terminer avec le sous-directeur d'artillerie à Strasbourg une opération relative à des réparations d'armes; j'ai cru devoir lui donner l'ordre de suspendre son départ.

Déjà l'on a donné des ordres de changement de destination à un grand nombre d'officiers du génie sans que j'en aie même été instruit.

Je ne puis m'empêcher de vous renouveler mes plaintes à cet égard.

Bonaparte à Berthier, Paris, 19 germinal an VIII (9 avril 1800).
Imprimée dans la *Correspondance de Napoléon*, t. VI, p. 270.

Bonaparte à Masséna, Paris, 19 germinal an VIII (9 avril 1800).
Imprimée dans la *Correspondance de Napoléon*, t. VI, p. 271.

Le Ministre de la guerre au général en chef Moreau (1).

Paris, le 19 germinal an VIII (9 avril 1800).

Je vous adresse, citoyen général, copie des instructions que le gouvernement m'a chargé de donner au général Masséna. Vous

---

(1) *Correspondance inédite de Napoléon* (Arch. Guerre).

y verrez le plan de campagne qui a été adopté et les opérations
qui sont réservées à l'armée que vous commandez et que mon
prédécesseur (1) vous a fait connaître en substance.

Je vous observe que dans le cas où l'armée de réserve ne se
trouverait pas en état de fournir des forces suffisantes pour
remplacer le général Lecourbe, après que le général Berthier
aura pris 40,000 hommes pour pénétrer en Italie, l'intention des
consuls est que vous ajoutiez au corps destiné à garder la Suisse
les renforts que vous jugerez nécessaires pour la mettre à l'abri
de toute invasion. Le soin de conserver la ligne de l'Helvétie
intacte vous concerne particulièrement et dès l'instant où le
général Berthier aura franchi les montagnes vous devrez donner
à cet objet l'attention la plus sérieuse.

Vous connaissez, citoyen général, la confiance que vos talents
militaires m'ont depuis longtemps inspirée. Les Consuls de la
République éprouvent les mêmes sentiments pour vous et se
reposent sur les succès que vous allez obtenir.

Signé : CARNOT.

Le général de division Dessolle au Ministre de la guerre.

Quartier général de Bâle, 20 germinal an VIII (10 avril 1800).

On s'occupe en ce moment de réunir l'armée et tout se prépare pour l'entrée en campagne. Le général en chef, qui fait un
voyage à Zurich, pourra vous écrire à son retour le jour fixé pour
le commencement des opérations.

Le principal effort devant se porter sur la gauche de l'ennemi
appuyée au lac de Constance, le général Sainte-Suzanne débouchera par Kehl et fera des mouvements dans la Kinzig pour
engager une partie des forces de l'ennemi dans cette vallée et
occuper le général Sztaray qui se trouve vers Rastadt.

Le général Saint-Cyr débouchera par Brisach et menacera le
val d'Enfer, ses premières opérations paraissant le lier à celles
du général de Sainte-Suzanne, il aidera à l'effet de la diversion
qu'il devait opérer.

Le général Leclerc sortira avec sa division par Bâle et se portera jusqu'à Schliengen, soutenu par la division du général

---

(1) Le général Berthier, Ministre de la guerre, avait été appelé
le 12 germinal (2 avril 1800) au commandement de l'armée de
réserve et avait été remplacé dans ses fonctions par Carnot (*Correspondance de Napoléon*, 4,704 et 4,705).

Delmas, pour mieux dessiner le projet de nous servir de la Forêt Noire pour déboucher dans la Souabe.

Ensuite, à jour fixé, tous ces différents corps marcheront par leur droite et suivant la rive droite du Rhin et les villes forestières se porteront sur Waldshut tandis que le reste du corps du général Moreau marchera par la rive gauche et pendant que le général Lecourbe effectuera son passage soit à Diessenhofen, soit à Eglisau ou Kaiserstuhl. Les mouvements de l'ennemi décideront le choix du passage. L'ennemi, forcé de combattre désavantageusement sur le Rhin par cette opération, se portera sans doute sur Stockach ou sur une ligne plus en arrière, ses opérations décideront de celles du général en chef.

Le général Sainte-Suzanne seul se repliera par Kehl, sur la gauche du Rhin, et marchera derrière ce fleuve jusqu'à Brisach, les circonstances décideront s'il doit se joindre à nous ou par le val d'Enfer sur Löffingen, ou par la vallée du Rhin, ou bien se borner à couvrir les ponts de Brisach et Bâle en nous faisant rejoindre la plus grande partie de son infanterie.

Il serait possible que si l'ennemi donnait dans la diversion du général Sainte-Suzanne, le corps qu'il aurait engagé dans la vallée de la Kinzig arrivât plus tard à la grande armée que le général Sainte-Suzanne à Löffingen où il nous aurait rejoints.

L'on fait tous les préparatifs nécessaires pour réparer les ponts sur le Rhin, depuis Bâle jusqu'à Schaffouse et pour en jeter un à Waldshut par l'embouchure de l'Aar.

Bonaparte à Moreau, Paris, 21 germinal an VIII (11 avril 1800) Imprimée dans la *Correspondance de Napoléon*, t, VI, p. 274.

Le général en chef Moreau, au Premier Consul.

Quartier général de Bâle, 21 germinal an VIII (11 avril 1800).

Je suis arrivé à Bâle, citoyen Consul; je vais à Zurich pour y donner au général Lecourbe ses dernières instructions.

L'ennemi fait plusieurs mouvements, tout cela ne paraît encore que défensif et surtout pour nous cacher ses véritables forces.

Je ferai plusieurs mouvements préparatoires pour attirer l'ennemi dans la vallée de la Kinzig. Le général Sainte-Suzanne sera particulièrement chargé des diversions sur ce point, de couvrir Kehl et de contenir le corps de Sztaray. Le reste de l'armée débouchera par les villes forestières et le général Lecourbe tentera le passage du Rhin par Diessenhofen et Stein.

Les subsistances m'inquiètent beaucoup, l'armée, resserrée depuis un mois, a tout mangé ; je ne sais surtout comment rassembler assez de fourrages et de moyens de transport, surtout en songeant à l'approvisionnement qu'il faut faire pour vous à Lucerne, il est de toute importance de faire les plus grands efforts pour l'entrée en campagne, j'ai le plus grand espoir dans le courage des troupes, mais je crains que l'irrégularité des services n'entraîne l'indiscipline et le désordre dans l'armée agissant sur un pays épuisé.

A mon retour de Zurich je vous ferai passer les instructions que je donne aux lieutenants-généraux. Pour l'entrée en campagne, vous pourrez suivre les mouvements de chaque corps.

Je ne pense pas que vous attendiez l'organisation complète de l'armée de réserve pour la faire quitter Dijon. Je sais que votre manière de faire la guerre est de n'avoir jamais de troupes inutiles. Je crois prudent de faire approcher de l'Helvétie les divisions à mesure qu'elles seront organisées ; l'infanterie, dont il sera assez facile d'assurer la subsistance, pourra même y entrer, mais la cavalerie devra rester sur les derrières jusqu'au moment d'agir, cela nous donnera beaucoup de troupes disponibles pour nos premières attaques ; et nous en avons d'autant plus besoin que Mayence et Cassel, menacés par une nuée de milices soutenues d'un gros corps de cavalerie et de quelque infanterie autrichienne, exigent de fortes garnisons ; on ne peut également abandonner Landau sans quelques troupes sûres.

On nous a enlevé des équipages de vivres de Sampigny quoiqu'il nous en manquât déjà environ dix. On vient encore de retirer deux compagnies de sapeurs et de mineurs qui ne serviront de rien dans la promenade qu'elles vont faire à Dijon et qui auraient très bien pu rejoindre d'ici et nous eussent été d'une extrême utilité dans un pays où l'on ne pourra souvent marcher que la pioche à la main, surtout ayant des passages de rivière.

Les fusils, pistolets, plomb et poudre que vous m'aviez annoncés n'arrivent pas, mais nous pouvons commencer avec ce que nous avons, cependant nous n'avons plus de remplacements en petites armes. Brisach et Strasbourg manquent de poudre.

Il y a à Lucerne 1,300,000 cartouches, on y en fait encore ; je n'ose vous promettre que l'approvisionnement de biscuit et d'avoine sera aussi complet : on s'en occupe sans relâche.

Je vous fais passer, ci-joint, le marché qui a été passé pour l'entrée de 20,000 quintaux de grains en Suisse. Il a été fait par le munitionnaire général et le commissaire du gouvernement helvétique; son but était d'empêcher une augmentation du prix des grains pour l'armée, dans le cas où on eût laissé toute latitude aux Suisses et de ne pas livrer le peuple à l'avidité des spéculateurs. Nous y avons environ 50,000 quintaux de grains à un prix très modéré et les Helvétiens ne le paieront pas trop cher. Je ne doute pas que vous ne le trouviez avantageux, pour les deux gouvernements, sans avoir l'odieux de ces sortes d'opérations.

Le grand versement sur Strasbourg est en remplacement de la partie des approvisionnements de siège dont j'ai disposé et vous verrez les avantages qu'on en retire puisque le grain ne s'y paie que 12 francs et qu'à Bâle il se paie plus de 16 francs.

L'ennemi a fait avancer quelques troupes vers Kandern, j'espère les faire enlever.

Lecourbe me prévient à l'instant que l'ennemi fait des mouvements de son côté et se renforce surtout dans les Grisons.

Je vous envoie, ci-joint, une lettre du général Colli, elle pourra être utile à celui qui entrera en Italie.

Je vous en envoie également une du général Grenier, qui envoie sa démission; je connais surtout ce qui s'est passé à l'armée d'Italie à la fin de la campagne. Il paraît qu'il y a été tracassé, mais je peux vous assurer que c'est une perte et que je connais peu d'officiers qui vaillent le général Grenier.

P.-S. — Le citoyen Villemanzy m'a fait remettre une note assez longue, à mettre à l'ordre de l'armée sur les fonctions et les honneurs à rendre aux inspecteurs aux revues.

Je me bornerai à faire connaître à l'armée les réglements que le gouvernement me fera passer sur leurs fonctions, ainsi que votre décision sur les honneurs militaires qu'ils réclament comme officiers généraux.

Bonaparte à Talleyrand, Paris, 24 germinal an VIII (14 avril 1800). Imprimée dans la *Correspondance de Napoléon*, t. VI, p. 278.

Plan d'opérations arrêté entre les deux généraux en chef Moreau et Berthier, d'après les instructions du Premier Consul.

Quartier-général de Bâle, 26 germinal an VIII (16 avril 1800).

Les généraux en chef Moreau et Berthier, après s'être concertés, conformément aux instructions du gouvernement, sur l'exécution d'un plan de campagne qu'il a adopté, ont arrêté les dispositions suivantes :

1° Le général Moreau ayant formé un corps de 40 bataillons et de 6 régiments de troupes à cheval aux ordres du général Lecourbe, 11 bataillons sont destinés à garder la Suisse pendant que l'armée du Rhin agira sur la rive droite; les 29 autres bataillons formeront la droite du général Moreau.

2° Lorsque le général Moreau aura obtenu sur le général Kray un avantage assez considérable pour lui donner la supériorité sur l'ennemi, il détachera le général Lecourbe avec un corps composé du quart de l'infanterie et du cinquième de la cavalerie de l'armée du Rhin. Ce corps se réunira aux troupes de l'armée de réserve aux ordres du général Berthier.

3° Le général Berthier portera de suite une partie de ses troupes sur Genève et fera appuyer les corps qui garderont le Valais sous les ordres du général Moncey, auquel le général en chef Moreau se propose de confier cette défense.

4° Le général Moreau agira de manière à écarter l'ennemi du Tyrol afin de faciliter les opérations du général Berthier.

5° Le général Moreau va signifier au général ennemi Kray que, s'il ne reçoit pas sous vingt-quatre heures réponse à la proposition d'armistice qu'il lui a faite d'après l'intention des Consuls, il regardera cette proposition comme non avenue. Si le général Kray n'accepte pas l'armistice, le général Moreau passera le Rhin sur-le-champ.

Alexandre Berthier, général en chef de l'armée de réserve, au Premier Consul.

Bâle, le 26 germinal an VIII (16 avril 1800).

J'ai reçu cette nuit, citoyen Consul, la dépêche du Ministre de la guerre qui m'annonce que votre intention est que je dirige les opérations dans la partie des Alpes qui tient au département du Mont-Blanc.

Je me rends en toute diligence à Dijon, où j'aurai des nouvelles.

J'ai expédié un courrier pour faire partir de Dijon pour Genève le général Duhesme avec 2 demi-brigades, 1 régiment de troupes à cheval et 8 pièces d'artillerie; je compte y établir mon quartier général sous peu de jours.

L'armée du Rhin est superbe; elle est animée du plus ardent désir de combattre.

Le général Dupont fait passer au Ministre les articles dont nous sommes convenus avec le général Moreau.

Le général Moreau ne laisse que 11 bataillons pour garder la Suisse; il en donne le commandement au général Moncey.

Il veut absolument avoir avec lui le général Lecourbe, qui commande sa droite et qui passe le Rhin vers Schaffouse.

L'attaque du général Moreau me paraît bien combinée. Je pense qu'il aura de grands succès, mais je vois dans un temps éloigné le retour du général Lecourbe avec les forces nécessaires pour exécuter le passage en Italie.

Le général Lecourbe croit de grandes difficultés à passer par le Saint-Gothard; il désirerait pénétrer par le Tyrol.

J'aurai l'honneur de vous écrire plus en détail à mon arrivée à Dijon.

Attachement et respect. ALEX. BERTHIER.

Le général en chef Moreau au Premier Consul.

Quartier général, Bâle, 27 germinal an VIII (17 avril 1800).

J'ai reçu, citoyen Consul, votre lettre du 21 de ce mois. Croyez que je ferai mon possible pour justifier votre confiance.

Je vous envoie ci-joint quelques dispositions dont je suis convenu avec le général Berthier.

Je crois que son armée sera parfaitement placée à Genève, il y veillera sur le Mont-Blanc que je ne crois cependant pas menacé sérieusement; et il pourra faire entrer en Helvétie ses premières divisions formées et me rendre disponibles des troupes que je ferai agir par le Rheinthal sur les Grisons.

L'ennemi a reçu de puissants renforts et, en déduisant ce que je laisse en Suisse, à Mayence et dans d'autres places, il est plus fort que nous : mais la seule supériorité qui me donne quelque inquiétude est celle de son artillerie, plus nombreuse que la nôtre du double.

Sa position est supérieure puisqu'il a environ quatre marches de moins que nous pour se porter de sa droite à sa gauche.

J'envoie au Ministre de la guerre quelques détails sur la manière dont je l'aborderai. Je peux réussir, mais il faudra bien de la vigueur; tout le monde me témoigne de la bonne volonté.

Je confierai la défense de la Suisse au lieutenant-général Moncey, il n'y a nulle inquiétude à avoir si le général Berthier porte quelques troupes dans le canton du Léman qui appuient celles qui descendent le Valais.

J'ai proposé un armistice au général Kray; je viens de lui écrire que si, dans vingt-quatre heures, je n'ai pas sa réponse, il doit regarder ma première lettre comme non avenue.

Je pense comme vous sur le compte des Autrichiens; ce sont des gens qu'il faudra battre pour en avoir raison : cela eût été plus facile il y a quinze jours, si surtout vous aviez dirigé directement sur l'armée les premières divisions de la réserve.

J'ai envoyé un courrier à Mayence pour hâter la marche des 5ᵉ et 17ᵉ demi-brigades.

Je vais cette nuit à Strasbourg, et, si la réponse de M. de Kray ne m'arrive pas vingt-quatre heures après ma dernière lettre, je fais déboucher l'armée : mais nous ne pouvons avoir d'action décisive que sur la Wutach, c'est-à-dire à sept marches du débouché du général Saint-Cyr.

Je vous écris par le courrier pour le malheureux général Colli, sa position est affreuse (1).

Je vous adresse un mécanicien suisse, officier d'artillerie, qui a inventé une machine avec laquelle il prétend maîtriser les vents et diriger par des calmes des embarcations et même des ballons, il assure avoir fait sur un lac un essai qui a réussi.

P.-S. — Je reçois à l'instant une lettre du général Kray, qui me déclare ne pas avoir de pouvoir pour traiter d'un armistice (2).

Le général Moreau commandant en chef, au Ministre de la guerre.

Quartier général, Bâle, 27 germinal an VIII (17 avril 1800).

J'ai reçu, citoyen Ministre, les dépêches que m'a remis le général Berthier; il vous envoie la note des dispositions dont nous sommes convenus relatives à l'armée destinée à agir en Italie. Comme tout cela est basé sur les succès que je pourrai obtenir sur l'armée du général Kray, c'était contre elle qu'il fallait diriger tous les efforts et les troupes qui sont à Dijon depuis quelque temps, qui par conséquent auraient pu être en Helvétie au moment d'agir, et n'auraient pas été inutiles aux premières comme aux plus importantes opérations de la guerre. J'espère battre l'ennemi, mais le succès est moins certain qu'il ne l'était il y a un mois; il a reçu de nombreux renforts et son armée est égale à la nôtre en infanterie et très supérieure en cavalerie et en artillerie.

D'après des ordres que m'a transmis le Ministre des relations extérieures, j'ai proposé au général Kray une suspension d'armes; ma lettre est du 23. Sa réponse ne m'est point encore arrivée.

(1) Le général Colli était prisonnier de guerre à Gratz (Styrie.)
(2) Moreau en informait le même jour le Ministre des relations extérieures.

·D'après votre dépêche télégraphique je viens de lui notifier que si dans vingt-quatre heures il ne répond pas à ma lettre, il doit regarder ma première comme non avenue, et j'agis sur-le-champ. J'ai retardé jusqu'à aujourd'hui mon courrier espérant avoir sa réponse.

Je me rends cette nuit à Strasbourg et je vais faire déboucher le corps du général Sainte-Suzanne par Kehl pour attirer l'ennemi vers sa droite et se porter dans la vallée de la Kinzig et sur la Renchen pour couvrir notre gauche et retarder la jonction du général Sztaray avec le reste de l'armée.

Le général Saint-Cyr va déboucher par Brisach, menacera Valdkirch et le val d'Enfer, et, marchant rapidement par sa droite, suivra le mouvement du corps à mes ordres qui marchera par les villes forestières sur le Wutach, un gros corps de flanqueurs débouchera par Fribourg, Totnau, Sainte-Blaise et Stühlingen. .

Le jour où nous attaquerons la position de la Wutach le général Lecourbe tentera un passage du Rhin entre Stein et Diessenhofen.

Le mouvement du général Sztaray déterminera celui que je ferai faire au général Sainte-Suzanne.

J'ai invité le général Berthier à faire avancer au moins une division à Genève qui appuierait le corps du Valais. Si j'avais ᵈes troupes disponibles je ferais attaquer les Grisons, ce qui serait ès avantageux ayant un succès, puisqu'en entrant ensuite par la vallée de Feldkirch je pourrais espérer de me rendre maître de tout le Vorarlberg.

Quoiqu'ayant la moitié moins de cavalerie que l'ennemi, je m'en trouve assez, mais j'ai une infériorité d'artillerie qui est bien désavantageuse. L'ennemi peut disposer de 300 bouches à feu et je n'en ai pas beaucoup plus de 100, cela tient seulement au défaut de chevaux, et, pour n'avoir nulle inquiétude à cet égard, il nous en faudrait près de 3,000; la levée du 40ᵉ à cheval a rentré très lentement. Le plomb et les fusils annoncés ne sont pas arrivés et nous ne tarderons pas à en avoir besoin pour remplacement.

A mon arrivée à Strasbourg je vous préviendrai du jour où nous commencerons. Je ferai mon possible pour justifier la confiance du gouvernement.

La position de l'ennemi est excellente et il eût été possible de le surprendre il y a quinze jours; alors le succès était certain. A présent il faudra aborder avec vigueur une armée rassemblée qui nous attend et qui a eu le temps de se retrancher.

Le quartier général part pour Colmar : tous ces mouvements

que je fais par ma gauche ont pour but de l'attirer vers la Kinzig pour en avoir moins à combattre à la tête des villes forestières. Mais comme nous avons trois ou quatre marches de plus que lui pour nous rassembler à une de nos ailes, il a tout l'avantage de la position.

P.-S. — Je reçois à l'instant une lettre du général Kray qui me déclare ne pas avoir de pouvoirs de traiter d'un armistice.

Le lieutenant-général Lecourbe au général de division Vandamme.

Quartier général, Zurich, 29 germinal an VIII (19 avril 1800).

A dater du 2 ou 3, vous interromprez toute communication soit par le lac, soit par Rheineck ou ailleurs. Vous ne recevrez que les parlementaires.

A cette époque vous ferez réunir toutes les barques grandes ou petites à Rorschach, Arbon et Constance. Vous n'en laisserez aucune ailleurs sous quelque prétexte que ce soit; ces barques seront remises à un commandant militaire qui les fera garder jour et nuit afin qu'il n'en parte aucune.

Vous ordonnerez au général Jardon de faire beaucoup de simulacres dans le Haut Reinthal. Il devra se porter de sa personne à Metz jusqu'à nouvel ordre.

Vous ferez préparer sur Atzmoos et Zollbruck des bois, madriers, poutrelles; en un mot vous ferez prendre des mesures telles que l'ennemi croie que nous avons des projets de pénétrer dans les Grisons.

Vous ferez répandre le bruit que l'armée de réserve vient dans le Rheinthal, que ses têtes sont déjà à Berne. Vous ferez charger tout ou partie de votre équipage de pont, que vous ferez conduire à Rheineck.

Vous donnerez l'ordre au général Laval de s'y établir; vous pourrez y pousser même un bataillon ou deux.

Je ferai en sorte d'aller vous voir un de ces jours et vous instruirai des mouvements ultérieurs de votre division. Ne la poussez pas cependant trop à droite, votre mouvement devant se faire sur la gauche. Il m'importe que l'ennemi croie que nous voulons déboucher à droite, afin qu'il y tienne le nombreux corps de troupes qui s'y trouve et dont je vous envoie copie (*sic*).

Faites rapprocher du Rhin et du lac toutes vos troupes.

A dater du 3, que tous vos postes soient doublés, triplés même, de manière qu'aucun espion ne puisse passer.

Recommandez au général Molitor surtout la plus grande surveillance et invitez-le à se rapprocher du Rhin du côté de Stekborn.

Défendez de toucher aux chevaux du canton de Thurgovie, dont j'ai besoin ailleurs. Ne prenez que ceux du canton de Sentis.

Le gant est jeté et le 2 ou 3 on commence le branle à la gauche.

P.-S. — Tenez à votre gauche ou centre les deux bataillons de la 1re légère, je m'en servirai pour le passage.

Le général Moreau au général Dessolle.

Strasbourg, 30 germinal an VIII (20 avril 1800).

Je trouve en effet, mon cher général, que le ton de M. de Kray a baissé. Si vous n'êtes pas arrivé ce soir à la nuit j'irai déjeuner avec vous à Colmar et nous reviendrons dîner ici.

J'écris au général Lecourbe que le général Sainte-Suzanne passera le Rhin le 3 floréal et marchera le 4.

Je crois que le premier qui doit déboucher c'est Leclerc. Saint-Cyr et Sainte-Suzanne doivent le faire ensemble. Il y a une marotte assez généralement reçue qui est que la fausse attaque est la première. Je ne connais rien de plus routinier que les Autrichiens et, certes, ils regarderont le mouvement de Sainte-Suzanne comme une fausse attaque, s'il commence. Voici comme je ferai marcher.

Leclerc passerait le Rhin le 2 à Bâle et porterait son avant-garde à Säckingen; le 3 il y porterait son corps; le 4 il aurait l'air de faire un mouvement en avant et pourrait réellement porter un gros corps au delà de Mühlheim pour se lier avec Saint-Cyr qui déboucherait le 3 et le 4.

Armée du Rhin.

20 avril 1800.

Le général en chef, considérant la nécessité d'organiser les dispositions à suivre, tant pour asseoir les contributions qui doivent être levées en pays ennemi, que pour en percevoir le montant et désirant mettre dans cette partie essentielle de l'administration tout l'ordre et l'économie dont elle est susceptible;

Arrête :

ARTICLE PREMIER. — Aucun général, officier supérieur, commandant de place ne pourra frapper de contributions sans l'autorisation expresse du général en chef, qui seul en fixera la quotité.

ART. 2. — Les contributions devant être, soit en numéraire effectif, soit en effets ou immeubles confisqués au profit de la République ou donnés en compensation, soit enfin en denrées susceptibles d'être consommées par l'armée, le général en chef motivera ses arrêtés sous chacun de ces différents rapports, il en fera passer une copie à l'ordonnateur en chef de l'armée, chargé de surveiller la perception, et une au payeur général, à la caisse duquel le produit en numéraire effectif ou objet de prix doit être versé.

ART. 3. — Il n'y aura point d'administration particulière pour cet objet qui fait partie de celle de la trésorerie de l'armée, le payeur général nommera en conséquence les agents qu'il croira nécessaires pour activer les rentrées et opérer les versements, soit dans sa caisse, soit dans celle de ses préposés.

ART. 4. — Le payeur général se chargera en recette du produit de tous les versements effectués dans sa caisse en numéraire effectif, sur le procès verbal qui en sera dressé par un commissaire des guerres signé par la partie versante et de l'agent des finances; l'ordre du général en chef qui fixera le montant de la contribution sera relaté dans le dit procès-verbal qui sera fait par quintuple expédition; l'originale restera entre les mains du commissaire des guerres, la deuxième sera adressée au général en chef, la troisième à l'ordonnateur en chef, la quatrième à l'agent et la cinquième à la partie imposée. Si le versement était moindre que le montant porté dans le dit ordre, le payeur général en préviendra de suite le général en chef qui statuera sur la diminution, ou les moyens de rigueur à employer pour le paiement total, ces divers ordres seront joints à l'appui des procès verbaux.

ART. 5. — Dans le cas que l'imposition soit établie en effets précieux, meubles ou immeubles, ou que, par une transaction particulière consentie du général en chef, l'agent des finances puisse en recevoir pour le montant ou partie de la somme imposée : il sera dressé procès-verbal avec la même quantité d'expéditions et la même répartition que celle de l'article précédent, ce procès-verbal fera mention de la quantité, qualité, poids et valeur des objets dont la fixation sera faite par deux

experts qui signeront aussi le procès verbal et qui seront nommés,
l'un par le commissaire des guerres et l'autre par celui qui
remet.

ART. 6. — Il ne sera distrait aucune partie des fonds versés
dans la caisse du payeur général que d'après un état de répartition arrêté par le général en chef.

ART. 7. — Les contributions frappées en nature ou objets qui
peuvent être consommés par l'armée seront mises à la disposition du commissaire ordonnateur en chef, qui en fera dresser
procès-verbal dans les mêmes formes et en suivant les règles
établies dans les articles 4 et 5. Le produit en sera livré aux
agents des divers services avec deux copies du dit procès verbal,
au bas d'un desquels les dits agents fourniront leur récépissé
qui sera donné pour comptant, soit aux régies, soit aux compagnies, la déduction sera faite à ces dernières d'après les prix
fixés dans leurs traités lors du compte définitif.

ART. 8. — Le général en chef voulant être à même de disposer
particulièrement d'une partie du produit des contributions en
numéraire dont il comptera directement au gouvernement, prescrit au payeur général de prélever $1/10^e$ sur toutes les sommes
provenant de ce produit, il lui en fournira son récépissé séparé,
et afin de régulariser cette partie de sa comptabilité, le procès-
verbal de versement fera mention de la déduction du dit $1/10^e$ et
il sera joint au récépissé comptable qu'il adressera au trésor
public; le récépissé particulier du payeur général au général en
chef pour le montant de cette retenue sera fait au bas du dit
procès-verbal.

ART. 9. — Les commandants et officiers supérieurs tiendront
à la disposition du payeur général et de ses agents les détachements nécessaires pour la rentrée des contributions ordonnées
par le général en chef.

ART. 10. — La levée des contributions exigeant un surcroît de
dépenses pour l'administration de la trésorerie, le général en chef
fixera par un arrêté particulier les appointements des agents
employés par le payeur général pour cette partie, ainsi que la
remise qu'il jugera indispensable d'accorder pour faire face aux
frais de perception, le montant de cette remise sera prélevé sur
le $1/10^e$ mis à la disposition du général en chef.

ART. 11. — Le commissaire ordonnateur en chef et le payeur
général se conformeront exactement, chacun en ce qui le concerne et sous leur responsabilité personnelle, aux dispositions
contenues dans le présent arrêté.

Instructions pour le lieutenant-général Lecourbe.

Bâle, 1er floréal an VIII (21 avril 1800).

Le lieutenant-général Lecourbe fera préparer et réunir tous les moyens d'un passage sur le Rhin entre Schaffouse et Stein. Il fera préparer aussi dans la rivière de l'Aar tous les bateaux et les agrès nécessaires pour jeter un pont vers Waldshut, dans l'endroit le plus convenable et au moment où la tête des corps de réserve arrivera sur ce point. Il manœuvrera de manière à menacer la gauche de l'ennemi depuis le lac de Constance jusqu'à Mayenfeld. Il sera prévenu par le général en chef du jour où la tête de l'armée sera arrivée à Waldshut. Ce jour-là même, il devra tenter son passage. Aussitôt qu'il sera effectué, il se portera sur Neunkirch par le chemin de retraite de l'ennemi, supposé qu'il nous ait attendu sur la Wutach, autrement il prendrait position pour former la droite de l'armée aussitôt qu'il se serait réuni à elle.

DESSOLLE.

Le lieutenant-général Lecourbe au général Vandamme.

Quartier général, Zurich, 1er floréal an VIII, 11 heures du soir, (21 avril 1800).

Le mouvement général étant retardé et ne devant commencer à la gauche que le 4 floréal, vous ferez bien de ne faire exécuter les mouvements et la plupart des autres mesures que je vous ai prescrites par ma dernière, que vers le 5 ou le 6, au lieu du 3, que je vous avais fixé.

Afin de ne pas donner l'éveil, sur notre gauche, il ne faut point faire bivouaquer les troupes. Toutes partiront de leurs cantonnements d'après les ordres qu'elles recevront.

Le général Dessolle, chef d'État-major, au général Saint-Cyr.

1er floréal an VIII (21 avril 1800).

Le lieutenant-général Saint-Cyr débouchera par le Vieux Brisach le 5 de ce mois et se portera sur Fribourg en repoussant dans le val d'Enfer les troupes qui pourraient lui être opposées. Il manœuvrera de manière à menacer le débouché de Waldkirch pour faire croire à l'ennemi que ses opérations se lient à celle du général Sainte-Suzanne qui aura débouché par Kehl pour se porter sur la Kinzig.

Le lieutenant-général Saint-Cyr, après avoir laissé à Brisach une demi-brigade pour mettre cette tête de pont à couvert de toute insulte, se portera par Fribourg et Totnau sur Saint-Blaise.

Arrivé à ce point il recevra des nouvelles instructions du général en chef pour la suite de ses opérations avec le corps de réserve de l'armée qui doit se porter sur Waldshut.

Le général Saint-Cyr est prévenu que pendant son mouvement une division de la réserve se portera sur Schliengen avec une avant-garde à Mühlheim et un détachement dans la vallée de la Wiese jusqu'à Schönau.

Le général Dessolle, chef d'État-major, au général Sainte-Suzanne.

1ᵉʳ floréal an VIII (21 avril 1800).

Le corps du général Sainte-Suzanne débouchera par Kehl le 5 de ce mois et se portera sur la vallée de la Kinzig.

L'objet de son mouvement est d'observer le corps rassemblé sous les ordres du général Sztaray et de produire une diversion en diminuant les forces de l'ennemi entre Rastadt et la Kinzig et en l'obligeant d'en jeter une partie dans la vallée de la Kinzig.

Après avoir rempli cet objet le 9 germinal, le général Sainte-Suzanne se réunira à l'armée d'après les instructions particulières qu'il recevra du général en chef.

Avant d'opérer ce dernier mouvement, il laissera près Kehl et Strasbourg deux demi-brigades avec un régiment de troupes à cheval.

Il est prévenu que la légion polonaise a ordre de revenir à Strasbourg pour y tenir garnison (1).

Le général Eblé, commandant d'artillerie à Colmar, au citoyen Hanicque, chef de l'État-major de l'artillerie.

Colmar, 1ᵉʳ floréal an VIII (21 avril 1800).

Je joins ici, mon cher camarade, le tableau des officiers que je propose au Ministre de la guerre pour les bataillons du train d'ar-

---

(1) Cette légion partira de Metz le 3 floréal (23 avril) et se dirigera sur Strasbourg par Pont-à-Mousson, Nancy, Lunéville, Blâmont, Sarrebourg, Phalsbourg, Wasselonne. Elle doit arriver à Strasbourg le 10. (*Le général de brigade, commandant par intérim la 3ᵉ division militaire, au Ministre de la guerre, Metz, 2 floréal.*)

tillerie; faites-les parvenir aux officiers généraux et autres commandants de l'artillerie des différents corps de l'armée et invitez-les à faire recevoir ces officiers et à former sans retard savoir :

à l'aile droite......................	3 bataillons.
au centre.........................	3 —
à la gauche.......................	2 —
à la réserve.......................	3 —

Le ministre ne m'ayant pas répondu sur les propositions que je lui ai faites d'organiser les compagnies uniformément, il en sera formé une d'élite pour chaque bataillon, et ceux-ci le seront comme le prescrit l'arrêté des consuls du 13 nivôse relatif à cette organisation.

Je joins à ce tableau des officiers celui des maréchaux des logis en chef qui devront commander les compagnies, celui des artistes vétérans et des chefs bourreliers pour chaque bataillon.

Les maréchaux des logis ordinaires ainsi que les brigadiers seront nommés parmi les employés existant, par les généraux et commandants d'artillerie des différents corps et si, après les avoir épuisés, il se trouvait encore des places vacantes, les officiers de chaque bataillon m'enverront, pour chaque emploi, le nom des deux sujets qu'ils croiront les plus propres à remplir les places, après les avoir préalablement présentés aux officiers commandants.

Aucun employé ne pourra refuser de remplir au moins provisoirement la place à laquelle il sera nommé, et ceux qui voudraient se retirer du service, s'ils ne sont ni de la conscription ni de la réquisition, me feront parvenir la demande de leur congé. Ceux de la réquisition ou conscription qui ne se trouveraient pas placés, rétrograderont jusqu'au rang de soldat du train, s'il y a lieu, ou seront incorporés dans les compagnies d'artillerie, s'ils en ont la taille, ou envoyés au dépôt des conscrits à Phalsbourg.

Les maréchaux et bourreliers des brigades actuelles seront incorporés dans les compagnies.

Il ne sera admis de trompettes qu'autant qu'il s'en présentera qui sachent sonner de cet instrument; les compagnies d'élite ne seront pourvues que lorsqu'il y en aura un dans chaque bataillon, attendu que ceux de l'artillerie à cheval à laquelle ces compagnies sont attachées suffira pour les deux compagnies.

En conséquence des dispositions ci-dessus les contrôles qui ont été envoyés aux différents corps de l'armée seront remplis et me seront adressés en double expédition devant en faire passer une au ministre.

Outre ces contrôles, immédiatement après la formation des bataillons, il en sera formé pour chaque bataillon portant le signalement complet de chaque homme et en tout conforme à celui des troupes à cheval de la République; ils serviront de matricules et resteront entre les mains des quartiers-maîtres.

Dès qu'un bataillon sera formé, les numéros des quatres compagnies ordinaires seront tirés au sort et ce sera d'après le numéro échu à chaque compagnie qu'elles seront inscrites sur les contrôles. La compagnie d'élite le sera la première; les numéros des bataillons seront tirés au quartier général pour toute l'armée et envoyés ensuite aux commandants d'artillerie.

Les officiers le seront ainsi que l'artiste vétérinaire, les chefs de forges et bourreliers sur la première feuille des contrôles envoyés, et les deux expéditions de ces contrôles que je demande devront être signées ou par un commissaire des guerres ou par l'inspecteur aux revues, employés près des troupes où se trouvent les bataillons du train d'artillerie; l'ancienneté de service des officiers et artiste devra être portée à la suite de leurs noms.

La formation des bataillons une fois faite, les soldats du train ne seront plus désignés sous le nom de charretiers.

Je vous envoie également le nom des officiers, sous-officiers et artistes qui seront employés dans les trois bataillons qui seront formés dans les divisions militaires dont je suis chargé.

L'un de ces bataillons aura son dépôt à Bruxelles et sera employé dans les 24e et 25e divisions militaires, la compagnie d'élite sera attachée à la 3e compagnie du premier régiment qui se trouve à Bruges.

Le dépôt du second sera à Metz et fournira les 2e, 3e et 4e divisions militaires.

Celui du troisième sera à Strasbourg et fournira les 5e et 6e divisions.

La compagnie d'élite sera employée à la 1re compagnie du 3e régiment à cheval.

Les divisions d'artillerie Dezène et Lemasson seront chargées de l'organisation des bataillons qu'ils auront à leurs ordres, leurs numéros leur seront envoyés d'ici.

Le citoyen Bellard expédiera les ordres aux employés actuels pour se rendre aux différents corps dont ils doivent faire partie.

Voici la composition de l'état-major des bataillons du train d'artillerie.

Les citoyens Cuny, cadet, chef de brigade, inspecteur général du train; Bellard, actuellement agent en chef, major du train; Arnoult, l'aîné, et Christophe, capitaines inspecteurs; Carvat et Vihoy, adjoints au major.

L'arrêté des Consuls n'ayant pas déterminé la forme de l'habillement, les officiers porteront l'habit gris de fer, revers et parements de même couleur coupés comme celui des troupes légères, lisières rouges, les poches dans les plis.

Bonaparte à Moreau, Paris, 2 floréal an VIII (22 avril 1800). Imprimée dans la *Correspondance de Napoléon*, t. VI, p. 286.

Le général en chef Moreau au lieutenant-général Lecourbe, commandant l'aile droite de l'armée.

Strasbourg, 2 floréal an VIII (22 avril 1800).

Je vous préviens, mon cher général, que j'ai fixé le jour des débouchés des lieutenants-généraux Sainte-Suzanne et Saint-Cyr au 5 de ce mois.

Le même jour, les divisions de la réserve seront établies de manière à déboucher le 6 ou le 7, suivant la rapidité de la marche du général Saint-Cyr, qui se portera de Freybourg sur Saint-Blaise. Je ne prévois pas, au reste, que le général Saint-Cyr éprouve de grands obstacles dans sa marche. S'il en est ainsi, la réserve de l'armée débouchera du camp de Bâle le 6.

Je vous enverrai un courrier pour la fixation du jour de votre opération.

Salut et amitié, mon cher général.

Pour le général en chef,
Dessolle.

Reconnaissance faite par le général Molitor pour le passage du Rhin entre Stein et Rheichlingen.

Frauenfeld, 2 floréal an VIII (22 avril).

Le passage du Rhin sur le point de Rheichlingen présente plusieurs difficultés : 1° les accès du rivage sont très difficiles; 2° le terrain opposé offre une position très avantageuse à l'ennemi pour les trois armes; il peut y agir avec succès contre les troupes de débarquement avant et après leur passage. La position de l'ennemi donne à son artillerie l'avantage de dominer de beaucoup la nôtre, et la belle plaine de Ramsen est très favorable à sa cavalerie. Le prétendu gué de Rheichlingen n'a pas été pratiqué de mémoire d'homme.

Il existe à une demi-lieue plus haut que Rheichlingen, entre ce dernier endroit et le village de Wagenhausen, un point de passage qui réunit autant d'avantages que le premier présente d'obstacles : on y arrive sans pouvoir être aperçu ni entendu de l'ennemi. Le point d'embarquement touche à la route de Stein à Schaffouse ; celui de débarquement aboutit à la même route, sur la rive opposée. Le fleuve est très étroit et l'on y peut embarquer et débarquer sans nulle difficulté. Le terrain occupé par l'ennemi en face du lieu de passage étant très escarpé, il ne peut opposer ni artillerie ni cavalerie ; son infanterie ne pourra jamais y tenir contre l'artillerie qui protégerait notre passage et à laquelle le terrain de ces côtés offre une excellente position. Enfin ce point de passage présente tous les avantages que l'on peut désirer pour une opération de cette nature.

Dans le cas où l'on se déterminerait à l'adopter, il faudra que les premières troupes débarquées s'emparént vivement des sommités qui dominent Stein ; afin que, maîtres de cette ville, nous puissions faire établir promptement le pont dont les chevalets existent encore.

Les troupes destinées à cette expédition devront être rassemblées dans les environs de Stammheim et d'Ezwylen d'où elles peuvent se porter sur le point d'embarquement sans être aperçues de l'ennemi.

Ce passage pourrait s'opérer avec succès même en plein jour. L'ennemi double ses piquets toutes les nuits et se tient sur un pied habituel de la plus grande surveillance. Il se garde moins bien pendant le jour.

Je me hâte de donner un précis de reconnaissance que je viens de faire ; j'entrerai dans de plus grands détails sur le terrain.

Armée du Rhin. — Commissions militaires.

Strasbourg, le 3 floréal an VIII (23 avril 1800).

Le général en chef, vu la nécessité de réprimer par des peines promptes les délits de nature à attenter particulièrement à la sûreté de l'armée en pays ennemi, à la subordination militaire et à la sûreté et propriété des individus ;

Considérant que le mode de justice militaire par les conseils de guerre ne peut atteindre ce but, ses lenteurs ôtant souvent à la peine son effet moral, ou parce qu'elle ne suit pas d'assez près le délit, ou parce qu'elle n'est pas infligée en présence de ceux qui l'ont vu commettre ;

Arrête :

ARTICLE PREMIER. — Seront jugés à l'armée par des commissions militaires, dont l'organisation est ci-après déterminée :

1° Les militaires et tous ceux qui sont compris dans l'art. 10 de la loi du 13 brumaire an V, sous la dénomination d'individus attachés à l'armée et à sa suite, prévenus de désertion à l'ennemi, de désertion à l'intérieur, de vol, d'infidélité dans la gestion et manutention, d'exactions, de viol, d'assassinat, d'incendie, de dévastation, de pillage, de maraude et d'insubordination.

2° Les prévenus d'embauchage et d'espionnage.

3° Les habitants du pays ennemi, occupé par les armées de la République, prévenus de délits concernant l'armée, soit individuellement, soit collectivement.

Tous les cas particuliers, énoncés dans les titres 1, 2, 3, 4, 5, 6, 7 et 8 de la loi du 21 brumaire an V, sur les délits militaires sont compris dans cet article.

Tous les cas non prévus par les articles précédents seront renvoyés aux conseils de guerre.

ART. 2. — Les commissions militaires seront composées : d'un chef de brigade, d'un chef de bataillon ou d'escadron, d'un capitaine, d'un lieutenant ou sous-lieutenant et d'un sous-officier.

Si le prévenu est officier supérieur, deux officiers de son grade remplaceront le lieutenant ou sous-lieutenant et le sous-officier.

Ces deux derniers seront remplacés par deux commissaires des guerres si le prévenu fait partie des administrations militaires.

Le président de la commission nommera un secrétaire pour la rédaction et inscription du jugement.

ART. 3. — Les séances des commissions militaires seront publiques, excepté dans le temps de la délibération pour prononcer le jugement.

Elles jugeront sans désemparer dans les vingt-quatre heures de la plainte portée (autant que possible), mais toujours dans le plus court délai.

ART. 4. — Elles prononceront les peines portées par la loi du 21 brumaire an V, pour les délits qui y sont prévus et énoncés; pour les cas non prévus dans cette loi, elles auront recours au code pénal.

ART. 5. — Leurs jugements seront revisés dans les vingt-quatre heures par un conseil composé :

D'un officier général et de deux officiers supérieurs. Dans le cas où, parmi les prévenus, il se trouverait un commissaire des guerres, ou un employé des administrations, un des deux officiers supérieurs sera remplacé par un commissaire-ordonnateur ou un commissaire en faisant les fonctions.

ART. 6 — En cas de confirmation du jugement d'une commission militaire, il sera exécuté sur-le-champ à la diligence du président, auquel il sera renvoyé par le conseil de revision.

Dans le cas de non-confirmation il en sera référé à une deuxième commission composée de nouveaux membres.

ART. 7. — Nul ne pourra être membre de deux commissions militaires immédiatement successives, ni se refuser à faire partie d'une commission, s'il y est appelé.

ART. 8. — Chaque commission militaire, après avoir prononcé sur le délit pour lequel elle a été convoquée, est dissoute de plein droit.

ART. 9. — Lorsqu'il y aura à juger un délit de nature à être soumis au jugement de commissions militaires, aussitôt la plainte formée et la citation faite de témoins et preuves à l'appui, il sera nommé une commisssion conformément à l'article 2. Elle sera nommé et convoquée, savoir :

par le général, chef de l'État-major général de l'armée, pour les délits commis au quartier-général, au grand parc d'artillerie, ou hors de l'arrondissement de chaque corps de troupes ou division de l'armée ;

et par les lieutenants-généraux et les généraux de division, pour les délits commis dans l'étendue de leur commandement.

Dans le cas où le prévenu serait un officier supérieur, la commission sera formée par le général en chef.

ART. 10. — Les membres des commissions militaires, soit qu'ils soient pris parmi les officiers d'État-major, ou dans les corps, seront toujours choisis parmi les militaires sous les ordres de l'officier général qui nommera la commission.

ART. 11. — Copie des jugements revêtus du visa des conseils de revision sera envoyée au chef de l'État-major du corps de troupes dont fera partie la commission, et adressée par ce dernier à l'État-major général de l'armée.

Signé : MOREAU.

Pour copie conforme,

Le chef de l'État-major général,
DESSOLLE.

Bonaparte à Moreau, Paris, 4 floréal an VIII (24 avril 1800). Imprimée dans la *Correspondance de Napoléon*, t. VI, p. 292.

Le général de division, chef de l'État-major général, au Ministre de la guerre.

Colmar, 4 floréal an VIII (24 avril 1800).

Le général en chef est parti cette nuit pour Strasbourg; il m'a chargé de vous prévenir que l'armée se met demain, 5, en mouvement. Le général Saint-Cyr débouche par Brisach, le général Sainte-Suzanne par Kehl et le corps de réserve par Bâle.

Le général Saint-Cyr, dans sa première marche, doit arriver sur Fribourg en culbutant la ligne de l'ennemi en avant du débouché du val d'Enfer, il laissera assez de troupes dans la tête de pont de Brisach pour la mettre à l'abri d'insultes. Arrivé à Fribourg son avant-garde s'engage dans le chemin de Fribourg à Saint-Blaise, tandis que l'arrière-garde aura l'air de marcher sur Waldkirch pour menacer le débouché de la Kinzig, paraître lier ses opérations à celles du général Sainte-Suzanne sur cette vallée et contenir sur ce point les forces de M. de Sztaray. Sans perdre de temps le général Saint-Cyr avec tout son corps suivra le chemin de son avant-garde et prendra position à Saint-Blaise sur la rivière de l'Alb, où il doit arriver en trois marches, sans éprouver de grands obstacles de la part de l'ennemi.

Le corps de réserve qui aura débouché par Bâle nettoiera la vallée de la Wiese pour établir sa communication avec le corps du général Saint-Cyr, sur Schönau, puis, après avoir laissé quelques troupes dans la tête de pont de Bâle, il marchera à la hauteur du général Saint-Cyr par la rive droite du Rhin sur Säckingen et de là sur l'Alb vers Lauffenbourg; ensuite ces deux corps continueront leur marche l'un vers Stühlingen et l'autre vers Thiengen sur les bords de la Wutach. On jettera sur le Rhin vers Waldshut un pont préparé dans la rivière de l'Aar aussitôt que ces deux corps d'armée auront pris position sur le torrent, et le général Lecourbe tentera un passage du Rhin entre Stein et Schaffouse vers Rheichlingen.

En calculant les positions actuelles de l'ennemi, sa force et les marches, on présume qu'il pourra réunir sur cette partie 40,000 hommes d'infanterie et nous l'aborderons avec 60,000 sur un rayon de 7 lieues.

S'il voulait s'opposer à notre débouché de la forêt Noire sur la Wutach, le général en chef est décidé à lui livrer bataille; si, au contraire, il se retire sur Stockach, le général Sainte-Suzanne qui, après avoir fait une fausse attaque sur Offenbourg doit se replier sur Brisach, marchera par le val d'Enfer sur Löffingen

30

pour nous rejoindre; c'est là que les dispositions de l'armée ennemie décideront les opérations du général en chef.

L'ennemi s'est prodigieusement renforcé de milices et de troupes des cercles sur sa droite; si ces troupes ne sont pas dangereuses par leur qualité, leur masse en impose et cette considération a forcé le général en chef de laisser 8 bataillons à Mayence dont le développement prodigieux comporte une garnison de 20,000 hommes au moins. L'ennemi a reçu aussi quelques nouveaux régiments autrichiens.

La défense du Valais, du Gothard et du Rheinthal enlève encore à l'armée des forces disponibles. Une division de réserve qui eût entré en Suisse aurait pu nous les rendre.

En attendant le travail que vous demandez au bureau topographique de l'armée, je vous fais passer l'état de situation de l'ennemi ainsi que l'emplacement de ses corps; il est assez exact, puisque les rapports des espions et des déserteurs s'y conforment.

L'armée n'a pu être préparée avant le 5 à faire son mouvement, les difficultés des subsistances en sont les principales causes.

Le général de brigade Molitor au général de division Vandamme.

Constance, 4 floréal an VIII (24 avril 1800).

L'ennemi témoigne de l'inquiétude sur la ligne que j'occupe. Depuis hier, il a doublé ses postes et il les renforce la nuit. Il paraît craindre un passage à la gauche de Gottlieben (1); il a en face (à Wollmatingen) du canon depuis quelques jours. Il porte une plus grande attention sur la ligne de Stein à Rheichlingen.

Je reçois à l'instant le rapport que mes patrouilles de droite ont été ce matin jusqu'à Salmsach sans trouver aucune troupe de la brigade du centre. J'ai en conséquence fait occuper Romanshorn en poussant des postes le plus à droite possible pour empêcher le passage aux émissaires de l'ennemi. Il est à craindre que ces précautions soient inutiles si les postes du général Laval ne sont pas liés avec les miens.

Comme votre dernière ne me prescrit le mouvement que du 5 au 6, j'ai pensé que le rassemblement des barques ne devait aussi avoir lieu que ce jour-là. Mais il sera impossible de l'opérer à Constance. Je viens de m'en assurer par moi-même. Le Rhin est

_____

(1) A l'ouest de Constance.

extrêmement étroit de la gauche de Gottlieben à Constance, et
les pôstes ennemis sont sur le rivage. On ne pourrait par conséquent (même la nuit) remonter une seule barque que sous le feu
de l'ennemi.

Ce rassemblement est possible à Ermatingen (village situé à une
lieue au-dessous de Constance et à cinq lieues au-dessus de Stein).
On pourra facilement y réunir toutes les barques qui se trouvent
sur notre rive depuis Eschenz jusqu'à Ermatingen. J'attends vos
ordres à cet égard, si je ne les reçois pas pour le 5, je ferai rassembler les barques à Ermatingen.

Je viens de faire une réquisition de fourrages dans les districts
de Gottlieben et Steckborn pour la nourriture de mes chevaux et
de ceux qui sont avec moi. Je vous prie, mon général, de vouloir
bien approuver cette réquisition et m'autoriser à en faire de la
même nature pour le même service.

*Instruction donnée au général Moncey, sur la conduite qu'il
doit tenir en Helvétie.*

Colmar, 4 floréal an VIII (24 avril 1800).

Le général Moncey, lieutenant-général commandant l'Helvétie,
est chargé d'une mission infiniment importante et c'est avec
sécurité que le général Moreau la lui confie.

Ses premiers soins doivent être d'entretenir la meilleure intelligence avec le gouvernement helvétique et les diverses autorités
constituées.

Il correspondra fréquemment pour cet objet avec l'ambassadeur de la République française Reinhard.

Les petits cantons, toujours un peu agités, doivent exciter le
plus de surveillance.

Le général Moncey ne doit pas s'inquiéter des tentatives que
l'ennemi peut faire ; ou elles ne seront que de faibles diversions
et alors il sera à même de les repousser, ou l'ennemi s'y portera
en force et alors l'armée française le fera suivre par des détachements.

Il espère d'ailleurs assez occuper l'armée du Rhin pour qu'elle
ne puisse pas diviser ses forces.

Dans tous les cas si le général Moncey était attaqué par des
forces majeures entre Brégenz et Coire, il se retirerait autant que
possible sans se compromettre et en instruirait le général Moreau
et le général Berthier. Celui-ci, en faisant avancer une partie de
l'armée de réserve, pourra combiner des moyens de défense. Il
prendra la même voie si des mouvements insurrectionnels se
manifestaient en Suisse.

Si l'armée d'Italie veut faire une diversion à l'attaque des Français sur le Rhin, elle enverra des détachements pour attaquer le Gothard et en même temps le Simplon. Ce sont donc ces deux positions qu'il faut particulièrement surveiller; le général en chef croit que, vu la difficulté des débouchés et les forces qui les défendent, ces postes sont hors d'insulte; s'il en arrivait cependant autrement, le général Moncey s'entendrait avec le général Watrin commandant la réserve du Valais, pour les attaquer simultanément.

L'ennemi, s'il attaque le Gothard, n'osera pas se hasarder dans la vallée de la Reuss puisque par la Furca les troupes du Valais pourraient lui couper la retraite. Dans tous les cas, en gardant d'un côté avec soin et à tout prix le pont d'Altorf, et l'empêchant ainsi de se porter sur le lac de Lucerne et, de l'autre, en conservant le Valais, on dérangera tous ses projets ultérieurs.

Le général Moncey prendra tous les renseignements qu'il croira nécessaires du général Lecourbe et entretiendra une correspondance très active avec les généraux Moreau et Berthier; les instruisant régulièrement de tout ce qui viendra à sa connaissance des projets de l'ennemi.

Pour copie,
Dessolle. .

Ordre du jour.

Quartier général de Colmar, le 4 floréal an VIII (24 avril 1800).

Le général en chef de l'armée du Rhin, en vertu des pouvoirs à lui délégués par le gouvernement :

Arrête :

Article premier. — Le droit d'imposer des contributions en argent, denrées ou matières en pays ennemi, appartient exclusivement au général en chef.

Art. 2. — Les sommes provenant des contributions frappées en espèces ne pourront être versées que dans la caisse du payeur de l'armée.

Art. 3. — Le général en chef délègue aux lieutenants-généraux d'aile la faculté de frapper des contributions en denrées, pour assurer le service courant, lesquelles viendront en déduction des réquisitions générales, et ne pourront être réduites ou modérées qu'avec l'approbation du général en chef.

Art. 4. — Les contributions devront être basées sur les ressources locales, eu égard à la population des pays conquis.

Art. 5. — Si les besoins de l'armée exigent qu'il soit fait des demandes d'urgence en denrées dans les pays neutres ou amis, les communes en seront payées sur les contributions de guerre, ou des denrées de la République.

ART. 6. — Lorsqu'un lieutenant-général d'aile aura frappé sur un pays une contribution en denrées, il en donnera connaissance sur le champ au général en chef, et l'enverra au commissaire-ordonnateur de son aile qui en fera les répartitions. Celui-ci l'adressera au commissaire ordonnateur en chef.

ART. 7. — Le commissaire-ordonnateur fixera les points sur lesquels les denrées devront être versées (ils devront être le moins nombreux possible). Il en préviendra les agents des administrations, chacun pour leur partie, afin qu'ils puissent y établir des hommes de confiance pour recevoir le produit des contributions et former les magasins.

ART. 8. — La rentrée des denrées requises sera activée, sous la surveillance des ordonnateurs et des commissaires des guerres, par les préposés des diverses administrations, chacun en ce qui le concerne, et à cet effet il sera mis à la disposition des administrations par les autorités militaires le nombre d'hommes nécessaires pour l'exécution des réquisitions et l'escorte des convois.

ART. 9. — Les denrées devront être versées sur des récépissés des garde-magasins, visés par le commissaire des guerres, ou le commandant de la place lorsqu'il n'y aura pas de commissaire des guerres.

ART. 10. — Le garde-magasin donnera chaque jour un état de situation de son magasin au commandant de la place et au commissaire des guerres, l'un pour être adressé au chef d'État-major d'aile, et l'autre au commissaire ordonnateur. Le commandant de la place et le commissaire des guerres seront tenus de vérifier, tous les cinq jours au plus tard, l'état des magasins et même plus souvent, s'ils le croient nécessaire.

ART. 11. — A l'époque de la rentrée des contributions frappées, il sera fixé, par l'ordonnateur en chef et les administrateurs des différents services, une mercuriale du prix des denrées dans le pays où la contribution aura été imposée : elle sera adressée de suite au chef de l'État-major général.

ART. 12. — Il sera dressé par l'ordonnateur en chef une instruction réglementaire, pour l'exécution des dispositions du présent arrêté, et régulariser les opérations relatives à la comptabilité.

ART. 13. — Toute réquisition qui n'émanerait point des autorités indiquées par le présent règlement sera regardée comme exaction, et sera rejetée de la comptabilité.

Le général en chef : MOREAU.

Instruction réglementaire du commissaire ordonnateur en chef aux commissaires ordonnateurs et commissaires des guerres de l'armée, sur les contributions et réquisitions de denrées.

4 floréal an VIII (24 avril 1800).

La subsistance de l'armée dans les pays conquis, mes chers camarades, devant principalement s'assurer par l'emploi des productions et des ressources qu'ils peuvent offrir, le général en chef, par son arrêté de ce jour, a posé les bases d'après lesquelles les contributions en argent, denrées et matières seront frappées.

Les dispositions qu'il renferme établissent en principe que le droit d'imposer les contributions appartient exclusivement au général en chef; mais, comme une partie de ce droit est par lui déléguée aux lieutenants-généraux des ailes, ceux-ci frappent des réquisitions en denrées pour le service courant, et le général en chef frappe les réquisitions générales, dans lesquelles les premières seront comprises et viendront en déduction.

Les ordonnateurs de chaque aile auxquels les réquisitions seront envoyées par les lieutenants-généraux, en feront la répartition, indiqueront les points de versement, et donneront des ordres, soit par eux-mêmes, soit par l'intermédiaire des commissaires des guerres qui sont sous leur police, aux agents des administrations, chacun en ce qui les concerne, à l'effet d'activer la rentrée des denrées, les recevoir et former les magasins.

Les autres dispositions déterminent le mode de réception et la vérification des magasins; mais, comme ces dispositions sont susceptibles de quelques développements, je vais transmettre rapidement celles qui m'ont parues propres à vous guider dans la marche des opérations, à les centraliser et régulariser la comptabilité.

Les fournitures de denrées, bestiaux et autres matières, faites en vertu des réquisitions, seront constatées d'après un mode uniforme.

Ce mode consiste dans la tenue d'un registre à souches, divisé en coupons ou récipissés doubles par série d'ordre numérique, sur lequel registre les garde-magasins des vivres et fourrages, et les préposés à la viande inscriront chaque article de livraison dont ils se chargeront en recette.

Le coupon ou récipissé double pris sur le registre à talon sera signé du comptable, visé par un commissaire des guerres ou par le commandant de la place à défaut de celui-ci, et délivré à la partie qui aura fait la fourniture. Chaque registre sera en outre arrêté tous les cinq jours par le commissaire des guerres ayant la police des magasins.

La réception des bœufs et autres bestiaux livrés sur pied sera préalablement constatée par procès verbal estimatif de leur poids à dire d'experts nommés contradictoirement, dressé par un commissaire des guerres en présence d'un officier de l'armée désigné par le général commandant la division, dont une expédition sera remise à l'appui du récépissé de fournitures délivrées par le comptable, et une autre expédition adressée au commissaire ordonnateur qui me la fera parvenir dans la décade.

A l'égard des denrées qui seront fournies directement aux troupes en exécution des réquisitions, la livraison en sera faite sur des bons signés tout à la fois des chefs de brigades et quartiers-maîtres pour les corps, et par les chefs de bataillon, d'escadron, ou officiers commandant les détachements. Ces bons devront être revêtus du *visa* des commissaires des guerres pour valider les fournitures, lorsqu'ils n'auront pas été appuyés de la feuille d'effectif.

Toutes les décades, ou plus souvent si les circonstances l'exigent, ces mêmes bons seront retirés des mains des régents, baillifs, ou magistrats de chaque commune, par les préposés des administrations manutentionnaires, qui leur donneront en échange une reconnaissance des dites pièces semblable à celle qui restera insérée au registre à talon. Ces registres et pièces serviront à établir le montant des denrées provenant des réquisitions, dont les garde-magasins devront compter.

Les opérations relatives à la manutention, à l'emploi des denrées, aux distributions et à la comptabilité en matières, continueront de s'exécuter de la manière prescrite par l'arrêté du général en chef du 27 pluviôse et par mes instructions postérieures.

Indépendamment de l'état journalier que les garde-magasins devront remettre au commissaire des guerres de la place, de la situation de leurs magasins, ainsi qu'il est prescrit par l'arrêté du général en chef, les commissaires des guerres se feront fournir tous les cinq jours les états suivants en double expédition :

1er celui des denrées qu'ils auront reçues provenant des réquisitions ou de toute autre origine;

2° celui de situation des magasins ;

3° celui des consommations.

Un double de ces états sera par eux envoyé à leurs ordonnateurs respectifs, et ceux-ci en formeront autant de relevés généraux distincts et séparés qu'ils m'adresseront chaque décade avec l'état des réquisitions.

Enfin, il sera formé par moi, à la fin de chaque mois, un tableau général du montant des réquisitions ainsi que de la rentrée des denrées pour être présenté au Ministre de la guerre et au général en chef.

Je terminerai, mes chers camarades, par vous inviter à apporter la plus active surveillance dans toutes les parties du service, à exiger la plus grande régularité dans la réception des denrées, et la plus sévère économie dans leur emploi. C'est ainsi qu'en me secondant de vos efforts et de votre zèle, nous parviendrons à féconder en quelque sorte les moyens de pourvoir aux besoins de l'armée et à concourir à ses succès.

Copie de l'arrêté du général en chef, ensemble de la présente instruction sera envoyée aux administrateurs des services des vivres, des fourrages, et de la viande, pour qu'ils aient à s'y conformer chacun dans les dispositions qui les concernent.

Au quartier général à Colmar, le 4 floréal an VIII.

Le commissaire ordonnateur en chef de l'armée du Rhin.

Le lieutenant-général Lecourbe au général de division Vandamme.

Zurich, 5 floréal an VIII (25 avril 1800).

Vous ferez vos dispositions, mon cher général, pour faire exécuter à vos troupes, les dispositions suivantes :

Vos troupes seront placées le 7, de manière à se porter en deux jours, les 8 et 9, sur Stammheim en arrière de Stein. Vous vous établirez le 9 dans ce lieu.

Vous ferez, le 9, camper vos troupes en avant de Stammheim de manière cependant à ce que les feux ne puissent être aperçus de la rive droite.

Votre mouvement devra s'exécuter avec le plus grand silence et secret. Vous ne devrez pas suivre la route du lac. A cet effet, vous ferez laisser tous les postes tels qu'ils sont placés le long du lac et du Rhin depuis Rorschach, en diminuant le nombre de manière à ce qu'il y ait seulement 2 ou 3 hommes dans chaque poste.

Je vous envoie une instruction pour le général Jardon. Vous pourrez y ajouter ce que vous croirez convenable ou avoir été mis.

Il devra appuyer à Rheineck. Je pense que vous devrez retirer votre équipage de pont sur Saint-Gall dans la Sitter ou Rorschach, afin qu'il puisse être protégé par vos chaloupes canonnières, car il serait possible que William, connaissant notre mouvement, vînt à Rorschach pour le brûler.

Vous ne pourrez guère vous empêcher de laisser un peu de troupes à Rorschach et à Constance, le moins cependant que vous pourrez, en leur ordonnant d'être toutes de service et en patrouilles surtout les 9 et 10.

Les chevaux et transports du canton de Sentis étant disponibles, vous donnerez l'ordre à votre commandant d'artillerie de faire rendre à Frauenfeld, le 9 au matin, 80 chevaux de trait pour y prendre et conduire en batterie 4 pièces de 12 et 8, que j'y ai fait conduire et dont les chevaux manquent.

Le général d'artillerie indiquera le lieu où elles devront être conduites. Observez que ces chevaux devront être pris sur le canton de Sentis; ceux de Thurgovie sont nécessaires ailleurs.

Votre compagnie d'artillerie légère sera pendant le passage à la disposition du général Lemaire. Vous aurez soin de faire délivrer des vivres à vos troupes pour 4 jours, ou du moins de les faire suivre votre colonne. Toutes les eaux-de-vie et autres magasins devront vous suivre.

Le général Jardon demeurant détaché de vous, ses approvisionnements se font par Raperschwyl.

Le quartier général et moi personnellement serai à Ossingen le 9, où je compte vous voir.

Je vous donnerai des ordres ultérieurs pour le passage. Surtout recommandez le plus grand silence dans vos mouvements, qui ne doivent pas avoir lieu en vue de la rive droite.

Le général Lorge sera à Furth-Mühle, Montrichard à Schlattingen.

Vous ferez suivre les eaux-de-vie que vous avez encore à Saint-Gall, afin de faire une distribution la nuit du 9 au 10. Mais vous ne toucherez pas à celle qui est à Frauenfeld.

Vous laisserez au général Jardon un détachement de 40 ou 50 sapeurs avec un officier.

Vous donnerez l'ordre à tous les autres de votre division de la suivre à Stammheim, d'où vous les enverrez le 9 au soir à Ezwylen ou Rheichlingen pour aider aux pontonniers.

Si vous aviez des troupes trop éloignées, pour faire en 2 marches le chemin sur Stammheim ou Wagenhausen, pourvu qu'elles arrivent le 10 au matin sur Rheichlingen cela suffirait; mais votre mouvement de droite à gauche ne doit commencer que les 8 et 9.

Votre cavalerie sera aussi le 10 au matin aux ordres du général Nansouty.

Vous veillerez principalement, mon cher général, à ce qu'aucun vivandier ne suive les colonnes et qu'il n'y ait à la suite des corps que les femmes voulues par la loi. Tous les officiers qui n'ont pas droit d'être montés devront aussi ne point avoir de chevaux.

Les postes qui resteront sur la rive du Rhin devront redoubler de surveillance et être continuellement en patrouilles, surtout les 9 et 10.

P.-S. — Je ne sais qui a chargé le général Molitor de faire des reconnaissances sur le Rhin, mais je désire, et vous le sentez comme moi, que nos projets doivent être secrets jusqu'à l'exécution.

Le général Dessolle au lieutenant-général Saint-Cyr.

Bâle, 6 floréal an VII (26 avril 1800).

Le général en chef me charge de vous écrire, mon cher général, relativement au projet dont vous lui parliez hier de déboucher par Löffigen. Vous sentez trop bien les avantages et les inconvénients de cette marche pour qu'il entre dans de grands détails avec vous à cet égard. L'essentiel est que vous devez arriver à Stühlingen aussi rapidement que possible et en évitant le plus que vous pourrez les obstacles que l'ennemi peut chercher à vous opposer; celui surtout d'avoir à combattre isolément des gros corps. L'ennemi peut se placer à Bonndorf entre vous et l'armée; il a la facilité de réunir à Villingen et Donaueschingen des réserves; quelques rapports d'espions nous annoncent même qu'il en a déjà rassemblé; cependant les renseignements que vous pourrez prendre vous-même pourront aussi faire évanouir ces difficultés; l'essentiel est que vous arriviez positivement à Stühlingen selon les premières dispositions du général en chef.

Il pense que, déjà décidé sur votre direction, vous aurez commencé votre mouvement aujourd'hui ou sur Totnau ou sur Löffingen, dans le cas où vous auriez pris cette dernière route. Veuillez l'en prévenir aussitôt par un courrier extraordinaire dans toutes les suppositions, le général Richepance portera un détachement dans la vallée de la Wiese, ainsi qu'on en est précédemment convenu. Le général en chef vous attend à Stühlingen pour le 9 positivement, les dispositions de l'armée se font en conséquence.

P.-S. — La division Richepance a débouché très heureusement et est arrivée à Schliengen sans presque avoir vu l'ennemi; on dit même qu'il a évacué Mühlheim.

On le prévient du succès du lieutenant-général Sainte-Suzanne : on lui recommande de nouveau, d'après le nombre de troupes ennemies que ce dernier a rencontrées, de presser sa marche sur Stühlingen et Waldshut.

Le général Dessolle au général Sainte-Suzanne.

Bâle, 6 floréal an VIII (26 avril 1800).

Le lieutenant général Sainte-Suzanne, après avoir laissé à Kehl, à Strasbourg, les troupes déterminées dans l'instruction qu'il a reçue le 2 de ce mois, fera ses dispositions pour être arrivé le 10 du courant au plus tard à Fribourg, en se rendant soit par la rive droite, soit par la rive gauche suivant qu'il jugera préférable.

Il ne remontera le Rhin par la rive droite que dans la supposition où il jugerait ne pouvoir être inquiété dans cette marche ni retardé dans son arrivée à Fribourg. Il est même à croire que s'il pouvait se porter à Fribourg par la rive droite il gagnerait un jour de marche.

Autrement il repassera le Rhin à Kehl dans la soirée de demain 7 et se mettra en marche le 8 de manière à arriver le 9 à Brisach pour être rendu le 10 à Fribourg avec toutes ses troupes, arrivé à ce dernier point il y recevra des ordres ultérieurs du général en chef.

Le général en chef Moreau au Premier Consul.

7 floréal an VIII (27 avril 1800).

Nous voilà en action, citoyen Consul, le débouché est très difficile, mais j'ai le meilleur espoir, les troupes sont bien disposées et, à force de marches, je pense que l'armée sera réunie à la tête des défilés vers le 11 sans qu'aucun des corps ait éprouvé d'accident.

Je n'ai pas le détail du combat du général Sainte-Suzanne, mais il a été avantageux, son but était d'empêcher l'ennemi de réunir un assez gros corps pour empêcher le général Saint-Cyr d'arriver à Stühlingen. Le général Lecourbe tentera son passage le 10, et si l'ennemi combat sur la Wutach, nous pouvons faire des prisonniers.

La lettre du Ministre de la guerre du 4 nous a rassurés sur

les événements de l'Italie. Comptez sur notre dévouement et sur l'attachement particulier que je vous ai voué.

Je ne puis encore savoir si l'ennemi nous attend à (illisible) ou à Stockach, je le saurai probablement demain.

P.-S. — Je reçois à l'instant votre lettre du 4 que m'a apportée le citoyen Lacuée. Croyez que je n'ai pu perdre un instant pour entrer en campagne. Si l'ennemi attend sur le Wutach nous aurons un engagement le 10 ou le 11 ; s'il n'attend qu'à Stockach nous ne l'aurons que le 14 et l'armée sera réunie.

Si le général Masséna va vite, il pourra forcer M. Melas à quitter la rivière du Ponent où il ne peut pas se former.

Le général en chef Moreau, au Ministre de la guerre.

Bâle, 7 floréal an VIII (27 avril 1800).

Vos ordres sont exécutés, mon cher Ministre, tout marche et je présume que nous aborderons l'armée ennemie dans quelques jours.

Le général Saint-Cyr était le 5 à Fribourg ; le général Sainte-Suzanne s'est également porté le même jour dans la Kinzig. Les divisions Delmas, Leclerc et Richepance sont aujourd'hui à Säckingen.

Le général Saint-Cyr a ordre de marcher par Saint-Blaise sur Stühlingen ; les 3 divisions de réserve se portent sur Waldshut ; le général Lecourbe opérera le 10 un passage du Rhin entre Diessenhoffen et Stein le jour où l'on attaquera la Wutach.

Le général Sainte-Suzanne, dont le mouvement avait pour but de contenir le corps de Sztaray et d'engager l'ennemi à jeter sa réserve de Donaueschingen dans le val de la Kinzig, se rend à marche forcée à Fribourg pour rejoindre l'armée par le val d'Enfer ou par Saint-Blaise. Si l'ennemi nous attend sur la Wutach, son mouvement nous a débarrassé d'un corps plus fort que le sien ; si l'ennemi ne reçoit le combat qu'à Stockach ou sur l'Aitrach, alors il aura rejoint l'armée et le plus brave l'emportera.

Mon cher Ministre, le jour où l'armée française sera réunie au débouché des montagnes sans qu'un seul de ses corps ait été battu, je me regarderai comme très heureux. Toute la position est entièrement en faveur de l'ennemi, puisqu'il a trois marches de moins que nous pour communiquer de sa droite à sa gauche : vous jugerez d'après cela de la facilité qu'il aurait à battre nos têtes de colonnes à mesure qu'elles déboucheraient, si nous ne manœuvrions avec une grande précision.

L'armée est bien disposée.

Le général Sainte-Suzanne a eu un combat très vif en débouchant; il me rend le meilleur compte des officiers généraux et de ses troupes : aussitôt que j'aurai des détails, je vous les transmettrai.

J'ai été temoin de la marche du corps du général Saint-Cyr sur Fribourg, l'ennemi ne lui a pas opposé une grande résistance : le corps du général Ney, qui couvrait sa gauche, paraissait en éprouver une plus forte; dès que j'aurai reçu le détail de son mouvement je vous le transmettrai également.

Nous étions inquiets de l'armée d'Italie; votre dépêche nous rassure. Comptez, mon cher Ministre, sur notre dévouement et soyez sûr que notre marche sera aussi rapide que possible.

Il y a longtemps que j'aurais désiré être en campagne et cela eût été possible il y a quinze jours, en débouchant de nos cantonnements : mais le rassemblement de l'armée dans la 5e division a consommé nos faibles ressources. Ce sont les approvisionnements de siège qui nous assurent nos subsistances; mais. les marchés pour remplacement s'exécutent déjà et j'y tiendrai strictement les mains. Les négociations nous ont retardés depuis, et le rassemblement définitif de l'armée, la réunion des moyens de passage du Rhin et la marche de la cavalerie que j'avais été obligé d'éloigner nous ont menés jusqu'au 4 de ce mois.

Demain je vous expédierai un courrier extraordinaire, espérant savoir alors où l'ennemi nous attendra.

Nous avons à regretter le chef du 1er régiment de chasseurs, le citoyen Dubois-Crancé, officier distingué.

Le général Saint-Cyr au général Moreau.

Diengen, 7 floréal an VIII (27 avril 1800).

Je reçois dans ce moment, mon général, la lettre du général Dessolle, qui m'annonce que vous m'attendez le 9 à Stühlingen; cela est impossible. D'après vos ordres, le 5 j'ai dû déboucher et arriver à Fribourg; nous y sommes entrés le 8 à 9 heures du soir. J'ai dû manœuvrer ensuite, pour faire croire à l'ennemi, d'après vos instructions, que je voulais me porter sur Waldkirch; cette disposition a eu lieu le 6. L'ennemi s'est retiré en grande hâte en arrière de ce dernier endroit ainsi que d'Emmindingen. Dans le courant de la journée le pain nous est arrivé et aujourd'hui seulement il pourra être distribué aux troupes et demain 8 au matin, je puis seulement commencer mon mouvement pour me porter à Saint-Blaise et non point à Stühlingen, ce dont il n'est nullement question dans mes instructions. En me disant que je recevrai de nouveaux ordres à Saint-Blaise, vous avez présumé que les circonstances pourraient être telles qu'il fût impossible d'exécuter le mouvement sur Stühlingen sans compromettre le corps d'armée.

Le général Dessolle, dans la lettre que je reçois, prévoit avec beaucoup de raison que l'ennemi pourrait se placer en très grande force à Bonndorf; ce n'est donc que d'après mon arrivée à Saint-Blaise et quand vous aurez plus de certitude sur les dispositions, que l'on pourra décider, ou non, les mouvements sur Stühlingen.

Il y a d'autres difficultés, et qui sont de quelque poids ; c'est que nous n'avons ni le général Tharreau, ni moi, ni personne, des renseignements certains sur le chemin que l'on croit exister de Fribourg à Saint-Blaise, passant par Güntersthal et Totnau.

Quelques personnes seulement nous ont donné quelques indications sur quelques parties isolées de ce chemin, et nous ont assuré que les voitures mêmes du pays ne pouvaient pas passer partout. Jugez de notre embarras si nous ne pouvons conduire avec nous quelques pièces de canon et les munitions nécessaires à ce corps d'armée. Cependant je commencerai demain ce mouvement, dussé-je le faire sans artillerie, puisqu'il paraît que vous y tenez toujours !

Les difficultés du terrain nous assurent qu'il faudra trois marches pour arriver à Saint-Blaise, elles seront d'autant plus grandes que nous aurons à combattre les troupes qui sont dans le val d'Enfer et qui ont été assez considérablement renforcées; ces troupes longeant sur notre flanc gauche, nous harcèleront sans cesse et nous feront brûler peut-être le peu de munitions que nous aurons avec nous.

On m'annonce que le général Merfeldt, avec son corps d'armée, remonte le Rhin et se dirige sur Rintzingen et le général Rinmayer sur Waldkirch. Ce mouvement est assez probable si le général Sainte-Suzanne ne s'est pas porté plus loin que Kork et Willstätt et s'il doit remonter par la rive gauche, comme vous me l'avez annoncé, il eût peut-être mieux valu qu'il ne débouchât pas du tout de Kehl; il eût été plus en mesure de protéger le mouvement que je dois faire et par conséquent celui de l'armée. Enfin, quoi qu'il en soit, notre gauche, qui s'était étendue sur Emmendingen et Waldkirch, se resserrera aujourd'hui sur Fribourg et demain nous commencerons notre mouvement, mais peut-être, comme je vous l'ai dit, sans une pièce de canon, avec fort peu de munitions, le soldat ayant des vivres pour quatre jours. Je ne puis vous fixer le moment de mon arrivée à Saint-Blaise, où j'attendrai vos ordres.

Le général Sainte-Suzanne au général Moreau.

Kehl, 7 floréal an VIII (27 avril 1800).

Je commence cette nuit le mouvement que vous m'avez prescrit par votre dernière. J'ai préféré de passer par la rive gauche pour ne pas abandonner aux chances de la guerre une opération qui peut se terminer d'une manière sûre; je serai le 10 à Fribourg.

J'ai remis le commandement de Kehl au général de brigade Gérard dit « Vieux », officier expérimenté et plein de zèle. Aucun des généraux de division ne se serait prêté de bonne grâce à jouer ce rôle, et, d'ailleurs, en laissant un général de division j'eusse été obligé de recommencer l'organisation du corps que je commande qui, telle qu'elle est, me semble très propre à remplir vos intentions.

Si, dans le nombre des généraux de division employés à l'armée, il en était un que vous crussiez propre au commandement supérieur de Strasbourg et de Kehl réunis, je croirais cette disposition bien favorable au bien du service, en changeant le but général de la 5e division militaire.

Les troupes que j'ai destinées à la défense de Kehl sont trois bataillons de la 29e, deux de la 95e et le 16e régiment de cavalerie; j'ai de plus prescrit au général Freytag de faire camper la légion polonaise dans l'île du Rhin pour pouvoir, tout en s'occupant de l'instruction de ce corps, l'employer aux travaux de Kehl et en formant la réserve, et en cas de besoin je l'ai autorisé à faire rentrer dans Strasbourg un bataillon de la 95e stationné sur la rive gauche dn Rhin, de Strasbourg à Gemersheim.

Je vous envoie le dernier rapport que j'ai reçu de Mayence et je vous renouvelle la demande de quelqu'infanterie pour ce poste important.

Depuis mon dernier rapport il n'y a eu aucun événement devant moi.

L'ennemi paraît rétrograder avec vitesse par la vallée de la Kinzig; il a cependant laissé une assez grande quantité de troupes légères sur la Renchen, qui m'eussent très inquiété dans ma marche.

L'entrée des montagnes est défendue par un grand nombre de paysans armés, soutenus par quelques troupes autrichiennes, et

tout laisse croire que l'ennemi rassemble toutes ses forces derrières les montagnes vers Donaueschingen.

Je serai le 9 au soir à Brisach, où j'espère recevoir vos ordres.

Le général Dessolle au lieutenant général Lecourbe.

Säckingen, 8 floréal an VIII (28 avril 1800).

Je vous préviens, mon cher général, que la division du général
Delmas prendra aujourd'hui position sur l'Alb. Celle du général
Leclerc sur Lauffenbourg et celle du général Richepance sur
Saint-Blaise.

Le général Saint-Cyr s'est trouvé retardé d'un jour : ce qui
me donne à juger qu'il n'arrivera que demain à Saint-Blaise,
d'après cela, le centre et la réserve ne prendront position sur le
Wutach que le 10 et votre mouvement sera retardé jusqu'au 11.

Le général Sainte-Suzanne, qui après avoir opéré sa diversion
sur Kehl a dû repasser le Rhin hier, viendra, après-demain, à
Fribourg, d'où il entrera dans les montagnes d'après la direction
qui lui sera donnée pour se réunir au général Saint-Cyr. J'attends
avec impatience de vos nouvelles pour savoir ce que l'ennemi a
fait devant vous. Il se retire devant nous ; je ne prévois pas
encore où il a projet de se rassembler.

Je ne prévois pas que nous puissions être rassemblés pour un
grand effet avant le 11. Ce serait là le jour de votre passage,
mais dans tout les cas je pense que vous serez en mesure pour
le 10, et dans le cas où l'ennemi se réunirait en entier sur notre
flanc gauche, je vous enverrais l'ordre d'agir de suite.

Le général Moreau au général Saint-Cyr.

Säckingen, 8 floréal an VIII (28 avril 1800).

Votre première dépêche m'avait laissé inquiet sur votre mouvement, mon cher général, d'après l'incertitude où vous
m'annonciez être sur la facilité des communications de Fribourg
à Saint-Blaise.

Je vois avec bien du plaisir par votre dernière lettre que je
puis regarder comme assurée votre arrivée à Saint-Blaise, et j'ai
tout lieu de croire que votre marche se fera sans obstacle.

Ainsi le rassemblement de l'armée pour déboucher sera en
quelque sorte dérobé à l'ennemi qui paraît avoir compté que
nous nous porterions par la Kinzig et la vallée de Fribourg. Il me
tarde de vous savoir à Saint-Blaise pour la suite des opérations.

Je vous envoie ci-jointes de bonnes nouvelles d'Italie. Les

succès annoncés peuvent ne pas sauver l'Italie, mais ils augmentent les chances pour la reconquérir et sont dans le moment d'une importance majeure. Je vais donner des ordres pour que vous receviez des subsistances et des munitions; un officier vous en portera lui-même la nouvelle.

Le général Dessolle au général Saint-Cyr.

Säckingen, 8 floréal an VIII (28 avril 1800).

Le retard de votre mouvement, mon cher général, ne vous permettra d'arriver sur la Wütach que le 10, ce qui reportera le passage du général Lecourbe au 11.

Pour faciliter votre mouvement sur Saint-Blaise, le général Richepance avait reçu l'ordre hier de se porter aujourd'hui sur le point où il doit être arrivé, s'il n'a pas rencontré de trop grands obstacles. J'ai eu lieu de croire, d'après ce mouvement, que votre marche sur Totnau n'aura été retardée que par la nature des communications un peu difficiles, puisque l'ennemi n'était pas même à Totnau.

L'ennemi se retire d'ici comme je m'y étais attendu; il paraît songer à se réunir, mais j'ignore encore où il se rassemblera.

La division Delmas arrive ce soir sur l'Alb, où elle prend position, et celle du général Leclerc est placée en seconde ligne sur Lauffenbourg.

J'attends votre arrivée avec grande impatience à Saint-Blaise, l'armée n'a pas un moment à perdre pour aborder l'ennemi. Deux courriers que j'ai reçus dans le même jour du gouvernement me pressent là-dessus. Hâtez-vous, mon cher général, tout le reste de l'armée est en mesure.

Si vous ne jugez pas à propos d'emmener votre grosse artillerie, faites-la diriger par les villes forestières; elle vous rejoindra à marches forcées.

Je ne puis partager vos inquiétudes, ni votre opinion sur la marche supposée du général Merfeldt et le mouvement du général Sainte-Suzanne.

Le général Saint-Cyr au général Moreau.

Saint-Trudpert, 8 floréal an VIII (28 avril 1800).

On nous a encore trompés, mon général, sur le chemin dont je vous ai parlé dans ma lettre d'hier; il n'est pas plus possible que dans les autres d'y passer des voitures; nous essaierons cepen-

31

dant d'y porter à bras quelques pièces de canon. Pour les caissons, il faut absolument y renoncer. Nous serons réduits aux coffrets de ces pièces, c'est-à-dire 15 coups chacune.

Nos sapeurs ont passé une partie du jour et passeront toute la nuit à raccommoder le chemin, mais ils font peu d'ouvrage, parce que ces sapeurs, qui devraient avoir des pelles et des pioches, n'ont que des fusils, et qu'il n'est presque pas possible de trouver d'outils dans ce pays.

Nos soldats se portent à toutes sortes d'excès; il nous faudrait des moyens de répression beaucoup plus prompts que des conseils de guerre, dont l'institution est inadmissible dans une guerre active.

J'ai renvoyé mon parc, comme nous en étions convenus, j'espère, malgré la difficulté des chemins, être rendu à Saint-Blaise en partie demain et le restant après-demain, si comme vous en êtes persuadé, nous ne trouvons pas un corps d'armée à notre arrivée à Saint-Blaise.

La divison Baraguey d'Hilliers couche ce soir à Wieden et celle du général Ney à Neuhof, tandis que le général Tharreau garde encore aujourd'hui Fribourg, pour empêcher l'ennemi de nous prendre en queue pendant que nous traversons cet interminable défilé.

Le général Dessolle au général Sainte-Suzanne.

Säckingen, 8 floréal an VIII (28 avril 1800).

Je viens de recevoir vos dépêches, mon cher général, je vous remercie de m'écrire souvent. Je ne puis qu'approuver ce que vous avez fait pour Kehl et Strasbourg. Je pense comme vous sur ce commandant, mais d'après le bon choix que vous avez fait, rien ne me presse sur ce point.

Il paraît que l'ennemi a pleinement pris le change sur les débouchés de l'armée, ce qui me donne de grandes espérances sur les événements.

Le général Delmas est arrivé aujourd'hui sur l'Alb et le général Leclerc s'est porté en seconde ligne sur Lauffenbourg, l'ennemi n'a opposé que de faibles obstacles jusqu'à Lauffenbourg et je ne présume pas qu'il ait fait une vigoureuse défense sur l'Alb. J'ai quitté les troupes par delà Lauffenbourg et tout annonçait que leur position se prendrait sans éprouver de grands obstacles.

Le général Saint-Cyr m'apprend que demain la tête de son corps de troupes arrivera à Saint-Blaise et que le 9 il y sera rassemblé.

Le général Richepance s'y est porté aujourd'hui.

D'après toutes ces dispositions votre corps de troupes devra se diriger dans la vallée de Fribourg, vous en trouverez l'ordre ci-joint, mon cher général.

Faites-moi passer, je vous prie, la composition du corps de troupes avec leque vous marchez sur Fribourg.

Le général Dessolle au général Lecourbe.

Säckingen, 9 floréal an VIII (29 avril 1800).

Vous vous impatientez, mon cher général, et vous avez bien raison, mais croyez qu'il me tardait aussi de voir la réunion de l'armée sur la Wutach. Enfin elle se fera demain, et vous aurez à effectuer votre passage après-demain 11, à moins de contre-ordre, ce qui n'aurait lieu qu'en cas d'événements très imprévus.

Le général Delmas a pris position sur l'Alb où il a eu à livrer un combat assez vif aux troupes qui en défendaient le passage à Albbruck, couvert par 3 batteries fort bien établies, il y a pris 200 hommes et 2 pièces d'artillerie.

Aujourd'hui il a pris position à Waldshut où doit se réunir demain le général Richepance avec le général Leclerc.

Les troupes sont placées de manière à tenter après demain le passage de la Wutach.

P.-S. — Notre mouvement s'était bien exécuté et était bien conçu, mais nous avons perdu un jour, qui, comme vous dites, augmentera la force de l'armée. En prenant position demain, je ferai jeter le pont à l'embouchure de l'Aar.

Le général Moreau au général Saint-Cyr.

Waldshut, 9 floréal an VIII (29 avril 1800).

Le général Delmas est arrivé aujourd'hui à Waldshut, il y a pris position ce soir et le général Leclerc s'est placé en seconde ligne entre Lauffenbourg et Waldshut. Hier le général Delmas a eu sur l'Alb un beau combat pour en forcer le passage à Albbruck; il y a fait 200 prisonniers et pris 2 pièces d'artillerie. Ce n'était qu'une affaire d'avant-garde mais les troupes ont montré une grande vigueur et les meilleures dispositions. Ci-joint l'ordre de votre mouvement. Pour demain vous ne pourrez mettre trop de célérité.

P.-S. — Le retard de 24 heures que nous éprouvons nous donnera de plus contre nous un corps venant des Grisons. Notre supériorité peut seule nous assurer des succès, ainsi nous n'avons pas un instant à perdre. J'avais bien prévu que l'ennemi n'aurait qu'un faible corps à Saint-Blaise. L'incertitude où devait le jeter notre mouvement ne lui permettait guère d'être en force nulle part.

Le général Dessolle au général Saint-Cyr.

Säckingen, 9 floréal an VIII (29 avril 1800).

Le général Saint-Cyr laissera vers Seebruck un corps de troupes pour flanquer sa gauche et la couvrir des débouchés de Bonndorff, Löffingen et Lenzkirch et se mettra en marche au reçu de cet ordre avec le surplus de ses troupes déjà arrivées pour se porter à la gauche du corps de réserve de l'armée qui se porte de Waldshut par Thiengen sur la Wutach.

Le général Saint-Cyr viendra appuyer sa droite à la gauche de la réserve.

Le général en chef ne peut déterminer précisément la position à prendre par le général Saint-Cyr puisque celle de la réserve tient au succès du combat qu'elle livrera sur la Wutach, mais il présume qu'il pourra en prendre une d'abord vers Beran et diriger sa marche par la route qui est indiquée sur la rive gauche de la Schwartza à Thiengen.

Le général Saint-Cyr pouvant avoir besoin d'un supplément d'artillerie jusqu'à ce que la sienne soit arrivée, le général en chef donne ordre au général Richepance de lui laisser momentanément la plus grande partie de la sienne, à son départ; pour se porter sur Waldshut.

Le général Saint-Cyr ne peut mettre trop de célérité dans son mouvement et sa marche sur Beran; il enverra des partis sur Thiengen et vers la Wutach pour avoir des nouvelles de la réserve et donner des siennes.

Le général Saint-Cyr au général en chef Moreau.

Saint-Blaise, 9 floréal an VIII (29 avril 1800).

L'adjudant général Rapatel a dû vous rendre compte, mon général, de la position que le corps d'armée occupe. Demain dans la matinée il sera tout aussi réuni qu'il peut l'être. L'ennemi a suivi le mouvement du général Tharreau et avant midi il était maître de Staufen et Saint-Trudpert où le matin j'avais encore mon quartier-général.

Je pense que le général Richepance recevra de vous l'ordre de

faire demain matin son mouvement. Je vous prie de lui écrire de
me laisser son artillerie et ses caissons de munitions ; vous pour-
riez lui en donner d'autres à Waldshut et les remplacer par le
parc qui doit m'arriver et qui a pris la route des villes forestières.

Vous savez que je n'ai que 3 pièces de canon avec leurs coffrets
seulement et aucun caisson de cartouches.

Le général Dessolle au général Sainte-Suzanne.

Säckingen, 9 floréal an VIII (29 avril 1800).

Le général en chef apprend mon cher général, que la tête de
votre corps est arrivée ce matin à Brisach ; cette diligence lui a
fait infiniment de plaisir. Si vous pouviez gagner une journée sur
votre marche à Löffingen, ce serait un avantage inappréciable
pour le mouvement que le général en chef projette sur la
Wutach ; il vous engage à faire l'impossible pour cela, chaque
heure que vous gagnerez nous sera d'une utilité majeure.

Le général Dessolle au général Lecourbe.

Säckingen, 10 floréal an VIII (30 avril 1800).

Le général en chef me charge de vous prévenir, mon cher
général, que les divisions Leclerc et Delmas se portent aujour-
d'hui par Thiengen sur la Wutach. Le général Richepance redes-
cend de Saint-Blaise et se place en réserve des deux divisions Delmas
et Leclerc sur la Schwartza. Le général Saint-Cyr vient appuyer
sa droite à Beran laissant un corps de flanqueurs vers Seebruck
pour couvrir les défilés de Löffingen et Bonndorf. Demain
l'armée passera la Wutach et viendra prendre position entre
Stühlingen et Neunkirch. Le général en chef pense que vous devez
commencer votre passage demain de très bonne heure pour
dégager les débouchés de la Wutach, supposé que l'ennemi, en
vous abandonnant, se fût porté sur nous ; cependant il croit
comme vous qu'il aura marché sur Stockach pour y prendre sa
ligne.

J'ai plus enragé que vous, mon cher général, sur le retard du
mouvement du centre, il est réuni à Saint-Blaise et se porte sur
la basse Wutach ; vous entendrez notre attaque de demain et
tâcherez de vous lier avec nous le plus vite possible.

Le général Dessolle au général Saint-Cyr.

Waldshut, 10 floréal an VIII (30 avril 1800).

La position que vous avez prise, mon cher général, entre parfaitement dans le plan des opérations, puisque vous vous trouvez en mesure de vous porter demain à Stühlingen et y passer la Wutach.

Je présumais bien hier en vous envoyant des ordres de position que vous seriez bien dans le cas de les rectifier.

Le général Delmas s'est porté aujourd'hui sur la Wutach, au-dessus de Lauchringen, et le général Leclerc sur la Schwartza, à Burgeln et Gurtweil.

Demain le corps de réserve de l'armée passera la Wutach et se portera sur Neunkirch.

Le général Lecourbe passera le Rhin à Rheichlingen entre Diessenhofen et Stein.

Le général Dessolle au général Saint-Cyr.

Waldshut, 10 floréal an VIII (30 avril 1800).

Le corps de troupes aux ordres du lieutenant-général Saint-Cyr se mettra en marche au reçu de cet ordre pour se porter sur Stühlingen où il passera la Wutach pour venir se porter à la gauche du corps de réserve qui se porte en avant de Neunkirch.

Le général Saint-Cyr couvrira la route de Stühlingen à Waldshut et aura un corps de flanqueurs vers Birkendorf pour couvrir sa gauche des débouchés de Bonndorf.

Le lieutenant-général Saint-Cyr au général Moreau.

Saint-Blaise, 10 floréal an VIII (30 avril 1800).

Nous avons marché, mon général, avec toute la rapidité possible. Il ne faut point calculer les marches dans les montagnes et les mesurer sur la carte comme dans un pays de plaine, où presque toutes les communications sont larges et permettent de marcher sur un front plus étendu. Les troupes n'ont pas eu un jour de repos depuis leur débouché de Brisach.

J'ai reçu, à huit heures du matin, votre ordre pour le mouvement d'aujourd'hui ; il n'y a point de route sur la rive gauche de la Schwartza : cette rivière est extrêmement encaissée ; il n'y a de communication praticable qu'à une fort grande distance d'elle, au point que les voitures partant de Saint-Blaise pour

Thiengen passent ordinairement par Waldshut et vont faire un très grand détour en suivant la route de Bonndorf jusqu'à Rothaus et Grafenhausen. J'ai fait partir une brigade d'infanterie et un régiment de troupes légères sur Beran et ils ont ordre de pousser des patrouilles sur la Wutach vers Thiengen.

Le reste de la division du général Baraguey a ordre de prendre position à Rothaus et Grafenhausen en plaçant un petit corps de troupes intermédiaire pour se lier avec celui de Beran.

La division du général Ney s'établit à Seebruck et garde le débouché de Neustadt; celle du général Tharreau arrive dans ce moment et prend position à Saint-Blaise.

Ces dispositions menacent à la fois Bonndorf et Stühlingen. Je ne présume pas que l'ennemi défende la Wutach, tout au plus il peut s'en faire un appui.

Le général Richepance m'a laissé 5 pièces de canon, 5 caissons, un Wurst et 10 caissons d'infanterie; le tout joint aux 3 pièces de 4 que nous avions déjà, nous fait 8 bouches à feu, 5 caissons à canons et 10 d'infanterie.

Le lieutenant-général Sainte-Suzanne au général en chef Moreau.

Neufbrisach, 10 floréal an VIII (30 avril 1800).

Conformément à vos ordres je me suis rendu hier ici. Je débouche aujourd'hui par Vieux-Brisach et ma première colonne sera dans le jour à Fribourg qu'elle occupera en éclairant au loin la vallée.

J'ai devant moi les hussards de Ferdinand et grand nombre de paysans armés. On annonce également plusieurs pièces d'artillerie. Ces corps, refoulés dans la vallée par le général Saint-Cyr, en sont redescendus immédiatement après son passage et se sont répandus dans la plaine jusqu'aux portes de Vieux-Brisach. Ils ont totalement intercepté la route et pris quelques équipages.

Je ferai demain mon mouvement sur Neustadt, mais, d'après tous les rapports, la vallée étant obstruée en différents endroits, il est très possible que je rencontre des obstacles très difficiles à vaincre, et dans ce cas je compte faire un mouvement par ma droite pour arriver au point désigné. Dans tous les cas je ferai tous mes efforts pour remplir vos intentions.

Le corps que je commande est maintenant composé de 11 bataillons dont quelques-uns viennent de souffrir de la désertion. J'attends de plus un bataillon qui est en marche pour me rejoindre. Ma cavalerie consiste en 2 régiments de chasseurs,

2 de dragons et 4 de cavalerie, dont vous n'ignorez pas la faiblesse.

J'ai laissé à Kehl le général Klein, qu'il m'était impossible
d'employer en ligne et qui m'a paru désirer ce poste. Je vous
prie, mon général, de presser l'armement et la remonte de la
légion polonaise. Si ce corps était promptement organisé, on
aurait alors la facilité de faire sortir de Kehl un corps de 6 à
7,000 hommes qui pourrait pénétrer dans la vallée de la Kinzig
ou faire tout autre mouvement que vous ordonnerez.

Le général Dessolle au Ministre de la guerre.

Waldshut, 11 floréal an VIII (1er mai 1800).

Le plan dont j'ai eu l'honneur de vous envoyer copie reçoit
chaque jour son exécution et jusqu'à ce moment tout nous
promet un heureux succès.

Les deux corps d'armée commandés par les lieutenants-généraux Sainte-Suzanne et Saint-Cyr ont passé le Rhin le 5 floréal.

Le premier partant de Kehl et se dirigeant sur Offenbourg a
rencontré l'ennemi qui, au nombre de 15,000 hommes, a opposé
une vive résistance. Le combat a duré depuis cinq heures du
matin jusqu'à quatre heures du soir. L'ennemi a perdu beaucoup
de monde et laissé dans nos mains une pièce de canon, des
fusils et des munitions. Nous avons à regretter quelques braves,
parmi lesquels le citoyen Dubois de Crancé, chef de brigade du
4e régiment de chasseurs; cet intrépide officier, dont la carrière
était déjà remplie par des actions brillantes, a été tué à la tête
de son corps.

Le lieutenant-général Saint-Cyr, qui a passé le Rhin à Brisach,
n'a éprouvé que peu de résistance, l'ennemi s'est retiré devant
lui et a évacué Fribourg où il est entré le 5 au soir.

Le corps d'armée dont le général en chef s'est réservé le commandement direct a passé le Rhin à Bâle le 7.

La 1re division de ce corps, commandée par le général Delmas,
a suivi la droite du Rhin et s'est portée sur les villes forestières.
Elle a livré le 9 un combat assez vif pour forcer le passage de
l'Alb, que l'ennemi avait retranché. Elle a fait 200 prisonniers et
pris deux pièces de canon.

La 2e division, commandée par le général Leclerc, a marché en
seconde ligne de la première.

La 3e, sous les ordres du général Richepance, après avoir fait
quelques feints mouvements sur la gauche, s'est porté sur Saint-
Blaise, où elle a trouvé quatre bataillons ennemis qui ont été cul-

butés malgré une résistance assez soutenue. Elle a fait une centaine de prisonniers et a quitté cette position à l'arrivée du corps d'armée du lieutenant-général Saint-Cyr sur ce point pour venir reprendre son rang dans la marche du corps du général Moreau.

Les Autrichiens se retirent sur tous les points. Je crois que c'est pour prendre la ligne de Stockach. Notre armée dans les meilleures dispositions a passé ce matin la Wutach et marche en ce moment sur Neunkirch où elle sera jointe par le lieutenant-général Lecourbe, qui passe aujourd'hui le Rhin à Rheichlingen. Je vous écrirai ce soir pour vous instruire du résultat de cette opération.

N'ayant encore reçu aucun rapport officiel, je ne puis, citoyen Ministre, que calmer votre première impatience, et dès qu'ils me seront parvenus, je m'empresserai de vous les transmettre.

Le lieutenant-général Lecourbe au général Moreau.

Ramsen, 11 floréal an VIII (1er mai 1800).

Je vous préviens, mon cher général, que mon passage du Rhin a eu lieu ce matin à quatre heures sans obstacles; à sept heures j'avais 8,000 hommes sur la rive droite. En ce moment j'occupe Hohentwiel, je pousse sur Singen.

Mon deuxième passage a eu lieu sur Paradies; l'ennemi, en ce moment, n'a encore présenté aucune résistance; il est repoussé chaudement; j'ai déjà pris deux pièces de canon et quelques prisonniers; je compte ce soir trouver vos troupes à Neunkirch, le général Lorge a ordre d'y pousser.

Vandamme appuie bien sa droite à Moos en longeant l'Aach jusqu'à Singen, ensuite la division du centre prendra position en avant d'Hohentwiel se dirigeant sur le Gottmadingen et Ramsen où seront mes réserves; ma ligne prendra ensuite sur Bietlingen et Herblingen et ma gauche sur Neunkirch. Aussitôt que votre jonction sera faite, ma division de gauche se resserrera sur sa droite en la refusant et longeant le ruisseau de Biber depuis Bietlingen à Busslingen et Buren.

Mon centre couvrira Hohentwiel et la division de droite appuiera sa gauche à Arlen et Singen pour couper la route de Stockach.

Si vous voulez avancer lentement, nous devons jeter les ennemis sur le Danube. Si je n'ai pas de nouvelles je pousserai demain des partis le plus loin possible, jusqu'à ce que vous m'ayez remis en ligne; je n'ai pas le temps de vous en dire davantage.

Le général Dessolle au général Lecourbe.

Kallau, 11 floréal an VIII (1er mai 1800).

D'après les dispositions du général en chef, le général Lecourbe tiendra la position qu'il occupe aujourd'hui jusqu'à nouvel ordre, il est prévenu que le corps de réserve marche demain 13 par la chaussée de Neunkirch et Schaffausen pour se porter à sa gauche sur Riethen.

Le général Dessolle au lieutenant-général Saint-Cyr.

Kallau, 11 floréal an VIII (1er mai 1800).

D'après les ordres du général en chef, le général Saint-Cyr tiendra position demain à Stühlingen et occupera les routes de Stühlingen à Neunkirch et de Stühlingen à Schaffhausen.

Il jettera des partis dans les communications de la montagne de Raudenberg, sur Riethen, autant pour empêcher l'ennemi de jeter des petits corps entre Stühlingen et le corps d'armée, qui prendra demain position entre Hohentwiel et Thengen, que pour reconnaître les communications par où on pourrait faire passer des ordres, ainsi que de la troupe. Comme, par le mouvement de l'armée, le général Leclerc doit quitter sa position actuelle à huit heures du matin, pour se porter par Schaffhausen, sur la position que doit occuper l'armée, vous voudrez bien faire occuper de suite les routes de Stühlingen à Schaffhausen et Neunkirch.

Il tâchera d'avoir des nouvelles du général Sainte-Suzanne qui a dû arriver aujourd'hui à Löffingen.

Le lieutenant-général Sainte-Suzanne au général Moreau.

Fribourg, 11 floréal an VIII (1er mai 1800).

Je suis arrivé hier à Fribourg et n'ai rencontré sur ma route qu'environ 200 hussards de Ferdinand qui, après un petit choc, se sont retirés sur Waldkirch où l'ennemi tient encore. Ce poste est occupé par le général major de Gyulai, ayant sous ses ordres le régiment de Ferdinand, hussards, quelques uhlans, le frei-corps de Gyulai, les autres compagnies d'infanterie et grand nombre de paysans; il pousse des partis de cavalerie jusque près de Fribourg.

La division du général Legrand est en marche sur Neustadt; d'après le rapport que je reçois, elle a déjà dépassé Zerten et a rencontré quelques patrouilles de cavalerie. Deux corps de la réserve marchent en soutien de cette division, et dès que j'aurai appris qu'elle a atteint Neustadt, je vais pénétrer dans la vallée avec tout le corps que je commande.

Dans la charge qui eut lieu hier entre deux escadrons du 6ᵉ chasseurs et les hussards de Ferdinand, ces derniers ont eu beaucoup d'hommes sabrés et quelques prisonniers dont on a tiré des renseignements.

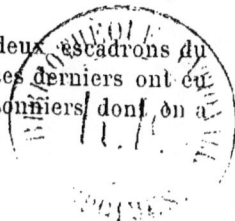

DOCUMENTS ANNEXES

COMPOSITION DE L'ARMÉE DU RHIN

au 5 floréal an **VIII** de la **République française.**

Moreau, général en chef............	Leguay, chef de brigade à la 42ᵉ. Delélee, chef de bataillon à la 88ᵉ. Guilleminot, chef de bataillon. Desprez, capitaine à la 103ᵉ. Plauzonne, chef d'escadron. Moreau, lieutenant. Delachasse, capitaine des pontonniers.	*Aides de camp.*
Dessolle, général de division, chef d'état-major général.	Martel, chef d'escadron, 24ᵉ de chasseurs. Forgues, id. 12ᵉ id.	
Mathieu Faviers, commissaire ordonnateur en chef.		
Eblé, général de divⁿ commandant d'artillerie.	Cottin, lieutenant d'artillerie.	
Schauembourg, général de divᵒⁿ inspʳ d'infanterie.	Trawitz, chef de bataillon à la 89ᵉ. Schauembourg, sous-lieut. au 2ᵉ de carabiniers.	*Aides de camp.*
Bourcier, général de divᵒⁿ inspʳ de la cavalerie.	Girard, capitaine au 13ᵉ de dragons. Lemoine, capitaine au 21ᵉ de chasseurs.	
Clémencet, génˡ de brigade command. le génie.	Chanu, capitaine du génie.	
Rheinwald, général de brigade commandant le dép. général des conscrits.	Treuil, chef d'escadron 4ᵉ de dragons.	
Lahorie, adjudant général.		
Fririon, id.	Sainte-Suzanne, chef de bat. à la 57ᵉ d.-brigade. Fririon jeune, sous-lieutenant à la 62ᵉ d.-brigade.	
Rapatel, id.	Rapatel, capitaine au 16ᵉ de chasseurs. F. Fririon, capitaine à la 62ᵉ demi-brigade.	
Lamarque, id.	Bagneris, capitaine à la 28ᵉ demi-brigade. Larsilly, id. 35ᵉ id.	
Prysie, id.	Cressant, id. au 7ᵉ de hussards, d.-brigade. Phlieger, id. au 1ᵉʳ de dragons.	*Adjoints.*
Bertrand, id.	Vautrin, id. à la 46ᵉ demi-brigade. Derivaux, id. au 11ᵉ de dragons.	
Le Marois, id.	" " " " " "	
Mangin, id.	Leman, capitaine. Landremont, capitaine.	
Abancourt, id.	Laclède, capitaine au 18ᵉ de dragons. Gauthier, capitaine au 8ᵉ de chasseurs.	

AILE DROITE

ÉTAT-MAJOR

LECOURBE, lieutenant-général.
{ Gauthier, chef de b^{de} à la 94e demi-b^{de}.
{ Noiret, chef d'esc^{on} au 25e de cavalerie.
{ Foulon, capitaine à la 17e de ligne.

GUDIN, g^{al} de b^{de} chef de l'état-major. Gudin, lieutenant à la 62e id.

LEMAIRE, id. command^t l'artil. Tuolley, capitaine à la 85e d.

ADJUDANTS GÉNÉRAUX

Lecamus...
{ Radmadoux, capitaine 23e de cavalerie.
{ Brauer, capitaine 23e de ligne.

Delotz.....
{ Quenot, capit. 23e de chasseurs.
{ Morat, lieutenant à la 109e demi-brigade.

Porson.....
{ Laforet, capit. au 8e de dragons.
{ Conney, lieut. à la 46e demi-brigade.

Monnay, commissaire des guerres faisant fonctions d'ordonnateur.

GÉNÉRAUX ET ADJUDANTS GÉNÉRAUX	ADJOINTS ET AIDES DE CAMP	NOMS DES CORPS	COMBATTANTS		
			Infanterie	Cavalerie	Artillerie
1re division					
Commandée par le général Montchoisy.	Tanin, cap^{ne} au 9e hussards.	28e demi-brigade de ligne......	1,858	"	"
	Houchard, lieut. au 12e de chasseurs.	44e id. 1er et 2e bat^{ons}...	1,388	"	"
Chabert, g^{al} de brigade.	Robin, lieut. à la 44e demi-brigade.	1re légère 3e bataillon............	913	"	"
		9e id. 3e bataillon...........	896	"	"
Mainoni, id.	Françon, l^t à la 10e légère.	14e régiment de cavalerie.......	"	215	"
	Roussel, capitaine à la 41e.	22e id. id.	"	304	"
Boissier, adjudant général.	Estève, capitaine à la suite de la 14e légère.	2e d'artillerie à pied 3e compagnie.	"	"	54
		2e id. 6e id.	"	"	122
		Pontonniers détachement......	"	"	3
		Ouvriers d'artillerie détachement.	"	"	4
		6e régiment artillerie légère 4e c^{ie}.	"	"	72
		TOTAL..............	5,055	519	255

GÉNÉRAUX ET ADJUDANTS GÉNÉRAUX	ADJOINTS ET AIDES DE CAMP	NOMS DES CORPS	Infanterie	Cavalerie	Artillerie
2e division.					
Commandée par le général Vandamme.	Desoye, capit. au 7e d'hussards.	36e demi-brigade.................	2,365	"	"
Jardon, général de brigade.	Guerette, capitaine 6e de dragons.	44e id. 3e bataillon.....	796	"	"
		83e id.	2,022	"	"
Laval, id.	Freistel, lieutenant à la 103e demi-brigade.	94e id.	2,810	"	"
		102e id.	2,164	"	"
Molitor, id.	Fridolsheim, capit. d'escadron 1er chasseurs.	1re légère 1er 2e bataillons.......	1,835	"	"
	Morin, capitaine au 1er d'hussards.	8e régiment d'hussards...........	"	540	"
Duprat, adjudant général.	Boucher, capit. 1re légère.	1er régiment à pied 16e compagnie.	"	"	93
		2e id. 4e comp^{ie} dét..	"	"	27
Dormenans, id.		6e régiment à cheval 2e compagnie.	"	"	64
	"	2e b^{on} de Pont^{ers} 1re 7e compagnie.	"	"	143
	"	3e bat^{on} de sapeurs 2e compagnie.	166	"	"
		TOTAL..............	12,758	540	327
3e division.					
Commandée par le général Lorge.	Coget, chef de bataillon.	37e demi-brigade de ligne........	2,352	"	"
	Lorge, lieut. au 13e de drag.	109e id.	2,461	"	"
Goullus, général de brigade.	Clément, capit. à la 8e lég.	10e légère............	3,021	"	"
Bontemps, id.	Langlet, lieutenant à la 67e.	1er bataillon de ligne helvétique.	685	"	"
Mangeot, adjudant général.	Favery, capitaine du génie.	7e régiment d'hussards..........	"	601	"
	Bonnefoy, c^{ine} à la 43e demi-b^{de}.	1er id. à pied 17e c^{ie} dét.....	"	"	43
Foy, id.	Clere, l^t au 2e d'art. légère.	2e id. à cheval 5e compagnie.	"	"	67
		3e bataillon de sapeurs..........	184	"	"
		TOTAL..............	8,703	601	110
4e division.					
Commandée par le général Montrichard.	Dehaynin, chef de bataillon 103e demi-brigade.	38e demi-brigade.............	2,149	"	"
Daultanne, général de brig.	Lefebvre, capit. 2e de caval.	67e id.	2,522	"	"
Schinner, adjudant génér.	Huot, capit. à la 30e légère.	84e id.	2,731	"	"
	Chapsal, capit. à la 70e.	9e régiment d'hussards............	"	467	"
Garobuau, id.	Fauconnet, capit. au 6e de dragons.	1er rég. d'artillerie à pied 17e c^{ie}.	"	"	50
	Scherb, capitaine à la 99e.	6e id. à cheval 3e c^{ie}.	"	"	73
		3e bat^{on} des sapeurs, 3e, 7e, 8e c^{ies}.	563	"	"
		TOTAL..............	7,965	467	123
Division de réserve.					
Commandée par le général de brigade Nansouty, Pelissard,	Jamin, lieut. au 9e de caval.	2 bataillons de grenadiers........	1,500	"	"
		1 bataillon helvétique...........	700	"	"
	Simon, capit. à la 109e demi-brigade.	11e régiment de dragons..........	"	462	"
		12e id. de chasseurs........	"	557	"
		1er id. d'artil. à pied 18e c^{ie}.	"	"	109
		6e id. id. à cheval 5e c^{ie}.	"	"	27
		TOTAL..............	2,200	1,019	136
		Parc d'Artillerie	"	"	922

CORPS DE RÉSERVE

ÉTAT-MAJOR

Moreau, général en chef, commandant.
Lahorie, adjudant-général, chef d'état-major.
Noury, commissaire des guerres, faisant fonctions d'ordonnateur.

GÉNÉRAUX ET ADJUDANTS GÉNÉRAUX	ADJOINTS ET AIDES DE CAMP	NOMS DES CORPS	COMBATTANTS		
			Infanterie	Cavalerie	Artillerie
1re division.	Delmas, chef d'escadron, 3e de cavalerie.				
Commandée par le général Delmas.	Chouard, chef d'escadron, 4e de dragons.				
Jacopin, génal de brigade.	Marquié, capitaine, 19e de ligne.				
Grandjean, id.	Saviot, chef d'escadron, 3e de cavalerie.	46e demi-brigade	2,503	"	"
Lorcet, id.	Cavaignac, chef d'escadon, 14e de dragons.	50e id.	2,494	"	"
Quetard, id.	Aubertin, chef d'escadron, 14e de dragons.	37e id.	2,640	"	"
Boyé, id.	Albert, capitaine, 57e demi-brigade.	108e id.	2,324	"	"
	Lambert, chef d'escadron, 14e de chasseurs.	6e régiment de cavalerie.......	"	251	"
Deplanque, adjudt général.	Lefebvre, chef d'escadron, 14e de chasseurs.	11e régiment de chasseurs.......	"	448	"
	Bagnol, chef de bataillon à la 2e légère.	4e régiment d'hussards	"	332	"
Cohorn, id.	Savary, chef de baton à la 7e de ligne.	3e régt à pied, 1re compagnie....	"	"	69
		6e régt d'art. à cheval, 1re cie....	"	"	69
		TOTAL........	9,961	1,031	138
2e division.	Abbé, chef d'escadron, 8e de dragons.				
Commandée par le général Leclerc.	Bruyères, chef d'escadron, 1er de cavalerie.	53e demi-brigade..............	2,098	"	"
Bastoul, général de brigade.	Barbé, chef d'escadron, 12e d'hussards.	89e id.	2,191	"	"
Desperrières, id.	Gossard, capit. d'artillerie.	14e id. légère.....	2,262	"	"
Walther, id.	Boisselier, sous-lieutenant au 7e d'hussards.	10e régiment de chasseurs.......	"	458	"
	D'Arbois, lieut. à la 26e lég.	23e id. id.	"	505	"
D'Arbois, adjudant général.	Perrin, s-lieut. à la 31e de lig.	5e id. d'artillerie à pied...	"	"	90
Perrin, id.	Jannot, capit. à la 50e de lig.	8e id. d'artillerie à cheval...	"	"	67
		3e bataillon de sapeurs, 5e cie...	139	"	"
		TOTAL..............	6,090	963	157
3e division.	Monnier, capitaine, 23e de chasseurs.	100e demi-brigade..............	2,011	"	"
Commandée par le général Lapoype.		43e régiment de chasseurs.......	"	200	"
Digonnet, gal de brigade.		17e id. de dragons........	"	319	"
Durutte, id.	Merlin, chef de baton, 33e de ligne.	3e id. d'hussards........	"	468	"
Berthier, adjudant général.		5e régt d'artillerie à pied, 3e cie.	"	"	65
		3e id. à cheval, 2e cie.	"	"	64
Molard, id.		3e bataillon de sapeurs, 2e cie...	80	"	"
		TOTAL..............	2,091	1,187	129
Division de cavalerie.	David, chef d'escadron, 6e de chasseurs.				
Commandée par le général d'Hautpoul.	Maulnoir, sous-lieutenant, 1er de dragons.	1er régiment de carabiniers......	"	435	"
Espagne, gal de brigade.		2e id. id.	"	449	"
Devrigny, id.		8e id. de cavalerie........	"	283	"
Becker, adjudant général.	Delesse, capit. au 9e de chass.	9e id. id.	"	337	"
	Steck, capit. au 3e d'huss.	3e régiment d'artillerie à cheval, 1re compagnie	"	"	54
Lauer, id.	Penthon, capitaine à la 100e de ligne.				
	Thomas, id.	TOTAL............	"	1,504	54
		Parc d'Artillerie........	"	"	173

CORPS DU CENTRE

ÉTAT-MAJOR

Gouvion Saint-Cyr, lieutenant général. { Schnetz, capitaine au 6e de chasseurs. — Mery, capitaine à la 51e demi-brigade. — Genevaux, sous-lieutenant à la 17e légère.

Durtubie, général de division commandant l'artillerie. { Beauvisage, lieutenant au 7e d'artillerie à pied.

ADJUDANTS GÉNÉRAUX — Lacroix............ Guyot.............

ADJOINTS — Bordenage, capitaine de la 37e demi-brigade. Manie, lieutenant à la 1re légère.

Lefort, commissaire des guerres et faisant fonctions d'ordonnateur.

GÉNÉRAUX ET ADJUDANTS GÉNÉRAUX	ADJOINTS ET AIDES DE CAMP	NOMS DES CORPS	COMBATTANTS		
			Infanterie	Cavalerie	Artillerie
1re division.					
Commandée par le général Baraguey d'Hilliers.	Coussaud d'Ullié, capitaine 10e de chasseurs.	1re demi-brigade de ligne........	2,745	»	»
	Houdard-Lamotte, capitaine 78e de ligne.	15e id.	2,452	»	»
		23e id.	2,346	»	»
Joba, général de brigade.	Deben, sous-lieutenant au 1er bataillon franc.	45e id.	2,740	»	»
		12e légère, 1er bataillon	627	»	»
Sabatier, id.	Bourdon, lieutenant à la 66e demi-brigade.	2e régiment d'hussards	»	542	»
		7e régiment d'artillerie à pied, 3e compagnie.........	»	»	98
Roussel, id.	Vautrin, lieutenant à la 60e demi-brigade.	7e régiment d'artillerie à cheval, 2e compagnie.................	»	»	70
Mouroux, adjudant général.	Vives, capitaine à la 25e de ligne.				
	» » »	TOTAL..............	11,080	542	168
2e division.					
Commandée par le général Tharreau.	Leroux, capitaine à la 31e légère.				
	Salomon, lieutenant au 5e d'hussards.	42e demi-brigade	2,860	»	»
Heudelet, génal de brigade.	Mollié, capit. à la 42e d.-brig.	54e id.	2,455	»	»
Beauregard, id.		101e id.	2,497	»	»
Aubrée, id.		12e légère, 2e bataillon	814	»	»
Defrance, adjudant général.	Quentin, capitaine au 22e de cavalerie.	23e régiment de cavalerie.......	»	194	»
		16e id. de chasseurs.	»	417	»
	Tricard, capit. au 8e d'hussards.	7e rég d'artillerie à pied, 18e cie..	»	»	100
Mal Thomas, id.	Perrin, capit. au 6e de chasseurs.	7e id. à cheval, 3e cie.	»	»	62
3e division.		TOTAL..............	8,326	611	162
Commandée par le général Ney.	Buquet, capitaine à la 36e de ligne.	54e demi-brigade............	2,393	»	»
Bonnet, général de brigade.	Beaubrun, capitaine à la 80e.	76e id.	2,281	»	»
Bonnamy, id.		103e id.	2,016	»	»
Ruffin, adjudant général.	Duras, chef de baton à la 55e.	12e légère, 3e bataillon...........	580	»	»
	Semens, capitaine au 20e de chasseurs.	23e régiment de cavalerie.......	»	261	»
Jarry, id.		8e id. de chasseurs	»	569	»
	Tirpenne, lieutenant à la 46e demi-brigade.	7e rég d'artillerie à pied, 19e cie..	»	»	76
		7e id. à cheval, 4e cie.	»	»	76
Division de réserve.		TOTAL..............	7,270	830	152
Commandée par le général de brigade Desbrulys.	Liroche, lieutenant au 2e de dragons.	4e demi-brigade............	2,321	»	»
Sahuc, général de brigade.	Gruchet, capitaine.	16e id.	2,474	»	»
Salligny. id.	Compère, capitaine à la 17e de ligne.	12e régiment de cavalerie.... ...	»	314	»
		17e id.	»	283	»
Debilly, id.	Delangle, capitaine à la 46e de ligne.	2e régiment de dragons.........	»	525	»
		5e id. de chasseurs.......	»	497	»
	Calvet, capit. à la 4e de ligne.	4e bataillon de sapeurs, 1re cie...	203	»	»
Jarry, adjudant général.	Badany, sous-lieutenant au 7e hussards.	2e rég d'artillerie légère, 6e cie...	»	»	71
		TOTAL..............	4,998	1,616	71
		Parc d'Artillerie........	203	»	167

AILE GAUCHE

ÉTAT-MAJOR

	ADJUDANTS GÉNÉRAUX	ADJOINTS
Sainte-Suzanne, lieut. général.	Hirn, capitaine au 10e de chasseurs. Sainte-Suzanne, sous-lieutenant au 8e d'hussards.	Deviau............ Darène, capit. à la 30e légère.
Sorbier, général de division commandant l'artillerie. Léry, général de brigade commandant le génie.	Pechery, chef de bataillon, 14e légère.	Petiel............. Batz, sous-lieutenant à la 65e Levasseur........ Delalande, capitaine.

Maret, commissaire des guerres faisant fonctions d'ordonnateur.

GÉNÉRAUX ET ADJUDANTS GÉNÉRAUX	ADJOINTS ET AIDES DE CAMP	NOMS DES CORPS	COMBATTANTS		
			Infanterie	Cavalerie	Artillerie
1re division.					
Commandée par le général Coland. Girard dit Vieux, général de brigade. Lacoste, général de brigade. Chenier, adjudant général.	Marchand, capitaine 14e. Bailly, capitaine. Sol, chef de bataillon à la 68e demi-brigade. Hussenot, sous-lieutenant au 20e de chasseurs. Poireau, sous-lieutenant à la 20e légère. » »	95e demi-brigade................ 10e régiment de cavalerie........ 13e régiment de dragons......... 20e régiment de chasseurs....... 3e régiment d'artillerie légère 4e compagnie..................	1,851 » » » » »	» 206 534 491 » »	» » » » 65
		Total...............	1,851	1,231	65
2e division.					
Commandée par le général Souham. Decaen, général de brigade. Puthod, id. Jan Hamelinage, chef de bataillon faisant fonctions.	Guichard, à la 76e demi-brigade. Labiffe, lieutenant au 7e d'hussards. Bernard, sous-lieutenant au 1er de cavalerie. » »	8e demi-brigade de ligne........ 7e régiment de cavalerie........ 6e id. de dragons........ 1er régiment de chasseurs....... 3e régiment d'artillerie légère 6e compagnie.................	2,836 » » » »	» 234 503 657 »	» » » » 70
		Total...............	2,836	1,394	70
3e division.					
Commandée par le général Legrand. Boivin, général de brigade. Drouet, id. Daclon, adjudant général.	Laval, lieutenant au 8e de chasseurs. Legrand, lieutenant à la 11e légère. Badimon, sous-lieutenant à la 93e demi-brigade. Renaud, chef d'escadron 1er de chasseurs. Georges, capitaine à la 16e de ligne. » »	7e demi-brigade de ligne........ 27e id. .... 10e régiment de cavalerie... ... 6e régiment de chasseurs........ 3e rég. d'art. à pied 6e, 9e, 18e compies. 5e id. 1er, 9e, 17e id.. 7e id. 11e compie dét.... 1er bataillon de pontonniers, 3e, 8e compagnies dét.... 4e bat. de sapeurs, 2e, 3e compag..	2,301 2,985 » » » » » » 232	» » 284 560 » » » » »	» » » » 188 179 37 48 »
4e division.					
		Total...............	5,518	844	452
Commandée par le général Delaborde. Mercier, général de brig. Thuring, id.	Buret, capitaine à la 23e légère. » » Rameau, capitaine à la 83e Wimpffen, lieut. à la 44e.	20e demi-brigade de ligne 2 bat.. 65e id. 1er et 2e bataillons.................. 2e demi-brigade helvétique....... 4e régiment de cavalerie......... 19e id. .... 3e d'artillerie à pied 2e compagnie. 7e id. 8e, 10e, 16e compagnies.................. 1er bataillon de pontonniers, 1re compagnie dét.............. 2e bat. de pontonniers, 6e déf.... 2e bataillon de sapeurs, dét...... 4e id. dét......	700 1,233 640 » » » » » » » »	» » » 125 161 » » » » » »	» » » » 2 10 236 25 64 43 125
		Total...............	2,573	286	595
		Parc d'Artillerie.........	»	»	401

GÉNÉRAUX ET ADJUDANTS GÉNÉRAUX	ADJOINTS ET AIDES DE CAMP	NOMS DES CORPS	COMBATTANTS		
			Infanterie	Cavalerie	Artillerie
		DIVISIONS STATIONNAIRES			
3ᵉ division. —		80ᵉ demi-brigade de ligne........	472	»	»
		Légion polonaise du Danube.....	2,958	»	»
Commandée par le général Chateauneuf-Randon....		24ᵉ régiment de caval. 3ᵉ escadron.	»	133	»
Péduchelle, gᵃˡ de brigade.		6ᵉ régᵗ d'artil. à pied, 1ʳᵉ, 4ᵉ comp.	»	»	91
Daurier, id.		7ᵉ id. 17ᵉ comp. dét.	»	»	18
Desdorides, id.		7ᵉ id. dét. et état-major..................	»	»	153
Cosson, adjudant général..		Mineurs 1ʳᵉ compagnie dét.......	18	»	»
		Id. 2ᵉ compagnie..........	63	»	»
		Ouvriers d'artil., 7ᵉ, 9ᵉ comp. dét.	»	»	65
4ᵉ division. —		Total..........	3,511	133	327
Commandée par le général Gillot.	?	15ᵉ régiment de cavalerie........	»	352	»
		1ᵉʳ régiment de dragons.........	»	227	»
		6ᵉ régiment d'hussards...........	»	523	»
		Total..........	»	1,102	»
5ᵉ division. —		3ᵉ demi-brigade helvétique.......	687	»	»
		3ᵉ batᵒⁿ de sapeurs, 1ʳᵉ, 9ᵉ comp..	172	»	»
		4ᵉ id. 5ᵉ, 7ᵉ comp...	273	»	»
Commandée par le général Freytag.		2ᵉ régiment d'artillerie à pied, 5ᵉ, 10ᵉ, 14ᵉ, 20ᵉ compagnies.......	»	»	334
Desnoyers, général de brig.		3ᵉ régᵗ d'artil. à pied, 18ᵉ, 19ᵉ comp.	»	»	117
Vernier, id.		5ᵉ régiment d'artillerie à pied, 1ʳᵉ, 4ᵉ, 5ᵉ, 6ᵉ, 9ᵉ, 10ᵉ, 17ᵉ compagnies..	»	»	213
Boulland, adjudant général.		6ᵉ régᵗ d'artil. à pied, 1ʳᵉ comp...	»	»	28
		7ᵉ id. 11ᵉ comp....	»	»	34
		Ouvriers d'artillerie, 1ʳᵉ, 5ᵉ, 6ᵉ, 9ᵉ compagnies, détachement....	»	»	99
		1ᵉʳ batᵗⁿ de pontᵒⁿˢ, 1ʳᵉ, 3ᵉ, 8ᵉ, dét.	»	»	81
		2ᵉ batᵗⁿ de pontonniers, 3ᵉ, 4ᵉ comp.	»	»	100
		Total..........	1,132	»	1,006

GÉNÉRAUX ET ADJUDANTS GÉNÉRAUX	ADJOINTS ET AIDES DE CAMP	NOMS DES CORPS	Infanterie	Cavalerie	Artillerie
Commandement de Mayence aux ordres du général Leval. —		29ᵉ demi-brigade 1ᵉʳ bataillon....	798	»	»
		65ᵉ id. 3ᵉ bataillon.....	632	»	»
		91ᵉ id.	1,994	»	»
		110ᵉ id.	2,217	»	»
		1ᵉʳ demi-bataillon helvétique.....	777	»	»
		3ᵉ régiment d'hussards..........	»	426	»
Drouas, général de brigade.		8ᵉ régiment d'artillerie légère 2ᵉ compagnie...............	»	»	77
Roget, id.		3ᵉ régiment à pied détachement..	»	»	66
Callier. id.		7ᵉ id. détachement..	»	»	317
Oswald, id.		1ᵉʳ bataillon de pontonniers déta-chement.................	»	»	115
Fays, adjudant général.		Ouvriers d'artillerie 7ᵉ compagnie détachement	»	»	10
		4 bataillons de sapeurs 4ᵉ, 6ᵉ, 9ᵉ compagnies................	510	»	»
		Mineurs 2ᵉ compagnie, 6ᵉ compa-gnie..................	»	»	134
		Total..........	6,948	426	719
26ᵉ division. —		20ᵉ demi-brigade de ligne.......	2,641	»	»
		Légion des francs du Nord......	360	»	»
Commandée par le général Laroche.		16ᵉ régiment de cavalerie détache-ment...................	»	91	»
Jacobé, général de brigade.		7ᵉ régiment d'artillerie à pied 1ʳᵉ, 9ᵉ, 14ᵉ, 15ᵉ.............	»	»	408
Eickemeyer, id.		Mineurs 6ᵉ compagnie détache-ment...................	47	»	»
Malye, id.		4ᵉ bataillon de sapeurs 4ᵉ, 8ᵉ com-pagnies..................	232	»	»
Fontaine, adjudant général.		1ᵉʳ bataillon de pontonniers 3ᵉ com-pagnie..................	»	»	127
Keck, id.					
Regnier, id.		Total..........	3,280	91	535

Grand Parc d'Artillerie............... 629 hommes.   116 bouches à feu.

RÉCAPITULATION

CORPS D'ARMÉE	COMBATTANTS			BOUCHES A FEU
	Infanterie	Cavalerie	Artillerie	
Aile droite.........................	36,681	3,146	1,873	»
Corps de réserve....................	18,742	4,685	651	»
Corps du centre.....................	34,877	3,599	720	»
Aile gauche.........................	12,778	3,755	1,583	»
Grand Parc d'Artillerie.............	»	»	629	116
Totaux.................	100,078	15,185	5,456	116
Divisions stationnaires........	14,871	1.752	2,587	»
Totaux par arme	114,949	16,937	8,043	116
		139,929		

ARMÉE AUTRICHIENNE

au 5 floréal an VIII (25 avril 1800)

ÉTAT-MAJOR GÉNÉRAL

Le baron de KRAY, feld-zeugmeister, général en chef.
SCHMIDT, feld-maréchal lieutenant, quartier-maître général.
CHASTELER, général-major, commandant en chef le génie.
STIBSCHUTZ, général-major.
WEIROTHER, colonel.

Aides-de-camp.
Henneberg.
Bombena.
Caramelly.
Bianchi.
Kray, fils.

FELD-MARÉCHAUX LIEUTENANTS	GÉNÉRAUX-MAJORS	CORPS	INFAN-TERIE	CAVA-LERIE	ARTIL-LERIE
		AILE DROITE			
		SZTARAY, feld-zeugmeister, commandant en chef.			
Klinglin. Le prince de Vaudemont. Le prince de Lichtenstein.	Canizius. Szenkeresty. Prince de Hohen-lohe. Frenel. Wilhelmi. Rosemberg.	4 bataillons mayençais.........	2,207	»	»
		Chasseurs de Clèves..........	150	»	»
		Francs-tireurs de Mayence.....	225	»	»
		Hussards...................	»	4,068	»
		6 bataillons esclavons et palatins.	2,984	»	»
		1 bataillon à Manheim (Autrich.).	840	»	»
		13ᵉ régiment de dragons.......	»	890	»
		Carabiniers.....	»	150	»
		Chasseurs tyroliens et palatins.	1,003	»	»
		Canonniers, pionniers et ponton.	»	»	400
		Contingents et levées en masse.	6,501	»	»
		1 régᵗ de cuirassiers (Ch. de Lorr.).	»	915	»
		TOTAUX.............	13.880	6,023	400
Kienmayer.	Meerfeldt.	2 b. aut., 2 b. pal. et 2 b. esclav.	4,998	»	»
		Hussards...................	»	2,377	»
		Dragons de Latour...........	1,609	902	»
		Uhlans et manteaux rouges....	800	600	»
		Milices de l'Ortenau..........	599	»	»
		TOTAUX.............	8,006	3,879	»
Simbchön. Gyulai.	Cᵗᵉ de Hardeck, colonel. Prince de Hesse-Hombourg. Nᵉᵉᵉ.	3 régᵗˢ d'infant. autrich. (6 bat.).	7,208	»	»
		Milices de l'Orten et du Brisgau.	3,000	»	»
		Serviens et Valaques.........	3,395	»	»
		Infant. lég. et chass. tyroliens.	1,365	»	»
		Régᵗ de La Marck (cuirassiers).	»	903	»
		Hussards (2 régiments).......	»	1,795	»
		Chasseurs tyroliens..........	»	600	»
		TOTAUX.............	14,968	3,298	»
		Totaux de l'aile droite....	36,854	13,200	400

FELD-MARÉCHAUX LIEUTENANTS	GÉNÉRAUX-MAJORS	CORPS	INFAN-TERIE	CAVA-LERIE	ARTIL-LERIE
		CENTRE			
		NAUENDORF, feld-maréchal lieutenant, commandant en chef.			
		KOLLOWRATH, feld-maréchal lieutenant, commandant l'artillerie.			
Vogelsang. Archiduc Ferdinand. Anhalt-Coethen. Sporch. Kospoth. Kempf.	Bolda.	Régiment d'Erbach (infanterie de ligne).................	2,397	»	»
		Régiment d'Erbach, archiduc Ferdinand (infant. de ligne)..	2,403	»	»
		62e régiment (hongrois, infant.).	2,395	»	»
		Régiment de Schrœder (infant.).	2,410	»	»
		Id. archiduc Charles. id. ..	2,400	»	»
		Id. de Kerpen, id. ..	2,394	»	»
		Id. de Stein, id. ..	2,397	»	»
		Bataillons de différents corps d'infanterie.................	7,194	»	»
		6 bataillons de grenadiers.....	4,514	»	»
		Hussards.....................	»	603	»
		Dragons.....................	»	900	»
		TOTAUX............	28.504	1,503	»
Baillet La Tour. Charles de Lorraine. Lindenau.	O'Donel.	Archiduc Ferdinand (dragons).	»	920	»
		Cobourg, id. .	»	898	»
		Modène, id. .	»	905	»
		Hohenzollern (cuirassiers).....	»	910	»
		Régiment de l'Empereur (cuirassiers)....................	»	893	»
		Archiduc François, id. .	»	891	»
		Régt d'Albert, id. .	»	890	»
		Id. d'Anspach, id. .	»	907	»
		Id. de Nassau, id. .	»	888	»
		Id. de Zechwitz, id. .	»	895	»
		Régiment de Clairfayt (infanterie 1 bataillon).................	796	»	»
		TOTAUX..........	796	8,997	»
Kollowrath.	Williams.	Kollowrath (canonniers)	»	»	2,100
		1er baton de fusiliers artilleurs..	»	»	710
		1er compagnie de bombardiers..	»	»	195
		Id. de mineurs......	»	»	104
		Id. de sapeurs	»	»	106
		Id. de pionniers.....	»	»	133
		2e Id. id.	»	»	272
		TOTAUX............	»	»	3,620
		Totaux du centre......	29,300	10,500	3,620

FELD-MARÉCHAUX LIEUTENANTS	GÉNÉRAUX-MAJORS	CORPS	INFAN-TERIE	CAVA-LERIE	ARTIL-LERIE
		AILE GAUCHE			
		Le prince de Reuss, feld-maréchal lieutenant, commandant en chef.			
....	Linchen.	Corps d'émigrés suisses........	3,400	»	»
		Rég' de Manfredini, inf. (2 b.)..	1,600	»	»
		Hussards esclavons (2 escad.)..	»	300	»
		Totaux.............	5,000	300	»
....	Jellachich.	Kanner, infanterie............	1,596	»	»
		Colloredo, infanterie..........	2,415	»	»
		Manfredini, id. (1 bataillon).	790	»	»
		Dragons de Waldeck (1 escad.).	»	100	»
		Totaux.............	4,801	100	»
....	Auffenberg.	60e rég. de lig. (hongrois, 1 b.).	800	»	»
		Strozzi, infanterie (1 bataillon).	607	»	»
		Hussards esclavons (1 escad.)..	»	150	»
		Dragons de Waldeck (2 escad.).	»	300	»
		Totaux.............	1.407	450	- »
Hiller.	....	60e rég. de lig. (Hongrois, 1 b.).	805	»	»
		Détachement de grenadiers....	250	»	»
		Chasseurs tyroliens...........	1,192	»	»
		Calemberg, infanterie (1 bat.)..	597	»	»
		Rég' d'inf. de l'Empereur (1 b).	800	»	»
		Dragons de Waldeck (3 escad.).	»	490	»
		Hussards esclavons...........	»	750	»
		Totaux.............	3,644	1,240	»
....	Dedovich.	Rég' de Calemberg, inf. (2 bat.).	1,791	»	»
		Rég' d'inf. de l'Empereur (2 bat.).	1,603	»	»
		60e rég' de ligne (hongrois, 1 b.).	806	»	»
		Rég' d'inf. d'Esterhazy (1 bat.).	799	»	»
		Infanterie esclavonne.........	194	»	»
		Milices.....................	2,400	»	»
		Régiment d'inf. de Gemmingen.	2,397	»	»
		Id. de Saint-Georges, etc..	1,608	»	»
		Hussards esclavons (2 escad.)..	»	310	»
		Canonniers et fusiliers d'artill..	»	»	660
		Totaux.............	11,598	310	660
		Totaux de l'aile gauche...	26,450	2,400	660

RÉCAPITULATION

CORPS D'ARMÉE	INFANTERIE	CAVALERIE	ARTILLERIE	TOTAUX
Aile droite..........................	36,834	13,200	400	50,454
Centre...............................	29,300	10,500	3,620	43,420
Aile gauche.........................	26,450	2,400	660	29,510
Totaux par armes............	92,604	26,100	4.680	
Total général...				123,384

CONCORDANCE

DES CALENDRIERS RÉPUBLICAIN ET GRÉGORIEN

1er frim. an VIII.	22 nov. 1799.		11 nivôse an VIII.	1er janv. 1800.
2	id.	23	id.	12	id.	2	id.
3	id.	24	id.	13	id.	3	id.
4	id.	25	id.	14	id.	4	id.
5	id.	26	id.	15	id.	5	id.
6	id.	27	id.	16	id.	6	id.
7	id.	28	id.	17	id.	7	id.
8	id.	29	id.	18	id.	8	id.
9	id.	30	id.	19	id.	9	id.
10	id.	1er déc. 1799.		20	id.	10	id.
11	id.	2	id.	21	id.	11	id.
12	id.	3	id.	22	id.	12	id.
13	id.	4	id.	23	id.	13	id.
14	id.	5	id.	24	id.	14	id.
15	id.	6	id.	25	id.	15	id.
16	id.	7	id.	26	id.	16	id.
17	id.	8	id.	27	id.	17	id.
18	id.	9	id.	28	id.	18	id.
19	id.	10	id.	29	id.	19	id.
20	id.	11	id.	30	id.	20	id.
21	id.	12	id.	1er pluv. an VIII.	21	id.
22	id.	13	id.	2	id.	22	id.
23	id.	14	id.	3	id.	23	id.
24	id.	15	id.	4	id.	24	id.
25	id.	16	id.	5	id.	25	id.
26	id.	17	id.	6	id.	26	id.
27	id.	18	id.	7	id.	27	id.
28	id.	19	id.	8	id.	28	id.
29	id.	20	id.	9	id.	29	id.
30	id.	21	id.	10	id.	30	id.
1er niv. an VIII.	22	id.	11	id.	31	id.
2	id.	23	id.	12	id.	1er fév. 1800.
3	id.	24	id.	13	id.	2	id.
4	id.	25	id.	14	id.	3	id.
5	id.	26	id.	15	id.	4	id.
6	id.	27	id.	16	id.	5	id.
7	id.	28	id.	17	id.	6	id.
8	id.	29	id.	18	id.	7	id.
9	id.	30	id.	19	id.	8	id.
10	id.	31	id.	20	id.	9	id.

21 pluv. an VIII.	10 fév. 1800.	26 vent. an VIII.	17 mars 1800.
22 id.	11 id.	27 id.	18 id.
23 id.	12 id.	28 id.	19 id.
24 id.	13 id.	29 id.	20 id.
25 id.	14 id.	30 id.	21 id.
26 id.	15 id.	1er germ. an VIII.	22 id.
27 id.	16 id.	2 id.	23 id.
28 id.	17 id.	3 id.	24 id.
29 id.	18 id.	4 id.	25 id.
30 id.	19 id.	5 id.	26 id.
1er vent. an VIII.	20 id.	6 id.	27 id.
2 id.	21 id.	7 id.	28 id.
3 id.	22 id.	8 id.	29 id.
4 id.	23 id.	9 id.	30 id.
5 id.	24 id.	10 id.	31 id.
6 id.	25 id.	11 id.	1er avr. 1800.
7 id.	26 id.	12 id.	2 id.
8 id.	27 id.	13 id.	3 id.
9 id.	28 id.	14 id.	4 id.
10 id.	1er mars 1800.	15 id.	5 id.
11 id.	2 id.	16 id.	6 id.
12 id.	3 id.	17 id.	7 id.
13 id.	4 id.	18 id.	8 id.
14 id.	5 id.	19 id.	9 id.
15 id.	6 id.	20 id.	10 id.
16 id.	7 id.	21 id.	11 id.
17 id.	8 id.	22 id.	12 id.
18 id.	9 id.	23 id.	13 id.
19 id.	10 id.	24 id.	14 id.
20 id.	11 id.	25 id.	15 id.
21 id.	12 id.	26 id.	16 id.
22 id.	13 id.	27 id.	17 id.
23 id.	14 id.	28 id.	18 id.
24 id.	15 id.	29 id.	19 id.
25 id.	16 id.	30 id.	20 id.

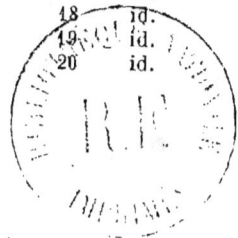

TABLE DES MATIÈRES.

DEUXIÈME PARTIE

LE DÉBOUCHÉ

Paris. — Imprimerie R. CHAPELOT et Cie. rue Christine, 2.

www.ingramcontent.com/pod-product-compliance
Lightning Source LLC
Chambersburg PA
CBHW070628270326
41926CB00011B/1849